主　　编：张剑敏

副 主 编：王占山　张国芳　俞　昌

编委（按姓氏笔画）：王锡安　邓建华　边　昇　冯　伟　朱智明　乔利剑
李　严　严　琪　张雁歌　张召锋　陈　睿　陈丽莉
孟海东　贾彬彬　谢朝辉　曹素艳　曹芳英　褚　熙
黎　星　潘慧云　戴为东

医学新技术浪潮中的人身保险

Life Insurance In The Wave Of Advanced Medical Technology

主　编：
张剑敏

副主编：
王占山
张国芳
俞　昌

中华工商联合出版社

图书在版编目（CIP）数据

医学新技术浪潮中的人身保险 / 张剑敏主编 . —北京：
中华工商联合出版社，2019.12
ISBN 978-7-5158-2633-2

Ⅰ . ①医… Ⅱ . ①张… Ⅲ . ①人寿保险－保险公司－企业发展－研究
Ⅳ . ① F840.62

中国版本图书馆 CIP 数据核字（2019）第 243604 号

医学新技术浪潮中的人身保险

主　　编： 张剑敏
副 主 编： 王占山　张国芳　俞　昌
责任编辑： 吴建新
封面设计： 张　超
责任审读： 于建廷
责任印制： 迈致红
出版发行： 中华工商联合出版社有限责任公司
印　　刷： 三河市南阳印刷有限公司
版　　次： 2019 年 12 月第 1 版
印　　次： 2019 年 12 月第 1 次印刷
开　　本： 710mm×1000mm　1/16
字　　数： 467 千字
印　　张： 25.25
书　　号： ISBN 978-7-5158-2633-2
定　　价： 78.60 元

服务热线： 010–58301130
销售热线： 010–58302813
地址邮编： 北京市西城区西环广场 A 座
19–20 层，100044
Http： //www.chgslcbs.cn
E-mail： cicap1202@sina.com（营销中心）
E-mail： gslzbs@sina.com（总编室）

序

大约是 23 年前，我离开接受了 8 年专业教育、从事了 13 年的医学教育和研究岗位，转而加入保险行业。记得当时申请作为专业技术人才调入深圳市，被深圳市人事局要求写一个报告，说明保险公司为何需要医学人才。由于刚接触保险，其实对医学与保险的关系并无多少认识，简单写了人身保险与人的生命和健康有关，医学知识在核保、理赔等业务环节具有重要作用等内容。然而，随着从事人身保险，特别是健康保险工作时间的增长，愈发认识到医学对于人身保险影响的广泛性和深刻性。

2005 年 11 月，我有幸作为唯一的中国代表参加了日内瓦协会在德国慕尼黑举办的第三届“健康与长寿化”论坛。此次会议以人类寿命延长对人身保险的影响为主题，从人口统计学、社会经济学、医学新技术（包括靶向药物、智能外科、诊断技术、基因检测、生物传感器、可穿戴产品、纳米医学、远程医疗等）、精算技术、再保险方案等多方面，深入揭示了人类寿命延长的趋势和导致人口长寿化的原因，细致地探讨了寿命延长对人身保险的影响及对策。这次会议对我思想的冲击足以用“震撼”一词来形容，第一次认识到医学与人身保险的关系是如此广泛和密切。从那时起，就对医学技术发展与人身保险的关系多了一份特别的关注。2012 年 10 月，受朋友的邀请，我参与了全国保险医学研究会（CAIM）的筹建，了解了更多国外保险公司业务中对医学和医学人才的运用状况。自己在多年从事寿险和健康保险管理的实际工作中也做了一些将医学诊断、治疗和预防新技术与保险产品开发、风险控制相结合的尝试。

近年来，为应对市场需求变化和行业竞争，人身保险业对科技应用的重视达到了前所未有的程度。然而，大家的注意力主要集中在移动互联网、人工智能、大数据、区块链和物联网等通用技术上。各家人身保险公司均投入大量的资源增强这些技术的运用能力，并努力将这些技术应用于保险业务的各种场景，而医学新技术对于人身保险的影响并没有得到应有的认识和重视。

事实上，医学新技术的发展，正全面而深刻地影响着人身保险的未来发展。一是医学新技术的产生不断激发出健康保险的新需求、新保障。二是医学新技术越来越明显地降低人口死亡率，延长人口预期寿命，也使各种疾病的发病率和死亡率急剧变化。三是基因组学和分子生物学的发展，使得疾病预测甚至寿命预测成为可能。四是大量昂贵的医疗新技术使用、医疗服务过度提供、医疗欺诈时有发生使医疗支出高速增长。这一切都从根本上对人身保险提出了挑战，保险公司在产品开发、核保、理赔、客户服务等各个经营环节都不得不面临与日俱增的医学新技术所带来的问题。

遗憾的是，我们看到，人身保险业对医学新技术的认知和研究远远跟不上发展的步伐。许多已经普遍运用于临床实践的技术还没有得到保险业的认可，没有纳入赔付范围；疾病预测和早期诊断新技术很少被运用于保险业务的风险评估；慢病管理技术还没有用于降低被保人的出险率；很少见到将健康管理、疾病预防、疾病康复等方面的新技术与保险保障有机融合的保险创新产品；关于医学新技术对人口预期寿命以及疾病发生率和死亡率影响的研究还基本处于空白；保险条款规定的医学标准的更新跟不上现代医学的发展，导致理赔案件纠纷频发；保险业对医学诊断技术进步而导致的逆选择和道德风险大幅度增加的挑战仍然缺乏应对策略和办法。因此，对于人身保险业而言，了解和学习医学新技术的发展状况，充分预估其给人身保险带来的机遇和挑战，及时做出应对，是一项迫在眉睫的事情，唯有如此，才能保证人身保险得到良好的发展。

2014 年，我在一次学术研讨会上做了关于疾病诊断新技术对人身保险的影响及对策的发言，在业内引起了一定的反响，不少同人鼓励我就此论题写一本专著。5 年的时间里，这成为心头放不下的一个许诺。然而，每每想动笔却一直没能如愿。一是工作原因，很难找出整段的时间静下心来认真梳理写作的思路；二是面对如此宏大的课题，我感到自己难以驾驭。感谢一些在工作中结识的保险同人和医学专家，他们以深厚的专业学识、丰富的从业经验和对医学发展趋势以及对人身保险未来的深刻洞见，让这本近 40 万字的专著得以面世。

本书全面梳理了医学新技术给人身保险各个经营环节带来的挑战和机遇，以及对人身保险未来发展的影响，较为详细地介绍了 20 世纪 80 年代以来发展起来的医学新技术，并从人身保险经营的角度，提出了应对策略和建议。目的在于推动人身保险全行业关注医学新技术给人身保险带来的挑战和机遇；为人身保险行业监管层的政策制定，以及保险公司管理层的业务发展决策提供思路和参考依据；为人身保险专业技术人员和操作人员在实际工作中应对医学新技术相关问题提供指导和启发。全书分为 3 个部分，共 13 章。第一、二、三章构成第一部分总论篇，总体论述了对人身保险影响较大的医学新技术及其与人身保险的关系；第二部分为医学新技术篇，由第四章至第八章组成，从发展历史、技术原理、功能特点、临床应用以及优缺点等角度，分别介绍了疾病诊断、治疗、预防、健康管理及医疗物联网技术等方面的最新技术进展；第三部分为保险应用篇，由第九章至第十三章构成，以人身保险经营环节为线索，从工作实际出发，探讨了医学新技术对保险产品研发、市场营销、核保、客户服务和理赔等经营活动的影响，提出了相应的应对策略，并列举了一些实际的案例。

本书以保险公司中高层管理干部、技术管理和操作人员，保险监管机构和行业组织人员，社会医疗保险机构管理人员，健康管理行业从业人员，以及大专院校、研究机构保险专业教师、研究人员和学生为主要读者。希望读者阅读本书后，对各项医学新技术及其对人身保险的影响有一个全面的了解和充分的认识，对人身保险行业监管政策的制定和保险公司发展战略的决策有所帮助，对人身保险经营和管理中遇到的相关问题有所启发和借鉴。

截至目前，我们还没有看到相同专题的其他著作在国内面世。这种横跨医学和人身保险两大领域多个细分专业的交叉研究和讨论也算是一种创新，当然也给编写团队带来很大的挑战。好在编写团队的成员既有在医学各个细分专业上的资深专家教授，也有多年从事人身保险工作的高级管理干部和技术骨干，他们之间相互碰撞而产生出来的思想火花是本书最有价值的部分。当然，也正是由于课题较新，少有成熟的资料可资借鉴，书中的一些观点和内容难免偏颇，加之医学与保险在专业特点、思维方式和表述方式上确有很大不同，所以书中各章节的写作风格不尽一致，是为本书难以弥补的一大缺憾。

最后，再次向所有参与本书编写和出版工作的专家和同人致以诚挚的感谢！本书的编写和出版得到了安派科生物医学科技有限公司的大力支持，在此一并致谢！

张剑敏

2019 年 4 月　北京

新世纪保险医学智库丛书序

保险医学已经有上百年的历史了，较早的国际保险医学组织诞生于1899年，“万国保险医学协会”首次会议在布鲁塞尔召开，各国的保险医学专家和学者们相聚在一起，研究保险业关心的医学问题，由于规模空前，人员众多，故其被称为保险医学的开端。

2007年6月，我有幸接待了国际保险医学会的轮职副主席法布里克·舒蒂（Fabrics Chouty），他是通过时任新华人寿保险总公司核保部副经理、国际保险医学会的联络员王锡安先生联系到我的。在会谈中，我们交换了在中国开展保险医学教育的看法，他对中国保险医学发展前景十分看好。

2010年，应国际保险医学会第23届年会组委会的邀请，受中国医师协会的委托，本人有幸随同胡波总干事到南非开普敦参加年会。此次会议规模空前，近500名保险医学专家和学者参加，会议期间，刚刚当选轮职主席的法布里克·舒蒂会见了我们。

最值得一提的是，这次会上我们有幸见到了首次提出重大疾病保险产品设计创意的马里厄斯·巴纳德（Marius Barnard）医生，他不是保险公司的产品设计专家，但提出了重大疾病保险创意，并且通过努力促成了这件事。

保险医学研究的历史很长，成形的保险医学组织诞生于1889年。那一年，来自27个保险公司的34位医生成立了“美国人寿保险医疗总监协会”（ALIMDA）。到1990年，该组织已拥有363家保险公司会员，个人会员达到606人。2011年中国医师协会总干事胡波、委员王佰龄应邀参加了他们的年会，这个协会正在发展成国际性组织。

保险医学组织多以非政府组织的形式存在，成员大多来自各家保险公司，有的还来自大学和社会保险组织。保险医学组织多为地区性的，也有区域性的、国际性的，其成员主要来自保险公司的医务总监、保险医学研究者、核保核赔师及兴趣爱好者。保险医学组织为这些人提供了平台，创造了交流、学习、提升的机会，如今的保险医学组织依然保持着旺盛的发展势头。

保险医学是边缘性学科，是运用医学、生物学及其相关科学理论、技术和方法，研究并解决保险核保、核赔、意外残疾鉴定等业务和经营问题的学科。最初因为其主要参与寿险业务科学化管理，被称为寿险医学，后来考虑到以人为标的责任保险、意外保险和健康保险，为财产保险公司所普遍经营，成为财产保险的经营对象，故寿险医学扩展为保险医学。

保险医学的成果能够促进保险业适度可持续发展，保证保单质量和客户获得合法的利益。科学地厘定和修订费率对保险组织的服务创新，限制和杜绝保险单核赔案欺诈行为具有积极且重要的作用。保险医学依据其所应用的领域和技术特性可分为核保医学、核赔医学、体检医学、健康管理医学等。

核保医学是指保险企业在进行保险单审核过程中，对被保险人的身体和健康状况进行医学选择，以及所使用的医学原则和技术。

核赔医学是保险企业经营过程中应用的医学原则、技术和方法，处理索赔业务的医学技术，其更多的是医学数据的收集分析，以及对治疗过程真实性的把握，病例分析是其重要内容。

体检本身属于医学的一部分，体检同时也是保险医学的一部分，所不同的是，前者用于治疗疾患，是诊断治疗的基础，而后者则用于被保险人身体状况的审核，即风险选择。几乎所有的医疗指标都会纳入保险核保师的视线内，不但要看人的现在，还要分析身体的未来发展趋势。

健康管理是保险医学的重要组成部分，作为一种发明和贡献，保险业所创造的健康管理理念、技术和方法，如今已被社会各界广泛认可、传播和发扬。

健康管理的发展方向是同疾病预防相结合，这是一场革命，政府主导的疾病预防体系对健康管理十分重视，并把其引入疾病控制体系中。由于政府的介入，大大促进了健康管理的发展。

现代医学研究表明，很多疾病是由于生活习惯造成的。健康管理就是要管理不健康的嗜好和行为，如“迈开腿，管住嘴”已经成为家喻户晓的健康箴言，这些现象表明保险医学正在走向服务大众、服务社会的新阶段。

医学和健康问题，至少从以下五个方面深刻影响着保险业：

1. 影响人口寿命和健康状况的疾病模式发生了改变，如急性传染病发病率下降，而慢性病发病率则明显上升；

2. 医疗新技术层出不穷，如基因检测、医学人工智能、疾病早期诊断等；

3. 民众对医疗保障的需求空前强烈；

4. 国家的医疗保障体系和医药体制正处在变革之中；

5. 民众的就医行为和医疗服务提供模式给保险公司的经营提出了严峻挑战。

这些问题急需保险医学来研究解决，否则，将严重制约保险业的创新发展，甚至可能使保险公司面临经营困局。

保险医学理论与实务的研究，对于国内保险业创新具有十分重要的现实意义。在“健康中国”战略指导下，政府通过购买服务的方式，把很大一部分社会医疗保险服务委托给商业保险公司，商业保险得以进入社会保险公益性服务领域。“商业保险社会化服务，社会保险商业化运营”的指导思想要求商业保险必须创新经营观念，以新的姿态、新的身份出现在大经济、大服务、大保障体系中，这让加快保险医学理论和实务研发更具紧迫性。

保险医学在中国是一门方兴未艾的学科，从理论到实践都处于一种待开发的状态。保险医学研究任重道远，《新世纪保险医学智库丛书》的陆续出版，必将为保险医学研究和发展添上浓墨重彩的一笔，相信她一定会对促进保险业，特别是健康保险业的稳健快速发展做出更多贡献。

张国芳

2016 年 10 月 11 日

CONTENTS | 目录

第一章
值得保险业关注的医学新技术

不断涌现的高精尖医疗仪器、设备、药品等在增强人类对抗疾病能力，改善健康水平的同时，大大增加了社会的医疗经济负担，使得人们在一定时期内还难以普遍承受这种高消费，因此不得不对新的医学技术从经济性和有效性上进行评估和选择。

有些医学技术可能会与某些国家或地区的政治、法律、伦理道德观念相违背，如器官移植、人工受精、胎儿性别鉴定、安乐死等，就可能引起政治上、法律上、伦理道德上的争议，社会往往只能放弃这些技术。因此，在确定医疗保险的承保内容时，必须从政治、法律、伦理道德的角度加以考虑。

医学技术的使用需要一系列的条件与之相配套，如医技人员的知识水平和技能、机构设施、设备与药物质量以及后勤系统的支持等。对卫生服务项目的选择需要一并考虑这些因素，并综合评估。

医学新技术的发展，正全面而深刻地对人身保险产生影响。一是医学新技术的产生不断激发医疗保险和健康保险的新需求、新保障。二是医学新技术越来越明显地降低人口死亡率，延长人口预期寿命，也使各种疾病的发病率和死亡率急剧变化。三是基因组学和分子生物学的发展，使得疾病预测甚至寿命预测成为可能，这一切都从根本上对人身保险提出了挑战。保险公司在产品开发、核保、理赔、客户服务等各个经营环节都不得不面临与日俱增的医学新技术问题。保险业从来没有像现在这样需要深入了解和研究医疗新技术，需要培养保险与医学相融合的复合型、应用型高素质保险专业人才。

遗憾的是，我们看到，现代医学技术融入人身保险尚存在一些不足。保险业对医学新技术的认知和研究跟不上发展的步伐，许多已经普遍运用于临床实践的技术还没有得到保险业的认可，没有纳入赔付范围；疾病预测和早期诊断新技术很少被运用于保险业务的风险评估；慢病管理技术还没有用来降低被保人的出险率；很少见到将健康管理、疾病预防、疾病康复等方面的新技术与保险保障有机融合的保险创新产品；关于医学新技术对人口预期寿命以及疾病发生率和死亡率影响的研究还基本处于空白；保险条款规定的医学标准的更新与现代医学的发展存在不一致性，导致保险公司对某些理赔案件难以做出赔付事项的认定；保险业对医学技术的进步导致逆选择和道德风险增加的挑战仍然缺乏应对策略和办法。因此，对于保险从业人员而言，了解和学习医学新技术的发展状况，是一项迫在眉睫的事情，只有引起足够重视，充分预估其给人身保险业带来的机遇和挑战，才能保证人身保险得到良好的发展。

第一节　医学新技术发展前沿

科学是探索事物的真相和规律，技术是应用事物的规律为人类服务。医学科学要了解人体的结构、功能，要了解外界条件、环境对人体的影响以及疾病发生发展的规律等，而要实实在在地防治疾病和促进健康，得靠医学技术的发展。

一、医学技术对人类健康的贡献

医学不仅仅是科学加技术。一方面，医学是“人学”，关注人的生命，关注生命的意义，不是简单的科学加技术就能解决问题。科学技术是人类研究和改造自然，而医学是人类对自身的研究。这在现代科学二元论体系中是特别的，人类自己能否认识自己的意识，本身就是一个哲学问题。人类的发展与进步产生了对治疗疾病、保护健康的需求，致使人类健康事业随着科学技术的发展而不断进步。另一方面，在医疗技术进步造福人类、促进健康的同时，也会因人类认识的某种局限性、医疗技术发展中的不完善性、个别使用者因违反伦理道德而滥用医疗技术成果等，造成对人类健康产生负面影响甚至威胁到人类的生存权力。

（一）医学技术进步是人类战胜疾病、保证健康的手段

从人类发展的历史进程看，由于医疗技术的发展，人类得以更好地认识机体及其健康状况，例如医学显微镜的发明使人类对人体组织、细胞、病毒和细菌的形态等有了全面认识；借助医疗技术的发展，人类得以更好地治疗疾病，例如青霉素及其他抗生素的发现和应用，使得人类得以战胜感染性疾病；麻醉技术的应用使得外科手术成为可能；借助医疗技术的进步，人类得以更好地诊断疾病，如X光技术、实验室试验技术、基因工程技术等；借助免疫与预防接种技术的发展，

人类发明了疫苗，使得天花得以消灭等。

（二）医学技术进步对人类健康的负面影响

医学技术进步对人类健康有重要积极作用，然而在一定历史时期，由于人类认识世界的局限性，使某一医学技术可能不够完善，其存在的缺陷可能对人类健康造成一定危害。比如，最早的天花疫苗是用从小牛身上感染疮口采集到的天花病毒制成的牛痘病毒中提取的，科学家认为接种这种天花疫苗确实存在着一定的风险。

比如，美国储存的天花疫苗很多都是从 1972 年开始封存的，由于疫苗本身是当时从小牛身上采集而来的，从某种意义上说，这些天花疫苗的品质已经非常陈旧过时了。此外，更严重的是一些存在抑制免疫反应的人在接种天花疫苗后会直接导致死亡，这种几率为百万分之一左右，即每一百万接种天花疫苗的人中将会有 1 ～ 2 个人因脑炎而死亡；接种天花疫苗的其他毒副反应还包括引起全身性发痘、坏疽痘、过敏性紫癜、高热等严重并发症，几率约为几十万分之一。为了使天花疫苗更安全，美国国家健康研究中心和美国国内的公司正在合作研制开发更可靠的新型天花疫苗。新疫苗将采取细胞培养的方式，在培养容器内培养天花病毒，从而摒弃过去那种从小牛身上采集天花病毒的方法。

二、当代医学技术发展趋势

（一）世界医学技术发展及其对人类的贡献

医学科学与医学技术的发展相辅相成。人类文明发展到工业化社会，技术的发展以科学为基础，同时又为科学进步创造了更好的条件，但两者发展常常不同步。比如，16 世纪解剖学成熟，17 世纪生理学建立，18 世纪病理学诞生，19 世纪微生物学飞快发展，但由于这些医学科学的成就没有与现代技术相结合，因此医学技术总体上止步不前。到 19 世纪中晚期，医生看病主要还是依靠放血、出汗、催吐等传统方式。这时虽然已经能够进行某些手术，但由于没有麻醉和消毒等基本技术手段，因此不被视为正宗的医学。直至 19 世纪末和 20 世纪初，现代技术迅速进入医学领域后，医学技术才得到突飞猛进的发展。

首先是影像学技术。先是 X 射线，然后有了 CT、核磁、同位素显影（包括 PET）、各种内窥镜等，使得医生能够从体表看到体内，看清人体器官上的病变。通过影像技术看到病变后，最有效的治疗办法就是外科切除或修复病变，甚至移植一个新的异体或机械的器官。外科手术的精细度也越来越高，创伤越来越小，微创手术已经基本覆盖所有器官，目前开始向微无创方向发展。其次才是药物的发展，化学与生物医学的结合使新药研发从盲选向靶向选择过渡，有效化学药和生物药也越来越多。近一个多世纪以来，通过物理学方法，在器官层面诊疗疾病的技术取得了最好的效果，通过药物等化学方法，在器官层面解决问题的成效列居次位。

20 世纪后半叶以来，科学发现与技术应用之间的距离越来越近，医学技术的发展也越来越多地与生物化学和细胞生物学的研究成果相结合。特别是从 1953 年 DNA 双螺旋结构发现后，分子生物学发展日新月异，人类基因组计划完成以及其他组学研究飞速发展，加之大数据和人工智能技术的应用跨上新的台阶，这些新进展为人们从分子水平发展医学技术提供了很大空间。

总之，随着医学科学由器官到细胞再到分子层面不断地深入发展，医学技术也将随之向微观层次跟进，尤其在基因水平诊断和治疗疾病方面，由此，将从根本上改变现有的医学技术系统。除此之外，医学技术具有相对独立性，其不仅跟随医学科学发展，也受其他领域科学与技术发展的影响。

（二）我国医学新技术的发展趋势

2018 年 7 月 31 日，国家卫生健康委员会在广东省广州市召开专题新闻发布会，继续关注我国医疗技术能力和医疗质量水平双提升工作。国家卫生健康委员会的官员表示，医疗质量和专科能力的提升最终体现在医疗技术上，目前我国医疗技术的发展呈现出四个趋势：

微创、无创技术快速发展。我国微创、无创技术已覆盖绝大多数专业，内镜、介入等部分技术已达到或领先于国际水平，且胸腔镜、腹腔镜、消化内镜、支气管镜、血管介入等已在县级医院普及。

数字化技术广泛应用。虚拟现实技术和 3D 打印技术已在骨科、心外科、胸外科等领域广泛应用，使手术更加精准、安全；人工智能辅助诊断技术在病理诊断、影像诊断等方面崭露头角，提高了诊断的准确性和效率；远程会诊系统已广泛建立，让人民群众可就近接受大医院专家会诊。

精准化、个体化治疗日臻成熟。循证医学、多学科协作诊疗等新模式广泛开展，为患者提供了个体化诊疗；基因检测、靶向药物等精准治疗技术已经在肿瘤、高血压、糖尿病等疾病中广泛应用。

以器官移植为代表的器官功能替代治疗取得显著成效。血液透析、人工肝、体外膜肺氧合（ECMO）等器官功能替代技术广泛应用于临床，人体器官或人造器官移植也取得重大进步。

三、我国医学技术的发展战略

（一）指导思想

贯彻“科学技术是第一生产力”的战略思想，“经济建设必须依靠科学技术，科学技术工作必须面向经济建设”的科技发展总方针以及“预防为主，依靠科技进步，动员全社会参与，中西医并重，为人民健康服务”的卫生工作方针，切实把医药卫生保健工作转移到依靠科技进步的轨道上来。鉴于医学科学研究是人们健康的科学保障，是生产力发展的重要前提、基础和条件，应考虑医药科技的超前发展。

（二）总体战略

根据上述指导思想，以国内外科技尤其是生命科学和生物医学科技、经济、政治、教育、文化发展的战略态势为背景，按照医药科技与经济、社会协调发展和适当超前发展的思想，从我国的国情和实际需要出发，适应我国经济体制、环境条件、人口结构、疾病构成、卫生需求和医学模式正在发生的历史性转变。

（三）以战略眼光审视我国医学技术发展的重点方向

以提高全国人民健康水平为目标，以控制人口增长、提高人口素质、防治重大疾病及其他常见病和多发病、加强卫生保健中的重大科学技术研究为主线，采取系统思想和重点战略相结合的策略，贯彻预防为主，中西医结合的战略方向。充分发挥整体优势，集中精干力量，积极跟踪世界医学科技发展的前沿，进一步开展国内外的交流与合作。坚持大力开展应用研究和开发研究并有效地发展适宜技术，促进科技成果的转化和开发，努力促进新技术产业及其基地的形成。

（四）战略目标

加强现代医学研究，积极跟踪世界医学领域的先进科技，明显提高我国医学科学和医疗卫生保健水平。在某些有优势的领域达到或超过国际先进水平，大大加强重大疾病的防治能力，着力于提高治愈率，降低死亡率和发病率，保护环境，控制人口增长，提高人口素质，大幅度提高健康水平，逐步接近身心健全及其与环境和谐一致的健康目标。

（五）重点任务和发展策略

1. 加强生育和生殖健康研究，保持合理人口数量，提高人口素质

保持适量的人口数量和合理的人口结构，对于中国这样一个占世界人口总数五分之一的国家来说是非常重要的。同时应大力发展教育事业，努力提高人口素质，为科教兴国打下坚实的基础。

2. 加强对危害人民生命和健康的重大疾病关键防治技术的研究

对危害我国人民健康的重大疾病防治技术的研究还要进一步加强，吸收国外先进经验，提高防治水平。

3. 加强药学与制药研究，满足国内需要，逐步走向国际市场

尤其中医药学，这是我们的传统医学，是中国医学的最大优势，其不仅是我们的宝库，而且是我们发掘最有用的药材、药品的有效途径，对于我国传统中医学走向世界非常重要。

4. 加强基础研究，抓住前沿学科、前沿课题、优势领域

保健需要开展基础性研究。中国可以为整个人类的健康做出自己的贡献，问题是我们如何根据国情开展自己的医学科学研究。我国的人口多、民族多、病人多，所以我国的流行病学、地域医学研究在全世界占据相当的优势。在小环境医学研究上我们优势明显，这在很多国家是办不到的。

5. 加速发展医学高技术

首先是生物技术，包括基因工程、细胞工程、蛋白质工程、组织工程等。当前我国在基因工程方面做了很多工作，但到目前为止，真正属于中国人自己独立知识产权的生物技术产品还没有。生物技术发展非常迅速，将成为 21 世纪影响医学特别是药物学的重要领域。如果我们在这方面重视不够，势必无法与外国竞争，甚至连我们自己也无法生存。

其次是蛋白质工程。随着基因工程的迅速发展，蛋白质工程越来越复杂，而我国做蛋白质工程的研究人员还很少。我国目前提取白蛋白都是用人血提白蛋白法，猪血的白蛋白与人血的白蛋白只差几个氨基酸，随着技术进步，那么将来的屠宰场就有可能是分离白蛋白的最重要的原料基地，我国将会有源源不断的白蛋白提供使用。

最后是组织工程，将来我们可以做细胞、分子、组织的培养。现在我们能够人工制作耳朵，将来可以制作鼻子或者其他的器官，这势必为未来医学的进步提供源源不断的新材料和质量保障。纳米技术的微机器人已经在医学上得到应用，将来很可能成为非常好的医学工具。

6. 医学伦理问题

现在许多国家已经把脑死亡作为死亡标准，而我国现在还是以心脏停止搏动为死亡标准，这个标准浪费了太多卫生资源。中国如果也像其他国家一样把脑死亡作为死亡标准，就可以节省大量的卫生资源，为脏器移植提供更好的供体。

第二节　值得保险业关注的医学新技术介绍

医学技术涵盖的内容比较多，本书主要针对那些和保险业融合比较多的部分，比如医学诊断、治疗、预防医学、健康管理及互联网大数据等相关的技术做介绍。

一、医学诊断新技术

本部分包括医学影像诊断技术、分子生物诊断技术、细胞和生物化学技术及当前比较热门的检测和早筛检测等。

（一）医学影像诊断技术

医学影像技术是一种解决人体成像、图像处理与图像分析的技术，主要是应用工程学的概念及方法，并基于工程学原理发展起来的一种技术，其实医学影像技术还是医学物理的重要组成部分，它是用物理学的概念和方法及物理原理发展起来的先进技术手段。

医学影像信息包括传统 X 射线、CT、MRI、超声、同位素、电子内窥镜和手术摄影等影像信息。它们是窥测人体内部各组织、脏器的形态、功能及诊断疾病的重要方法。随着医疗卫生事业的发展，以胶片为主要方式的显示、存储、传递摄像技术已不能满足临床诊断和治疗发展的需求，医疗设备的数字化要求日益强烈，全数字化放射学、图像导引和远程放射医学将是放射医学影像发展的必然趋势。

1. 对目前各种医学成像模态发展现状的分析

我国目前各种医学成像技术发展呈现不同的模态，其发展状况也不尽相同，下面分别做简要介绍。

X 射线成像

X 射线成像模态分为平面 X 射线成像和断层成像。人体不同器官和组织对 X 射线的吸收可以用组织密度进行表征，因此，可以利用平面 X 射线、X 射线照相术对人体内脏器官、骨骼的损伤和病灶进行诊断和定位，同时也把胶片带进了医学领域。随着 X 射线显像增强技术的发展，X 射线的血管造影术和其他脏器的专用 X 射线机相继诞生，扩大了 X 射线成像的应用范围。平面 X 射线成像的未来发展方向是数字化的 X 光机技术，也是全世界的发展方向，但是其价格使得大多数用户望而却步。

作为传统影像技术中最为成熟的成像模式之一的 X 射线断层成像，其速度对于心脏动态成像完全没有问题，加上显像增强剂，还可以对用于血管病变及其血脑屏障是否被病灶破坏进行检查，属于功能成像的范畴。当前，三维控件 X 射线断层成像的实验室样机已经问世，将会为 X 射线成像带来新的生命力。

核磁共振成像

目前，各种各样的核磁共振设备产品已经大量进入市场，核磁共振成像集中体现了各种高新技术在医学成像设备中的应用。目前，核磁共振主要应用包括人脑认知功能成像，用于揭示大脑工具机制的认知心理实验测量。

核医学成像

核医学成像包括平面和断层成像两种方式。目前，以单光子计算机断层成像和正电子断层成像为主，正电子断层成像主要是用于基础研究，而平面的 γ 相机已经处于被淘汰的水平。

核医学成像设备可以定量地检测到由于基因突变而引起的大分子运动紊乱继而引起的脏器功能变化，例如代谢紊乱、血流变化等，这是其他设备如超声波检查不可能完成的任务。这就是临床医学上所说的早期诊断，核医学影像设备能够快速发展归功于此。但是核医学成像存在空间分辨率差、病理和周围组织的相互关系很难准确定位等缺点，因此还需要医学物理工作者的不懈努力。

超声波成像

超声波是非电离辐射的成像模态，以二维成像的功能为主，也包括平面和断层成像两类产品。超声波成像由于其安全可靠、价格低廉，在诊断、介入治疗和预后影像检测中得到发展。目前，超声波设备已有超过 X 射线成像的势头。同样，超声波成像也存在一定的缺点，如图像对比度差、信噪比不好、图像的重复性依赖于操作人员等。

2. 关于医学软件基本情况的分析

成像的硬件设备要完成功能离不开医学软件的支持，对于这些医学软件，按照和硬件设备的关系，可分为三个层次。

第一层，与硬件紧密结合的软件，主要功能是负责成像设备的运动控制，进行数据采集、图像预处理和重建，完成数据分析。

第二层，主要负责对医疗器械产生的数据进行分析、处理的软件，这种软件的应用需要来自医学物理人员、软件编程人员和医生三方的合作，由于我国目前还没有建立这种三方合作机制，这类软件应用情况明显滞后。

第三层，主要功能是完成医学信息整合的软件，用于医疗过程中采集信息，理顺医学工作的管理，例如PACS（影像归档和通信系统），这种软件也需要医生的参与，但是并没有依赖性。

PACS是医疗技术信息化的体现，是医学影像技术集成管理和开拓影像资源应用范围的重要技术手段。PACS将医学影像中的各种软件和图像工作站连接起来，使之成为局域网中的节点，实现了资源的共享。不同科室的医生在完成病人信息的收集和诊断后，即可以完成信息的录入。还可以将商业设备上采集的数据运用于病人的诊疗中，结合数据和医学影像，对诊断信息进行综合处理，以此提高诊断的准确率。

3. 医学影像物理和技术的未来发展

虽然存在各种不同的医学影像模态，但是目标只有一个，即为了更好地进行医学研究诊断，随着物理和计算机技术的发展，医学影像技术会随之提高。为了更好地服务医疗，在今后的发展中，医学影像物理和技术学科还需在以下几方面继续努力。

第一，用于成像的物质波产生装置还需要不断提升，为更好地满足成像需求，在提高波源产生物质波的同时，还需要改变物质波的束流品质；

第二，将物质波和人体组织发生相互作用的规律模型化，为减少误诊和定位误差，使模型参数实现最佳化，改善从影像中提取信息的质量和速度，同时努力消除探测中的噪声和伪影；

第三，把探测的信号进行收集，放大、成形实现数字化；

第四，为满足影像诊断和治疗的监督需要，高质量地实现图像重建和显示。

在科学技术方面，应开展医学影像在脑功能成像研究中的应用、在临床诊断中的应用等，有利于拓宽医学影像的市场。

4. 医学影像技术的未来热点

随着科技的发展，最近逐渐发展起来一批有希望的影像技术，如磁共振谱（MRS）、正电子发射成像（PET）、单光子发射成像（SPECT）、阻抗成像（EIT）和光学成像（OCT或NRI）。他们有可能很快成为大规模应用的影像技术，将为脑、肺、乳房及其他部位的成像提供新的技术渠道。

磁源成像

人体体内细胞膜内外的离子运动可形成生物电流，这种生物电流可产生磁现象，检测心脏或脑生物电流产生的磁场就可以得到心磁图或脑磁图。这类磁现象可反映出电子活动发生的深度，携带着人体组织和器官的大量信息。

单光子发射成像（SPECT）和正电子成像（PET）

单光子发射成像和正电子成像是核医学的两种 CT 技术。由于它们都是接受病人体内发射的射线成像，故统称为发射型计算机断层成像（ECT）。ECT 依据核医学的放射性示踪原理进行体内诊断，要在人体中使用放射性元素。ECT 存在的主要问题是空间分辨率低，最近的技术发展可能促进推广 ECT 的应用。

阻抗成像（EIT）

EIT 是通过对人体施加电压，测量在电极间流动的电流，得到组织电导率变化的图像，目的在于形成对体内某点阻抗的估计。这种技术的优点是，所采用的电流对人体无害，因而对成像对象无任何限制。这种技术的时间分辨率很好，因而可满足连续监测的实际应用，已研制出视频帧速的医用 EIT 实验样机。

光学成像（OTC 或 NIR）

近期的一些实质性技术进展表明，光学成像有可能在最近几年内发展成为一种能真正用于临床的影像设备。它的优点是光波长的辐射是非离子化的，因而对人体没有伤害，可重复曝光；它们可区分那些在光波长下具有不同吸收与散射特征，但不能由其他技术识别的软组织；天然色团所特有的吸收使得该技术能够获得功能信息。

MRS

MRS 是一种无创研究人体组织生理化的有效工具，它所得到的生化信息可与人体组织代谢相关联，并表明它与正常组织的差别。目前 MRS 还没有应用于临床，但已有大量技术正在进行试用。

（二）分子诊断技术

分子诊断技术是将分子生物学原理和技术应用于疾病实验诊断而产生的一门新兴的检验医学技术，是当代医学发展的重要前沿领域之一，其核心是基因诊断技术。

1. 分子诊断技术的进展

中国的分子诊断技术在 20 世纪 60 年代开始萌芽，80 年代出现以核酸探针的放射性核素标记、点杂交、印迹杂交和限制性片段长度多态性连锁分析为代表技术的分子诊断技术萌芽。最早关于分子诊断的研究报道是 1983 年由中国医学科学院等单位完成的对地中海贫血的产前基因诊断。此后，北京、上海、广州等地的一些研究单位开始陆续建立了地中海贫血、苯丙酮酸尿症、血友病、杜兴氏肌营养不良、G-6-PD 缺乏症等几种常见遗传病的分子诊断方法。但在整个 80 年代，分子诊断的概念尚未被普遍接受，分子诊断技术尚未从大学、研究所走向临床实验室。

20 世纪 90 年代，由于聚合酶链式反应（PCR）技术的推广应用，分子诊断技术在我国得到了较快发展，开始进入临床实验室。除单基因遗传病外，肿瘤、感染性疾病、基因多态性、多基因遗传病等也被纳入分子诊断的范围，几乎所有的实验方法都建立在 PCR 的基础上。但在 90 年代中期，分子诊断技术发展出现了一个严重的偏向：PCR 技术在临床实验室的滥用。所幸这一偏向在 90 年代后期得到了纠正，分子诊断技术回到了理性发展的轨道。90 年代后期以来，中国的分子诊断技术呈现出三个主要发展动向：第一，随着中国人类基因组计划的启动（1994 年）以及中国对国际人类基因组计划的正式参与（1999 年），分子诊断开始从关注单个基因转向关注整个人类基因组；第二，PCR 的定量化及其应用；第三，基因芯片技术的开发和兴起。目前，分子诊断在实验诊断市场中占的份额还很小，但增长得十分迅速，未来 10 年内，分子诊断技术将在实验诊断中起主导作用。

2. 分子诊断技术的前景

我国是个人口大国，分子诊断在我国具有广阔的应用和发展前景。我国近年在分子诊断技术的发展上不断突破，政府起了非常重要的推动作用。我国原卫生部提出的“新发传染病等防治技术研究与应用”项目作为“十五”国家科技攻关计划重大项目组织实施，重点开展传染病的快速筛查、检测、分离、鉴定、追踪、预警、诊断、治疗等方法和技术的研究，整体提高应对传染病的科技水平和能力。在北京小汤山百善镇已集中建设新的国家疾控中心（CDC），各地对疾控中心也投入大量经费，以整体提高各级疾控中心对目前日益严峻的疾病预防控制形势的应对能力。

展望未来，中国的分子诊断将面临以下几个方面的挑战：（1）分子诊断临床应用的规范化；（2）分子诊断向常规临床诊治工作的渗透；（3）遗传咨询和基因检测的伦理问题；（4）基因芯片的实用化，全基因组范围的检测和筛选；（5）具有我国自主知识产权的分子诊断技术的建立；（6）简单、快速、便于普及的快速分子诊断的开发。随着人类基因组计划和后基因组计划的实施，中国分子诊断技术在应对上述挑战的同时也将得到进一步的成熟和完善。而正是分子诊断的不断发展，正在使国人从注重疾病诊治到注重生命全过程的健康监测，重预防、治未病，从而提高我国整体人口健康与科技水平。

（三）细胞化学技术

细胞化学技术不是单一的技术，而是一整套相关联的技术，包括酶细胞化学技术、免疫细胞化学技术、放射自显影技术、示踪细胞化学技术等。尤其是免疫细胞化学技术近 10 年来在我国取得很大发展，肿瘤标志物检测技术也取得飞跃式进步，使我国疾病的早期检测率明显提升。

1. 免疫细胞化学技术的发展

免疫细胞化学（ICC）是近 40 多年兴起的一门边缘科学。运用 ICC 技术协助细胞学诊断，能提高细胞学的确诊率。ICC 特别适合于上皮性、间叶性或淋巴细胞性肿瘤的鉴定，在淋巴瘤亚型分类中更趋客观、准确，并能为间叶来源肿瘤的细胞起源提供可靠证据，使寻找转移癌原发灶这一难题方面有了一线希望。免疫细胞化学是用标记的特异性抗体（或抗原）对组织内抗原（或抗体）的分布进行细胞和组织原位的检测技术。研究人员于 1941 年首次用荧光素标记抗体检测肺组织内肺炎双球菌获得成功，开创了细胞化学中“免疫细胞化学”这一新篇章。继酶标记抗体技术之后，研究人员又在此基础上改良并建立了辣根过氧化物酶 - 抗过氧化物酶（PAP）技术，使免疫细胞化学得到日益广泛的应用。20 世纪 80 年代，建立了抗生物素 - 生物素（ABC）法之后，免疫金 - 银染色法、半抗原标记法、免疫电镜技术等相继问世，使免疫细胞化学技术成为当今生物医学中形态、功能、代谢综合研究的一项有力工具。近年来，随着抗原的提纯和抗体标记技术的改进，特别是单克隆抗体技术的引入，使免疫细胞化学在生物基础研究，如病理学、神经科学、发育生物学、细胞生物学和微生物、寄生虫、病毒等病原体的诊断和研究中日益显示出巨大的实用价值，并使实验向临床、向定量和分子水平深入。

原位分子杂交技术引入免疫细胞化学，是现代免疫细胞化学向基因水平深入发展的重要标志。近年来，分子杂交与免疫细胞化学的结合日益紧密，尤其是在杂交后信号的检测技术中，引入了免疫细胞化学的免疫放大和显色技术，已经形成了杂交免疫细胞化学或称原位杂交免疫细胞化学，成为免疫细胞化学中又一个新的分支。分子杂交与免疫细胞化学的结合，形成了在细胞、亚细胞和分子水平同时检测基因及其表达产物的完整体系，把基因探针（基因工程）和单克隆抗体技术结合起来，成为当代生物科学和医学在分子水平研究和诊断的新兴技术。尤其是近年来，与 PCR 技术结合的原位 PCR 技术和原位免疫 PCR 技术敏感性很高。

2. 肿瘤标志物检测技术

肿瘤标志物（TM）是指在肿瘤的发生和增殖过程中，由肿瘤细胞本身所产生的或者是由机体对肿瘤细胞反应而产生的，反映肿瘤存在和生长的一类物质，包括蛋白质、激素、酶（同工酶）、多胺及癌基因产物等，它可以间接地反映肿瘤的存在和瘤体的生长状态。随着肿瘤基础研究的不断深入以及临床检测实践经验的逐步积累，肿瘤标志物已广泛应用于肿瘤普查、协助诊断肿瘤、肿瘤高危人群筛选、肿瘤治疗或随诊过程中疗效及复发转移的监测、肿瘤分期以及肿瘤定位，成为临床检测的重要项目之一。

近年来，随着标记免疫技术以及分子生物学技术的突飞猛进，检测肿瘤标志物的各种新技术、新方法不断涌现。

随着分子生物学技术的突飞猛进，检验医学发生了巨大的变化。将分子生物学理论和技术应用到临床检验诊断学，使得临床检验诊断学也从细胞水平进入到分子水平，由此对疾病的诊断称为分子诊断。分子诊断具有灵敏度高、特异性强、适用范围广以及取材一般不受组织、时相限制等特点。肿瘤标志可分为基因标志和基因表型标志，肿瘤的分子诊断广泛涉及恶性肿瘤及癌前病变，诊断的标靶不仅涉及癌基因、抑癌基因、相关基因及其产物，单核苷酸多态性、基因组以及蛋白质组等也被列人肿瘤标志物的检测，为肿瘤的基础研究及临床辅助诊断提供了更为详尽的证据。分子诊断技术多种多样，在传统检测 DNA 和 RNA 的基本技术如分子杂交、PCR 和 DNA 测序以及分析蛋白质的主要手段、免疫法及质谱法基础上衍生、组合而形成的新的分析方法不断更新，新的分子诊断技术层出不穷。随着人类基因组计划的顺利实施，PCR 衍生技术、生物芯片、飞行质谱、循环 DNA 检测等技术相继问世，可检测到极微量的生物活性物质，大大提高了检测的灵敏度。凭着分子诊断的技术优势及潜力，肿瘤的分子诊断必将有广泛的应用前景。

恶性肿瘤对人类危害很大，早期发现、早期诊断和治疗是提高治愈率、降低病死率的关键。检测肿瘤标志物的方法很多，传统的标记免疫技术不断发展，新型标记免疫技术如化学发光免疫分析及其他先进技术也开始应用于肿瘤标志物的临床检测。这些新技术将在肿瘤诊断、疗效判断、预后评估等方面起到重要作用，尤其是分子诊断技术的发展和广泛应用，为人类社会带来深刻的变革。生物芯片技术为多肿瘤标志物联合检测提供了理想的工具，且由于蛋白质组研究具有在整体水平上发掘和寻求潜在肿瘤标志物的能力，可能发现新的肿瘤标志物，并能通过高通量、自动化筛查肿瘤相关蛋白的表达图谱，对探明肿瘤发生、发展的分子机制，以及发现临床早期肿瘤具有重要意义，而循环肿瘤细胞的检测有望成为新的预测肿瘤转移、预后及指导临床治疗的指标。相信随着新的特异肿瘤标志物的发现，各种检测技术的联合应用，以及更加灵敏的检测工具的出现，必将极大地促进肿瘤的筛查和早期诊断，为早期发现、诊断肿瘤提供可能。

二、医学治疗新技术

本部分主要介绍和保险业融合比较多的心脑血管疾病治疗新技术、糖尿病治疗新技术、细胞和器官移植新技术等。

（一）心脑血管疾病治疗新技术

北京大学心血管研究所的唐朝枢教授在《2003 科学发展报告》中撰文阐述了心脑血管疾病防治研究的进展与发展趋势。

20 世纪 50 年代，心导管术和心脏直视手术的创立并应用于临床，是过去 50 年中心血管疾病防治最令人瞩目的成就，其中心导管术获 1956 年诺贝尔生理学和医学奖。同时，基础研究尤其是基因工程的发展，为阐明疾病发生、发展的机制并发展新诊疗方法提供了有效手段。近年来，心血管疾病在病理生理学、诊断、药物治疗、外科手术及介入治疗等方面都取得了很大进展。

目前，国际上心脑血管疾病的研究方向有几个重要转变：从基因组向蛋白质组研究的转变，心脑血管疾病防治逐步以心功能不全以及心、脑、血管损伤后的再生与修复为重点，大力发展高分辨率非侵入性的检查技术，侧重发展基因和细胞治疗，药物治疗从单一和群体治疗转变为综合和个体化治疗。

高血压、冠心病等心脑血管疾病大部分都是多基因遗传与环境因素及不良生活方式共同作用的结果，有些危险因素已被认识，但在我国尚未给予应有的重视，因此需要提高公众对危险因素的知晓率，提高防范意识，普及防范知识。我国心脑血管疾病相关基因的研究起步较晚，投入不够，尽管取得了一些成绩，但研究不够深入和完善，缺少标志性成果。2000 年我国启动了重大基础研究发展规划项目（973 项目）——心脑血管疾病发病和防治的基础研究，为揭示心脑血管疾病的发病学机制、寻找更有效的防治途径奠定基础。

心脑血管疾病的研究需要多学科交叉，需要生物医学与生命科学及其他基础学科的配合、基础与临床的结合，面对 21 世纪生物医学的迅猛发展和我国心脑血管疾病防治的严峻形势，我国亟需提高心脑血管疾病的预防及治疗水平，以增进人民健康。

（二）糖尿病治疗新技术

Ⅱ型糖尿病患者的主要特征是高血糖，该病主要是蛋白质、脂肪、葡萄糖代谢紊乱，进而造成胰岛素分泌不足或胰岛素抵抗，服用传统的治疗药物，极易导致患者出现一系列副反应，例如，心血管风险、体重增加、胃肠道反应以及低血糖等，所以加强对新作用机制和新靶点的研究显得至关重要，包括与促胰岛素分泌联系密切的靶点、与糖代谢酶联系密切的靶点、与胰岛素信号转导联系密切的靶点，等等。

（三）细胞和器官移植

器官移植是指将一个个体的细胞、组织或器官用手术或其他方法，导入自体或另一个个体的某一部分，以替代原已丧失功能的一门技术。根据导入移植物不同，分为细胞、组织和器官移植。

1. 细胞移植的发展

细胞移植近年来在临床上的意义日显重要，正如 1988 年第 12 届国际移植学术会议在澳大利亚悉尼召开时，大会主席在致词中所说："肾移植不再具有新闻价值，我们寄期望于细胞移植的进展。"一般说来，细胞移植是指将取自一个人的有活性的细胞群，制备成悬液或碎屑，移植到另一个人的体内，以恢复其功能而达到治疗的目的。

同种细胞移植具有同种器官移植同样的免疫学反应，即移植后会产生不同程度的排斥反应，但与其他器官移植相比较，细胞移植时不需复杂的吻合血管技术，制备简易，方法易行，容易推广，疗效较好。因此，近年来发展较快，前景诱人。在我国，由于胚胎器官来源较多，研究进展迅速，疗效也日益显著，已引起广大医务工作者和患者的极大兴趣和热情关注。我国应用较多、疗效较佳的细胞移植即胰岛移植、骨髓移植、胎肝细胞移植、脾细胞移植、脑组织移植和胎脑黑质移植等，未来会有很大的发展空间。

2. 器官移植的发展

我国的器官移植从 21 世纪开始进入快速发展期，规模日益扩大，器官移植在我国将成为寻常手术。据中华医学会器官移植学会 2004 年不完全统计，截至 2003 年，我国累计完成器官移植 5.5 万余例。其中，肾移植 5 万多例，每年完成超过 5000 例，数量仅次于美国。在友谊医院 2003 年 6 月前完成的 2636 例肾移植中，1 年肾成活率达到 89.3%，5 年肾成活率为 69.2%。另外，肝移植 3000 多例，仅 2002 年就完成 1500 例。此外，心脏移植取得突破，还开展了胰肾联合移植、肝肾联合移植、心肺联合移植等高难度手术。随着移植技术的成熟和新型免疫制剂的问世，肾移植已成为我国治疗尿毒症的常规手术。从 1987 年我国成功实施第一例心脏移植算起，全国共完成心脏移植超过 150 例次，心脏移植已成为治疗终末期心脏疾病的有效手段。2017 年器官移植专家何晓顺首创无缺血器官移植技术，破解了器官移植长达 63 年的世界性难题，进而推动我国从移植技术的“追随者”向“领跑者”转变。

器官移植由于涉及供体来源、排异反应、移植技术等诸多方面的制约，与普通治疗手段有着较大的差异。器官移植的发展除了医疗技术过关之外，还需要有科学的管理体系和强有力的法规保障。此外，手术费用昂贵是最大障碍，因此开展器官移植必须考虑患者及其家属的经济承受能力，医院应该尽量不断完善技术以降低成本。

（四）干细胞技术进展

干细胞是具有自我复制和多向分化潜能的原始细胞，是机体的起源细胞，是形成人体各种组织器官的原始细胞。在一定条件下，它可以分化成多种功能细胞或组织器官，医学界称其为“万用细胞”。干细胞治疗是把健康的干细胞移植到病人或自己体内，以达到修复病变细胞或重建功能正常的细胞和组织的目的。干细胞疗法就像给机体注入新的活力，是从根本上治疗许多疾病的有效方法。

中国产业调研网发布的《中国干细胞治疗行业现状调查分析及市场前景预测报告（2016 年版）》认为，干细胞即使前景非常好，也不是包治百病，它主要应用在对肌肉缺损的修补、神经缺损的修补、血管缺损的修补，进而到整个器官的修补上。因此，目前正规的医疗机构所进行的干细胞临床研究和试验，也主要集中在糖尿病（糖尿病后期会引起糖尿病足等并发症，主要原因是血管病变和神经病变）、颅脑损伤、严重的神经系统疾病等方面。

三、预防医学新技术

预防医学发展到今天，其理论和实践已经不仅局限于临床医学，而是一门建立在医学基础上，结合社会学、生物学、环境学等学科的综合性学科。人类对疾病预防的意识和要求正在不断提高，为了更好地起到预防疾病、造福社会大众的目的，预防医学社会化、综合化的特点必然会进一步增强。涉及疾病免疫、基因工程、营养新理念和方法、生活方式矫正、心理调适等与健康相关的多个方面。

（一）预防医学的现状

我国预防医学近 20 年来的发展主要有以下特点：

第一，医学概念和健康观念的进步促进了预防医学的发展。随着医学和生物学研究水平的提高，人类已经掌握了控制多种疾病的方法，人们对医学的期望已经不仅局限于治疗疾病，预防疾病的作用可以更好地提高人们的健康程度，提高生活质量，延长人类寿命。为了更好地发挥预防医学的作用，达到预防疾病发生的目的，预防医学的研究范围也有了很大程度的扩展，包含了针对发病原因、易感染人群、预防方法等多项内容的研究和应用。

第二，预防医学与生物学紧密结合。病毒、疾病遗传等生物学要素和疾病的预防有非常重要的联系，因此预防医学必然和生物学紧密联系在一起。当前，生物技术是科学界非常热门的学科之一，很多新的生物研究方法、研究成果的出现推动了预防医学技术水平的提高。例如，生物学中对生物细胞膜的相关研究结论使得预防医学可以更好地对影响生物细胞的有害因素进行识别和预防，预防医学中很多针对环境中有害物质的预防都离不开生物学的研究成果。生物学中和遗传基因有关的研究对象和技术方法也对预防医学的实践起到了很好的推动作用，例如 DNA 序列、DNA 重组、克隆技术为疾病的预防提供了很多理论支持。一些通过生物技术培养、杂交出来的有益菌种为环境卫生质量的提高和有害物质的清除提供了新的途径。

第三，计算机和信息技术对预防医学产生了重要的影响。信息技术使包含预防医学在内的很多传统学科的研究和实践方法发生了很大改变，也促进了这些学科的进步。首先信息技术使得和预防医学有关的最新的研究成果可以在全世界范围内很快进行传播，各国的医学机构可以方便地通过信息技术进行交流和合作，同时疫情通报、专题研究、医学会议等活动也可以通过信息技术实现，这些都为预防医学的发展提供了很大帮助。基于计算机技术的计算、统计和分析方法也为预防医学提供了大量的数据和理论支持。

（二）预防医学的发展趋势

第一，疾病预防向社会化方向发展。“健康是身体上、精神和社会适应上的完好状态，而不仅仅是没有疾病和虚弱。”这是世界卫生组织提出的新的健康观，这一健康观的提出，标志着医学模式从生物医学模式向生物—心理—社会医学模式转变，对预防医学理论的发展产生了深远影响。疾病的预防涉及预防知识的传播、普通大众对预防方法的了解、预防意识的提高等内容，因此医学必须社会化，通过多种途径宣传预防疾病的重要性和具体方法，使尽可能多的人树立珍惜健康、减少疾病发生的意识，培养健康、合理的生活和卫生习惯，这些都离不开全社会的共同参与。

第二，环境问题将成为预防医学研究的重点。环境问题已经被证明和很多疾病的发生有直接联系，很多国家和地区的环境正在不断恶化，而预防医学的主要任务之一就是研究环境问题对人类健康的影响，以及如何减少相关的负面影响。通过对预防知识的宣传，可以使人们了解环境问题对自身健康的重要性，掌握消除生活环境中有害因素的方法。一个地区环境的变化往往是一个动态的过程，医学界针对环境问题的研究还有很大的进步空间，因此相关问题也将会成为预防医学未来的主要发展方向之一。

第三，更加重视心理问题的预防。现代的健康标准已经不仅局限于生理上的健康，心理健康也是重要的组成部分，心理问题会严重影响人们的整体健康程度，长期的心理亚健康状态会引发生理上的疾病，心理问题也将是预防医学关注的重点之一。预防医学有必要和心理学相结合，研究缓解心理问题的方法，使人们了解心理健康和生理健康之间的关系，减少心理健康问题以及由其引起的生理问题。

第四，与多种学科交叉发展。学科之间的交叉综合是当今科学发展的整体趋势，预防医学中很多研究和实践都会涉及其他学科，不同学科之间的交叉发展有利于弥补单一学科的不足，促进多种学科的共同进步。例如，预防医学就需要面对心理健康的问题，单纯治疗由心理问题引发的生理疾病往往是治标不治本，要减少心理疾病和由其引起的生理疾病的发生，就要和心理学相结合。另外，社会学和统计学也是预防医学经常会涉及的学科，社会学可以帮助分析某些疾病在整个社会的出现原因，借助社会学理论，预防医学可以更好地传播预防疾病的意识和方法。统计学可以为发病率、治愈率、复发率、易感人群等研究提供数据支持。

四、健康管理

健康管理是通过科学的健康评估，确认个体或群体疾病的主要风险因素，给予专业健康教育和健康生活方式指导，提高自我管理意识和水平，并通过有效的健康检测、个性化健康管理方案、健康干预等手段，以及健康产品有效应用，持续对疾病风险因素进行全周期管控，最终达到预防和控制疾病发生与发展，降低医疗费用，提高生命质量，以最少投入获得最大健康。

（一）我国健康管理发展现状

同欧美健康管理的发展相比，我国健康管理还存在以下不足：

缺乏立法，对全民推行健康管理没有法律依据。

缺乏付费机制，对全民推行健康管理没有资金支持。

重理论轻实践，我国的健康管理在理念创新和融合方面比较前沿，但是健康干预落地服务方面内容较单一，评估干预技术也比较落后，目前主要以体检、健康产品提供、理疗和养生保健为主。

早筛技术手段不够先进，我国目前缺少科学有效的评估监测技术，早筛技术与发达国家还有很大差距。

健康产品缺乏有效的目标管理，虽说我国健康产品的营销和使用在近 10 年来有了很大进步，但是产品的安全有效性有待提高，管理尚待完善。

我国社区及居家康复护理尚处于起步阶段，现阶段我国社区康复护理模式主要是将社区康复融入初级卫生保健范畴中，依靠社区卫生服务中心或社区医疗卫生点实施，也有部分综合医院试点开展对社区康复工作进行指导的模式或家庭病床模式。

目前，社区护理发展不成熟，限制了居家康复护理的发展；缺乏系统的专业康复指导，老年人及其家属康复知识缺乏，康复意识不强；国家政策不够完善。

（二）未来发展的建议

1. 将中医技术引入健康管理

欧美健康管理学和我国传统的中医药文化整体观的理念是一致的，通过健康管理达到未病先防（通过营养膳食、睡眠作息、情志疏导等方式，来预防可能发生的疾病，如防止衰老、增强免疫力、增强体质，从而预防疾病的发生）、既病防变（生病后，要采取一定的健康措施防止疾病发生进一步的恶变，防止病情加重恶化）、病后防复（病情痊愈后，要采取一定的健康措施，防止疾病反复发作），并最终达到益寿延年的目的。

2. 健康管理的概念修正

健康管理的理念引入中国后，因为中文的复杂性，健康管理的概念比较宽泛，在理解、界定和执行上不够精准，建议改为“健康风险管理”可能更加符合现在的实际工作。

3. 在个性化基础上，进一步完善健康管理的亚类别

可以进一步细分为健康风险管理和促进（针对核心风险因素）、重疾预防（重

大疾病早筛和预防)、慢病管理(糖尿病、高血压等)、康复管理(肿瘤、卒中等大病康复)、健康生产力管理(团队健康管理)。

美国“工作场所健康管理”理念的提出，为我国团体健康管理发展，减少疾病风险和控制医疗支出提供很好借鉴。《健康美国人》报告引领了美国健康促进与慢病管理的发展，形成了席卷全美的“健康美国人”健身热潮，而工作场所健康管理是这个热潮的最大的亮点。

美国密西根大学体育学院院长、体质研究中心主任艾鼎敦教授首次提出“工作场所健康管理”的概念，率先开展了对于工作场所健康促进的效益研究，即通过开展“健康美国人”活动与健身活动，可以达到以下三个目标：防止疾病，拯救生命；预防疾病，提高生活质量；长期坚持健康促进与疾病预防可以节约医疗开支。

美国工作场所的健康管理，重在健康管理的效益，节约工作单位为雇员所支付的医疗费用与提高整体雇员的劳动生产力。其集中于三个范畴：健康评估与体检，健康促进与健身，慢病管理与疾病预防；实施健康管理的三项主要工作：健康风险评估、生活方式干预、疾病管理。

4. 促进健康教育和健康促进建设

世界卫生组织卫生教育与评价委员会认为，健康教育的目的是鼓励公众采取及维持健康的生活方式，自觉地选择及采取行动，应用现有的卫生资源，以改善其生活环境及健康状况。健康教育的目的归纳起来主要是以下三个方面：

实现“人人享有健康保健”的目标。健康教育是实现人人享有健康保健的基本途径，联合国儿童基金会及世界银行在对发展中国家的卫生援助中也将健康教育作为一个重要的援助目标。

提高人群自我保健意识和能力。通过健康教育可以使公众了解和掌握自我保健知识，培养人们的健康责任感，促使他们改变不良的行为方式及生活习惯，建立良好的生活方式，提高个人的自我保健能力。同时可以明确政府及社会对健康的责任，使公众更有效地维护自身的健康和生存环境，并做出有利于健康的选择。

降低发病率和医疗费用。健康教育是一种经济有效的防治疾病的方法及手段。各国的健康教育实践充分证明，人们只要改变不良的行为方式及生活习惯，采取有益于健康的生活方式，能有效地降低疾病的发病率和死亡率，减少医疗费用。因此，健康教育不仅是保护和增进人们健康的重要措施，也对国家的社会进步和经济持续发展具有重要作用。

5. 探索适合我国国情的老年居家康复护理模式

更好地提高人民的生活质量，促进慢病康复；完善社区康复设备，充分利用社区和家庭资源；建立专业的居家护理团队，注重多学科合作；普及居家康复知识，促进健康宣教；重视家庭和社会支持，完善社会政策；完善三级康复整体护理网络等。

五、互联网、大数据和人工智能技术在医学上的应用及前景

在计算机技术没有应用于医疗卫生领域之前，对于学医的人来说，头脑的记忆是很重要的。要想做好医疗工作，首先就要记住工作需要的所有信息。而随着计算机技术、网络技术、通信技术的发展，以计算机为基础的信息技术迅速扩展到医疗领域，它渗透到了医学的各个方面，计算机已经成为医学发展的重要工具。

（一）计算机技术在医学中的实际应用

计算机技术在医学中的应用已经非常广泛，比如在数据交换和远程医疗技术、医学数据仓库与数据挖掘、辅助医学诊断和人工智能医学决策支持等方面都得到很好的体现。

1. 医学卫生领域数据交换和远程医疗技术

在医学卫生领域，计算机用来进行医学数据的采集和传输，并实现远程通信。这方面的应用相当广泛，比如连接临床科室的计算机或医院工作网络的局域网可以把生化分析结果从实验室传送到临床科室，或者把临床医生的医嘱处方传送到医院药房；在社区医生、医院等医疗部门之间实现电子病历、病人数据的交换；放射学图像从县市区医院传输到省级医院，或者将心电图数据传输到心脏病科等。数据交换和远程通信技术突破地域的限制，共享病人的病历和诊断数据，为医生和患者提供了方便。远程医疗是指通过计算机技术、通信技术和多媒体技术，跨越空间限制远距离实时（或非实时）提供医学信息和服务，它包括远程诊断、远程咨询会诊及远程护理、网上虚拟医院、远程医学信息服务等医学活动。在远程会诊中，病人在原地、原医院，即可接受远地专家的会诊，在其指导下进行治疗和护理，实现专家与病人、专家与医务人员之间异地“面对面”的会诊，极大地节约了医生和病人的时间和成本。随着物联网技术的发展与智能手机的普及，远程医疗也开始与云计算、云服务结合起来，给广大的普通用户提供了更方便、更贴心的日常医疗预防、医疗监控服务。

2. 医学数据仓库与数据挖掘

很多大中型医院都相继建立了自己的医院信息系统（HIS），随着 HIS 的应用和不断发展，数据库中的数据量迅速膨胀，数据库规模逐渐扩大，复杂程度日益增加。如何有效地存储、检索、处理和分析这些大量的医学数据，为医院的临

床辅助诊断和日常管理提供支持，需要用到数据仓库和数据挖掘的现代计算机技术。组织、分析和利用数据仓库，是一个面向主题的、集成的、不可更新的、随时间不断变化的数据集合，它用于支持企业或组织的决策分析处理，医学数据仓库是数据仓库技术面向医学领域数据的具体实现。根据实际需求从医院海量信息数据库中分析、提取、确立主题，进行有效地数据组织，来构建数据仓库模型。建立医学数据仓库是医学数据分析处理的基础，是医学信息技术发展的必然，对于医学、医疗卫生、药物学和医学管理等领域的研究与应用都有巨大的推动作用。

在建立数据仓库的基础上，对数据仓库中的医疗数据进行疾病监测、疾病预测、医院管理辅助决策等方面的数据挖掘应用，为医务工作者、临床管理人员、科研人员提供辅助决策与综合分析的工具。数据挖掘在 DNA 分析领域应用最为普遍，主要有 DNA 序列间相似的搜索和比较、同时发现的基因序列识别、发现在疾病不同阶段的致病基因等方面的应用。在医学图像分析研究中，数据挖掘技术主要用于目标组织的特征表达，即图像特征自动提取和模式识别。

3. 辅助医学诊断和人工智能医学决策支持

计算机辅助诊断技术是以计算机为手段，在医生进行医疗诊断的过程中，起到一个辅助检查的作用。首先把大量的医学资料和医生的丰富经验以电子数据的形式汇总存贮在数据库中；其次医生将患者的症状、表象输入计算机，利用先进的计算机软件硬件分析和处理各种病症数据，以发现并检出病变特征；最后化验结果出来后，再由计算机进行相应的诊断结果预测，供医师对病情诊断时参考。计算机辅助诊断技术可直接应用于诊断放射学、放射肿瘤学、心脏病学等科室。

医学决策支持是运用人工智能和专家系统的设计原理与方法，模拟医学专家诊断、治疗疾病，是帮助医生解决复杂的医学问题，作为医生推断疾病、治疗疾病的重要辅助工具。心电图分析是计算机用于医学决策支持最成功的例子之一，借助于有强大数据处理能力的计算机对心电图进行自动分析，无需人员参与，让专业医师从大量的检查实验结果中解脱出来。另外，许多已开发的决策支持系统也可以帮助临床医师得出正确诊断，例如支持腹部疼痛鉴别诊断的方法，根据医生输入的信号和症状，计算机列出各种可能的疾病及其发生概率，便于医师对病情做出准确的判断。

（二）计算机技术在医学领域的应用前景

计算机技术在我国未来医学领域建立住院病人基本信息系统、建设医院计算机网络、建立医疗卫生信息高速公路等方面，将具有非常广泛的应用前景。

1. 建立我国住院病人基本信息系统

对于患者而言，最希望看到的是，在我国任何一家医院就诊后，信息就可以迅速传到其他医院。因为部分医院由于医疗条件等原因无法对患者进行治疗，患者在需要转院治疗时，接收医院可以迅速对患者进行资料查询。此外，由于一些疾病难以根治，患者需要反复治疗，如果建立住院病人基本信息系统，对于任何一家医院而言，患者以前的资料就有据可查。此外，由于交通的快速发展，人口的流动性越来越大，患者可能在非居住地发病，那么其他医院通过信息系统就可以迅速对患者展开资料查询，这对于患者的康复十分有利。

2. 建设医院计算机网络

我国医学计算机网络在较高等级医院已经实现了内部联网，患者在挂号处进行登记信息就可以迅速到达门诊和各个科室。但是对于全国而言，计算机网络并没有在地区与地区之间、医院和医院之间进行交换。患者在一家医院就诊，其他医院无法得到患者信息，各种医疗信息和医疗技术也不能在不同医院之间进行交换，这就造成我国医院还基本处于单机单站的工作状态，这对于我国医学发展十分不利。

3. 建立医疗卫生信息高速公路

信息高速公路可以使人们不受时间、空间限制，同时进行声音、图像和数据交流，它以光纤电缆为“路”，将电话、电视、计算机等现有信息传播工具的功能融为一体，成为多媒体的传播工具。信息高速公路可以最大限度地利用医疗卫生资源，使专家的知识成为全人类共有的宝贵财富，如网上教学、社区医疗服务、卫生系统联网、远程医疗会诊咨询服务、医疗保险等。它的建成，将极大地推动医疗卫生事业的发展，大大提高医疗质量和服务水平，将彻底改变医疗卫生事业的现状和医院管理模式，医疗工作将不再局限于一所医院、一个地区，而是扩大到全国乃至全球。

总之，近 20 年来我国医学技术的发展取得了很多惊人的进步，在很多领域已经赶超世界最先进的技术前沿。当然，随着医学诊断、治疗等技术的进步，对我国保险业尤其是健康险、寿险等的发展起到巨大推动作用，对提高我国人民的风险保障水平起到至关重要的作用。

（本章作者：王占山、陈丽莉）

参考文献

[1] 郭飚 . 对医疗技术进步与人类健康关系的思考 [J]. 中国公共卫生管理，2006，(06)：453–454.

[2] 韩启德 . 审视医学技术的发展方向 . 健康报 [N]. 2018-6-19 (2).

[3] 郭燕红 . 我国医疗技术发展呈现出四个趋势 . 健康报 [N]. 2018-8-1(1).

[4] 巴德年 . 当今医学科技的发展趋势及我国的发展战略 [J]. 医学与哲学，2000，21 (02)：4–7.

[5] 江乐盛，罗凤，吴素珍 . 探析现代医学技术对人身保险理赔实务的影响 [J]. 中国管理信息化，2016，(23)：119–121.

[6] 重大疾病保险的疾病定义使用规范 [S]. 中国保险行业协会与中国医师协会 .2007.

[7] 刘敏 . 法医学 [M]. 成都：四川大学出版社，2013.

[8] 江乐盛，金志英，吴海波 . 法医学在保险理赔中的实践与探索 [J]. 中国卫生事业管理，2015，(04)：271–272+278.

[9] 黄浩，施红，陈伟炜等 . 医学影像技术学专业教育的问题与思考 [J]. 教育教学论坛，2013，(11)：113–116.

[10] 彭文献，黄敏，罗敏 . 基于岗位需求培养医学影像技术学生专业意识的探讨 [J]. 浙江医学教育，2011，(03)：4–5+8.

[11] 邹雄 . 肿瘤标志物在肿瘤早期诊断中的研究和应用发展 [J]. 中华检验医学杂志，2007，25 (1)：71—72.

[12] 时瑛，黄艳春 . 肿瘤标志物检测技术的研究进展 [J]. 新疆医学，2011，(41)：38–46.

[13] 张丽男 . 治疗 2 型糖尿病药物最新研究进展浅议 [J]. 中国误诊学杂志，2017，(25)：10–13.

[14] 夏穗生 . 细胞移植的现状与进展—细胞移植专题前言 [J]. 医师进修杂志 1990，(04)：1–2.

[15] 杨步月，王炳坤 . 器官移植在我国将成为寻常手术 [J]. 首都医药，2004 (18)：6–8.

[16] 廖耘 . 浅论预防医学的现状和发展趋势 [J]. 世界临床医学，2013，(06)：12–15.

［17］袁国平，于科，金凯．上海市宝山区 2006 年甲乙类传染病流行特征分析［J］．上海预防医学杂志，2008，(04)：18–21.

［18］黄紫华，齐平．与时俱进，构建 21 世纪医药人才培养新模式［J］．山西医科大学学报，2005，(03)：17–20.

［19］毛辉青．展望 21 世纪的预防医学［J］．青海医学院报，1998，(03)：61–62.

［20］陆荣柱．美国建设 21 世纪公共卫生体系的十项原则介绍［J］．中国公共卫生，2001，(02)：182–183.

［21］严慈庆．健康管理与健康风险评估［J］．健康研究，2018，38 (01)：1–8.

［22］王晓，姜燕．计算机技术在医学领域中的应用［J］．科技视界，2013，(18)：15+30.

［23］林秀琼．浅谈计算机技术在医学中的基本应用［J］．电脑知识与技术，2014，(33)：8055–8056.

［24］孙晓红．计算机技术在医学中的应用分析［J］．硅谷，2013 (15)：99+107.

［25］宫晓曼，魏斌峰．计算机技术在医学中的应用［J］．电子技术与软件工程，2013 (23)：190–191.

第二章
医学新技术对人身保险的影响

第一节　概述

保险，特别是人身保险作为人类现代伟大的发明之一，自其诞生以来，从没有像今天这样全面、深刻地影响着全球的社会进步、经济发展和人们的生活方式。瑞士再保险公司《Sigma Insurance Research》报告的数据显示，2017 年全球人身保险业务收入达到 2.7 万亿美元，占全球经济总量的 3.5%。中国是人身保险最活跃的市场之一，人身保险的业务收入从 2001 年的 1228 亿元增长到 2017 年的 26039.55 亿元，16 年间增长了 20 倍，成为全球第二大保险市场。

反过来，人身保险也从来没有像今天这样受到政治、经济、社会和科学技术发展带来的巨大影响。与威廉·托尔伯特和托马斯·艾伦（这两位英国人于 1706 年创立的永久保险友善社团被认为是历史上第一个现代意义上的保险公司）的时代相比，如今的人身保险不仅在规模上、保障内容上不可同日而语，在产品类型、经营模式、风险控制方法等方面也都发生了天翻地覆地变化。这其中，医学技术发展起到的作用不容忽视，特别是 21 世纪以来发展的医学和生物学新技术，已经并将继续对人身保险产生重大甚至是颠覆性影响。

一、人身保险要义

为使读者更容易理解医学在哪些方面与人身保险发生交集，并如何全面、深刻地影响着人身保险的发展，我们尽可能用最少的篇幅介绍一下人身保险的一些重要概念和经营原理。

（一）从人身保险的定义看其与医学的关系

人身保险是指投保人根据合同约定，向保险人支付保险费，保险人对于被保险人发生死亡、伤残、疾病或者达到合同约定的年龄、期限时，按合同约定的金额向保险合同受益人给付保险金的商业行为。由此看来，人身保险的标的是人的生命或身体健康状况，而人的生命和健康又在很大程度上决定于医学，因此我们有理由认为，医学与人身保险的关系是与生俱来的，而医学新技术的发展对人身保险的影响必将是根本的和全面的。

（二）围绕生老病死残而划分的人身保险种类

现代人身保险在 18 世纪初诞生后相当一段时期内，局限于死亡保险。发展到今天，人身保险在保障内容上已扩展到与人的生命和身体状况相关的方方面面，保障内容纷繁复杂，保障形式花样翻新，从不同角度上也就产生了各种各样的分类方法。本节内容中，我们只介绍与本书主题紧密相关的分类方法，即按保障范围分类法。

按此分类法，人身保险可分为人寿保险、健康保险和人身意外伤害保险。

以被保险人的生存或死亡为保险标的，即以被保险人在保险责任期内生存或死亡为保险给付条件，由保险人根据合同规定给付保险金的保险被称为人寿保险。人寿保险的业务范围包括生存保险、死亡保险和生死两全保险。

以约定的保险期限届满时被保险人仍然生存为保险给付条件，由保险人给付保险金的保险称为生存保险，如养老保险和年金保险。

以保险期限内被保险人死亡为保险给付条件，由保险人给付保险金的保险称为死亡保险。

以保险期限内被保险人死亡和被保险人仍然生存为共同保险条件，由保险人给付保险金的保险称为两全保险。

根据保障期限的不同，人寿保险又有定期保险和终身保险之分。

健康保险是人身保险的另一大类型，是保险人为被保险人因疾病或意外伤害而导致的财务损失风险提供保障的保险业务。健康保险与人寿保险有本质上的不同，人寿保险的风险核心是死亡率，而健康保险的风险核心是疾病和医疗行为的发生率。另外，人寿险的保险事件没有直接的财务损失发生，保险金的给付不适用补偿原则，而健康保险的保险事件一般都有财务损失发生，保险金的赔偿适用补偿原则。

按国际上普遍的做法，健康险又分为疾病保险、医疗保险、失能收入损失保险和护理保险四大类。

疾病保险，即市场上常见的重大疾病保险，指以保险合同约定的疾病的发生为给付保险金条件的保险。重大疾病保险是否应归为健康保险在业界仍有争议，因为重大疾病保险金的给付不适用补偿原则。但作者认为，重大疾病保险的风险核心是疾病发生率而不是死亡率，所以归为健康保险是对的。虽然保险金给付不适用补偿原则，但一般情况下，保险金额的确定是与被保障的重大疾病所需要的医疗费用相匹配的，间接地体现了补偿原则。

医疗保险是指以发生约定的医疗行为为给付保险金条件，对发生的医疗费用等财务损失予以补偿的保险。与疾病保险不同，医疗保险的给付不仅以疾病或伤害事故的发生为给付条件，还要以医疗行为的发生为给付条件，保险金额的大小又与实际支出的医疗费用为依据，所以医疗保险的产品定价和经营管理要复杂得多。根据对医疗费用补偿的不同方式，又将医疗保险分为两类，即对医疗费用直接补偿的称为费用报销型医疗保险，间接补偿的称为津贴型医疗保险。

失能收入损失保险指以因疾病或意外伤害导致工作能力丧失为给付保险金条件的保险。失能收入损失保险主要为被保险人工作能力丧失后一定时期内的收入中断或减少提供保险保障。失能收入损失保险也是一种财务补偿保险，但它补偿的不是医疗费用，而是补偿劳动收入（工资）的损失。需要强调的是，失能收入损失保险不补偿投资收入损失和经营活动损失，所以它是以工薪阶层为目标人群的保险业务。

护理保险一般称为长期护理保险，指以因疾病或意外伤害导致保险合同约定的日常生活能力障碍，需要护理行为为给付保险金条件的保险。护理保险主要为被保险人的生活护理而产生的费用支出提供补偿。护理保险容易与失能收入损失险相混淆，因为两者都是以疾病或意外伤害为保险事件。但二者有两个关键的区别，一是保险金给付条件，前者以失去日常生活能力为给付条件，后者以失去工作能力为给付条件。二是补偿的财务损失不同，前者补偿的是护理行为所需的费用支出，后者补偿的是工资收入的减少或完全断绝。

人身意外伤害保险是不同于人寿保险和健康保险的另一类人身保险，是以人的身体为保险标的，以被保险人遭受意外伤害导致的残疾（或死亡）为给付条件的保险。意外伤害保险虽然也如同人寿保险不适用补偿原则，但它的保险事件是意外伤害导致的身体残疾，而不是死亡或生存。另外，意外伤害保险的保险给付金额不仅取决于保费的多少，还取决于伤残的等级程度，这两点是其区别于人寿保险的重要特征。意外伤害保险与健康保险的关键区别在于它不是对财务损失的补偿。

（三）人身保险发展简史

让我们感到惊叹的是，据大量文献记载，早在公元前数千年，在地球上不同的文明地区就出现了保险的萌芽。其实，保险最原始的核心价值在于风险的分摊。人类在日常生活、劳动生产、军事行动、商品交易活动中面临着各种各样的风险，而有的风险一旦发生，是个人或家庭甚至小群体所不能独立承受的。因此，古人在很早时期就出现了含有保险意味的制度和作法。

就人身保险而言，所记载的最早的保险活动发生在公元前 2500 年的古埃及。当时，修建金字塔的石匠们建立了互助基金组织，平时由会员缴纳会费，用于支付会员死亡后的丧葬费用。公元前 100 多年，在另一个文明古国，罗马帝国的将军盖乌斯·马略（Caius Mariu）在军队中也建立了一项人寿保险制度——士兵丧葬基金会。古罗马人相信，人死后得不到厚葬会变成恶鬼，所以战死士兵的丧葬费用是家庭难以承受的一笔开支。基金会的作用就在于由士兵缴纳的会费形成资金池，用于死亡士兵的安葬。到了公元 450 年左右，这种基金会的作用演进到为死者家属提供固定的津贴，其实这就是人寿险的一种死亡给付。遗憾的是，随着罗马帝国的衰落，这种基金会也就消失了。

在之后 1000 多年的人类社会发展进程中，随着海上贸易以及市场交易活动的蓬勃发展，海上保险、火灾保险等财产保险业务也兴旺起来，但有关同时期人身保险发展状况的文献记载却乏善可陈。比较重要的有两件事，一是 15 世纪后期，欧洲贩卖黑奴活动开始兴盛起来，在把黑奴从非洲运往美洲的过程中，黑奴的死亡率平均为 27%，因此奴隶贩子把黑奴们当作货物进行投保。后来船上的船员也可以投保，如果遇到意外伤害或死亡，由保险人给予经济补偿。有学者认为，这是历史上人寿保险的开端。二是 1656 年，法国宰相的秘书洛伦佐·佟蒂起草完成了《联合养老保险法》，并于 1689 年由法国国王路易十四推行实施。这是一个不偿还本金的国债募集计划，它向民众每人筹集 300 法郎，经过一定时期后开始向认购人每年支付利息，认购人的年龄不同，得到的利息金额也不同，年龄越高，利息越多。当发生认购人死亡时，利息的总额在该年龄段生存的认购人中均分，直至该年龄段人群全部死亡，停止利息支付。这被认为是养老保险的开端。

笔者认为，从公元前直至 17 世纪有关保险的活动和事件，大多数只是含有保险意识的风险分散行为，最多可以被认为是原始的人身保险活动，还不是现代意义上的人身保险业务。而现代意义的人身保险至少应该包含三个要素，一是专门的保险机构（保险人），二是保险人与投保人之间有书面的契约（保险合同），三是保险产品的价格（费率）是根据客观的概率数据，运用数理统计方法而计算出来的。

人身保险发展史上具有划时代意义的事发生在 1693 年。这一年英国著名的数学家、天文学家埃德蒙·哈雷（Edmond Halley）制定出史上第一张科学完整的生命表。13 年后，英国人威廉·托尔伯特（William Tabolt）和托马斯·艾伦（Thomas Allen）创立历史上第一个现代意义上的保险公司——永久保险友善社团。可以说，现代人身保险是从 18 世纪初期至中叶，在英国形成的。

与人寿保险相比，健康保险的起源似乎要晚得多。最早的记载可追溯到公元 1300 年左右，当时西欧国家普遍存在一种手工业行会的互助保障组织，其保障内容里就含有健康保险的成分。到 19 世纪末，这种互助保障组织逐渐消失，其角色被政府管理的强制性健康保险制度所取代。1883 年，德国颁布了世界上第一个“医疗保险法案”，建立起政府主导的强制性健康保险制度。随后，大多数西欧国家纷纷效仿，实施类似的法案。这种强制性社会健康保险制度也成为当今大多数欧洲国家的主流。

差不多同一时期，另一种不同的健康保险模式——商业健康保险，在美洲大陆兴起。1860 年，美国马萨诸塞州富兰克林健康保险公司签发了世界上第一张健康保险保单，为铁路和蒸汽船工人提供意外伤害医疗保障。20 世纪 20 年代美国出现了医疗费用保险。如今，商业健康保险成为美国主流的健康保险模式，而政府设立的社会健康保险项目仅发挥补充功能。

长期护理保险出现于 20 世纪 70 年代的美国，随后不久（1981 年），德国也出现了长期护理保险。如同他们的医疗保障制度，美国的长期护理保险以商业化为主，而德国则以社会保险为主。刚开始，长期护理保险发展不快，但随着老龄化的加速，以及社会负担加重，该险种于 20 世纪 90 年代在发达国家流行开来。

意外保险出现于 19 世纪晚期，其运作很像现代的伤残保险。首家提供意外保险的是 1848 年创立于英格兰的“铁路乘客保险公司”，为被保乘客提供意外伤残保险给付。从意外伤害保险发展出了失能收入损失保险。

（四）国际和国内人身保险发展现状

经过 300 多年的发展，现代人身保险业务几乎遍布世界各国，成为世界经济的重要组成部分。据权威统计，2017 年全球人身保险毛保费收入达到 2.7 万亿美元。占整个保险行业收入的 55.3%，保险深度为 3.5%（注：保险深度是年保费收入占当年国民生产总值的比例）。

中国人身保险业务自 1980 年恢复开展以来，经过 10 多年的平稳发展后，自 90 年代末期进入高速发展阶段，1997 年保费收入首次超过财产保险。2001 年人身险保费收入为 1228 亿元，2017 年人身险保费收入已达到 26039.35 亿元，占整个行业保费收入的 73%。2000—2017 年人身险保费的年均复合增速高达 20%。特别是近几年，在全球人身险市场发展速度低缓的情况下，中国大陆成为拉动全球人身保险业务增长的最大引擎，保费规模占全球人身保险市场份额的 11%，仅次于美国和日本，位列世界第三。保险深度达到 3.23%，接近 3.5% 的全球平均水平；保险密度 1924 元（约 287 美元），为全球平均水平的 45% 左右。有机构预测，到 2020 年，中国的人身保险保费收入有望达到 4 万亿元，保险深度达到 3.98%，保险密度 2855 元。

中国人身保险的快速成长，不单单反映在保费规模迅速扩张，也反映在人身保险业的整个产业链上。保险产品种类齐全、形式多样，几乎包含了世界上所有的保险门类。销售渠道涵盖了专属代理人、保险经纪和代理公司、公司直销、银行保险、电话和互联网销售等多种方式。随着信息技术、移动互联网技术、大数据和人工智能技术在人身保险经营环节上的运用，保险公司的承保、保单管理、客户咨询、理赔等服务的效率和质量得到极大改进，大大提升了保险客户的服务体验。

与此同时，中国的人身保险企业也成长壮大起来。截至 2017 年年末，中国大陆已有人身保险公司 85 家（含 27 家外资和中外合资公司），其中寿险公司 71 家，养老保险公司和健康保险公司分别为 8 家和 6 家，更有一些公司成长为世界级的大型保险企业。按总市值金额计算，中国人寿和平安保险分别排名全球十大人身保险公司第一名和第二名。若按营业收入排名，中国平安、中国人寿、人保集团分别以第五、七、九名进入全球十大人身保险公司之列。

人身保险为国家的社会稳定和经济发展发挥着重要的保障和推动作用。2017 年，人身保险业务提供的风险保障总额达到 570 万亿元左右。由于人身险的长期业务需要提取大量准备金，客观上发挥了融资的功能。人身保险公司资金运用余额接近 15 万亿元，成为国家战略建设项目和其他各个行业发展的重要资金来源。

（五）五个核心概念揭示人身保险经营本质

保险最原始的核心思想就是风险分散和损失分摊。经过数千年的发展，特别是 300 多年以来，人们对保险内涵和外延的认识不断加深，保险理论日趋成熟，相关法律体系和经营原理不断完善，形成了一整套从理论到实践较为系统的制度。这个制度让“人人为我、我为人人”的美好理想以契约的方式真正得以实现。要理解人身保险的经营，有几个重要的概念和原理需要掌握。

第一要对“风险”这个概念有深刻全面的认识，因为保险就是因风险而产生和存在的。概括地讲，风险就是可能发生的危险事件及其产生的不利结果。就人身保险而言，风险即人身死亡、疾患、伤残或其他生存状况下遭受财务损失的可能性，并不是所有的风险都可以由保险来承担，保险可承担的风险必须具备以下几个特性。

1. 客观性，即非人为故意制造的。战争、军事行动、纵火、自伤自残等行为造成的损失，保险公司是不承担的。

2. 不确定性，这里的不确定性是指单一的保险事件发生的不可预测性。这可以从两个方面来理解，一是个体发生风险的不确定性，例如，道路交通事故有一定的发生率，但事故具体会发生在张三还是李四身上是不确定的；二是时间上的不确定性，例如，我们知道每个人都不免一死，但具体到某一个人，他是 60 岁死，还是能活到 100 岁，都是不确定的。

3. 风险发生概率在适当范围。一般来讲，发生概率小、财务损失大的事件最能充分体现保险的价值，以较低的代价获得高额的保障，例如航空意外保险、重大疾病保险。而发生概率大、财务损失小的事件是不适合保险的，例如感冒。一是感冒引起的财务损失不大，个人一般能承受，没有分摊的必要；二是发生概率太高，保费和保障额度差别小，不能体现保险价值。当然，发生概率过小的保险事件也不适合保险，因为没有市场需求，如陨石撞击。

4. 有财务损失或财务需求的增加。即保险事件要产生可用货币度量的结果，所以一般不会把受到惊吓、心理伤害作为可保风险。

第二是大数法则（Law of Large Numbers），又称为“大数定律”。它揭示了这样一种规律，即当我们重复某一相同的实验达到足够多的次数时，其最后的实验结果可能会稳定在某一数值附近。就像抛硬币一样，当我们抛投的次数较少时，硬币正面向上或反面向上的次数可能会呈偏态分布。但如果我们不断地抛，抛上千次，甚至上万次，我们会发现，正面或者反面向上的次数都会接近一半。大数法则是保险能够成为一种商业行为的关键。在观察足够数量的样本基础上，我们就能够发现同质风险的发生概率是一个相对稳定的数值，据此我们才能为保险产品计算价格。如有机构统计飞机失事的 5 年平均概率是 1/1270000，2017 年中国住院发生率是 17.6%，2014 年中国恶性肿瘤发病率为 276.16/100000。

第三是生命表，也称死亡率表（Mortality Tables）。1693 年，英国著名数学家、天文学家埃德蒙・哈雷（Edmond Halley）制定出史上第一张科学完整的生命表，才开创了人身保险的新纪元。生命表其实就是大数法则在人口期望寿命上的具体体现，它是基于不同年龄段人群每年预期死亡率统计基础上制定的。精算师依据它计算寿险产品的价格，例如，年龄越大的人死亡风险就越大，保险公司就要增加相应的保费。当然，为了使寿险产品的定价更为精细，生命表的数据往往依性别、居住的国家和地区甚至是否吸烟等情况而不同。由于人口寿命受经济发展、卫生状况、医疗水平的改进或恶化而发生改变，所以生命表还要定期修订。

第四是信息不对称（Information Asymmetry）和逆选择（Adverse Selection）。信息不对称是指在市场经济活动中，各类人员对有关信息的了解是有差异的，掌握信息比较充分的人员，往往处于比较有利的地位，而信息贫乏的人员，则处于比较不利的地位。信息不对称必定导致逆选择行为的发生，即交易双方中拥有信息更多的一方为牟取自身更大的利益而使对方的利益受到损害。

保险产品的非实物性、长期性、高杠杆性和利益获得延时性等特性更容易让保险交易双方产生利用信息不对称相互博弈，为自己获取非正当利益的冲动，这就是保险经营中经常面临的道德风险。道德风险往往同时存在于保险人和保险客户双方，保险人一方最常见的逆选择行为是销售人员的误导。如夸大保险利益，隐瞒保险合同中的除外责任条款；也有保险人在制定保险合同时故意模糊承保或理赔条件，并据此拒绝保险事故的赔付。保险客户（投保人和被保险人）最常见的逆选择是在投保过程中故意隐瞒自己的身体健康或财务不良状况，以较低保费获得更高保障，或为已发生的保险事故投保；在理赔环节隐瞒事故真实情况，甚至伪造保险事故，骗取保险金。逆选择的泛滥造成劣币驱逐还良币，导致保险经营的恶性循环，是保险事业的大敌。所以保险要求遵守的最重要原则就是“最大诚信原则”，各个国家在法律制度和行业监管方面都有诸多严格的规定和措施，要求保险交易双方履行充分告知、信息披露的义务。

第五是人身保险的产品定价（Pricing）。人身保险产品的价格确定取决于三个要素，即“三率”，死亡发生率（Mortality）、运营管理费率（Rate of Administrative Expense）、投资利率（Interest of Investment）。死亡发生率是寿险产品定价的主体依据，精算师根据死亡率（生命表）计算出不同性别、年龄或生活嗜好（如是否吸烟）人群的标准风险保费。在此基础上，核保师根据被保险人的身高体重指数、患病史、健康状况和生活方式等情况，确定其个人的额外死亡率（Extra Mortality），从而给出调整后的风险保费。其实死亡率只是人身保险产品定价中各种风险发生率的一个代称，仅适用于寿险产品和年金保险产品的定价。在健康险和意外伤害保险的风险保费计算中，用的是发病率（Mobidity）、发生率（Incidence）等。由于不同疾病的发病率和各种保险事故的发生率影响因素多，变化频繁，很难制定出类似于生命表这样可供全行业适用的标准量表。一般多根据行业外的统计数据、本公司的经验数据和再保险公司提供的数据来计算产品的风险保费。

人身保险产品价格的第二个决定因素是运营管理费率，简称费用率。这是保险公司销售成本、人力成本、办公场所、办公设备、信息系统建设、技术研发等所有运营管理费用占总保费的比例。一般来说，保险公司费用率与其经营效率成反比，费用率越低说明经营效率越高，公司的市场竞争力越强。

投资利率是决定人身保险产品价格的一个重要因素，特别是对于长期寿险和年金保险来说，保险公司承保时以及以后每年收取的保费，往往很多年以后才会用于给付（或赔付）支出。这些进入保险公司账户的资金，除按规定计提准备金外，其余部分保险公司可用来投资，以获取收益。投资利率与保险价格成反比，投资利率越高，保险价格越低，因此投资能力的大小也是衡量人身保险公司竞争能力的重要方面。

看起来人身保险产品定价原理并不复杂，但问题是精算师给产品定价时使用的三率的值只能根据经验值结合对今后市场变化的预期分析而预估，实际经营的结果往往与预估值之间出现差异，即“三差”。人身保险公司经营盈利还是亏损就取决于“三差”，当实际发生的死亡率和费用率高（低）于精算预定值时，就产生死差损（益）和费差损（益）；当实际的投资收益高（低）于预定的投资利率时，就产生利差益（损）。

二、医学与人身保险的关系

（一）医学带来的机遇与挑战

从古代的原始萌芽时期一直到 18 世纪初的数千年发展过程中，人身保险并没有与医学产生任何关联。这也许是因为医学自身也处于原始的发展状态，对疾病、寿命、健康及其影响因素缺乏科学的认知，也就不可能对医学之外的事物发挥影响作用。直到 18 世纪初，医学与人身保险才开始发生关联，个别保险公司开始朦胧地意识到除年龄外，健康状况也与死亡率相关。1706 年，美国长期保险公司开始采取承保前询问被保险人健康状况的措施。但之后相当长一段时间里，保险界并没有系统地建立起健康状况与死亡风险的确切关系，更没有医学核保技术，导致许多人身保险公司经营亏损而倒闭。

1794 年，美国北美保险公司首先为被保险人进行普通体检，并以体检结果作为核保依据。随后，其他保险公司纷纷效仿，体检也就成了核保的必要项目。到了 1811 年，苏格兰的寡妇保险公司将体检转由医师来进行，对非健康投保人加收一定保费，美国的北美保险公司对健康状况不良者加收 10% 的保险费。由此开始了保险公司的体检医师制度。

19 世纪被公认为现代医学的开端。细菌学的发展、各种疾病疫苗的发明和广泛使用、公共卫生学的发展，都大大降低了人群死亡率；对人体器官、细胞结构和生理功能以及病理过程的研究，揭示了许多疾病的发病原理和过程；听诊器、体温计、X 射线、麻醉术、外科无菌术等伟大的医学发明使更多疾病得以治愈。同一时期，人身保险的精算技术也更加完善，医疗卫生对人口预期寿命的影响受到人身保险公司的重视。美国人对人群死亡率进行了深入研究，并由精算师和医师共同开发出健康危险因素对死亡率影响的核保评分系统，这标志着科学的医学核保体系正式建立。

进入 20 世纪后，医学发展突飞猛进，特别是 90 年代以来，不仅医学各临床和基础学科的研究更加深入，物理学、化学、分子生物学、信息技术和计算机技术等其他学科的最新技术被运用到医学领域，创造了一个个医学奇迹。如 CT、核磁共振、超声波等影像技术、内窥镜、电生理技术、导管介入、血液生化、免疫检测等技术大大扩展了疾病的诊断范围，提高了诊断的敏感性和特异性。高效抗生素、生物制剂、人工激素、基因矫正、器官移值、人工器官、微创手术、放射治疗等治疗方法的出现，让医生们在与病魔的对抗中拥有了更多的武器，许多“不治之症”得以治愈。疾病早筛、基因检测、生理指标远程检测、生活行为矫正、慢性病管理等技术和方法的普及，使疾病发病率和慢性病并发症发生率明显下降，人口预期寿命稳步提高。

20 世纪的人身保险也发生了天翻地覆的变化，保障内容从单一的死亡保障扩展到生存、生死两全、意外伤残、失能收入损失、长期护理、重大疾病和医疗费用保障。特别是健康险的发展，使得人身保险对医学理论、知识和技术更为依赖，医学全面介入了人身保险公司经营管理的各个环节，如市场需求研究、产品创意和研发、产品定价、风险评级、客户服务、经营结果预测等。

有科学家认为，21 世纪生物医学工程的突破将大大延长人类寿命。的确，人类基因组学的进展、基因工程和再生医学的突破，使绝大部分疾病被提前预测和诊断，并得到精准预防和治疗；长寿基因的发现，干细胞技术临床应用，将使人类在与衰老和死亡的对抗中又向最终的胜利迈进一大步。到 21 世纪末，是否如乐观地预测那样，人类平均可以活到 150 岁，还很难定论。但在此期间，疾病发生率大幅下降、治愈率显著提高、人类寿命明显延长的趋势是显而易见的，甚至对个体的寿命预测也将成为现实，这一切将引起人身保险颠覆性改变。大量昂贵的医疗新技术使用、医疗服务过度提供、逆选择和医疗欺诈严重威胁健康保险的发展前景，人身保险将面临一场关乎存亡的挑战。凡事“预则立，不预则废”，通过介绍近年来和今后医学新技术的发展状况和趋势，分析其对人身保险的影响，以引起业界的足够重视，并及早开始相关问题的研究和对策制定，进一步化解危机，发现机遇，就是本书作者的初心和愿望。

（二）人身保险公司的医学大管家

医学与人身保险的深度融合，催生了一门跨界学科——保险医学。100 多年来，保险医学已发展成为一门有独立研究内容和应用范畴的医学分支学科。它着重研究人群死亡率、事故率及疾病发生率的影响因素和变化趋势，从而为人身保险业的发展提供理论依据。如生命表的制定和更新，医学核保政策的制定和调整，风险评估手册工具的制作，并将医疗技术运用于产品设计、市场营销、费率拟定、核保体检、风险评定、健康管理、理赔鉴定等人身保险经营的各个环节。保险医学的研究成果也被政府运用于保险行业监管。

医学对于人身保险如此之重要，促使保险公司不得不聘请专业医生作为全职员工或兼职顾问，并设立了医学总监（Medical Director）这一重要的管理岗位。早年医学总监的主要职责是为特殊和复杂的医学核保和理赔审核案件提供医学指导，为非医学背景的核保和理赔人员培训相关的医学知识，主要还是扮演技术支持的角色。但从 20 世纪 90 年代以来，医学总监在保险公司的岗位级别和角色定位明显提升。首先，他是公司战略决策者之一，直接对公司总裁负责，参与公司的发展规划、业务结构、年度预算、投资方向等战略决策；其次，他是公司经营中所有医学事务的最终责任人。一般在公司总部设有医学总监办公室，承担多种工作职责：产品开发支持，经营风险管理，组织技术工具的研发，组织医疗和体检网络的搭建和管理，健康管理服务体系的建立和运作，医学人才队伍的建设和培养，医疗卫生界的高层联络和公关。

历史上，医学总监为推动人身保险的发展做出了重要贡献。1889 年 10 月，来自 27 家保险公司的 34 名医生聚集到美国纽约，成立了世界上第一个医学总监的学术组织——美国人身保险医学总监协会（Association of Life Medical Directors of America），这标志着保险医学的诞生。在协会的推动下，保险公司的医学总监和精算师们通力合作，开展多项研究，在保险医学领域取得了不少成果。1901 年，开始研究身高体重关系及其对死亡率的影响，建立了体型超重与死亡率的对应关系。1905—1911 年，由于认识到血压测量的重要性，在医学界极力倡导血压计的使用，并于 1907 年广泛使用于核保体检。随后长达数十年的跟踪研究，明确了血压升高导致死亡率增加的结论。从 1903 年开始，多家公司合作开展了长达 25 年的各种医学和职业危险因子对死亡率影响的大规模系列研究，丰富了多种慢性病生存率的比较流行病学知识。对抽烟者死亡率的研究成果直接催生出按不同性别抽烟者和不抽烟者人群分开制定的生命表。

如今，国际上医学总监队伍更加壮大。美国人身保险医学总监协会于 1991 年更名为美国保险医学学会（AAIM），到 1990 年就已有会员 600 多名，主要来自美国和加拿大的 360 多家保险公司，也有少数来自南美洲、欧洲、非洲、亚洲的其他国家的保险公司。另外，还有一些国际性和地区性的保险医学组织，如成立于 1901 年的国际保险医学委员会（ICLAM），以及欧洲、中－东欧和亚洲保险医学学会，其中亚洲保险医学学会（AIMA）成立于 1996 年，总部设在新加坡。2012 年 10 月该学会在中国上海召开了第八次年会。中国于 2012 年 10 月在北京成立了挂靠于中国医师协会下的全国保险医学研究会（CAIM）。

遗憾的是，医学知识和技术的重要性还没有得到中国保险业的重视。保险医学在中国的发展并不理想。大部分寿险和健康险公司可以以较低的人力成本雇用大量医学人才，但大部分医学人才分布在核保和理赔部门，除少数健康保险公司外，极少有医学人才进入公司高管层。到目前为止，没有一家公司设立医学总监职位和管理架构，也没有独立部门负责保险医学研究、医学人才队伍的建设和管理。除与医疗界合作，制定了中国的生命表和重大疾病发生率表之外，保险医学领域的研究成果几乎为空白。可以说，我们在这方面落后于西方国家 100 多年。

时至今日，我们不得不承受的现状是，保险公司医学人员知识和经验跟不上医学前沿，公司各项战略决策得不到医学方面的支持和论证，医学对公司经营的支持缺乏协调性和统一性，在产品开发、精算定价、核保评点方面过度依赖再保险公司提供的国外数据，产品和服务创新乏力，难以与医学界和医疗服务提供者开展深度合作，从而阻碍健康保险业务的开展，这也是我国人身保险至今仍处于粗放式经营状态的重要原因之一。

有鉴于此，我们认为国内的人身保险公司应尽快在总部设立独立的医学事务组织架构，如医学总监办公室，一是负责开展保险经营中相关医学问题的研究，为公司的战略决策提供支持。二是负责对公司相关人员提供培训和指导，具体解决业务开展中涉及医学方面的问题。三是负责与医学界的沟通联络，负责医疗合作网络的建立和管理。尽快在经营班子里设立医学总监职位，医学总监的人选最好有医学和管理学的跨学科教育背景，有长期从事临床医学和医院管理以及保险公司管理岗位的工作经验。此外，医学总监还必须具有全局性战略思维能力、有效沟通和强大的公关能力、很好的预见性和前瞻性、创新的勇气和推动变革的决心以及医学信息的处理和分析能力。

（三）健康管理

大量涌现的医学新技术，让更多的疾病可以治愈，或者延长带病生存期，但同时也给这个世界带来新的烦恼。动辄几万、几十万元的医疗费形成全社会沉重的医疗经济负担。美国的医疗卫生总费用占 GDP 的比例高达 18%，昂贵的费用让大多数普通患者家庭不能分享这些先进的医疗成果，加大了医疗不平等的程度。赛克瑞是一款美国辉瑞公司研发的针对突变非小细胞肺癌的靶向药，国内价格每瓶 5 万元，仅是一个月的用药量。2017 年美国审批通过上市的 CAR-T 恶性肿瘤细胞免疫疗法，治疗费用高达 40 万 ~ 75 万美元。寿命延长和医疗费用的急剧上涨，让政府构建的社会保障体系承受巨大压力，商业保险公司也面临经营亏损风险。

各种疾病治疗新技术的应用，并没有降低总的疾病发生率，各种慢性病的发生率还在增长。我国确诊的糖尿病、心脑血管疾病、慢阻肺、慢性肾病等慢性病患者超过 3 亿人。研究显示，总人口中不到 20% 的人耗费了 70% 医疗资源。有人把这种重治疗、轻疾病预防和健康维护的现状比喻为守在河的下游打捞溺水者尸体，而不在河的上游防止人掉到水里。这让人们不得不思考新的方向和路径。

因此，健康管理的理念和方法于 20 世纪 70 年代在美国随着商业医疗保险的经营模式转变而逐步发展起来。首先通过检测人群或个体的健康指标，确定健康状况及影响健康的风险因子，有针对性地实施干预措施，消除或降低风险因子的影响，达到使目标人群或个体提高或恢复健康水平，降低医疗费用的目的。

健康管理的理念于 21 世纪初传入中国后，开始阶段没有得到保险公司的重视，但得到社会的认同而迅速发展起来，成为脱离保险业而存在的独立行业。这是因为这一时期中国民众健康意识提升，医疗卫生需求猛增，但医疗保障严重不足，“看病难、看病贵”成为普遍关心的问题，而健康管理恰恰能够弥补这一愿望与现实之间的差距。此外，互联网技术、传感器、图像采集和识别、大数据、人工智能等技术也在这个时期快速发展，并被运用于健康管理，创新出多种服务模式和产品。各类健康管理公司纷纷涌现，覆盖了健康管理的全过程，包括健康体检、生理指标远程检测、健康档案和风险评估、运动和营养指导、互联网和电话医生咨询、疾病预测和早期诊断、就医服务、慢病管理等，并正在向专业化、平台化、个性化、智能化和线上线下一体化的方向发展。

我们已经完全可以构想并实现这样的场景：假设您是一位高血压冠心病患者，您每天可以通过可穿戴设备实时监测血压、心率、心电图、血氧饱和度、血糖、体温、呼吸、运动、睡眠等指标，这些指标自动上传到数据平台，平台自动分析结果并反馈给您。如果某项指标超出异常，平台会通过智能手机或智能音箱向您、您的家人和您的私人医生报警，提出处理建议。如情况危急，平台会主动联系急救车和医院，提供及时的急救治疗。平时，结合您上传的身高体重指标以及医院的身体检查资料，可以从智能手机客户端上得到为您定制的个性化运动和饮食方案。通过智能手机、电脑、平板电脑等终端设备可以与您的私人医生进行视频诊疗，调整用药，并在网上下单购药，快递送药上门。每天还会得到智能终端设备的服药提醒。如果需要到医院面诊，平台可以推荐适合病情的医生，并帮您预约挂号，在医院享受专人陪诊服务，甚至可以通过互联网平台，得到海外顶级医疗专家的第二诊疗意见。

当然，目前还有一些因素阻碍着中国的健康管理产业的发展。一是大众还没有培养起为线上服务产品付费的意识，以互联网渠道为主的健康管理公司没有找到盈利模式，长期亏损；二是健康管理依从性不强，慢病管理的效果不明显，慢病管理主要从运动、饮食、生活方式入手，但要改变一个人多年形成的生活习惯不是一件容易的事，更不用说需要长期坚持才能见效；三是我国在个人健康数据获取、运用以及保密等方面的法律法规不明晰，健康管理企业无所适从，大众对个人隐私的泄露和非法使用也心存疑虑，限制了健康数据的采集和有效运用。

从 21 世纪第二个十年开始，首先是健康管理受到了寿险和健康保险公司的重视，因为他们意识到，健康管理对人身保险的经营有多方面的积极意义，最重要的意义在于降低保险公司的赔付风险。疾病预防、早诊早治、慢性病管理可以延长寿命，有利于死亡保险的经营；疾病预防、早期治疗可以减少重大疾病保险和医疗保险的赔付率。其次是与保障内容有机融合，创新出针对已患病或亚健康人群的单病种保障产品。另外，健康管理是增加客户黏性，提升客户服务体验的有效方式。健康管理还是保险产品市场推广的有力手段，在吸引客户、获取客户资料、精准销售、促销产品等方面效果明显。最后，健康管理还可以降低保险公司的运营成本，通过健康管理建立大人群的健康数据库，免除核保体检支出，自动评估客户风险，降低人力成本。目前，基本上所有的保险公司（包括财产保险公司）都为客户提供或多或少的健康管理服务，近 30 家公司成立了健康管理部，有的还成立了独立经营的健康管理公司。

直到目前，在保险公司真正落地的还仅限于就诊服务、基因检测、电话和互联网医生、单项疾病早筛等简单的一次性或短期服务项目，主要局限于保险产品的营销和客户的增值服务等浅层次运用。诸如慢病管理、健康维护等与保险产品结合，能够降低风险的长期性健康管理项目基本还是空白。原因是开展这类项目投入较大，而产出并不确定，保险公司无法精算出健康管理的额外支出，可以对应减少多少额度的赔付支出，也就没有办法给创新的保险产品定价。利用大人群的健康数据进行风险评估、自动核保、欺诈识别等设想还在试验阶段。

我们深信，良好的疾病预防、准确的疾病预测和早期诊断以及有效的慢病管理，对于降低发病率，减少医疗支出，延长人类寿命的作用是有医学根据的，在国外也有成功的实例（如美国的凯撒医疗和保险集团）。保险公司应该放远目光，更加大胆地拥抱健康管理，在实践中积累经验，探索出保险保障与健康管理深度结合的模式。健康管理一定会成为促使人身保险进入发展新阶段的法宝。

第二节　医学影响寿命从而影响寿险产品定价和经营风险

一、常被误解的人类平均预期寿命

近年来，大众越来越多地在各种媒体上见到和听到人类平均预期寿命这个名词，也越来越关心其数据的变化。这是因为物质和文化生活水平提高以后，每个人都希望能活得长久些，都关心自己还能活多少年。一个普遍的认识误区是把平均预期寿命当成一个国家每个人平均可以活到的岁数。例如，一个 60 岁的中国男子会认为自己还能再活不到 14 年，因为国家公布 2015 年中国男性的平均预期寿命是 73.64 岁。1949 年，我国的平均预期寿命为 35 岁时，很多人会感到不可思议，因为自己的祖辈很多都活到了六七十岁。这是对平均预期寿命的定义和计算方法不甚了解的结果。

平均预期寿命是指假设当前的各年龄组人群死亡率保持不变，同一时期出生的人预期能继续生存的平均年数。根据这一定义，计算人口平均预期寿命的方法应该是：对同一年出生的一批人进行追踪调查，分别记下他们在各年龄段的死亡人数，直至最后一个人的寿命结束，然后根据逐年存活下来的人年数加权平均，就得出这批人出生时的平均预期寿命。但现实中要跟踪同时出生的一批人的整个生命过程是十分困难的，在实际计算时，往往可以利用同一年各年龄人口的死亡率水平，来代替同一年代的人在不同年龄的死亡率水平，然后计算出各年龄人口的平均生存人数，由此推算出这一年的人口平均预期寿命。因此，人口平均预期寿命与同时代的死亡率水平有关，而实际上死亡率是不断变化的，因此平均预期寿命是一个假定的指标。

国家公布的平均预期寿命一般是指当年新出生人口平均能存活的岁数，比如说中国 2015 年的平均预期寿命是 76.34 岁，指的是 2015 年出生的孩子平均预期可以活到 76.34 岁。前面谈到的第一个误区就是因为把新生儿的预期寿命当成了所有年龄段的预期寿命。第二个误区是没有认识到婴幼儿时期的死亡率数倍于成年人，因此平均预期寿命的数值对婴幼儿死亡率特别敏感，大大拉低了 1949 年平均预期寿命的数值，其实当时成年人活到六七十岁也是不少见的。

还需注意的是，死亡率受遗传因素、自然环境、社会环境（营养、疾病、战争、医疗卫生）等因素的影响，平均预期寿命一般都区分不同性别、不同国家，甚至不同地区来统计公布，而且会定期更新。

二、人类越来越长寿

有研究称，古代欧洲人的平均预期寿命仅 20 岁左右，而且在相当长的历史阶段中增长缓慢。如图 2–1 所示，从 1770 年到 1870 年整整 100 年间还在 36 岁左右徘徊。

按此计算，平均每百年增长不到一岁，这显然与古代社会生产力发展的缓慢有关。从 19 世纪早期开始，拜工业革命成果以及现代医学的发展所赐，工业革命开始较早的一些欧洲国家物质生活和医疗卫生条件显著改善，欧洲人口的平均预期寿命迅速上升。之后的 100 多年中，平均预期寿命增加了近 30 岁。由于工业革命传入北美和大洋洲，他们的平均寿命也差不多在同期进入快速上升通道。亚洲、俄罗斯的平均预期寿命则晚了将近半个世纪才出现明显增长的转折，非洲的转折点比亚洲又晚十来年，出现在 20 世纪 20 年代。

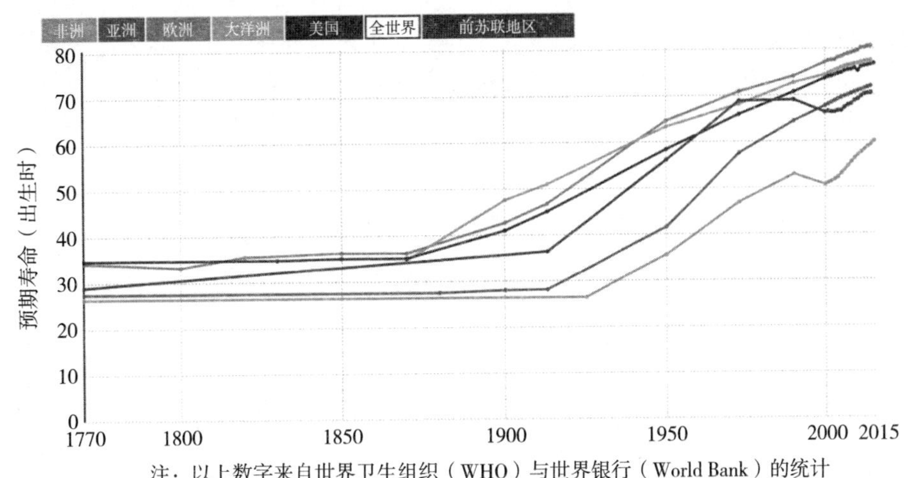

注：以上数字来自世界卫生组织（WHO）与世界银行（World Bank）的统计

图 2–1　全球及各地区人口平均预期寿命变化

从世界整体来看，自1913年到1973年的60年里，全球基本摆脱了饥荒、瘟疫和战争的打击，生活水平和医疗卫生水平持续改善，人口平均预期寿命延长到60岁，增加了26岁，平均每年增加0.43岁，成为人类历史上平均预期寿命增长最快的时期。令人好奇的是，之后的近30年间，预期寿命放缓了增长脚步。从1973年到2002年间，总共增长了7岁，平均每年增长0.24岁，只有之前60年的一半左右。有人认为，这是因为人的自然寿命是有极限的，所以越往后，平均寿命提升的空间就越小。之前提升较快是因为婴幼儿死亡率大幅下降，当婴幼儿死亡率下降到一定程度后，改善空间小了，就必然影响平均预期寿命的提升速度。然而，就在大家都倾向于接受这个推断时，接下来发生的情况让我们看到了突破这一宿命的希望。2002年以后，世界平均预期寿命的增长又再次提速，到2015年达到了71.4岁，13年间增加了4.4岁，平均每年增长0.34岁，增速是上一阶段的141.6%。中国的情况也大致相同，平均预期寿命从1949年到1970年有一个高速增长的阶段，从35岁提高到61.7岁，平均每年增长1.27岁。之后增速明显放缓，到1995年增长到70岁，平均每年仅增长0.33岁。接下来增速又有所提升，最新公布的数据是2017年76.7岁。

有研究表明，21世纪90年代后，平均预期寿命增长的主要推动力已不再是婴幼儿死亡率下降，而是60岁以上老年人的死亡率下降。如果我们对比医学的发展进程，我们可以发现，21世纪90年代正好也是医学和生命科学开始新的革命，各种具有颠覆性创新意义的技术开始不断涌现的时期。我们应该可以得出这样的结论，正是这些医学新技术的运用，减少了疾病发生率，提高了治愈率，降低了疾病（特别是慢性病）死亡率，提升了老年人的预期寿命，才使平均预期寿命又一次增长加速。我们认为这还仅仅是又一个新阶段的开始，未来医学和生命科学新革命还将给我们带来更多的奇迹。正如尤瓦尔·赫拉利在他的著作《未来简史》第一章里所说的那样，“……例如基因工程、再生医学和纳米科技，让预言越来越乐观……到了2050年，人类都可以大约每10年骗过死神一次，从而长生不老”。

三、战争、饥荒和医学的影响

由于计算基础是各年龄组的死亡率，因此凡影响死亡率的因素都会直接影响平均预期寿命。世界人口学家的研究表明，在19世纪初之前，世界人口的死亡率是很高的，人口增长十分缓慢。当人们开始大规模开展农业生产后，世界人口增长速度有所加快。公元前8000年全世界有500万人；公元初年全世界有大约2亿人；到公元1000年，世界人口才增加到2.75亿，仅比公元初年增加7500万人，平均每年仅增长 0.0375%，人口增长几近停滞状态。总人口数达到 10 亿是在 1804 年，相当于从公元初年以来，平均每年增长 0.2% 左右，属于缓慢增长。之后，世界人口增长明显提速，用了大约 123 年于 1927 年突破 20 亿；在 1960 年突破了 30 亿大关，仅用了 33 年；14 年后的 1974 年，突破 40 亿；到 1987 年，花了 13 年突破 50 亿；1999 年，花了 12 年突破 60 亿；2011 年 10 月，又是 12 年后，世界人口突破 70 亿。这 217 年中，人口增长了 6 倍，平均每年增长 2.76%。

对于 19 世纪前人口增长缓慢的原因，学者们主要归结为瘟疫、战争和饥荒三大原因。确实，历史上记载了世界人口因这三大原因而出现的无数次增速停滞甚至倒退。例如，公元 541—542 年，地中海国家爆发的查士丁尼瘟疫。据统计，当时一天就有 5000 到 7000 人感染鼠疫身亡，鼠疫使君士坦丁堡 40% 的城市居民死亡，541 年至 700 年，欧洲人口减少 50%，全世界 1 亿人因此而丧生。14 世纪主要发生在欧洲的黑死病又使得世界人口从 1340 年的大约 4.5 亿，减少到 1400 年的大约 3.5 至 3.75 亿。又如，从哥伦布 1492 年首次登陆开始，伴随西班牙人对美洲大陆的征服活动而带来的天花、麻疹、流感、斑疹伤寒、白喉、疟疾、百日咳、肺结核等传染性病毒和细菌，在一个多世纪里让对这些病菌毫无免疫力的美洲原住民印第安人数量锐减 95%，死亡人数达 4000 多万。

历史上记载的战争和常常与之相伴的饥荒，所造成的人口大规模减少同样令人震惊。如发生于我国宋朝和元朝的长期战争，使我国的人口从 1200 年的 1.23 亿减少到 1393 年的 6500 万。1219—1260 年间，蒙古帝国三次西征，死亡人数 6000 万。第二次世界大战的 6 年时间内死亡人数为 7000 万。

诚然，历史上瘟疫、战争和饥荒确实严重制约着人口的增长，但医学卫生也是不能忽视的重要因素。事实上，人类直到 20 世纪也没有摆脱瘟疫、战争和饥荒的打击。列入世界历史上造成死亡人数最多的十大战争中，就有 6 次发生于 19 世纪和 20 世纪。人类历史上最致命的传染性疾病流行，西班牙流感爆发于 1918 年第一次世界大战末期，1918—1919 年 18 个月内造成全世界约 10 亿人感染，2164 万人死亡。人类历史上霍乱共有 7 次世界性大流行的记录，均发生在 19 世纪以后。仅在印度，从 1817—1923 年 100 多年间就死亡 3800 万人。1917 年 10 月俄国“十月革命”前后，俄国斑疹伤寒严重流行，约 300 万人死亡。鼠疫的第三次大流行始于 19 世纪末（1894 年），从突然爆发开始，至 20 世纪 30 年代达到最高峰，总共波及亚洲、欧洲、美洲和非洲等 60 多个国家，死亡达千万人以上。但世界人口的增长正是从 19 世纪初开始明显提速的，这让我们不得不想到，除了瘟疫、战争和饥荒外，一定还有其他重要的原因影响了人类的死亡率。

我们知道 19 世纪正是现代医学发展的起点，许多重要的医学理论和技术发明，特别是细菌理论的建立，带来了个人和政府公共卫生管理的健康新观念，公共卫生设施的建设（城市中净化自来水的供应、污水和垃圾的处理，以及食物的消毒等）、外科无菌术、麻醉术的发明以及多种疫苗的发明和广泛使用，持续降低了人们常规状况下的发病率和死亡率，才保证世界人口的总量在饱受瘟疫、战争和饥荒肆虐的同时实现高速增长。这也反证了，19世纪前人口数量增长缓慢的重要原因之一是医学不发达。

20世纪后半叶，特别是进入21世纪后，人类摆脱了大规模的瘟疫、战争和饥荒，人口死亡率大幅下降，如今欧洲人口死亡率只有4‰，中国大陆为7.1‰，连最不发达的非洲国家也降低到13‰左右。医学对于降低死亡率、延长人类预期寿命所发挥的作用更加凸显。更多疾病疫苗的开发和使用，抗生素、各种化学药物和激素药物的发明，各种先进的诊断仪器（血液生化、电生理、放射影像、内窥镜等）的发明以及外科手术的进步，减少了包括感染性疾病在内的各种急性病的发病率，提高了治愈率。如今，造成人类死亡的原因发生了根本性改变，前十大死因分别是冠心病、脑中风、呼吸道感染、肺部疾病、肺癌、糖尿病、老年痴呆、腹泻、结核病、道路交通事故。这些都有赖于新的医学技术加以攻克，相信在21世纪，医学将会是影响人类预期寿命的最主要因素。

四、医学新技术将成为今后人类预期平均寿命延长的最大贡献者

（一）慢性病防治技术

据最新统计，我国脑中风每年新发病例数高达250万人，死亡人数接近210万，死因占比为22.46%，是中国人的“第一杀手”。如果不把各种癌症的死亡率汇总统计，冠心病是中国人的“第二大杀手”，每年死亡人数近160万，占所有死亡人数的17.1%。二者相加，心脑血管疾病死亡人数占总死亡人数的40%。根据《中国心血管病报告（2017）》的数据，2003—2015年，中国心脑血管疾病死亡率呈上升趋势，总患病人数达到2.9亿，其中脑卒中1300万、冠心病1100万、高血压2.7亿、其他心血管疾病1200万。心脑血管疾病不仅严重影响中国人的平均预期寿命，而且给社会和个人造成严重的经济负担。自2004年以来，急性心梗、颅内出血、脑梗死的总体住院费用平均每年分别增长30.13%、18.06%和23.47%，2015年分别达到153.4亿元、232亿元和524.26亿元，次均住院分别为25454元、17128.3元和9174.2元。患病率、死亡率治疗费用三大指标的增长，预示着心脑血管疾病是人寿保险和健康保险经营不得

不认真对待的威胁。

世界各国的总体情况与中国相同，心脑血管疾病的患病率、死亡率和治疗费用都在增长。究其原因，主要有两个方面，一是由于社会、文化、环境和生活习惯的原因，具有高血压、高血脂、糖尿病、超重或肥胖、高热量饮食、运动不足等心脑血管患病危险因素的人口数居高不下；二是心脑血管疾病发病率和死亡率与年龄成线性增长关系，人口迅速老龄化，老龄人口占比增加。

单纯统计总体人口的心脑血管发病率和死亡率是会产生误导的，并不能真正反映其发病趋势和医学防治效果。理由就在于前面谈到的，人口的老龄化拉高了整体的发病率和死亡率数据。其实，按照年龄标化调整过的统计数据，20 多年来，西方国家不同年龄段心血管疾病的发病率和死亡率一直在下降。我国也不例外，从 1990 年到 2013 年，心血管疾病年龄标化死亡率下降了 21%，其中脑血管病死亡率下降了 20.9%，高血压性心脏病死亡率下降了 41.3%。这归功于两个方面，一方面是通过健康教育，改变人口的生活方式，有效减少发病危险因素，另一方面归功于医学新技术的发展。而在我国，主要贡献还在于后者。

在脑中风方面，现代医学技术发展了颈动脉彩超、脑内血管造影和导管内溶栓术、颅内动脉支架等介入治疗方法，及时发现颈部和颅内血管的狭窄和闭塞情况，并予以消除。此外，20 世纪 50 年代发展起来的颈动脉内膜剥脱术能有效去除引起颈动脉狭窄的斑块和血栓，恢复血管的通畅，使发生中风的比例比单纯药物预防下降了约三分之二。基因技术的发展及其发生突变频率的研究，对中国人群高同型半胱氨酸性高血压与脑中风关系的研究，使中国人脑中风预防找到新的思路和方向。20 世纪 90 年代发展的脑神经干细胞移植术，理论上可以使神经细胞再生，替代死亡的脑神经细胞，让我们对瘫痪、失语、痴呆等脑中风后遗症和其他大脑神经功能损伤的治疗前景充满期待。

在冠心病方面，20 世纪 80 年代以来，冠心病的诊断和治疗技术日新月异。在诊断方面，影像技术如血管内超声、PET-CT、冠脉造影等技术不仅精确定位狭窄位置和程度，而且能观察血管壁结构改变、冠脉储备能力以及心肌活性。在治疗方面，经皮冠状动脉腔内血管成型术（PTCA）加冠状动脉支架治疗冠脉狭窄，堪称冠心病治疗史上的里程碑，它不仅能用于急性心梗发作病人的治疗，更能提前解除心梗高危患者的发病隐患。与原来的冠状动脉搭桥术相比，非体外循环微创冠状动脉搭桥术不需要开胸，不需要做心脏停跳体外循环，具有手术创伤小、手术死亡率低（0.5%）、术后恢复快、后遗症发生率小、费用低等优势，特别是在引入手术机器人辅助系统后，将降低手术医生的操作难度。可以预见，普通的冠状动脉搭桥术将会被微创冠状动脉搭桥术全面替代。

（二）人类对抗恶性肿瘤的医学最新成果

人类与恶性肿瘤的抗争有数百年历史了，1971 年美国总统尼克松签署了《国家癌症法案》时信心满满地宣布："美国人民医治这种疾病（癌症）的时机成熟了，我们应该像研究核裂变以及登月所付出的力量一样来做这件事。"这被认为是向癌症发起总攻的集结号。从那以后，人类早已在航天事业和核能研究方面取得了辉煌的成果，但在恶性肿瘤研究方面，尽管各国政府和社会投入了无穷的金钱和人力，时至今日，恶性肿瘤仍是危害人的生命、影响人类预期寿命的凶恶杀手。无论是世界各国的总体统计数据，还是中国的统计数据，恶性肿瘤的死亡率均为第二位。2016 年 12 月 3 日发表在《美国医学学会会刊 · 肿瘤学》上的全球疾病负担癌症协作中心研究报告公布，2015 年全世界共有约 1750 万例癌症发生，造成 870 万人死亡。中国 2014 年新发恶性肿瘤病例约 358.6 万例，死亡病例 218.7 万例，全国恶性肿瘤发病率为 264.85/10 万，死亡占比是 22%。

当然，医学在对抗恶性肿瘤上的持续努力并非完全没有效果。根据美国癌症协会（ACS）公布的数据，美国全体人口和男性恶性肿瘤发病率在 1990—1995 年间达到高峰，于 2005 年后开始持续下降（但女性的发病率还在上升）。考察癌症控制效果的三大指标是发生率、生存率和死亡率。但是在具体的统计中，前两者受癌症检出率的影响较大，容易发生偏差，因此死亡率是一个更客观的评价标准。全美癌症死亡率最高的年份是 1991 年，这一年的总死亡率是 215.1/10 万，而到 2015 年，全美癌症总死亡率已经降到 158.7/10 万，降幅达到 26%，男性和女性的癌症死亡率降幅分别为 32% 和 23%。首先，要归功于持续的大规模禁烟运动，男女的肺癌发生率和死亡率都明显下降。其次，前列腺癌特异性抗原检测、结直肠镜检查以及宫颈癌筛查技术的推广运用，使这三种癌症得以早发现、早治疗，死亡率大大下降。治疗方法（包括手术治疗、化疗和放疗）的改进，也对降低恶性肿瘤死亡率做出了贡献。

如果说直到 21 世纪之前，人类与癌症的战争仍处于拉锯战的话，现在胜利的天平已经开始向人类倾斜。胜利的基础是从 20 世纪 70 年代，科学家把癌症研究的重点转到分子水平和基因上而奠定的。理论的鲜花，到了 21 世纪在临床应用上纷纷结出了硕果。

在诊断方面，基因检测可以提前预测患遗传性恶性肿瘤的危险程度，促使被检测者提前采取适当的预防措施，基因检测还对癌症患者的治疗方法选择有指导意义。恶性肿瘤液体活检技术，通过收集患者的血液或尿液等，检测患者机体中游离的循环肿瘤细胞（CTCs）、循环肿瘤 DNA（ctDNA）、外泌体及循环 RNA 等，使恶性肿瘤的发现时间显著提前，有利于患者的早期治疗，有效提高临床治愈率。

在治疗方面，21 世纪初开始运用于临床的分子靶向药物可以针对已经明确的致癌位点设计相应的治疗药物，药物进入体内会选择致癌位点，精确地杀死肿瘤细胞，却不会破坏肿瘤周围的正常组织细胞。已有大量临床病例证明，分子靶向药物治疗使多种恶性肿瘤患者的存活率显著延长。2017 年 8 月，随着诺华公司 CAR-T 细胞疗法的药物获得认证上市，细胞免疫技术给人类彻底战胜恶性肿瘤又增加了几分胜算。这种疗法是通过提取患者体内的 T 细胞，在实验室对它们进行基因修饰，形成嵌合抗原受体 T 细胞（CAR-T），并在实验室内进行培养，大量扩增后回输到患者体内。被重新编码的 T 细胞具有特异性识别和攻击杀伤肿瘤细胞的能力，但又不会伤及正常细胞，没有通常放、化疗的毒副反应。20 世纪 90 年代开始运用于临床的质子重离子放疗技术开创了癌症放疗的新时代，它克服了传统的光子放疗技术射线能量衰减的问题，在进入人体过程中能量衰减极少，到达癌组织时才释放全部能量，产生“定向爆破”的效果。与传统放疗相比，质子重离子技术具有照射精准、对正常组织损伤小、疗程短、疗效高等优势。此外，最新公布的纳米技术、肿瘤疫苗等研究成果更是给癌症治疗带来更多的希望，甚至有科学家预测，到 2050 年癌症有可能被彻底战胜，死亡率为零。

（三）器官移植与器官制造

自 1954 年美国医生成功实施首例肾脏移植手术以来，医学技术已经发展到几乎可以移植所有人体器官的地步。然而，这样一项伟大的医学成就却不能很好地造福于人类，原因是供体器官远远满足不了接受器官移植的需求量。据推算，全世界每年等待器官移植的患者有 250 万人，而接受了器官移植的只有 5 万人。数据显示，我国 2017 年临床完成 1.6 万例器官移植，但比起每年约 30 万器官移植需求，器官移植领域的缺口仍然巨大。即使在器官捐献率较高的美国，每 10 分钟就会新增一名需要进行器官移植的患者。据美国器官共享网络估计，平均每天有 22 人在等待器官移植中死去。更麻烦的是，随着全球人口老龄化加剧和慢性疾病的发病率增加，器官移植供需矛盾将更加突出。

2017 年 8 月，在美国《科学》杂志上发表的一篇研究论文，让人们看到了无限量供应移植器官，彻底解决供体器官不足问题的希望。此项研究成功地运用基因编辑技术，一次性剔除了隐藏在猪基因组中的全部内源性逆转录病毒（PERV）片段，然后又利用体细胞核移植技术，培育出了经过基因修改的猪胚胎，并将这些胚胎移植到代孕母猪体内，最终培养出了没有病毒感染危险的猪。内源性逆转录病毒是猪种群基因组中永久性存在的病毒，如果直接把猪器官移植到人体内，就存在该病毒被激活并感染人类细胞的风险，成为阻碍猪为人提供器官的主要障碍。这项研究成果宣告这一主要障碍已被清除，意味着不久的将来，猪的器官将成为人体器官移植的安全供体。

猪因为 1 万多年前被人类驯养，一直与人类共同迁徙生存，其生理指标、代谢系统以及基因的相似度都与人类相似，器官大小和功能与人类也高度相似，包括肾、心、肝、胰岛细胞、皮肤和角膜等器官和组织都是能移植到人身上的最佳异种器官。再加上猪有繁殖快、无伦理之争等优势，被认为是解决人类器官短缺的理想供体。主持此项研究的科学家预测，异种器官移植有望在今后 2 ~ 3 年内被安全应用到临床上。不难想见，若这一预测得以实现，我们将获得取之不尽的供体器官，器官移植技术将对延长人的寿命做出更大的贡献。值得一提的是，此项意义重大的科研成果是我国科研团队与美国、丹麦的科研人员共同合作的结晶。

在解决器官供体不足的问题上，科学家们还开启了另一个完全不同的路径，而且也取得了令人兴奋的进展。用人体之外的材料制造具有生理功能的器官已经有半个多世纪的历史了，但目前还基本局限于远离人体中心部位的器官，而人体内脏大器官还没有取得突破，处于停滞状态。近年来的 3D 生物打印技术再次为人造器官打开了希望的大门，采用核磁共振或 CT 扫描技术获得待移植器官的三维模型，从人体内提取组织细胞在体外培养扩增，制成生物墨水，通过计算机软件控制的全息印刷技术，打印出在结构和生理功能上均能满足要求的人工器官，然后再移植到人体，取代人体内损坏的原有器官。现在，科学家已经打印出肝脏、血管、甲状腺等器官，并在动物身上移植成功。

尽管目前还很难预测 3D 生物打印人体器官真正应用于临床治疗的时间，但科学家认为，这个目标并不是天方夜谈。那一天到来时，人类的器官可以像汽车零件一样随意替换。

（四）干细胞技术

干细胞是一类具有自我更新、增殖和多向分化潜能的细胞，有再生各种组织器官的潜在功能，被医学界称为“万用细胞”。不仅如此，干细胞还会释放出外泌体，作用于周围的组织细胞，发挥细胞修复、免疫调节等功能，间接发挥组织再生作用。干细胞的发现和应用为人类治疗多种全身性复杂疾病开辟了光明的前景。

进入 21 世纪以来，多国科学家在干细胞技术发展方面成果累累。如今，干细胞技术已经或将要在帕金森氏病、肌萎缩侧索硬化、多发性硬化、大脑和神经损伤、糖尿病、骨关节病、中风、心脏病、组织和器官衰老，以及癌症的治疗方面发挥作用。另外，如前所述，干细胞技术与 3D 生物打印技术相结合，开创了人造器官的新时代。干细胞技术是生物技术领域最具有发展前景和后劲的前沿技术，已成为世界高新技术的新亮点，必将导致一场医学和生物学革命。毫无疑问，干细胞技术广泛应用于临床后，又将大大延长人口的平均预期寿命。

（五）人类自然寿命延长技术

延年益寿，甚至长生不老，自古就是人类源于骨子里的追求。在科学还不发达的时代，人们除了以炼丹术和寻仙草来与死亡做意义不大的对抗外，更多的是以灵魂不死或生死轮回来寄托对于永生的追求。20 世纪后半叶，特别是 21 世纪以来，人对生命的研究进入分子水平，医学科学技术打破了一个又一个生命的极限，人类已经不能满足于仅仅追求精神或灵魂的永生。“对于生命和死亡，现代科学和文化的观点与宗教的完全不同，并不认为死亡具有某种形而上的神秘性，也不认为死亡是生命意义的来源。相反，对于现代人来说，死亡是一个我们能够也应该解决的问题”。

如果医学能够治好所有的疾病，人还会死吗？不少科学家相信自然寿命的概念（人类在进化过程中形成的相当稳定的平均寿命的最高尺度，即寿命的极限），并以分裂周期说、性成熟期说、生长期说等理论推断出，人类的自然寿命为 120 ~ 175 岁。但这些理论都是缺乏实验室依据的间接推论，并没有得到科学界的广泛认同。与自然寿命相对应的是生理性死亡（Physiological Death）或衰老死的概念——指机体各器官（特别是心、脑、肺）生理功能逐渐减退直至衰竭，而不能维持生命活动导致的死亡。不过，在医学界基本没有衰老死的定义，医生们认为，所有看上去没有痛苦，像是逐渐入睡一样死去的“无疾而终”，如果仔细检查，肯定能找到某种疾病死因。

那么，到底是什么在控制着人类的寿命呢？近些年，突破的希望被押在了基因研究上，因为多个不同国家的研究团队先后发现了一些特殊的、可以导致人类寿命延长的变异基因——长寿基因。美国科学家关于端粒（Telomere）——存在于真核生物细胞染色体末端的 DNA 和蛋白质的复合物，以及端粒酶对于维持基因组的完整性和染色体稳定性，调节细胞分裂更新，从而影响生命衰老的作用机制的研究成果获得了 2009 年诺贝尔奖。

芝加哥伊利诺伊大学的研究者提出，衰老的秘密可能就在一个名叫 p21 的特定基因上。它的作用就相当于一个基因紧急制动闸，当它被启动并且发挥作用时，会让受到毒素污染或者辐射破坏的细胞停止生长，这样就会给它们时间进行修复。德国基尔大学医学院的一项调查表明，存在于人体DNA中一种名为“FOXO3A”的基因能够助人长寿。与年轻人相比，这种基因存在于百岁老人体内的情况更加普遍。台湾地区阳明大学研究团队声称找到调控寿命长短的Cisd2基因，并进一步利用基因转殖技术，使实验中的小鼠存活达36个月，较一般老鼠增加1.4倍，相当于人类的110岁。美国科学家通过对芽殖酵母和线虫的基因分析，鉴别出两种生物共有的25个负责调控寿命长短的基因，在这25个“长寿基因”中，至少有15个在人的基因组内存在相似版本。这意味着，科学家有可能借此锁定人体内的基因目标，研究如何减缓衰老过程，治疗衰老引发的相关疾病。俄罗斯科学院矢量病毒学和生物技术科学中心研究人员在3种基因的基础上，发现了多种长寿基因组合，并发现它们之间的不同基因组合对人体健康有不同的影响，有的基因组合可以延长人的寿命，有的则相反，会导致一些重大疾病的发生。有关专家认为，该科研成果对人类寿命的研究有重要价值。在欧洲科学家看来，衰老是一种多基因的复合调控过程，表现为染色体端粒长度改变、DNA损伤、DNA甲基化和细胞氧化等。这些因素综合作用，影响了寿命的长短。

以上成果表明，在基因水平上对衰老机制的研究是目前国际上的热点。通过长寿基因和衰老相关基因的分离、克隆，了解其功能、调控、影响因素，揭示生命衰老机制，找到抑制衰老的基因，促进长寿基因的作用，可以从根本上延缓衰老，对人类寿命的延长具有深远的意义。

五、平均预期寿命延长对寿险经营的意义

人类寿命的延长对于个人来说是福音，但对于人身保险经营是挑战甚至是灾难，尤其是对于储蓄类、年金类长期生存保险而言。其对健康保险的影响比较复杂，既有正面的也有反面的，但对死亡险产品而言也许是利好因素。

（一）日内瓦协会的启示

国际保险业内有一个顶尖的权威智库，即日内瓦协会，该组织于1973年2月在法国巴黎成立，会员由全球知名保险公司的总裁或首席执行官组成，因该组织秘书处设在瑞士日内瓦，故又称为日内瓦协会，其全称为国际保险经济学研究会（The International Association for the Study of Insurance Economics）。该协会的宗旨是整合各种力量，研究保险在全球经济领域中日益出现的重要性，分析保险业发展过程中的重大战略问题，把握发展脉络，预测发展趋势，同时鼓励和支持开展在现代经济环境下关于风险管理和不确定性的各种研究项目，对于全球保险业的发展方向有重要的影响力。

笔者有幸于2005年11月参加了该协会在德国慕尼黑举办的第三届“健康与长寿化”论坛。此次会议以人类寿命延长对人身保险的影响为主题，从人口统计学、社会经济学、医学新技术（包括靶向药物、智能外科、诊断技术、基因检测、生物传感器、可穿戴产品、纳米医学、远程医疗等）、精算技术、再保方案等多方面，深入揭示了人类寿命延长的趋势和导致人口长寿化的原因，细致地探讨了寿命延长对人身保险的影响及对策。

会议上专家们的报告对于笔者思想的冲击足以用“震撼”一词来形容。笔者第一次了解到全球人口老龄化的严重程度，第一次感受到长寿化问题对人身保险的挑战是如此严重和紧迫，也第一次认识到医学与人身保险的关系是如此广泛和密切。我为国际保险业专家们对相关问题的重视程度感到惊讶，为他们研究的广度和深度所折服。会议取得了如下共识：人类寿命延长将是长期的趋势；寿命延长受社会、经济、生活方式、医学新技术等多种因素影响，而医学新技术的影响最为重要；人口长寿化对人身保险业的影响是多方面的；过去的预测低估了人口长寿化程度，储蓄类和年金类保险产品的准备金严重不足，存在偿付能力风险；对于长期寿险产品的定价而言，预期寿命延长的充分预测十分重要，必须听取医学和人口统计学专家的意见。当时觉得这些问题对于中国保险业来说还为时尚早，13年后的今天看来，人口长寿化、医学新技术影响也已成为我国人身保险必须面对的挑战和需要深入研究的问题。

（二）中国寿险生命表的前世与今生

如前所述，生命表是人身保险业的基石和核心工具，在人身保险经营的产品定价、现金价值计算、准备金评估、风险管理等各个方面都必须以生命表为依据。可以说，没有生命表就没有现代人身保险业。

国际上的第一张生命表早在17世纪就诞生了，而我国由于缺乏大规模的人口统计数据和人身保险经营的经验数据，只能借鉴日本的生命表开展寿险业务。由于日本经验死亡率水平与中国被保险人群死亡率水平存在差异，中国寿险业不能准确、合理地制定保险费率和提留寿险责任准备金。直到1995年年末才制定出中国人寿保险业第一张经验生命表。随后，于2005年年底发布了第二套生命表。此后的10多年中，中国人口死亡率发生了明显变化，预期寿命明显提高。此外，保险产品类型也日益多元，第二套生命表的养老和非养老两张表已经不能满足产品精细化定价的需要。于是，中国保监会组织编制了第三套生命表《中国人身保险业经验生命表（2010—2013）》，于2016年12月28日公布，并于2017年1月1日投入使用。

与第二套生命表相比，第三套生命表编制样本数量巨大，对平均寿命的预估更为审慎，对我国投保人群平均预期寿命的预期值男性是79.5岁，女性是84.6岁，比第二套生命表提高2.8岁和3.7岁。此外，根据不同的人身保险业务，将生命表由原来的两张扩展为三张：养老金业务表，适用于保险期间内（不含满期）生存责任较高的两全保险、长寿风险较高的年金保险产品；非养老金业务一表（保障型），适用于定期寿险、终身寿险、健康保险产品；非养老金业务二表，适用于保险期间内（不含满期）没有生存金给付责任的两全保险或含有生存金给付责任但生存责任较低的两全保险、长寿风险较低的年金保险产品。因此，可以说第三套生命表更科学、可靠和实用，对今后一段时间内我国人身保险业的健康发展将发挥积极作用。

目前看来，医学新技术的发展对人口预期寿命的影响将越来越大，因此生命表的编制仅依靠人口统计数据和保险业务经验数据来预测人口预期寿命是不够全面的，应该充分结合医学和生命科学家的研究成果和智慧，共同进行生命表的编制。人身保险生命表的修订和完善，永远在路上。

第三节　基因检测让人身保险面临两难困境

2013年5月，好莱坞著名影星安吉丽娜·朱莉通过基因检测，发现自身携带“乳腺癌和卵巢癌高风险基因”，在没有其他检验方法证明存在癌细胞和没有任何临床症状的情况下，主动要求手术切除乳腺和卵巢，基因检测技术瞬间得到了全世界的关注。自2003年科学家首次完成人类基因全序列检测之后，基因测序技术不断发展，完成一次基因测序所需成本和时间大幅下降。成本已从最初的上千万美元降低至1000美元，所需时间从数月减少到数天。目前所知的“基因疾病”多达数千种，基因检测技术可以预测患者罹患某种“基因疾病”的风险大小，从而对高风险疾病采取有针对性的预防、早期诊断和治疗措施，减少疾病发生率和死亡率。

一、基因检测对人身保险是毒药还是蜜丸

随着技术的发展，基因检测成本进一步降低，其商业化已成为必然趋势，将造福于更多的人民大众，但保险业对待基因检测的态度却十分纠结。一方面，拥抱基因检测技术，可以获得更多的客户健康数据，更全面、精准地评估客户的健康风险，有利于精准营销、精准核保，有利于对已投保客户开展针对性的疾病预

防、慢病管理等健康管理服务，降低发病率和死亡率，控制理赔风险。另一方面，基因检测的普及可能会促进更多投保人的逆选择。此外，关于保险人对客户遗传信息的采集、保密和使用方面，缺乏明晰和实用的法律法规条款，存在侵犯个人隐私、基因歧视等违法违规风险。

（一）逆选择的威胁

当基因检测普及后，数千元甚至数百元的检测花费，相对于数万元甚至数十万元的人身保险赔付来说，足以激发投保人在投保前主动去做基因检测的行为。然后根据检测结果来做出是否购买保险、购买何种保险、买多少保额的决定，为自己获取最大利益。如此一来，基因检测结果良好，患病风险低的人群会少买或不买保险；基因检测结果显示罹患某种疾病概率高的人群会多买保险。导致投保人群的风险状况偏离大数法则，远远高于保险精算定价所依据的基础数据，进而导致保险公司的死差损增大。保险公司为了维持经营，不得不提高保险产品的价格，低风险人群会因投保成本提高而更加不愿投保，投保的只剩下高风险人群，投保人群的整体风险进一步增加，保险赔付和死差损再次增大。这种恶性循环，最终将导致赔付风险无法通过正常大群体得以平衡，保费不断攀升到连高风险者也无法负担，人身保险彻底失去其存在的意义。

（二）人身保险的新机会

尽管理论上基因检测会给人身保险带来更多的逆选择威胁，但保险公司更应该看到它给保险业带来的新机会。

首先，基因检测的普及将会形成一大类基因检测结果风险异常的人群。从传统保险思想来看，他们是保险公司避之不及的人群，但用逆向思维来衡量，他们却是人身保险的新客户群。一是因为除少数单基因遗传疾病外，基因检测结果异常并不代表一定会发病，即便会发病，时间也是不确定的，所以风险仍然是不确定的，也就是说是可保风险。二是正因为基因检测结果异常，这一人群的投保意愿更高，易于保险产品的销售。三是承保后，保险公司可以更精准、全面地掌握被保险人的健康信息，有利于开展有针对性的疾病预防、定期检查、慢病管理等措施，阻止发病或延缓发病时间，而这一人群对健康管理的依从性会高于普通人群，更有可能达到健康管理的效果，有效控制赔付率。因此，保险公司完全可以针对基因检测结果异常人群开发专门的寿险、年金险和重大疾病保险，开辟新的业务。

其次，在法律法规条件允许的情况下，保险公司应尽量通过合法方式取得被保险人的基因检测信息，结合其他健康信息，可以更加全面客观地评估被保险人的风险，有利于保险公司开展精准营销，更有利于对投保客户做出更加科学合理的核保决定。

如果法律允许，保险公司应该建立大人群的基因信息库，有利于分析不同基因特征人群的发病率和死亡率，为保险公司开发人身保险产品提供定价的精算数据依据。

继 2008 年，美国《时代》周刊将“个人 DNA 检测服务”评为当年度 50 项最佳发明榜首之后，基因检测又被麻省理工学院评为 2018 年全球十大突破性技术之一。人人都做基因检测已经是不可阻挡的趋势，对于人身保险业而言，无论它是蜜丸还是毒药，都是要面对的事物，采取鸵鸟政策是行不通的，唯一的选择是了解它、研究它、拥抱它、用好它。

二、保险公司的道德困境

能否让保险公司获得和使用客户的个人遗传信息（包括基因信息），这个问题在发达国家引起了持续而广泛的争论。正反两面的意见针锋相对，焦点在于基因检测结果的滥用会给不同的利益相关者带来极大的伤害。

站在保险客户的立场来思考，法律和社会学家们一方面担心如果基因检测结果有问题人群的遗传信息被保险公司掌握后，他们的投保申请会被保险公司拒绝或提高承保保费，这违反了公平原则，是“基因歧视”；另一方面担心保险公司泄露客户的遗传信息，给当事人的就学、就业和生活造成伤害。站在保险公司的立场上来思考，专家们认为基因检测普及后，如果不允许保险公司掌握客户的基因信息，将会因为重要的健康信息不对称，而造成严重的逆选择后果，威胁人身保险业的生存。

由此，在能否获得客户的遗传信息，能否根据不同的基因检测结果对客户做差异性核保决定的问题上，保险公司陷入两难的道德困境。一方面，对基因检测结果异常的客户拒保或加费承保的确有歧视之嫌，是不公平的。毕竟他们还没有发病，也不属于既往症情况。假设基因检测技术没有问世，对他们做出的核保决定必然会与普通人群一致。另一方面，当基因检测技术发展，多数公众都能便捷、低成本地做基因检测的情况下，如果不让保险公司取得客户的基因遗传信息，也不允许对基因信息异常的投保客户做差异化的核保决定，必然导致逆选择风险增大，赔付率增高，保险公司被迫涨价。这将伤害遗传信息正常客户的利益，对他们来说也是不公平的。

三、遗传信息使用的功与罪

（一）国外的状况

遗传信息，特别是基因信息不仅仅包含了个人的疾病信息，还含有身份认定、性格、天赋、预期寿命、家族血缘以及家族其他成员的遗传特征等重要信息，一旦个人的基因信息被泄露和滥用，对个人和家庭造成的伤害会是多方面的。因此，各国政府对非医疗健康机构和实体（包括保险公司）使用遗传信息做出诸多限制是可以理解的。

欧洲国家最先认识到这个问题的严重性，在90年代就颁布了个人遗传信息使用的相关法案。随后美国、加拿大、澳大利亚等国家也公布了自己的相关法案。由于各个国家的历史文化背景和社会管理模式不同，对待第三者使用个人基因信息的态度和立场也就不一致。因此对保险公司能否使用，如何使用遗传信息的法律规定也各不相同。可大致归纳为三种模式：

1. 完全禁止模式。如比利时1992年公布的《保险合同法》，奥地利1994年公布的《基因技术法》，挪威1994年公布的《生物技术医学应用法》，欧洲理事会1997年公布的《人权与生物医学公约》，都有条款明确规定除用于医学诊疗外，禁止第三方获取和使用基因检测信息。法国、卢森堡、丹麦、瑞典等国家也陆续出台了相关法律，禁止保险公司使用个人的遗传信息。

2. 基本放开模式。主要是澳大利亚，至今还没有明确的法律条文限制保险公司对个人基因信息的使用，保险公司可以对基因信息异常的人身保险投保客户做出拒保或加费的核保决定，但这种现状受到社会的质疑。保险自律组织不得不对保险公司提出一些限制，如保险公司只能向投保客户要求提交已经存在的基因检测结果，不得主动要求投保客户去做基因检测，也不得以保费优惠为由诱导客户去做基因检测。然而，社会上要求国家立法限制保险公司使用个人遗传信息的呼声日渐强烈。

3. 有条件放开模式。代表性国家有英国、美国、荷兰、新西兰等，对个人遗传信息的使用不是一概禁止，也不是放任不管，而是针对不同的保险类别、不同的保险险种制定不同的使用政策，或者根据基因特征与疾病发生的因果关系直接与否而确定基因信息的政策。

例如，美国2008年公布的《反遗传基因信息歧视法案》禁止保险公司在健康保险和团体寿险业务中使用基因检测信息，但对个人寿险、失能收入损失保险没有限制。新西兰允许保险人使用被保险人已有的基因检测信息。荷兰允许对投保健康保险保额超过 30 万荷兰盾，人寿保险保额超过 60 万荷兰盾的被保险人使用基因信息做差异性核保。

英国的做法值得重点关注。1997 年 2 月，英国保险协会（Association of British Insurers）制定出一套同业规范的准则，宣布一个为期 2 年的自愿协议，禁止会员公司使用所有的基因检测信息 2 年，但在一些条件下（寿险保额 10 万英镑），保险公司可以要求投保人披露部分基因信息。

2001 年 4 月，英国下议院科学和技术委员会发表“基因及保险”报告。一方面考虑到人们对“基因歧视”的担忧，同时也考虑到基因检测结果会给保险公司带来逆选择风险，成立了专门的监督机构“基因与保险委员会”（Genetic and Insurance Committee，GAIC）。该机构从检测方法、疾病种类、保额金额三个维度来制定不同的基因信息使用政策。检测方法上，目前 GAIC 已批准了三项基因检测方法可以应用于核保。疾病种类上，GAIC 允许使用亨廷顿氏舞蹈症等严重的大脑疾病患者的基因检测信息。保额金额上，人寿保险保额 50 万英镑以上，重大疾病保额 30 万英镑以上，失能收入损失保险每年给付 3 万英镑以上且得到 GAIC 同意后，保险公司可以使用基因检测结果。

英国这种分步推进、区别对待的做法，较好地平衡了投保客户和保险公司的利益，既能有效防止保险业务中可能发生的“基因歧视”，又能减少信息不对称带给保险公司的逆选择风险，同时有利于基因检测技术的推广应用，造福广大民众，因而得到各国专家学者的更多认同。

（二）国内的状况

我国至今还没有任何关于保险公司使用个人遗传信息的相关法律法规。只是在原中国保监会于 2017 年 11 月公布的《健康保险管理办法（征求意见稿）中的第十六条和第三十六条中分别规定：“保险公司不得基于被保险人除家族遗传病史之外的遗传信息、基因检测资料等进行费率浮动。保险公司销售健康保险产品，不得非法搜集、获取被保险人除家族病史之外的遗传信息、基因检测资料，也不得要求投保人提供。”目前，新版的《健康保险管理办法》尚未正式颁布，对保险公司使用基因信息会采用何种政策也不得而知。

在保险实务中，由于没有明确的法律规定，保险公司在个人基因信息检测结果的使用上五花八门。有的在销售过程中为投保客户提供基因检测服务，在达到产品促销目的的同时收集客户的基因信息；有的出于增强现有客户忠诚度的目的提供基因检测的增值服务；少数公司开发了特定病种基因检测与保险保障相结合的单病种保险（如乳腺癌保险）。监管机关对基因检测主体的资格认定、检测方法和标准、检测项目以及适用的保险产品和保险额度上都没有任何规定，全由保险公司自行决定。

据笔者所知，由于缺乏基因信息异常人群死亡率和发病率的统计数据，还没有保险公司真正将基因信息用于核保操作，更没有用于产品的精算定价。另外，保险公司对基因异常的客户也没有实施有针对性的健康管理。

（三）走出两难困境，将遗传信息有条件开放

目前，我国保险公司使用个人遗传信息无法可依、各自为政的混乱局面，既不能有效保护民众的遗传信息隐私权，限制“基因歧视”，又不能防止基因逆选择的发生，保护保险公司的利益，更阻碍了基因检测行业的健康发展。

有鉴于此，笔者建议政府相关部门应尽快组织研究和制定相关的法律法规，规范基因检测的使用范围、流程和标准，以及基因信息的采集、保存、保密、共享等方面的要求，并明确专门的监督机构。

在立法的出发点方面，笔者倾向于英国的立法取向。采取有分步、有监督、有条件开放保险公司使用个人基因检测结果的策略，以期达到既有效保护客户的遗传信息隐私，防止“基因歧视”，又能减少投保人和保险人之间的信息不对称程度，防止逆选择风险而影响人身保险业稳定发展。

第四节　寿命预测对人身保险经营的颠覆性危机

一、人的寿命是否可以预测

大约 8 年前的一天，我太太被一位做寿险营销的朋友说动，打算购买某人寿保险公司（A 公司）的一款生死两全保险，因为我在另一家保险公司（B 公司）工作，她就把条款寄给我，想让我与 B 公司的同类产品比较一下，看哪家公司的产品更合算。我虽在保险公司工作多年，但并不懂精算，只好求助于 B 公司的精算师。

精算师比较之后告诉我，两家公司的产品其实差不多，只不过在保险给付总金额的分配比例上两家公司的设计有所不同。A 公司死亡给付少些，生存金领取时间长些；而 B 公司的产品死亡给付多，生存金领的少。也就是说，如果我太太预计自己活得长就应该买 A 公司的产品，如果估计自己寿命不足够长，就应该买 B 公司的产品。这下我太太犯难了，她实在无法预测自己能活到多少

岁，也就不知道到底买哪家公司的产品合适。估计碰到类似烦恼的投保人不会在少数。

在这种情况下，人们自然而然地发出感叹，“要是能预知可以活多久就好了”。可能要不了多少年，投保人就不再会有这种烦恼了，因为基因检测可以预测人的寿命。

二、寿命预测不是异想天开

（一）寿命基因

用基因检测结果来预测人的寿命，听上去像算命那样不靠谱，但已经有保险公司实实在在地将其用于自己的保险业务。GWG Life 是美国一家专门做寿险保单贴现业务的公司，该公司的精算师与加州大学洛杉矶分校（UCLA）的生物学家合作，使用他的 DNA 甲基化检测技术来预测客户的寿命，并将结果运用到自己的保单贴现业务中。

寿险保单贴现业务是寿险二级市场业务，公司作为投资者，为那些急需用钱、无能力继续缴纳保险费或因生活环境改变不再需要寿险保障的老年人，处理他们的寿险保单。二级寿险市场的存在是因为保险公司给予投保人的寿险产品退保费实在太过低廉，客户退保损失较大。GWG Life 为老年人提供以下 4 种寿险保单贴现服务：

1. 保单转让。老年保单持有人可以把自己的寿险保单转让给 GWG Life，GWG Life 一次性以高于保险公司退保金额的价格购买保单持有人的保单。对于那些急需现金且不再需要寿险的客户而言，这是一个十分合算的交易。而一但保单持有人死亡后，GWG Life 将全额获得保单的保险给付金。

2. 保单维持。有的老年人仍旧需要他们的寿险，只是无力支付日渐高昂的保费，那么他们可以选择向 GWG Life 出售自己保单的部分利益。在这种方案下，GWG Life 将为保单持有人续缴保费，维持保单有效，保单持有人则可以部分享有寿险保单的利益。

3. 医疗服务转化。对于那些为未来医疗费担忧的老人而言，GWG Life 可以将他们的人寿保险转化为家庭护理或者生活辅助服务。对那些不再需要寿险，只担心自己健康状况的老人而言，这种服务十分人性化，不仅免除了额外的经济负担，还可以获得长期的医疗服务。

4. 赠与。如果老年人想为自己的家人或慈善机构提供可观的遗产，那么可以通过 GWG Life 将自己的寿险赠与出去，并且不再需要支付后续保费。寿险赠与可以是完全赠与或者部分赠与，而且如果是赠与给慈善机构，那么老人将收到赠与额的扣税款。

可以想见，GWG Life 的此类保单贴现业务，对于保单持有人寿命预测的准确性极为关注。如果保单持有人最终存活的时间长于预测的时间，公司就有可能亏损，反之就能盈利。

截至 2016 年 9 月 30 日，GWG Life 累积购买了收益面值达 12.7 亿美元的 625 份寿险保单，而他们付给保单持有人的金额也高达 3.57 亿美元。相较起来，如果这些寿险保单持有人从自己的保险公司退保的话，只能拿到 2600 万美元退保费。GWG Life 公司的这种创新做法，无疑将对传统寿险行业形成冲击。

GWG Life 之所以敢于这么做，是他们相信 DNA 甲基化检测技术预测人的寿命已经到达较高的成熟度，再结合他们研发的数据算法，可以比传统的单靠查看保单持有人的医疗记录，问询家族病史，或做常规的尿检和血检来预测寿命更为准确。

科学家还发现真核细胞线状染色体末端有一小段 DNA，被称为端粒（Telomere），其长度越长，人的寿命也越长。此外，TERC 基因、CETP VV 突变基因、FOXO3A 基因、SIR2 基因等，都与寿命长短有关。相信要不了多久，不仅仅是 GWG Life 这样的寿险保单贴现公司会将基因检测用于自己的业务，整个人身保险业都将认真考虑如何应对基因检测预测寿命所带来的冲击。

（二）大数据的威力

现阶段，保险公司仅凭基因检测结果就对人身险投保申请做出核保结论显然是不现实的，因为基因作用的表现离不开内在和外在环境的影响。在具有特定基因的一群个体中，表现该基因性状的个体的百分数（外显率）和该性状的表现程度（表现度），都受内、外环境的影响。也就是说，存在同样的长寿基因的人群，不一定每个人都会长寿或长寿的程度都一样。

2018 年 3 月 2 日，美国遗传学家在《科学》杂志发表一项研究成果，该研究利用大数据分析技术，对横跨 5 个世纪，涉及 11 代人，涵盖约 1300 万人的家族谱系图进行了分析，得出人的寿命与基因的关联程度仅为 16% 的结论。而寿命的差异大部分都归结于其他因素，如人们的居住地和生活方式。这意味着，自我们每一个个体出生以后，我们能活多长时间主要取决于后天的环境和我们自己的行为。

普遍认为，除遗传因素外，人类个体的寿命还受到生存的客观环境、心理状态、医疗卫生条件，特别是个人生活方式等因素的影响。之前，人身险公司也希望通过了解这些因素的情况来推断投保客户的健康和死亡风险，以做出更为准确的核保决定。然而，直到目前，真正得以运用的也仅仅是既往病史、家族病、身高体重指数、抽烟饮酒情况等少数判断指标，远远不能满足人身保险公司精准核保、精准定价的需求。主要障碍有三个，一是仅凭对投保人的调查问卷很难得到除上述之外的更多信息数据；二是投保人提供数据的准确性和可信度不佳；三是即便得到更多的数据，也无法完成庞大的数据运算和处理工作量，这限制了保险公司找出各种因素对个体寿命影响的定量关系。

大数据和人工智能技术的运用，有可能通过数据共享，从不同的互联网平台得到投保人诸如医疗、身体指标、运动、出行、饮食、睡眠、购物、娱乐、居住和工作环境等全方位、连续性的数据，通过人工智能算法和强大的运算能力，进行大样本的数理统计分析，找出这些因素对寿命影响的定量关系，有效地克服这三重限制，使保险公司实现对投保客户的精准的健康和死亡风险评估，做出精准的核保和定价决定。

三、如果寿命可以预测

如果真到了这么一天，每个人的寿命都可以准确预测，很难说对人身保险是福音还是灾难。

首先，根据现有的理论，保险可以分摊的风险必须具有不确定性，也就是单一的保险事件发生的不可预测性。具体到寿险而言，根据数理统计结果，具有相同特质（如性别、年龄、职业、健康状况等）的人群有统一的预期寿命（假设为85岁），并据此计算出保险产品的定价。但并非群体里的每一个人都是活到85岁死亡，而是有的超过85岁，有的活不到85岁，这样才发挥了保险的风险分摊功能。如果可以预测出每个人的寿命，寿险产品似乎应该一人一价才公平，但这样一来，保险还有多大的存在价值呢？

其次，当每个人都可以预测自己的寿命时，投保客户可以根据预测结果，选择符合自己最大利益的产品投保，如此一来，预测寿命短的人选择投保死亡保险，预测寿命长的人选择投保生存保险。前面我们已经分析过，这种逆选择的最终结果是导致整个人身保险系统的崩溃。

第五节 疾病早诊和预测使发病率和死亡率改变，影响重大疾病保险和寿险的经营

一、重疾保险的故事

重大疾病保险是一类以保险合同约定的疾病发生为给付条件的健康保险产品。被纳入保障的疾病一般都是对人体伤害较大，严重威胁患者生命且治疗费用较高的疾病或病理状况。1995 年重疾保险产品开始引入我国。引进初期，该产品一般为定期附加险，只承保 6 种大病（心肌梗塞、脑中风、癌症、冠状动脉搭桥手术、尿毒症、重要器官移植）。1998 年后，各主要寿险公司均将重疾产品修改为主险产品，其后该产品的个人营销保费一路攀升，一度占据个人寿险新契约保费的首位。时至今日，重疾保险仍是广受民众欢迎的保险产品。

（一）重疾保险的诞生

重大疾病保险的诞生是一个传奇故事，是医学与保险结合，以市场需求为导向开发保险产品的成功案例。1983 年，现代意义上的重大疾病保险诞生于南非。南非一位名叫马里优斯·巴纳德的心脏外科医生与他的哥哥成功地完成了人类历史上第一例异体心脏移植手术。巴纳德医生的高超医疗技术挽救了不少危重病人，但他发现自己尽力实施手术，挽救了很多病人生命的同时，病人及家属在经济上却备受煎熬，家庭承担了大量的债务，因为沉重的医疗费用而破产。即使有侥幸维系的家庭，也无法维持以往的生活品质，生活陷入贫困。于是他联合了南非的一家保险公司，研发了首款重大疾病保险。

首款重疾保险产品的主要保险责任是对患有心肌梗塞、脑中风、癌症以及需要外科手术治疗的冠状动脉疾病的被保险人在生存时直接提供现金给付，是嫁接在死亡保险上的一种提前给付责任。1986 年重疾产品传到英国。1988 年，其他各国也相继开始推出此类保险。由于它的给付方式与一般的健康险不同，不是在完成治疗后根据费用收据向保险公司索赔，而是以罹病诊断为依据给付保险金，更能满足被保险人因诊治疾病、恢复健康所需花费的实际需求，因此在世界各地都获得了广大消费者的欢迎，而快速风靡起来。

（二）再保险巨头的秘密武器

重大疾病保险在中国取得了巨大的成功，成为每一家人身保险公司必不可少

的产品线，甚至是主打的产品线。纳入保障范围的疾病从最初的 6 种扩展到 60、70 种，甚至 100 多种，远远超出了最初“重疾”的概念，出现了“轻症重疾”的概念，还出现了疾病分组、多次给付的产品形态，以及分别针对成人男性、女性和儿童的产品。这主要是因为中国的社会医疗保险保障程度低，商业医疗保险发展不好，消费者很大程度上把重大疾病保险当成了医疗保险的替代品。

重大疾病保险产品的开发，关键在于疾病发生率的确定，因为每一种疾病的发生率不仅因性别、年龄的不同而不同，还受到民族、国家、地域等因素的影响。因此，掌握了各个病种在不同国家和地区的不同人群的发生率就等于掌握了重大疾病保险业务的核心竞争力，而在 2013 年以前，我国却没有自己的相关数据，这也是国际再保险巨头们的杀手锏。

记得笔者 20 世纪 90 年代末带领团队开发重大疾病保险产品时，与一家国际再保险巨头合作，他们展示的数据库令我震撼，但依然没有中国大陆的相关数据，只能用我国台湾地区和印度尼西亚的数据做参考。而且最初他们只提供拟开发产品所含病种的总发生率打包数据，经过多次谈判，他们才分别提供了产品所含病种的单独发生率。这已经是严重破例了，一般来说，再保险公司绝不会给直保公司提供单独疾病的发生率，因为这是他们赖以生存的核心能力。这也意味着，国内保险公司开发任何新的重疾保险产品，都离不开国际再保险公司，这种状况直到 2013 年后才有所改变。

（三）中国重疾发生率表

进入 21 世纪后，重大疾病保险在中国大陆市场迅速发展，但也出现了疾病定义不一致、产品费率不一、赔付纠纷频发、负面舆论强烈的问题。为此，2007 年中国保监会颁布实施了第一个针对重大疾病保险的行业规范性操作指南——《重大疾病保险的疾病定义使用规范》（简称《规范》），该《规范》统一了 25 种重大疾病、疾病状态和手术的标准定义，并规定了任何重疾保险产品都必须包含的 6 种疾病。2013 年又发布了《中国人身保险业重大疾病经验发生率表》，含 6 类 25 种和 3 个单病种（恶性肿瘤、急性心梗、脑中风后遗症）的发生率。

这两个文件的出台，极大地促进了中国大陆重大疾病保险的良性发展。但不可否认的是，《中国人身保险业重大疾病经验发生率表》发布的疾病发生率除 3 个单病种发生率外，6 种类病和 25 种疾病的发生率都是打包的发生率。保险公司创新开发包含任意不同疾病组合的重大疾病保险产品时还是要依靠国际再保险公司。

二、疾病早诊和疾病预测技术对重疾保险和寿险的威胁

（一）疾病筛查和疾病早期诊断新技术的威力

进入 21 世纪后，疾病筛查和早期诊断创新技术呈现出井喷态势，主要有以下几个特点：

一是非侵入性或侵入性降低。许多以往需要做组织取材或抽血的疾病诊断检验，现在仅需体表检测、排泄物或指尖采血就可完成，最大程度减少患者的身体伤害和痛苦感受。例如，前些年导入市场的尿端粒酶检验诊断膀胱癌，这种非侵入式早期诊断检验有助于改善公众的健康，增加了导出更好的健康结果的机会，但也增加了该病的发生率。

二是病理检验的简便化。如今，全球临床病理的现场检验技术（POCT）以每年 10% ~ 12% 的速度递增，有的领域增速达每年 30%。由于这类实验室外检验技术的精确性、简便性和快速性都明显改进，越来越多以前必须在实验室里做的病理检验现在都可以在实验室外做了，甚至可以由患者自检。一个现实的例子是以往糖化血红蛋白（HbA1c）检验都是在高技术的实验室里，而今糖尿病人自行指端采血就可完成，使得糖尿病患者可以自行掌握病情，并根据检测结果调整用药，更好地控制血糖。此外，还有血气 / 血氧分析、电解质分析、心脏生物标记物、酒精和毒物检测、抗凝剂检测和大便潜血检测等简便的现场检验技术也被应用于临床，相信还将有更多的现场检验技术会涌现出来。

三是廉价。这在基因检测技术方面体现的最为明显，随着测序技术不断进步，做一次全序列基因测序的成本已从最初的上千万美元降低至 1000 美元。特定疾病风险的基因检测更是仅需数百元。近几年发展起来的肿瘤液体活检技术，价格也逐步下降到普通民众可以接受的程度。例如，国内的安派科生物医学科技有限公司自主研发的肿瘤区分分析技术（CDA），通过一次血液样本采集，可以同时评估 20 多种恶性肿瘤的风险，价格在普通大众可以承受的范围内。

四是互联网化。在互联网和大数据技术飞快发展的今天，与移动互联网平台相连接的各种生理和病理指标传感器及其相关的可穿戴产品被不断地研发出来。通过这些产品，人们不仅可以连续地监测自己的心率、呼吸、体温、血压、血氧含量、血糖、电解质水平、运动状况、睡眠状况、心电图等生理指标，还可以自动将这些指标上传到相应的 App 平台，由系统帮助使用者自动记录和分析各项指标，提出健康管理建议，甚至可以将监测结果与亲属、医生和急救机构的应用端相连，指标异常会自动报警，医生可及时提供诊疗建议，急救车可以第一时间

出动，进行生命抢救。

前面我们说到重大疾病保险是医学与保险结合的产物，而医学的发展也无时不在影响着重疾保险和寿险产品的命运，其对重疾险和寿险的挑战（也可能是机遇）再怎么重视也不为过。

首先是疾病的诊断率增高，赔付率增加。对于重大疾病保险来说，产品定价所依赖的发生率数据严格意义上讲是疾病的诊断率数据，而疾病的诊断率数据随着疾病筛查和早诊技术的发展而增高，这也意味着保险事故的发生率增高。例如，美国国立癌症中心的流行病监督最终结果的数据显示，美国 1975—1988 年前列腺癌发病率年增长 2.6%，而 1988—1992 年的年增长率突然猛增到 16.3%，增长率翻了 6 倍之多，主要应归因于当时前列腺特异抗原（PSA）筛查的广泛应用。

其次是保险给付提前。一般认为，肿瘤液体活检可以使癌症的发现提前 5 年。尽管现行的重大疾病保险条款仍规定恶性肿瘤的理赔依据是病理组织学检验报告，但癌症早期筛查技术可以使患者及时进一步检查，提早明确诊断，导致重大疾病保险的赔付提前。

最后是逆选择风险增大。目前很多种疾病都可以用基因检测技术预测患病风险，或通过方便的早筛技术发现疾病征兆，意识到自己患病风险较高的客户会在去医院之前去为自己买一份重大疾病或人身保险，或给自己已有的保单增加保额。

当然也不全都是坏消息。对于重大疾病和寿险业务来说，疾病筛查和早诊技术的普及，有助于保险公司有针对性地对客户开展疾病预防、生活方式干预、疾病早期治疗等健康管理服务，防止或延迟诸如恶性肿瘤、急性心梗、脑中风、器官移植、终末期肾病、肝功能衰竭、糖尿病并发症等重大疾病的发生，推迟死亡发生时间，有利于增加重大疾病保险和死亡保险保单的盈利性。

（二）让保险公司头疼的《保险法》第十六条

在人身保险经营中，保险法规定的“不可抗辩条款”，也就是《保险法》第十六条第三款，令保险公司大伤脑筋。“保险人因投保人故意或重大过失没有履行如实告知义务而具有的合同解除权……，自保险人知道有解除事由之日起，超过三十日不行使而消灭。自合同成立之日起超过二年的，保险人不得解除合同；发生保险事故的，保险人应当承担赔偿或者给付保险金的责任。”此条款的立法本意（保护投保人的利益）无可厚非，但《保险法》的不可抗辩条款过于笼统，未规定不可抗辩条款的适用例外，客观上促使恶意投保和逆选择情况增多。特别是基因检测、先进的疾病早期诊断技术的普及为逆选择投保创造了更多机会，而保险公司受不可抗辩条款所限，面临赔付率超过产品开发时的精算定价假设及经营亏损的威胁。

三、保险公司化危为机的希望所在

医学科技创新前进的步伐是不会停止的，越来越多的疾病预测和早期诊断新技术的普及运用将成为常态。如果医疗新技术所导致的信息不对称得不到足够重视，那么这些可以很容易获取的技术将扩大信息不对称的鸿沟。人身保险公司一方面对于疾病预测和早期诊断新技术在保险业务中的应用采取审慎的态度，另一方面又要看到这些技术对于提升客户体验的正面作用，灵活把握好复杂的局面。可以从三个方面着手积极应对，化危为机。

（一）健康大数据

对于人身保险公司而言，健康大数据不仅指客户的医疗数据，还应包括客户的医疗就诊和健康体检数据、健康行为数据和生活行为三大方面的数据，通过三大方面的数据采集和分析，可以全面、真实、动态地反映客户的健康状况，有助于人身保险公司克服信息不对称，对客户进行精确的健康风险评估。

互联网技术、移动通信以及物联网技术的全面普及给保险公司的健康大数据应用提供了良好的条件。保险公司可以与医疗和健康体检机构合作，通过信息系统对接，获得客户的诊疗数据和体检数据；健康行为数据（运动、饮食、睡眠、不良嗜好、心理状态等）可以通过保险公司为自己的客户提供健康管理服务时获取；生活行为数据（衣、食、住、行、玩、工作、阅读、学习等）看上去似乎与健康没有直接关系，但当这方面的数据达到一定量时，就可以利用人工智能算法推导出客户的健康状况，对前两类数据提供补充和印证。生活行为数据可通过与互联网平台公司合作而取得。

人身保险公司健康大数据能力的建立，重点在于三个方面，包括客户健康大数据库、健康大数据分析和应用团队、健康风险测评模型。客户健康大数据库以客户健康档案系统为基础，通过与公司自己的保险业务系统以及外部的合作机构对接，采集相关数据；健康大数据团队应集合大数据技术、保险以及医学方面的专家，研究算法，建立可应用于不同保险业务场景的健康风险测评模型，满足产品创新、被保险人风险评估和选择、差异化定价和精准营销、赔付风险控制等业务需求，并实现机器学习下的优化和迭代。

（二）人工智能核保

简单来讲，人身保险的核保就是一种对投保客户进行风险（死亡风险、患病风险、财务风险和道德风险）评估和分级的方法和过程。目的是将投保人按风险大小等级分组，做出按优惠费率、标准费率、加费承保或拒保的决定，以保证交易的公平性和同一风险等级人群的赔付率稳定性。核保可分为医学核保和财务核保，而医学核保是人身险核保的重要内容。

传统的医学核保仅根据年龄、性别、职业、嗜好和询问患病史、家族病史来评估客户的健康风险，部分年龄大、保额高的投保申请会被要求做医学体检。这种核保方式存在评估参数少、数据真实性不高、成本高、效率低、风险分级不精细等缺点。

在当今客户需求细分、市场竞争加大、创新产品增多、疾病预测和早诊技术发展的背境下，对医学核保提出了数据收集更全面、信息更真实、评估更准确、分级更精细、核保流程更简便的要求。而传统的核保模式和技术是难以满足这些要求的，因此发展人工智能核保技术成为保险公司的必由之路。

如今，由于互联网信息技术高度发达，以及疾病预测和早期诊断技术的普及，在保险交易过程中，投保客户已经从以往信息不对称的弱势方变为优势方。而保险公司很难直接掌握客户的健康信息，只有依靠大数据技术获得投保客户更多的信息，建立预测性分析模型来分析客户的健康风险才是今后保险公司的出路。但复杂、多样的海量大数据分析靠现有的人工评点核保技术是完全不可想象的，所以一些保险公司已经开始了人工智能核保技术的研发。

在收到客户的投保单后，人工智能核保技术首先是通过保险公司建立的客户健康大数据库，以及外部平台调取尽可能多的客户相关信息数据。通过人工智能算法模型进行预测分析，对投保客户健康风险评分，然后运用核保规则引擎自动给出核保决定，整个过程都由计算机自动完成。

“由于大数据的可获得性、技术进步以及医学的发展，核保技术将不断进化，我们今天所认识的核保操作将在今后 5 ~ 10 年消失。核保人今后的主要任务是大数据分析结果的解释，参与预测性模型的建立、规则引擎的开发和其他新技术研发。核保人必须具备的某些传统技能也至关重要，如分析能力和医学技术专业知识，统计学的知识背景也很有用。人身保险核保面临大量的挑战和机遇，问题是我们是否做好了应对的准备。”

（三）健康管理服务

面对疾病早诊和疾病预测等医学新技术的挑战，健康管理服务能力是人身保险公司必须尽快建立的核心竞争能力之一。其意义在前面的内容中已有描述，这里再总结一下：1. 通过健康管理服务获取客户的健康大数据，是保险公司建立客户健康数据库，开展人工智能核保的前提；2. 为保险业务获取准客户；3. 增加已承保客户的忠诚度和黏性；4. 对客户提供有针对性的健康管理服务，有利于降低重大疾病发生率，延缓重大疾病和死亡保险事故的发生，从而降低重大疾病保险和死亡保险的赔付率；5. 与特定的保险保障相结合，创新开发已患病或亚健康人群的单病种保障产品。

保险公司健康管理服务能力的建设可以有两种模式：一是自主模式，即建立自己的健康管理研发和服务团队，投资购买或自行研发健康管理技术，购买或控股健康管理资源，自行为客户提供健康管理服务。二是第三方模式，即根据保险业务的需要，通过购买第三方的健康管理服务，为自己的客户提供健康管理服务。但这种模式并不是单纯地做二传手，保险公司要建立自己的健康管理平台，将第三方的各种健康管理服务项目采购到平台上，再根据不同的业务需求，将这些服务项目进行分拆或组合，进行健康管理的二次产品开发。此外，平台必须与保险业务的各个信息系统相对接，承载供应商管理、产品管理、客户管理、服务流程管理和数据管理等重要功能，只有这样，才能到达贴近业务需要、保证服务质量、控制服务成本、提升客户体验的效果。两种模式各有优劣，但笔者更倾向于后一种模式。当然，也可以采取两种模式结合的第三种状态，即以第一种模式为主，少数健康管理项目采购第三方的服务；也可以第二种模式为主，个别健康管理项目自行研发，自主提供服务。

第六节　医学新技术运用对医疗险赔付成本的影响

医疗保险在健康保险中应该是占主导地位的险种，在整个国家医疗保障体系中也应该发挥重要作用。但我国的商业医疗保险尽管已有近 30 年的历史，现状却并不理想。医疗保险占商业健康保险比重仅为 36.11%（2016 年），而美国为 89%（2011 年）。2016 年，全国医疗机构总收入 3 万亿元，社会医疗保障体系支付医疗费约 1.7 万亿元，商业健康保险赔付支出 0.1 万亿元（占医疗机构总收入的 3.3%），1.2 万亿元由居民个人支付（占 40%）。

一、医疗保险经营的痛点

我国商业医疗保险发展不尽如人意的原因有很多，保险公司缺乏有效的控费手段，导致医疗保险赔付率居高不下，甚至经营亏损是一个重要原因。有四方面的制约因素，使保险公司无法控制医疗赔付：商业医疗保险经营普遍采用第三方后付费制度，缺乏协调好医、患和保险三方的利益机制，客观上刺激了过度医疗行为的发生（如图 2–2）；信息不对称增加了医患联手实施保险欺诈或不当获利的风险；在以公立大医院为主导的医疗服务体系中，保险公司与医院合作的过程中处于弱势地位，无法对医院实施有效的医疗费用管控措施，只能在产品中采取各种限制性条款来约束保险客户，导致医疗保险产品对健康风险正常的客户没有吸引力；医疗服务费用增长过快，保险公司难以开发保持费率长期平稳的医疗保险产品，不能满足客户长期医疗保障的需求。

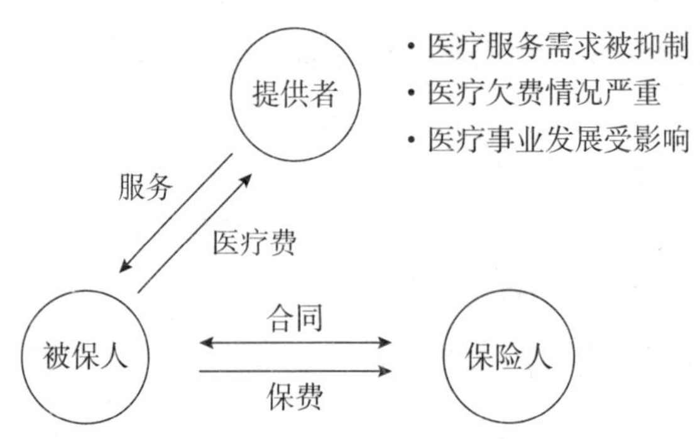

图 2–2　现有的医疗保险经营模式使保险人处于弱势地位

（一）脱缰的医疗费用增长率

研究数据表明，从 1991 年到 2013 年，我国人均医疗费用的年均增长率为 17.49%，远超同期 GDP 的增长率。有的专家认为“如果现有的政策环境不变，预计到 2020 年，我国医疗费用将依然保持 12.08% ~ 18.16% 的年均增速，明显高于社会经济发展速度”。

以“家庭灾难性卫生支出发生率”（家庭卫生保健支出超过家庭年可支配支出一半以上）指标反映医疗保障承担医疗费用风险能力的变化，我们可以看出，1991 年该指标为 10.73%，2015 年达到 13.02%，2020 年将为 14.27%。在既定保障水平下，随着医疗费用的过快增长，将影响到医保的费用风险分担水平，百姓就医公平性日益恶化。2017 年，我国三级公立医院的次均住院费更是到达了 1.32

万元，已经超过人均可支配收入的 50%，常见重大疾病的治疗费用为每年 10 万 ~ 50 万元，大大超过了普通家庭的承受能力。

（二）谁在推动医疗费用的增长

医疗费用增长是一个极其复杂的问题，既有客观因素，也有主观因素。主观因素有制度、监管、保险、道德和需求增长等，客观因素有人口老龄化、慢性病发病率增加、物价升高和大量医学新技术开发应用等。

近十几年来，医学新技术的大量涌现和普及应用对于医疗费用增长的驱动作用越来越受到关注。国外有不少专家用定量分析、多参数交叉分析、投产比分析等多种方法从多角度分析了医学新技术对医疗费用增长的贡献程度、成因和机制。有的研究认为，医疗费用增长的 27% ~ 48%，甚至是 25% ~ 75%，平均 50% 应归因于医学技术的进步。

在我国，直观的实例也很明显，以医学影像技术的发展为例，20 世纪 60 年代，拍一次 X 光胸片不到一元钱。现在做一次普通 B 超检验五六十元，胸部 CT 检验 300 ~ 500 元，MR（核磁共振）一个部位 800 ~ 1000 元，而 PET-CT 一个部位的检验费用为 7000 元左右。外科介入治疗方面，血管、输尿管支架的介入治疗，手术费每例 2000 元，耗材可高达 3 万元，甚至 10 万元。恶性肿瘤的药物治疗方面，新药层出不穷，从 20 世纪 50 年代的抗代谢药（环磷酰胺等），到 70 年代的金属类（如铂类），90 年代的天然产物提取物（如紫杉类），21 世纪初的靶向药物（易瑞沙、格列卫等），到最新的生物细胞免疫技术（如 CAR-T）。对恶性肿瘤的治疗越来越精准、效果越来越好、副作用越来越小，但是费用也越来越高。例如，肺癌靶向药易瑞沙一年用量的费用约 10 万元，2017 年上市的美国诺华公司生物细胞免疫治疗方法 CAR-T 定价为每个疗程 47.5 万美元。

一般来说医疗新技术的研发、生产、使用和维护成本较高，因此费用一般大于原有的技术。例如，一套手术机器人设备的购置价格是 100 万到 250 万美元，它的维护费用和手术耗材费用也相当高昂。

医院、医生和病人似乎天然地青睐医疗新技术，往往一项新的技术刚出现，其优点和不足之处还没有得到充分印证，就会受到医疗界的追捧，费用较低的传统技术被迅速取代。在同业市场竞争和同行技术竞争的压力下，医院和医生在新技术的引进和使用上必然采取激进的态度，而患者当然也希望自己有更多的治疗方法选择。因此，如果没有较好的制度约束，医学新技术的使用频率和使用范围会过度扩大，全社会的医疗健康成本就这样被不断涌现的医学新技术一再推高，甚至失控。

二、医学新技术给医疗保险带来的难题

（一）谁来决定医学新技术的使用

然而，医学新技术的成本评估，远非我们想象的那样简单，有时候甚至是一件不可能完成的任务。如果仅仅计算一项技术本身的研发、购置、使用和维护费用，并不能客观反映其应用成本。例如，上面提到的手术机器人技术，如果考虑到与传统的外科手术相比，机器人辅助手术可缩短术后住院时间，减轻术后疼痛和手术疤痕，减少感染风险和输血的需要，其总体的医疗成本就被抵消很多。如果再考虑到术后病人康复更快，能更快重返工作创造社会财富，那么这项新技术的成本是否又低了许多?

2018 年 8 月，我以前的一个同事在无任何躯体症状的情况下，做了一次胸部 CT 检验，结果发现肺部直径为 8 毫米的早期肺癌，组织病理学诊断为肺腺癌 T1 期。行胸腔镜微创肿瘤切除术后，专家评估不需做任何其他治疗。可以说由于这次取代传统 X 光拍片的 CT 检查，虽然多支出了几百元的费用，却使她避免了有可能到中晚期才发现肺癌的风险，免除了可能高达数十万元的治疗费用，以及癌症给身体带来的巨大伤害，甚至对生命的打击。根据这一病例，似乎可以得出应该将 CT 作为肺癌早筛手段的结论。但是我们还不知道 CT 对于早期肺癌的检出率是多少，如果检出率极低，并考虑到 CT 辐射对人体健康的损害，用 CT 来进行肺癌的早期筛查有可能是极大的资源浪费。由此看来，评估一项医学新技术是否值得推广应用，确定其应用方式、应用对象和范围是一件严肃而系统的工作，即近几年开始在中国受到重视的卫生技术评估工作。

卫生技术评估是指对卫生（健康）技术的性能和效果、安全性、经济学特性和社会适应性（社会、法律、伦理等）进行全面系统的评价，旨在为各相关方面提供合理选择卫生技术的科学信息和决策依据，保证卫生技术的合理开发、应用、推广与淘汰，最大程度地发挥卫生技术正面的预期效果，而限制其负面的非预期效果。

卫生技术评估 20 世纪 70 年代起源与美国，之后在欧洲、澳大利亚和加拿大迅速兴起。如今，医疗卫生新技术以前所未有的速度大量涌现，由于错误的卫生健康决策所带来的风险和机会成本持续增高，卫生健康决策的重要性也与日俱增。卫生技术评估在国际上成为一个十分活跃的领域，来自管理、临床和卫生决策方面的需要促使这一领域持续成长。90 年代卫生技术评估的概念进入中国，但发展缓慢，在人才梯队、法律法规、评估机构、评估模式、评估方法

和标准等方面还没有形成完整的体系。仅有国家卫健委医药卫生科技发展研究中心、国家医疗保障局和个别高校内设立了相关的机构负责卫生评估的研究，并完成为数不多的卫生技术评估项目。医学新技术的推广应用主要由卫生行政部门和医疗机构依据循证医学方法和医疗市场需求而决定，并没有经过真正意义上的卫生技术评估。

在国外，医疗服务的支付方（社会医疗保险和商业健康保险）是开展卫生技术评估的重要力量，因为该项工作为保险公司和国家医疗保障体系制定医疗保障范围和报销政策提供决策信息。为达到这个目的，对具体卫生技术的评估就必须包括受益伤害评估和经济学评估。评估工作必须坚持系统、透明、公正的原则，确定详细的评估方案，全面收集相关信息和资料，聘请医学、法律、经济学、社会学和其他相关学科的专家，对该卫生技术的应用价值及可能引起的医学、社会、经济和道德问题等信息进行跨学科总结，其目标是为构建患者所关心和追求的最佳医疗健康体系和保险保障政策而提供信息支持。

（二）哪些医学新技术可以纳入保障范围

保险公司对医学新技术评估的需求和出发点与医疗机构并不相同。医疗机构的重点在于评估某项技术的有效性、安全性和成本效益。而保险公司在此基础上还需要评估该项技术的应用前景、普及程度、价格变化趋势、对人群整体健康状况的影响以及对保险产品定价和市场竞争力的影响等内容。

但直到今天，中国的人身保险行业并没有自己的卫生技术评估机构和人才队伍，也从没有发起一次对某项医学新技术的评估工作。多数情况下，各家公司依据临床普及的程度、市场竞争的需要以及社会医疗保险体系的医疗服务保障目录来确定要不要把某项新技术列入保险产品的保障范围。

一项新的医学技术出现并在临床推广运用后，保险公司要不要将其纳入保障范围成为一个棘手的问题。这些年出现的癌症靶向药物、远程医疗、智能医生、手术机器人、介入治疗、肿瘤细胞免疫治疗技术等医学新技术，常常使我国的保险公司陷入进退失据的尴尬境地。将这些技术纳入保障范围，又怕因为高昂的费用导致经营亏损，不纳入则会面临患者和社会的质疑。因此，中国的保险行业应该成立专门机构，制定评估管理办法，规定评估流程，建立评估专家人才库，尽快建立人身保险业自己的卫生技术评估体系，使健康保险业的发展跟上医疗卫生技术的发展步伐。

第七节 疾病预防、健康管理技术影响保险产品的创新和风险控制

一、人类杀手的转换

（一）人类主要疾病死亡原因的变化历史

当我坐在办公室喝着咖啡，看着自己隆起的小肚子，为自己的血压和血糖担心，还考虑要不要去做个结肠镜癌症筛查时，我在想我们的祖先5000年以前坐在树下会担心自己的身体吗？如果担心的话，他会担心什么呢？应该不会是癌症或心血管病吧。人类疾病史学者告诉我们，疾病一直都伴随着人类，人类的发展影响着疾病的变迁，疾病的变迁也影响了人类的发展。哈佛大学古生物学家、进化生物学教授丹尼尔·利伯曼对人类的进化进行了深入研究，从早期人类的饮食、生活方式，到农业和工业革命带来的文化和社会转变等。他在2014年出版的作品《人类身体史》中，像一位现代“达尔文”一样讲述了塑造人类现有身体的自然选择和生物适应过程的重要性。利伯曼的中心论据之一是，尽管医药创新取得了很多成就，传染病得到了控制，但社会的健康却因所谓的“适应不良”而越来越欠缺，这是进化医学领域新兴的重要概念。的确，II型糖尿病、肥胖、焦虑和抑郁的发病率正在不断提高，失眠、近视、背部疼痛和过敏亦是如此，这些疾病在原始狩猎采集社会中几乎是闻所未闻的。

比如史前时期困扰人类健康的主要问题是营养不良、寄生虫病和外伤，农耕时代是人畜共患疾病和寄生虫病。考古学家在公元前3000年前的埃及木乃伊上发现了虱子和血吸虫。近代，特别是中世纪时期，欧洲城市兴起，人类开始在城市里聚居生活，由于缺乏对细菌和病毒的认知，缺乏对公共卫生重要性的认识，没有建设城市供水和排污系统，造成急性感染和传染病频繁流行。人类进入现代社会后，随着细菌理论的建立，对城市公共卫生设施非常重视，各种致病菌疫苗、抗感染药物的发明和应用，使急性感染和传染病得到有效控制。而今困扰人类健康的重要问题变成了冠心病、脑中风、糖尿病之类的慢性病和恶性肿瘤。

（二）现代主要的疾病死亡原因

进入20世纪50年代以后，由于人口老龄化程度加快，工业化造成的空气、

水源和土地污染加剧，人类饮食结构改变，体力活动减少，生活节奏加快等生活方式的改变，以及工作紧张、精神压力增大等原因，我国的“疾病谱”和“死亡谱”（在特定区域内，危害人群健康的各种疾病中，按其累计或导致死亡的人数多少而排列成的疾病谱带）发生了历史性转折。之前主要威胁我国人民健康的传染病和感染性疾病，已经被一些慢性病和恶性肿瘤所取代，恶性肿瘤、脑中风和冠心病分别是中国人的第一、第二和第三“杀手”。其他死因的排序依次是肺部疾病、老年性痴呆、道路交通事故、高血压、流感和肺炎、肾脏疾病、糖尿病。十大死因中只有一个是感染性疾病。

慢性病以及恶性肿瘤与传染病、感染性疾病最重要的区别，在于前者的致病因子是多重的、综合的，而后者的致病因子是单一的；前者的发病机理是复杂的、模糊的，后者的发病机理是明确的。因此幻想人类也能像战胜传染病和感染性疾病那样，发明威力无比的特效药物，一招制胜，攻克慢性病和恶性肿瘤是不现实的。可以预见，未来相当长的时期内我国人民的死亡疾病谱仍将会以心脑血管疾病、肾病、肿瘤、神经精神类疾病和内分泌代谢性疾病为主。

二、疾病谱的改变对人身保险意味着什么

（一）非健康生存期延长

人类平均预期寿命在不断延长的同时，慢性病和癌症的发病率却在上升，且发病呈明显年轻化趋势。以恶性肿瘤为例，《2012 年中国肿瘤登记年报》数据显示，包括乳腺癌、肺癌、结肠癌、甲状腺癌等发病年龄均低于以前的年龄。中国抗癌协会的统计数据显示，我国每年新发淋巴瘤患者约 8.4 万人，死亡人数超过 4.7 万人，并以每年 5% 的速度上升，发病人群也越来越年轻化，多见于青壮年。19 ~ 35 岁的青年胃癌发病率比 30 年前翻了一番。全国肿瘤登记中心的数据显示，2000 年，20 ~ 39 岁的年轻人恶性肿瘤发病率为 40/10 万，2013 年为 70/10 万，增长了 75%。

其他慢性疾病同样如此。2012 年一项中美合作的糖尿病流行病学研究显示，与 1994 年相比，中国 25 ~ 54 岁的糖尿病患病率增加了 8 倍。有流行病学资料显示，高血压年轻化的趋势愈发明显，30 ~ 39 岁居民的高血压患病率已超过十分之一。还有的调查发现，我国冠心病患者中，50 岁以下的患者已占到三分之一。年轻人中，肥胖、高血脂、高尿酸、脂肪肝情况也十分普遍。

慢性疾病的年轻化导致平均健康预期寿命（一个人出生时，扣除可能的伤残和疾病的生存年数，预期在健康状态下的平均生存年数）缩短，加之大多数慢性

疾病无法根治和逆转，只能控制病情进展速度，终身带病生活成为常态。其结果是人类的平均非健康生存期延长，需要看病就医，生活照料的时间增加，可想而知对健康保险的影响将是深远而严重的。

（二）慢性病患者保险的风险和机遇

中国慢性病流行有三大特点：发病率持续增长、发病年轻化、带病生存期延长，这使中国快速积累了一个庞大且不断膨胀的慢性病人群。慢性病的治疗伴随的往往是长期的高额医疗费用，给社会医疗保障体系形成巨大的压力，日益增长的长期护理需求对社会来说将是一个难以承受的经济负担。由于中国社会医疗保险遵行的是“低水平、广覆盖”原则，其保障力度远远不能满足慢性病患者的治疗和护理需求，而商业健康保险对慢性病人也是避之唯恐不及。对于已患病群体，甚至只是亚健康群体，商业保险公司基本上都是采取拒保政策，将他们排除在寿险和健康险保障之外。

事物都有两面性，3.2 亿人的慢性疾病人群，以及规模更庞大的亚健康人群对于人身保险业来说也许正是潜力可观的蓝海市场。笔者认为，在这个看似充满风险的市场里，商业保险公司其实是可以大有作为的。

1. 慢性病风险是可保风险。大多数慢性病病程较长，发展到终末期或出现并发症往往需要数年到数十年时间，有的可以有效控制而终身不出现并发症。例如，糖尿病、高血压、慢性肾病等疾病从早期发展到终末期或出现并发症的时间都不确定。因此，慢性病的终末期或严重并发症的风险是不确定的，是可保风险，保险公司可以设计相应的保险产品为终末期或严重并发症提供保障。

2. 慢性病的保险保障对患者有价值。慢性病在病程的早期阶段症状不明显，对身体伤害不大，治疗费用不高，患者负担不重，但发展到终末期或出现并发症时，治疗方法复杂，医疗费用和护理费用陡增，患者及其家庭很难承受。高血压、糖尿病病程早期一般只需服用降压药或降糖药，维持血压或血糖正常，加上合理饮食和运动锻炼、戒烟戒酒等生活方式的调整就能较好控制，而这些药物一般都可以从社会医疗得到报销，病人经济负担不大。但在病程晚期出现并发症或到了终末期造成多器官损害，需要做手术或其他特殊治疗时，如心脏手术、脑部手术、血管支架、截肢手术、血液透析、器官移植等，治疗费用和药物昂贵，且不能被社会医疗保险全部覆盖，给患者及其家庭造成严重经济负担，商业保险的价值凸显。

3. 慢性病保险业务能够盈利。大量研究证实，健康管理对于延缓慢性病终末期和并发症发生时间，降低死亡率，延长寿命的效果是确切的。欧洲科学家通过

20年大样本的研究发现，专注于在早期对患者全方位强化管理，可使Ⅱ型糖尿病中老年患者寿命延长8年之久，且在寿命延续期间也没有出现严重并发症。与1990—1999年相比，2000—2011年美国的男性和女性由糖尿病引起的寿命损失均有改善，分别由7.7年降至5.8年、8.7年降至6.8年，糖尿病带病生存时间男性增加了156%、女性增加了70%。已患病的慢性病投保客户对健康管理的依从性更强，保险公司对他们开展有针对性的健康管理，能够使并发症发病率和死亡率低于产品定价时预定的数值，从而获得经营利润。

4. 市场接受度大。一是在中国慢性病人是一个被保险公司拒之门外的庞大群体，二是慢性病人投保意愿强烈。我国普通居民的风险意识一般不高，投保意愿普遍不强，因此保险产品市场推广和销售成本较高。但对于慢性病人来说，他们已经深切感受到疾病对身体健康和生命的威胁，在对传统的保险产品投保无望的情况下，对于专门为慢性病人开发的人身保险产品接受度高，产品容易推广。

三、已患病人群和亚健康人群保险产品创新

（一）相关产品创新的思考

疾病预测、疾病早筛早诊、医疗物联网、远程医疗等技术的不断涌现和广泛应用，使得疾病预防和慢病管理在降低人群发病率，减少医疗费用，延长寿命方面的作用日益彰显，为人身保险的产品创新打开了一片新的天地。

在传统的寿险和重大疾病保险领域，国内市场的产品创新除了将生存保障、死亡保障做简单的排列组合，以及不断扩大保障病种之外，似乎已经没有太多空间。但与医疗健康新技术结合后，这些传统的险种可以焕发出新的光芒。

开发互动式增额（或降费）奖励寿险或重大疾病保险产品。保险客户承保后，保险公司对其进行基因检测，评估健康风险，或定期进行疾病早筛检测，对患病风险高或患病早期的客户定制个性化的健康管理计划，督促实施。对于健康管理目标达成好的客户，给予保额增加或续期保费优惠的奖励。有效的疾病预防和健康管理措施能使保险事故的发生率低于产品定价时预定的数值，保险公司将由此产生的经营盈余弥补实施健康管理服务的成本，通过增加保额（或降低保费）回馈客户。如此提升产品的竞争力，经营将步入良性循环的轨道。

针对已患病人群的单病种保险，是产品创新的另一个突破方向。国内已有保险公司研发了糖尿病保险，为糖尿病人提供严重并发症保障，为被保险人提供血糖监测、糖尿病知识教育、电话医生咨询、糖尿病饮食和运动方案制定等健康管理服务。遵循同样的模式，保险公司也可以开发肾病保险、高血压保险等针对

已患病人群的单病种疾病保险或医疗保险。慢性肾病医疗保险可以承保病程早期（如三期以前）的慢性肾病患者，承保后实施健康管理，延缓病程发展，当被保人不幸发展为肾病终末期时，保险公司提供血液透析或肾脏移植的医疗费用。高血压保险则对高血压患者提供心、脑、肾等重要器官并发症的一次性给付或医疗费用赔付保障。

将基因检测、癌症早筛或疾病预防项目纳入保险产品当中，与保险保障内容有机结合起来也是不错的创新思路。宫颈癌是截至目前唯一致病因子确切、可以疫苗预防的癌症，保险公司完全可以开发相应的产品，为被保险人提供人类乳头状病毒（HPV，是导致宫颈癌的病毒）检测、HPV 疫苗注射的费用报销和宫颈癌确诊后的一次性给付保障。

此外，对于需要长期用药的病种，保险公司还可以在保险产品中设计药品福利管理计划（PBM），即保险公司出面与药品供应商和医院沟通协调，保证被保险人能够以优惠的价格使用优质新药。

（二）产品创新实例

国外保险公司在利用健康管理新技术开展人身保险创新方面已经走得很远。2018 年 9 月 18 号，美国人寿保险巨头恒康保险（John Hancock）在其官网上公布的一条消息，震惊了整个人身保险行业。它宣布将停止承保传统人寿保险，只销售通过可穿戴设备和智能手机追踪健身和健康数据的“互动式”保单。这家成立于 150 多年前的公司拥有 8000 万保险客户，是名副其实的人身保险巨头，其传统经营领域是人寿保险、养老保险、健康保险、长期关怀保险。这么一个历史悠久、规模庞大的公司与传统人身保险业务决裂的勇气和决心令我们震惊。

其实恒康保险全身心拥抱健康管理，并不是一时的心血来潮，更不是为了追逐保险科技的噱头。早在 2015 年，该公司就公布了首个互动人寿保险计划，他们与健康管理服务商合作，为那些自愿的客户提供运动传感器，根据收集的顾客生活方式数据，对不良生活方式实施干预，并根据干预效果，实时调整保费，给予相应优惠，该项目取得了十分满意的结果。据数据显示，该项目保单持有人的寿命比其他受保人群长 13 ~ 21 年。此外，与其他受保人群相比，他们的住院费用降低了 30%。

在前期尝试成功的鼓舞下，这家保险公司决定，未来公司所有的新老客户都需要使用健身追踪器，以确保他们养成健康的生活方式。他们将提供“Vitality Go”和“Vitality Plus”两套健康管理方案供客户选择。“Vitality Go”自动添加到所有人寿保险单中，不需要额外费用。它通过 App、健康跟踪器和网站，提供专家级健身和营养资源以及个性化健康目标，并给予达标奖励，比如提供健身设备的折扣，以及亚马逊和 REI（全球最大的户外用品连锁零售组织）的折扣。此外，用户可以免费订阅塔夫茨大学健康和营养通讯。

“Vitality Plus”每月只需花费 2 美元，能实现真正的节省。比如，用户可以获得 15% 的保费折扣、只需花 25 美元的苹果手表、免费赠送的健身手环（售价 79.95 美元），亚马逊 Prime 会员（即将推出）以及各种其他折扣优惠，包括在健康食品商店最多节省 600 美元。

恒康公司的这一举措与其说是一次产品创新，不如说是在尝试一场革命。之所以如此坚决地发动这次革命，说明他们对人身保险的现状有深刻的理解，对发展方向有清晰的认识。

医学新技术的浪潮一波接一波地向我们涌来，对人身保险的影响广度和深度再怎么预估也不为过，我们已经听到越来越近的人身保险革命的脚步声。保险客户对人身保险的需求已经不仅仅满足于风险转移和财务损失的分摊，更需要通过人身保险让自己能够充分分享医疗卫生技术进步带来的红利，让自己的生命更长久、更健康、更有质量。从这个意义上讲，人身保险公司仅在产品、运营、服务或销售层面做出变革是远远不够的，我们需要重新考虑人身保险的核心价值和功能定位。如果你不能及时感知这些信号，并跟上不断变化的客户需求和医学新技术的步伐，就无法保证在变革大潮的冲击下屹立不倒，对那些在行业里名列前茅、规模庞大的公司也同样如此。

（本章作者：张剑敏、张国芳、俞昌）

参考文献

［1］徐森林 . 新编保险医学基础［M］. 北京：中国金融出版社 .2012.89–103.

［2］尤瓦尔 . 赫拉利著，林俊宏译 . 未来简史［M］. 中信出版社 .2017.220–222.

［3］患者求生：知识更新快过普通医生［N］. 新京报 . 2018–8–20（6）.

［4］2017 年中国卫生事业发展统计公报［R］. 北京：国家卫生健康委员会 .2018.

［5］贾雷德 . 戴蒙德著，谢延光译 . 枪炮、病菌与钢铁［M］. 上海，上海译文出版社 .2006. 191–212.

［6］2018 全国最新癌症报告［R］. 北京：国家癌症中心 .2019.

[7] 童夏静，周金秋．端粒和端粒酶的发现及其生物学意义［J］．生命科学，2006,（06）: 760–769

[7] 张大洋，林雄斌．长寿基因在人类抗衰老领域中的研究现状［J］．医学综述，2013,（16）: 2904–2906.

[8] 中国人身保险业经验生命表（2010–2013）［S］．中国保监会 .2018.

[9] 李中杰．基因检测技术对人身保险发展的影响分析及应对策略［N］．中国保险报 . 2017–12–7（6）.

[10] 林叶．论我国保险领域的“基因歧视”及法律对策［D］．山东大学硕士论文 . 2013.

第三章
医学新技术与人身险企业经营

医学新问题、医学新技术、医学新趋势，与人身保险经营息息相关。实践证明，有机融合人身保险和医学新技术是企业成功的关键因素之一。如何面对医学新问题和新挑战，充分挖掘和利用医学新技术、顺应医学新趋势，建立适合自身的经营模式和盈利模式，是人身保险经营者，特别是高级管理人员应该深刻思考的问题。

随着医学新技术的不断发展，如何动态观察新的发展趋势，对企业经营战略进行动态调整，是企业可持续发展的重要手段。

第一节　人身险企业经营原则和盈利模式

在人类发展史上，总是不断出现医学新问题，医疗专家和技术专家不断研发出医学新技术，来解决医学新问题，又产生出新的医学问题，又研发新的医学技术，周而复始，循环往复，提升人类抵御疾病的能力，减少疾病和伤害发生，降低疾病和伤害损失，延长生命长度，提高生命质量。而这些有关疾病或伤害的损失、死亡和寿命的风险，就是人身险经营的标的和本质。

一、人身保险经营的主要风险

人身保险是以人的寿命和身体为保险标的的保险。当人们遭受不幸事故或因疾病、年老以致丧失工作能力、伤残、死亡或年老退休时，根据保险合同的约定，保险人对被保险人或受益人给付保险金，以解决其因病、残、老、死所造成的经济困难。人身保险企业主要经营因为意外伤害事故或者疾病、年老而导致的伤残程度、死亡事件、医疗支出、寿命长度等各类风险。

人身保险可分为人寿保险、健康保险、意外伤害保险三大类。

人寿保险分为定期寿险、终身寿险、两全保险、年金保险。定期寿险是指以死亡为给付保险金条件，且保险期限为固定年限的人寿保险。终身寿险是指以死亡为给付保险金条件，且保险期限为终身的人寿保险。两全保险是指在保险期间内以死亡或生存为给付保险金条件的人寿保险。年金保险是指以生存为给付保险金条件，按约定分期给付生存保险金，且分期给付生存保险金的间隔不超过一年（含一年）的人寿保险。由此可见，人寿保险考虑两个最为重要的因素：死亡事件发生和生存时间（寿命）。

健康保险分为疾病保险、医疗保险、失能收入损失保险和护理保险。疾病保险关注疾病发生的风险，即疾病发生率。医疗保险是指以保险合同约定的医疗行为的发生为给付保险金条件，为被保险人接受诊疗期间的医疗费用支出提供保障的保险，既关注医疗行为发生的概率如住院率，还要关注医疗行为发生的后果，如医疗费用或医疗时间。失能收入损失保险关注疾病或意外伤害导致工作能力丧失发生的概率和程度。护理保险关注日常生活能力障碍发生概率和护理支出。

意外伤害保险关注意外伤害造成死亡和不同伤残程度的发生率，意外伤害医疗保险则与医疗保险原理相一致。

可见，人身保险经营关注两类因素：保险事件发生概率和发生后果。

表 3-1　保险分类与保险事故发生概率和后果列表

保险分类	保险事故发生概率	发生后果
定期 / 终身寿险	死亡发生率	—
两全保险	死亡发生率	生存时间 / 寿命
年金保险		生存时间 / 寿命
疾病保险	疾病发生率	
医疗保险 / 意外医疗保险	医疗行为发生率	医疗支出
失能收入损失保险	失能发生率	失能程度
护理保险	日常生活能力障碍发生率	护理支出
意外伤害保险	意外发生率	伤残程度

二、人身保险企业经营原则

人身保险企业是经营人的寿命和身体风险的特殊类型企业，经营过程中应该遵循企业的共性原则和人身保险企业经营的特殊原则。

（一）保险经营的一般性原则

保险经营是一种商品经营，它的一般性经营原则就是商品经营的一般原则，包括经济核算原则、随行就市原则和薄利多销原则。

经济核算原则是所有以营利为目的的商业经营都要遵循的原则。保险经营实行经济核算，可以促使保险公司全面加强经营管理，提高经济效益，增强保险偿付能力。同时，经济核算还可以促使保险公司压缩各项费用支出，节约保险成本，提高利润水平。保险企业经济核算的主要内容包括保险成本核算、保险资金核算、保险利润核算。

随行就市原则是市场观念的具体体现。随行就市是商品经营者根据不断变化的市场行情，采取及时调整商品结构和价格水平的措施，以适应市场需求的主动行为，保险经营也必须遵循随行就市原则。

薄利多销有利于企业的资金周转，提高资金利用率；有利于降低单位产品成本，增加企业盈利；有利于扩大企业的市场占有率，因此薄利多销原则成为一般商品经营的重要原则。保险企业也要遵循薄利多销原则，具体体现在保险价格的确定上，合理的保险价格体现着等价交换原则，是保险经营的中心问题。

（二）保险经营的特殊原则

保险经营是一种特殊的商品经营，除了遵循一般商品的经营原则外，还要遵循自己的特殊原则，包括风险大量原则、风险分散原则和风险选择原则。

风险大量原则是指在可保风险范围内，保险人根据自己的承保能力，努力承保尽可能多的风险单位。保险经营必须建立在大数法则基础上，它是计算保险费率的数理基础，比如人身保险的寿命表、疾病或意外伤害发生率、伤残程度、医疗支出分布等，确保保险经营的稳定性。

风险分散原则是指某一风险责任由众多的人共同分担，为了保证经营的稳定性，应使风险分散的范围尽可能扩大。

风险分散包括承保前分散和承保后分散。承保前实行风险分散，主要通过承保控制的方法进行，即保险人对所承保的风险责任加以适当控制。如规定一定的免赔额、实行比例承保、控制高额保险等。承保后的风险分散，主要是采取再保险和共同保险的方法。

风险选择原则是指保险人在承保时，对投保人所投保的风险种类、风险程度、保险金额以及被保险人的情况等要有充分、准确的评价和认识，并作出承保或不承保或有条件承保的选择。

保险经营要兼顾经济效益和社会效益，风险选择可以提高承保质量，降低经营风险，带来良好的经济效益；同时风险选择也可以杜绝投机行为和道德风险，带来良好的社会效益。

三、人身保险企业的盈利模式

保险行业特别是寿险行业是一个特殊的行业，保费收入与对应的支出有10年以上甚至几十年的时间差，我们看到的保险公司当年的财务报表利润是当年的实际支出加上按照一定的精算规则估算出来的，而企业最终的真正盈利要在经过若干年实际支出发生后才能真实体现出来。因此，保险企业的盈利模式并非类似一般企业收入减去各项成本的模式，其具有特殊的利润来源。

（一）保险公司的利润来源

保险公司初始的收入来源于保险产品销售的保费收入，原则上保费收入是按照产品费率和客户购买数量的累积而成。客户支付的保险费通常包括两个部分：一是纯保费或称净保费，包含风险保费和储蓄保费。风险保费是指专门用于赔付承保期间发生的保险事故的理赔支出，通常按照以寿命表、疾病发生率表等精算工具和模型厘定。储蓄保费是保险公司专门留出来，用来赚取投资收益的。二是附加保费，附加保费主要包含保险公司的一些运营费用和预留利润。运营费用主要用于保险机构场地租金、员工工资、办公设备、广告投入、销售佣金等。

保险公司的实际盈利主要来自保费收入加上实际投资收入与未来实际成本支出之间的差异，具体可分为三差，即利差、费差、事故差（寿险业称为死差）。

1. 利差

利差，即保险期间内保险公司实际要支付给保户的保单价值的利息与保险公司实际投资收益之间的差异。这项收益类似银行的存贷款利差，但又有很大区别，因为保险合同往往是几十年甚至终身的长期性合同，支付给保户的利息率既有固定的也有浮动的，同时投资收益率是波动且不确定的，对于银行业来讲一般情况下无论利率怎么波动，利差一般都会是正的。而保险公司则有可能出现利差损，特别是对于保证利率过高的固定利率保单，会存在长期的利差损，而成为亏损保单。就像20世纪90年代的寿险公司，承保了大量预定利率超过6%的保单，在1997年前保险公司投资收益率超过10%，当时静态是盈利的。但随着利率的下调，保险公司投资收益率大幅下降后，难以达到6%以上的预定利率，这些保单就成了长期存在利差损的亏损保单。随着1999年保监会颁布2.5%最高预定利率以来，之后的新保单的投资收益率不会高于2.5%，基本上消除了利差损，产生了利差益。

2. 费差

费差，即保险公司在保单定价时，预估的手续费、管理费等支出并在此基础上预留一定利润的定价费用率与公司经营中实际支出的费用率之间的差别。如果保险公司实际支出超出预定支出，产生费差损；反之，则为费差益。

3. 死差

对于人身险，死差主要体现为预估的死亡率、意外及重大疾病发生率、医疗支出并自此基础上预留一定利润的定价费用率与未来实际死亡率、意外及重大疾病发生率产生的赔付费用之间的差异。保险预期的赔付额大于实际的赔付额，就产生了死差益；反之，则为死差损。

（二）保险公司盈利模式的选择

随着保险行业市场竞争的加剧，通过提高产品价格而获得死差益和费差益越来越困难，有些保险公司通过流程整合、后援集中等方式获得费差益或降低费差损。

基于利差、死差和费差三者收益来源，根据对利差的依赖程度，可以将保险公司的盈利模式分为三类：传统型盈利模式、两轮驱动型盈利模式和利差导向型盈利模式。传统型盈利模式就是综合性依赖死差、利差和费差来取得经营利润的模式，两轮驱动型盈利模式主要依赖净保费赚取死差和利差而实现利润的一种模式，利差导向型盈利模式主要依赖储蓄保费投资收益获取利润的一种模式。

在实务经营中，利差导向型的经营风险是最高的，但由于产品定价偏低，竞争力较强，容易实现保费收入规模。成功与否完全取决于投资收益，一旦投资失败，容易造成公司偿付能力不足。当然，各公司为应对市场纷纷推出了与投资收益率挂钩的浮息分红险、万能险、投资连接险，向客户转嫁投资风险。

传统型盈利模式是最有难度的盈利模式，不仅需要保险公司具备高水平的精细管理，而且面对市场竞争需要较好的品牌效应，以吸引客户。

由于人身保险企业经营客户保单的期限较长，有些产品为终身型，保险公司应该慎重选择盈利模式，不能急功近利，应立足长远，稳健经营。因此，专家建议保险公司要重视盈利模式的研究，从企业经营战略的高度，选择合理、成功的盈利模式。

第二节 医学新技术与人身险企业经营战略

近些年，保险公司纷纷布局健康产业、养老产业，实行跨界经营，实施“保险+健康”“保险+养老”等战略。未来发展前景如何？其他人身保险企业应如何应对呢？如何与医学新技术、新趋势进行有机融合？如何规划、实施、评价和控制新型的企业经营战略？这些问题，都摆在经营管理者面前，有待进一步实践检验。

一、企业战略管理

什么是企业战略？从企业未来发展的角度来看，战略表现为一种计划（Plan）；从企业过去发展历程的角度来看，战略则表现为一种模式（Pattern）；如果从产业层次来看，战略表现为一种定位（Position）；从企业层次来看，战略则表现为一种观念（Perspective），此外，战略也表现为企业在竞争中采用的一种计谋（Ploy）。这是关于企业战略比较全面的看法，即著名的“5P 模型”。

（一）企业战略管理的定义

战略管理是指对企业战略的管理，包括战略制定、形成与战略实施两个部分，表现为战略规划和实施过程中形成的战略管理体系，即依据企业的战略规划，对企业的战略实施加以监督、分析与控制，特别是对企业的资源配置与事业方向加以约束，最终促使企业顺利达成目标的过程管理。

战略管理具有五个特征：一是全局性，以企业的全局为对象，通过企业的使命、目标和战略来协调企业各部门各单元的贡献，追求的是企业的总体效果。二是以企业高层管理人员为主体，即拥有战略资源支配权的人。三是涉及企业大量资源配置，实现战略目标就是企业资源统筹规划、合理配置的过程。四是从时间上来说具有长远性，人身保险企业的投资回收期限一般需要 7 ~ 10 年时间，企业需要对未来较长时期（一般 10 年）进行统筹规划。五是需要考虑企业外部环境中的诸多变量，如竞争者、顾客、政府监管等。

战略管理一般包括三个层面：总体层战略、业务层战略和职能层战略。总体层战略倾向于总体价值取向，以抽象概念为基础，主要由企业高层管理者制定；业务层战略主要就本业务部门的某一具体业务进行战略规划，主要由业务部门领导层负责；职能层战略主要涉及具体执行和操作问题。公司层战略、业务层战略与职能层战略一起构成了企业战略体系。

（二）战略管理的主要内容

战略管理包括战略制定、战略实施、战略评价、战略控制等各环节，是一个全过程的管理。战略管理不是静态的、一次性的管理，而是一种循环的、往复性的动态管理过程。它需要根据外部环境的变化、企业内部条件的改变，以及战略执行结果的反馈信息等，而重复进行新一轮战略管理的过程，是不间断的管理。

1. 战略规划内容

（1）确定组织当前的宗旨、目标和战略。公司的宗旨旨在促使管理者仔细确定公司的产品和服务范围，对“我们到底从事的是什么事业”的理解关系到公司的指导方针。因此，公司需要对股东、客户、员工和社会承担责任，需要有明确的企业愿景、使命和目标。

经营战略需要包含以下主要内容：一是经营战略思想和经营战略方针。二是经营战略目标，如股东目标（即股票持有人对企业经营成果的期望）、社会责任目标（即经营业务要求对社会法律和道德负责）、员工目标（即提高工资福利水平，调整劳资关系）等。三是经营战略措施，包括产品开发和定价策略、市场选择和营销策略、运营管理资源配置、人力资源和财务资源分配、融投资策略、资本金和偿付能力管理策略等方面。

对人身保险企业而言，战略目标应包括如下关键内容：市场发展规模和市场占有率，特定渠道或市场的产品和服务的客户数量、市场份额、长期客户存续率，企业经营成本和资金投入，人力资源发展目标和队伍建设，市场投资规模和投资收益，经营利润和偿付能力等指标，社会贡献和社会责任方面的目标等。

（2）分析环境发现机会和威胁。环境分析是战略管理过程的关键环节和要素，主要是分析人身保险企业的外部经营环境，重点是把握环境的变化和发展趋势，包括政治法律环境、经济发展环境、社会文化环境、监管和市场竞争环境的变化，尤其关注社会保障制度变化、人民群众对保险需求的趋势、市场竞争环境、中介代理经纪人和个人代理人供给、资金市场和投资环境等。而与人身险保险标的密不可分的医学新技术，如互联网、大数据、人工智能、基因工程为代表的医疗及网络技术应用，直接影响疾病和死亡的发生，影响寿命长度和生活质量，对人身保险业的经营带来市场发展机会和威胁，也应加以关注。

（3）分析组织的资源识别优势和劣势。分析股东、企业内部在客户资源、渠道资源、人力资源资金配置、产品服务、品牌等方面的优势和劣势，以扬长避短。

（4）投入产出分析。通过投入产出分析，将明确企业在不同时期的成本、产出项目对战略目标的作用大小，从而有的放矢地抓住主要矛盾，更有利于企业战略实施和控制。

人身保险经营成本通常分为固定成本和可变成本。固定成本包括营业场所、机构发展、人力资源及其相关日常费用，与业务发展规模相关度不高。可变成本是指与业务规模和业务结构、客户数量、产品类型分布等有关的支出，包括佣金或手续费、生存给付金或理赔金支出、责任准备金等。产出包括保险保费收入和结构、投资收益、经营利润等。按照监管的要求，还应评估投入资本和偿付能力情况。保险公司的利润来源于承保利润、投资利差和管理费收入。

2. 企业战略实施的重点

（1）建立健全战略实施的领导核心和组织体系。建立健全战略实施的领导核心，确定使命和战略目标，指引企业谋求发展的方向，即控制和实施企业经营战略。企业需要有一个团结合作、精干高效的战略领导班子来管理企业，还要建立健全经营战略组织架构，明确组织内各个组成部分的任务、职责、权力和相互关系，企业的组织结构要服从于企业经营战略，为实现经营战略服务。

（2）建立战略管理体系。战略管理是提升企业发展态势、提升企业生命力，以适应社会环境、市场环境及其他环境变化，企业的战略管理是董事长和董事会的职责。企业的战略发展部门隶属于董事会，战略发展部作为董事会的参谋机构，承担着战略管理的主要职能。战略管理体系应包括战略研究、战略情报、战略组织、战略控制等职能。

（3）战略实施结果评价和调整。一般由三方面活动组成，一是制定战略评价标准，二是进行实际成效与标准的对比分析，三是针对偏差采取纠偏行动。

战略调整就是根据企业情况的发展变化，即参照实际的经营事实、变化的经营环境、新的思维和新的机会，及时对所制定的战略进行调整，以保证战略对企业经营管理进行指导的有效性，包括调整公司的战略展望、公司的长期发展方向、公司的目标体系、公司的战略以及公司战略的执行等内容。

（三）战略管理的作用

经营战略决策是关系企业前途命运的重要工作，是企业管理周期的中心环节，也是企业所有活动的依据，并成为全体员工的行动纲领，因此，企业战略在企业管理中处于核心地位。

一是要重视企业经营环境的研究，正确确定公司的发展方向和战略目标，选择公司合适的经营领域或产品市场领域，从而能更好地把握外部环境所提供的机会，增强企业经营活动对外部环境的适应性，从而使二者达成最佳结合。

二是要重视战略的实施，将企业战略落实到日常经营活动中，根据环境的变化对战略不断进行评价和修改，使企业战略得到不断完善，也使战略管理本身得到不断完善。这种循环往复的过程，更加突出了战略在管理实践中的指导作用。

三是要重视日常的经营与计划控制，把近期目标（或作业性目标）与长远目标（战略性目标）结合起来，把总体战略目标同局部的战术目标统一起来，从而可以调动各级管理人员参与战略管理的积极性，有利于充分利用企业的各种资源并提高协同效率。

四是重视战略的评价与更新。通过战略评价，分析出现偏差的原因，适时进行纠正和调整，确保企业战略的有效实施，达成战略目标。

二、人身保险与健康医疗融合

人身保险企业的经营基础是保险客户，布局健康产业或是养老产业，与医学新技术相融合，都离不开经营基础，应符合一些基本原则。

（一）规划“保险 + 健康”战略的背景

1. 中国经济进入新常态，经济结构需要转型升级，扩大内需成为未来经济的重要增长因素。模仿型排浪式消费阶段基本结束，个性化、多样化消费渐成主流，市场竞争逐步转向以质量型、差异化为主的竞争。

2. 消费需求结构的重大变化。改革开放 40 年，我国经济取得了突飞猛进的发展，国民生产总值快速增长，增收渠道日益拓宽，城乡居民收入快速增长，消费支出水平不断提高，由生存型消费逐步提升到发展型享受型消费。人民生活水平显著提高，实现了从温饱到小康的历史性跨越，并逐步向富裕迈进。保险、养老、健康需求由低层次向中高层次转化，趋同性需求向个性化、多样化需求转变，这向企业提出了更高的要求。

3. 养老和健康需求呈现多样化趋势。我国已经进入人口老龄化快速发展阶段，老年人口不断增多。我国已建立了基本养老制度和全民医保制度，但总体上看，养老医疗保障和养老护理服务供给不足、看病难、看病贵、城乡区域发展不平衡等问题还十分突出，没有从以医疗为中心向以健康为中心的转变，难以满足人民群众多层次、多样化的健康服务需求。

4. 市场竞争的日趋激烈。保险业经过长足发展，人身保险保费收入和资产规模快速增长；人身保险经营主体已近百家，初步形成一个垄断竞争型保险市场。这一要求企业必须高瞻远瞩，未雨绸缪，以便在将来的竞争当中立于不败之地。

5. 社会、政府、消费者对企业的要求越来越高，要求越来越多，企业必须从大局出发，进行规划，认真加以解决。

6. 科学技术不断进步，要求企业不断变革已有的技术产品，必须从长计议，进行战略规划。

7. 资源供应日益紧张，特别是资源型企业必须提前考虑未来资源枯竭时企业如何生存的问题，作出长远性规划，有步骤地进行研究开发。

（二）人身保险与健康医疗融合的原则

1. 符合整合资源和多元化投资的原则

人身保险企业布局健康产业，无论是涉足医院、养老院，还是涉足健康管理，其根本点是整合内部资源，降低经营风险和成本，扩大利润来源，实行多元化投资。

整合资源就是根据企业的发展战略和市场需求对有关的资源进行重新配置，以凸显企业的核心竞争力，并寻求资源配置与客户需求的最佳结合点。目的是要通过组织制度安排和管理运作协调来增强企业的竞争优势，提高客户服务水平。

多元化投资的基本原则是不进入没有可能形成新优势和不能形成新的利润增长点的行业，而应依托原有的基础，逐步稳妥地拓展，先围绕原有产业及相关产业拓展，逐步传递到其他产业，这样才能在每进入一个新的行业时，都形成新的优势。

多元化可以分为相关多元化和非相关多元化，前者指企业所开展的各项业务之间有明显的有形关联，如共同的市场和客户、营销渠道、研发技术、人才队伍等，相关业务之间的价值活动能够共享；后者则更多的是一种无形关联，主要是建立在管理、品牌、商誉等方面的共享。从国外经验来看，企业主要是选择与自己有关联的业务实行多元化经营。

因此，在进入健康产业时，必须明确企业在健康领域有哪些优势资源可以整合，能否带来风险降低和利润增长，与企业战略目标的重合度如何等问题。

2. 满足或激发客户需求的原则

企业的一切营销行为都要从过去围绕企业和企业产品为中心向以消费者为中心转变，从过去关注自身向关注消费者转移，解决销售只是一种手段，而关注消费者需求，提供消费所需才是企业真正的目的，企业需要强调消费者的体验和感受。

每一家保险企业应该有自己的目标客户定位，通过产品、营销和服务确立实际客户定位，因此保险投资健康产业，必须与目标客户定位相一致。一方面是归纳总结客户的现实需求，通过健康产品的开发以满足需求，如大多数客户存在名医名院的就诊需求。另一方面深刻理解客户深层次的潜在需求，通过健康产品研发和客户体验活动，以激发需求，如客户对健康管理方面的需求。

3. 符合保险经营和战略目标的原则

人身保险经营是企业的基础性业务，是“本业”，投资健康产业是基础业务的延伸和扩展。因此，投资健康产业首先要符合保险经营的原则，符合企业战略目标。如果保险企业经营成果不善，而希望通过投资健康产业来促进保险业务改善，往往事与愿违。国际上多元化经营的经验也证明这一点，需要特别注意。

当然，可以将保险和健康产业统一布局，以现实有效的健康医疗手段进行保险目标客户积累，从而实现保险业务的扩张，则可以进行一些探索和尝试，但还是应该审慎从事。

4. 符合医学目的的原则

医学常常以治愈疾病、减少死亡、恢复健康、延长寿命为追求目标。传统的医学目的是治疗疾病、恢复健康、抢救和延长寿命、减少死亡、解除疼痛和疾苦，要用医学手段使人类获得健康。1996 年 11 月国际医学目的研究小组提出了一个题为《医学的目的：确定新的优先战略》的总报告，提出医学的目的主要有四个，一是预防疾病和损伤，促进和维持健康；二是解除由病灾引起的精神上和肉体上的痛苦；三是照料和治愈病人，照料和帮助那些患有不能治愈性疾病的人；四是避免早死，寻找安详的死亡。简言之，医学的首要目的应该是促进和维持人的健康，治疗和照料患病的人，而不仅仅是治愈疾病和阻止死亡。因此，投资健康产业应该符合医学目的。

在保险中运用医学新技术，还必须重视卫生技术评价，由于人身保险经营的长期性特点，医学新技术的应用和推广必须通过卫生技术评价，只有具有可持续价值的新技术才可以被采用，这点非常重要要。卫生技术评价是指应用循证医学的原理和方法，对卫生技术的技术特性、临床安全性、有效性、经济学特性和社会适应性进行系统评价，提出对被评估技术的采用、推广或淘汰的建议。在美国、英国、澳大利亚、以色列的健康保险体系中广泛应用卫生技术评价，促使医学卫生新技术达到价值最大化。因此，人身保险企业在运用过程中，必须重视评价结果，而不是一味求新求异。

5. 有利于形成经营闭环的原则

人身保险企业运行过程是一个连续不断的过程，包括战略决策、预算管理、产品研发、市场营销、运营管理、资源配置、财务决算等，是按照特定流程形成的统一体。它们相互依存、相互制约，依次交替、循环往复，从而形成了连续不断的运行过程，为社会创造财富。健康产业投资也遵循着投入、运行、产出的过程，这些环节都需要在保险运营过程中体现出来，进行评估和控制。因此，保险运行和健康投资是一体化的，相互依存，协同发展，从而形成企业经营的闭环。一方面，健康产业为保险运行服务，更好地满足和激发客户需求，扩大保险规模，降低成本，提高效益；另一方面，健康产业可以独立运行，扩大健康产品和服务的业务规模，创造经营利润。

第三节　保险业投资健康医疗产业

随着我国进入老龄化社会和国家涉及养老、医疗和健康的政策支持力度加大，特别是医养结合和医养护一体化模式的推进，健康医疗养老已经呈现一体化的趋势。保险资金具有周期长、规模大、稳定性强等特征，和医疗养老健康产业有天然契合点，国内保险公司对投资医疗领域也兴致颇高，包括中国人寿、中国平安、中国太保、泰康保险、新华保险等保险巨头纷纷通过多种模式进军医疗产业，通过与医疗融合扩大业务范围，实现增值服务，提升市场竞争力。

一、主要投资模式

目前，国内保险业投资健康医疗养老产业的主要投资模式有五种

模式 1：投资医疗机构，包括综合性医院、专科医院

如中国人寿投资香港康健国际医疗、河南南石医院、山西太钢医院等；阳光保险与潍坊两家医院共同出资筹建阳光融和医院，成为当地唯一一家三级医疗机构；泰康投资了南京仙林鼓楼医院、泰康同济国际医院，在成都打造泰康西南医学中心，并入股和美医疗、百汇医疗、淮海医疗集团；新华投资北京新华卓越康复医院；太平投资圆和医院项目和国际联锁专科医疗机构。

模式 2：投资健康管理机构，提供健康管理服务

如新华保险已先后在西安、武汉、青岛、济南等 10 多个城市建立了健康管理中心，增强了全国客户服务网络的战略优势。

建设健康管理在线平台，这是最为普遍的方式，比如中国平安推出的平安好医生，通过互联网渠道实现在线医疗服务。

模式 3：投资医养结合机构，打造医养社区

一是投资地产模式，如平安信托投资桐乡平安养生养老综合社区，配套设施中有医疗机构和养老机构。二是与保险产品挂钩的地产投资模式，如泰康之家、合众优年等，通过养老地产销售与保险产品挂钩，配套医疗和养老机构，提供健

康医疗养老服务。三是保险机构参与社区医养结合服务，如太保投资上海南山居徐虹养护院，为老人提供涵盖饮食起居、健康护理、文化娱乐等在内的 24 小时全方位服务保障。

模式 4：投资医学新技术和新模式

如中国平安通过旗下平安科技与山西省开展医疗 AI 合作，共同推进山西全省 1000 多家医疗机构的医疗质量控制业务，平安租赁还投资建设医学影像（检验）中心。

模式 5：医学新技术赋能保险销售

这种模式实际上是医学新技术如健康管理技术在某些特定领域的赋能应用，重点在于医学新技术的保险应用，主要针对的是保险产品销售和服务。如昆仑健康推出糖尿病的“保险产品 + 健康管理”服务；平安健康推出 Vitality 项目，促进客户选择健康的生活方式；众安保险的众安生命计划，采用运动手环等医疗新技术以吸引客户，促进保险产品销售。

二、投资原因分析

（一）响应国家政策号召，承担社会责任，树立企业形象

为了应对人口老龄化发展趋势，国家和政府出台了许多鼓励发展养老产业、健康服务业的相关政策，在土地使用、税收优惠、政府补贴等各方面有实质性举措。

国家监管部门支持保险资金投资养老、健康服务业，包括支持保险机构根据主业发展规划和投资规模，制定适合自身特点的养老、健康服务业投资模式；支持保险机构加强与专业医疗机构和养老运营商合作，通过股权方式，共同发起设立养老服务企业和健康管理机构，构建以养老社区为依托的养老、医疗、康复、临终关怀等服务相衔接的新型服务模式，不断探索完善适合我国国情的商业养老产业投资模式、运营模式和盈利模式。

由此可见，顺应时代要求投资健康养老产业，可以名利双收。一方面，保险业（特别是国有保险公司）响应党和政府号召，能够承担更多社会责任，树立企业良好形象；另一方面，有国家政策支持，企业获得实实在在的优惠，通过在养老领域的不动产投资来实现保险资金的保值增值。

从养老产业角度来看，丰富了养老供给的主体，促进保险业和养老产业融合发展；从宏观政策角度来看，可以完善多层次社会保障体系，在一定程度上分担政府压力。

（二）有利于与寿险资产负债长期性相匹配，创新投资盈利模式

保险资金具有周期长、规模大、稳定性强的特征，寿险资金是一种长期负债资金，我国寿险负债久期一般在 15 年左右，而寿险公司的平均资产久期仅为 5 ~ 7 年。医疗养老产业投资回报周期长，难度系数大，一个成熟养老社区和医院需 6 ~ 8 年方可收支平衡。医疗养老经营具有非周期性、投资周期长、增长稳定、可持续发展的特点，正好与保险资金尤其是寿险资金相吻合，存在着天然的匹配度，在一定程度上可以缓解“长短错配”的压力。保险机构投资养老服务产业，将保险、地产、护理等产业融合在一起，可以把寿险产业链拉长 20 年甚至更久，整合相关产业，扩大盈利空间。

（三）有利于延伸产业链，实现相关产业多元化，更好服务于保险客户

人身保险公司经营的标的是人的身体和寿命，保险产品和相关服务有天然的匹配性，如定期或终身寿险、护理保险产品与长期护理服务、临终关怀服务，养老或年金保险产品与养老服务，医疗保险和重大疾病保险产品与医疗服务，失能保险产品与康复服务等，都是彼此密不可分，既相互依存、相互衔接，又相互影响、相互促进。因此，保险资金投资设立各类服务经营机构，通过深度挖掘保险公司现有客户的保险需求，将传统养老险、健康险与养老、医疗服务相结合，实现保单实物化，有助于延伸产业链，形成保障服务一体化体系，有利于更好服务客户，降低边际成本，提升边际效益，逐步打通养老、健康、护理等与主业相关产业的链条，建立大保险生态圈，更好地实现“保险姓保”。

发挥保险公司的专业优势。一般的投资商人需要投入新的资金涉足养老社区，而保险公司可以用养老金支付相关费用，将购买了养老保险的客户可直接开发为养老社区的住户，实现养老金和养老社区的真正结合。保险公司在养老医疗费用和护理赔付方面具有丰富经验，相对于其他投资主体而言，可以节约经营成本，增加服务有效性。保险产品与养老服务相连接，也有利于增加保险产品对客户的吸引力，实现互动式发展。

（四）打造医疗养老机构管理模板，控制赔款支出

打造医疗养老机构管理模板，使其从事后经济补偿转变为事前管理，摆脱单纯依靠利差盈利模式；将支付方和服务方的利益进行整合，借助商业保险、技术推广、激励机制三大要素，对医疗成本进行有效控制。

传统医院只为病人提供诊疗服务，通过保险业务可将服务延伸至人群健康管

理，而客户健康程度的提升及医疗资源优化配置则又可以减少过度和重复医疗，从而降低总体医疗支出。

保险资金投资医院战略会形成一个产业闭环，简单来说，寿险和健康险承保的是人的医疗风险，把医院收归旗下后就形成了闭环，可以进一步把医疗研究所、医学院校及制药企业都圈入。不仅可以有效降低投保者的健康风险，还可以降低医疗开支，减少保险理赔支出。从投资收益看，对医疗机构投资可以实现稳定盈利。美国霍普金斯医学院的第三方独立研究报告证明，由于健康管理公司的出现，健康保险公司的直接医疗开支降低了 30%。

三、存在困难和问题

保险企业投资健康医疗养老，存在着内外两个方面的困难和问题。

（一）外部因素

1. 政策支持和配套

首先，国家有关养老服务、健康服务的相关政策，如土地使用、税费减免、建设和床位补贴等方面，与保险资金投资存在着一定的差异，往往落实不到位。

其次，保险业投资的医疗机构，有时未被纳入当地社会基本医疗保险定点医疗机构管理，无法为全民医保人群提供服务，医疗机构经营难度较大。

最后，涉及养老、医疗多部门管理，各部门之间协调联动不够，政策不到位，如纳入当地卫生发展规划、大型医疗设备购置等问题也相对比较突出。

2. 社会期望

随着我国全民医疗保险体系的不断健全和完善，对于新的健康养老需求，如老年人护理服务、部分失能康复服务等，人民群众期望依靠政府来解决。据有关调查显示，90% 的受访者期望将失能等特定老人的护理费纳入医保报销范围，但各地经济水平和社保收支情况不同，各地难以形成统一的标准，造成总部管理体制下的保险公司难以适应。

3. 资源短缺

我国“保险 + 医院”的合作模式和发达国家的模式完全不一样，国外走的是“强保险、弱医院”的道路，而中国推行的是“强医院、弱保险”的模式。因此，国外已经成熟的模式，难以复制到国内实践中，需要进一步探索尝试。

全科医生、专业护理人才短缺是目前投资健康医疗产业面临的巨大挑战，目前优秀的医生和护理人员大多集中于公立医疗机构，特别是三级医院正处于大举扩张的过程中，人才短缺的问题比较严重。人才培养又需要一个漫长的过程，作为新机构往往只能通过对外合作来逐步实现。

另外，还有缺乏行业标准等其他问题。

（二）内部因素

1. 客户共享问题

对于新设的医疗机构而言，完全依靠保险公司现存客户服务，显然是难以支撑医疗机构正常运转的，因此，必须依赖外部客户的经营，在医疗机构的定位上与现有公立医院应有所区别。在新设医疗机构时，必须考虑现有客户的接受程度和外部客户的市场发展。

对于健康管理机构和服务也有相同的问题，比如内部用户是否足够支撑正常运转，客户的依从性如何？ 2013 年，美国安泰医疗保险高调推出 CarePass 平台，希望通过此平台让用户把各种可穿戴设备的数据传上来，并根据自己的健康目标设定健康管理计划，用户同时还可以通过 CarePass 平台查找疾病信息、预约就诊等。但经过短短两年，CarePass 平台就停止了运营，原因是用户活跃度很低，仅靠预约、查询、信息整合等功能根本无法留住用户。

2. 盈利模式问题

投资健康医疗养老产业，盈利模式已成行业难题，短期难以盈利。

根据平安好医生的招股书财务数据显示，2015—2017 年营业收入分别为 2.79 亿元、6.02 亿元、18.68 亿元，2016 年同比增长 115.8%，2017 年同比增长 210.6%。虽然营收持续增长，但由于成本增幅超过营收增幅，平安好医生自成立以来一直亏损，2015—2017 年的净利润分别为 –3.24 亿元、–7.58 亿元、–10.02 亿元，三年累计亏损超 20 亿元。

3. 管理能力备受考验

尽管保险资金和健康医疗养老产业存在天然联系，在运营管理上存在一定的关联，但毕竟隔行如隔山，管理模式有明显差异。英国保险公司保柏曾经出售了旗下 20 多家医院，只保留全科诊所等基础医疗服务，就是因为险企缺乏医院管理经验。

当然，由于我国的经济制度和社会保障体系等因素不同，完全照搬国外的模式显然不可能达到理想效果，而适合国情的模式依然在探索之中，这又进一步加大管理难度。

其中最为主要的是缺乏专业人才，缺乏将商业保险和医疗健康养老服务有机结合的专业人才。有一些保险公司，曾经高调引进国内顶尖医院的医疗专家或院长来经营，但由于体制机制不同、对保险和医疗的认识不够等原因，最后还是各奔东西。

四、未来前景展望

综观国内保险业投资健康医疗产业的火热形势，说明健康医疗养老产业是大有可为的，保险业发展和健康医疗养老产业发展将相互促进，共生共荣，在促进国家社会稳定、经济持续发展、人民生活改善等各方面具有十分重要的意义。目前，存在的问题和困难将随着行业发展逐步克服和解决，未来发展将取得长足进步。我们必须对现实和发展趋势有清醒的认识，因势利导，循序渐进，稳健发展。

投资健康医疗养老产业是一项复杂的工程，必然顺应时代要求和社会变迁，顺应政策支持，尊重健康医疗养老产业的客观规律，着重于长期资产配置和长期经营。投资应结合我国国情和政策支持，探索自身的发展道路。学习借鉴国外的经营模式是可取的，但照搬照抄不值得提倡，探索适合我国国情的发展道路将是必然选择。

投资要以保险公司整体发展战略为指导，对长期业务发展和长期配置资金进行中长期规划，要避免“短期资金配置长期项目”，着眼于长期收益。认真分析现有客户需求，特别是对客户对健康医疗养老的依从性要有深刻的认识，研发适当的产品和服务，长期持续经营客户。

医疗投资经营的关键是人才队伍建设，需要培育一大批商业保险、健康医疗、养老等多方面的复合型人才队伍。随着市场发展和规模扩大，在实践中必然会培养出一大批复合型人才，数十年保险业的发展已经充分证明这一点。

第四节 医学新技术与人身险企业整体战略

企业整体战略又称公司总体层战略，是企业最高层次的战略，是企业整体的战略总纲。通常而言，企业总体战略主要是指集团母公司或公司总部的战略。总体战略的目标是确定企业未来一段时间的总体发展方向，协调企业下属的各个业务单位和职能部门之间的关系，合理配置企业资源，培育企业核心能力，实现企业总体目标。总体战略需要对业务层战略进行战略选择，特别是新型保险企业，需要根据市场竞争情况和自身能力进行选择。需要进行管理和调整，根据经营环境变化和绩效评价，进行资源配置，明确成长方向等，以实现公司整体的战略意图。

医学新问题、新技术和新模式，经常会影响人身险企业的整体战略。

一、医学新问题和新技术与保单贴现业务发展

（一）艾滋病的蔓延引发了美国保单贴现业务

1981 年 6 月 5 日，美国亚特兰大疾病控制中心在《发病率与死亡率周刊》上简要介绍了 5 例艾滋病病人的病史，这是世界上第一次有关艾滋病的正式记载。艾滋病在世界范围内的传播越来越迅猛，严重威胁着人类的健康和社会的发展，已成为威胁人们健康的第四大杀手。其病死率几乎高达 100%，缺乏根治艾滋病的特效药物，也没有可用于预防的有效疫苗，被称为“超级癌症”。为了治疗艾滋病，患者和家庭必须支付高昂医疗费，使得艾滋病患者面临巨大的经济压力。

美国人普遍拥有至少一份高额的寿险保单，艾滋病患者也不例外。但根据保险合同的约定，高额的保险金只能在艾滋病患者（被保险人）身故后领取，而艾滋病患者最需要的却是生前的经济资助。传统的保险金领取方式使得有着高额保险金的寿险保单对于艾滋病患者来说形同虚设，一些保险经纪人发现其中的市场需求，面对这些重症患者，银行及其所持有保单的保险公司都不愿意对其提供贷款或提前预支寿险保单的理赔款。这些保险经纪人便萌生了买卖保单受益人的想法，保单贴现业务应运而生。艾滋病患者将寿险保单转让给保单投资人以获得一笔救急资金，保单投资人通过受让寿险保单可以在艾滋病患者死亡时获得高额的保险金。从此，美国保险市场产生了一种新型经营主体——保单贴现机构和保单贴现投资者，第一家保单贴现公司于 1989 年诞生。

（二）艾滋病防治技术的发展促进美国保单贴现业务转型发展

随着世界卫生组织及各国政府的高度重视，各种医疗新技术逐步应用于艾滋病防治，患者的死亡率呈现下降趋势。联合国艾滋病规划署 2006 年 5 月 30 日宣布自 1981 年 6 月首次确认艾滋病以来，25 年间全球累计有 6500 万人感染艾滋病毒，其中 250 万人死亡。2008 年 7 月 29 日，联合国艾滋病规划署发布了《2008 艾滋病流行状况报告》。报告指出，2007 年，全球防治艾滋病的努力取得了显著进展，艾滋病流行首次呈现缓和局势，新增艾滋病毒感染者的数量以及因艾滋病死亡的人数都出现下降。2007 年全球新增艾滋病毒感染者 270 万，比 2001 年下降了 30 万；因艾滋病死亡的人数为 200 万，比 2001 年下降 20 万。

随着防治艾滋病医学新技术的发展和应用，患者寿命的延长，以及保单贴现业务的发展，美国保单贴现业务不再局限于艾滋病本身，也不再局限于寿险，逐

步转向于终末期疾病和老年人口。美国的寿险保单大多是终身缴费的，一旦被保险人收入中断，丧失缴费能力，其保障将会全部中断，已缴的保费就会付之东流，这就引起了美国人民对于保单贴现的需求。

经过几十年的发展，美国保单贴现呈现出如下特征：一是保单贴现涉及的主体也越来越多，主要涉及六个主体：被保险人（通常是生命面临挑战的人）、保单贴现公司、再保险公司、托管代理机构、健康评估公司和投资人，他们都可以从保单贴现当中获益。如果被保险人身患重病，面对短暂的生命和庞大的医疗费用，将快要失效的保单拿到保单贴现公司进行贴现，可提前领取折价之后的保险金，用于支付昂贵的医疗费用，解决经济困境。对于保险人来讲，保单贴现使得保单免于失效，从而维护了保险公司业务的稳定性。二是保单贴现市场规模不断扩大，寿险保单贴现已成为一项金融资产。1990 年保单贴现市场约为 5 亿美元，发展到 2005 年 50 亿美元，到 2015 年已增长到 448 亿美元。三是由艾滋病患者保单贴现向终末期疾病和老年人保单贴现转型。随着医疗技术的进步，许多艾滋病患者的存活期超过了 2 年，对这些被保险人的剩余生命预测变得很困难。2001 年以后，美国寿险次级市场的贴现范围扩大到末期疾病患者和老年人的寿险保单。其中，在老年人保单贴现交易中，通常要求被保险人的年龄超过 65 周岁，预期寿命为 2 ~ 12 年，而不考虑其健康状况。老年人保单贴现交易的目的是为了提前获得现金用于退休生活或支付养老院的费用。美国寿险次级市场中，交易的保单主要为永久万能寿险和终身寿险保单，其交易规模居世界之首。寿险保单贴现已占到保单贴现市场的 80%，对美国老年人养老金及重症治疗费用的自主筹集发挥了巨大的作用。四是在形成保单贴现二级市场的基础上，形成了三级交易市场，参与保单贴现的基金公司越来越多。二级交易发生在保单贴现市场，保单贴现机构将贴现保单证券化，往往通过保单贴现基金形式向投资人发行产品；三级交易是指投资人与投资人之间对保单贴现基金再次形成交易的过程。由于保单贴现业务风险极小，保障理赔金额确定，投资回报的波动性较低，潜在的高投资回报等原因，2008 年国际机构开始进入二级和三级市场。有很多知名基金管理公司也在关注并参与投资保单贴现市场。比如盖茨基金会、巴菲特的基金，其中保单贴现投资在他们基金的另类项目投资中占比 70% 以上。

可见，艾滋病这一医疗新问题的出现，促发了一个新型的保险业务——保单贴现业务，产生了不同的经营主体——保单贴现机构和保单贴现的投资者，促进了保单资产的流动，体现了变现应急的功能，提前兑现了保障功能。随着防治艾滋病医学新技术的发展和应用，有效促进了保单贴现业务的转型和发展。因此，医学新技术发展，将直接和间接影响人身保险市场的发展，也必将影响着人身险企业战略管理和日常经营管理。

（三）保单贴现市场在其他发达国家的发展

1. 英国的寿险次级市场

1844 年，世界上最早的金融资产拍卖商 Foster & Cranfield 在伦敦公开拍卖了一份寿险保单，这就是第一笔寿险保单贴现交易。此后的 100 多年间，英国的保单贴现交易数量不多，但都通过拍卖商达成交易。拍卖商把保单的卖方和有购买意向的投资者集合起来进行竞价，从而促成交易并获得佣金。1989 年，英国寿险保单贴现交易中出现了新的参与者，被称为做市商。这些做市商从保单持有人手中购买保单，然后将保单转卖给投资者以收取手续费，有时也自己持有这些保单。做市商的出现提高了保单贴现交易的效率，降低了交易成本，使英国的寿险次级市场得到了迅猛发展。在英国，寿险贴现交易的目标保单（即可用于贴现交易的保单）仅限于分红两全保险，因此英国的寿险次级市场也被称为“两全保单交易”市场。一份适合在市场交易的保单通常具备的特点是：生效已经至少 5 年，距离保单到期日 6 个月至 20 年，退保金超过 3000 英镑。在市场中，对投资者而言最有吸引力的是保单已累积复归红利，并且保单费用通常已在最初的 5 年支付完毕。在英国，分红两全保险的销售量巨大，同时其退保率也比较高。据统计，该险种的退保率在保单生效后 5 年是 30%，10 年是 40%，大约只有 30% 左右的保单持有至到期，并且近年来其退保率一直在增长。85% 的英国保单持有人知晓保险交易市场，由于目标保单数量多，并且保单持有人对于市场的知晓度高，英国的保险交易市场在 20 世纪 90 年代快速发展。投资者的购买支出从 1989 年的 1000 万英镑增长至 1996 年的 2 亿英镑，2001 年这一数字达到 5 亿英镑。从 2001 年起，该市场进入平稳期，每年大约有 20 万份保单被交易，投资者的购买支出总量约为 5 ~ 6 亿英镑，交易量占可交易保单总量的 50% 左右。

2. 德国的寿险次级市场

德国的寿险次级市场建立于 1999 年，经过 20 年的发展，其市场交易量从 2000 年的 0. 05 亿欧元增长至 2010 年的 1.6 亿欧元，市场规模已是其初始规模的 32 倍。但是，2010 年的交易量仅占可交易保单总量的 21.9%，表明德国的寿险次级市场还有很大的发展潜力。在德国，最常见的寿险产品是分红型两全保险和年金保险，2010 年这两种寿险保单共计 9300 万份。这两种寿险保单有一个共同的特点，即保险期限很长，平均期限为 30 年。这么长的期限中，保单持有人常常会因为身体状况、失业、结婚或离婚等原因造成非预期的经济变化，因此退保率较高。在德国，保单生效至 12 年时，退保率约为 30%，20 年时退保率为

50%，30年时退保率达76%。根据德国寿险贴现协会的估算，大约50%的退保保单是可以在寿险次级市场交易的。德国寿险次级市场中交易的保单以分红型两全保险为主，也有少量年金保险。目标保单通常必须距到期日最多15年，并且退保金至少5000欧元（约合7500美元），才能上市交易，距到期日的期限越短、到期支付越多的保单越容易成交。在德国，大约20%的保单持有人对寿险保单贴现有所了解，其市场认识度低于英国。2009年以前，可以进行寿险保单贴现交易的投资者仅限于机构投资者，个人投资者不能参与其中。从2009年，德国放松了对投资者资格的限制，个人也可以购买保单持有人转让的寿险保单，并可以通过电子交易平台进行交易。但是总体而言，近年来封闭式基金是德国寿险次级市场中的主要投资者。

3. 澳大利亚选择保单贴现通常并非出于支付医药费、生活费的目的

澳大利亚的人身险保单贴现始于10多年前，大部分申请这项业务的用户实际的生命时间已经并不长。在澳大利亚，选择保单贴现的老年人通常并非出于支付医药费和生活费的目的，因为在这两方面，澳大利亚的医保系统和养老金系统基本都能照顾到。

通常，出于以下三种原因的人群在澳大利亚可能会作出保单贴现的选择：第一类人群是因为人身险每年交纳的费用较高，根据自己的经济现状无法继续交纳下去，相比退保，选择保单贴现可能会更划算些；第二类人是因为希望自己有一个风光的葬礼，或者在生命的末期可以再旅行一次，所以直接提钱变现；第三类人则是因为自己本身没有直系亲属，选择贴现可以把这些钱在有生之年花光。

4. 我国保单贴现业务发展展望

目前，国内还没有成型的保单贴现业务，要将保单“变现”主要有两种方式：一是退保，获得保单现金价值；二是持有寿险保单至死亡事件发生或保险到期日。2018年1月，中国保监会发布《人身险保单贴现业务试点管理办法（征求意见稿）》，为保单贴现落地奠定了法律基础，是保险业参与社会管理的又一制度性安排。保单贴现可以增加获取养老金和筹措医疗费用的渠道，提高老年人晚年生活质量，也可以成为应对退保风险的有利举措。据有关研究估计，2017年我国可贴现保单的市场规模在1000亿元以上，并将随着保险规模不断扩大。

北京保险服务中心是国内第一家获准开展人身保险保单贴现的机构。其前身是成立于2009年的北京保险交易所，2017年已获得北京市人民政府和中国保监会的许可，开展保单贴现业务试点业务。据了解，已经与多家国内人寿保险公司开展保单贴现合作，将运用保单贴现业务的交易系统，为广大退保客户提供更有价值的保单贴现业务，实现客户真正意义的保险保障。

在保单贴现试点期间，主要的保单产品类型为普通型终身寿险、普通型两全寿险和普通型年金保险，为保单持有人提供普通贴现和重疾贴现，以满足普通经济困难和筹措医疗资金的需要。为了保护被保险人的信息安全，避免保单交易中的道德风险，该中心将实行间接型保单贴现交易，即把已经贴现的保单组成普通贴现和重疾贴现类的保单贴现产品，在监管部门允许后，逐步向机构投资人和个人投资人开放。

二、医学新技术与美国家庭人寿公司的发展

美国家庭人寿保险公司成立于 1955 年，由阿莫斯三兄弟约翰、比尔和保罗创立，约翰任首席执行官，比尔管理财务，而保罗则主管销售。他们谁也没有保险业方面的经验，但是却决定用仅有的 4 万美元投资创建世界上第一家销售癌症补充险种的保险公司。

2018 年 6 月，福布斯世界最大上市公司排名发布，美国家庭人寿保险公司排名第 195 位，公司的市值逾 200 亿美元，资产也大大超过 500 亿美元。在过去的 10 年里，公司股票的回报率平均每年都超过 23%。

美国家庭人寿保险公司是一个医学新技术引导企业整体战略的典型案例。

（一）医疗新技术引领保险业务创新

公司之所以成功，保罗先生认为，是因为三兄弟没有“固守于保险业务的传统套路”，他们让思维自由发挥，用新的、不同的方式来思考业务，找到了真正意义上的保险业务创新。

在美国家庭人寿保险公司创立几年后，约翰·阿莫斯的父亲死于肺癌。在治疗父亲的花费中，由于采用大量新型的医疗技术，其中还有很大一部分费用保险未能覆盖，由此他产生了补充型癌症险种的想法。客户只要支付一小笔保险费（当时一个家庭每年支付 24 美元，个人支付 12 美元），那么如果客户罹患癌症的话，将获得一大笔保险赔偿金，用于支付护理费、家人的旅馆房费等五花八门的支出。

接下来又是一个突破。当时主要的保险销售方式是靠推销员挨家挨户敲门，如果仅靠顾客一时的眷顾来建设一家保险公司，就慢得令人痛苦了，特别是对于像阿莫斯兄弟这样满怀雄心的人来说更是如此。在美国，公司将健康等其他保险作为员工薪酬的一部分，如果公司能将补充性癌症保险也纳入其中又会如何呢？可是，当时美国家庭保险公司规模太小，还不足以为大公司提供服务，所以他们开始时把该险种销售给雇员为100到500人的公司，此项业务当时获得了大幅增长。

到了20世纪70年代，美家人寿的增长稳步而快速，后来在纽约证券交易所挂牌上市，但它的业务仍然主要集中在南方，并且只有一个产品。约翰·阿莫斯和兄弟们完成了他们当初想要完成的事业——创立公司并发家致富。

（二）新的运作模式赢得日本市场

美国家庭人寿在哥伦布市获得了成功，然而这还不够，他们的内心深处有一种力量，驱使他们去找寻并征服新的领域，去打造一家大公司——不但在哥伦布市或佐治亚州属于大公司，在美国乃至全球也属于大公司。为此，美家人寿全力进军日本市场。

1970年，约翰参观日本世界贸易博览会，这对美家人寿而言是一件大事。在那里，他看到整个城市的日本人都戴着白色的外科专业手术口罩。当他得知日本人这么做是为了避免感染风寒，他立刻想到：有如此强烈健康意识的人群，肯定乐于购买补充型癌症保险，他发现了一个理想的市场。

那时的日本经过经济的快速发展，寿险市场竞争激烈，保险深度和保险密度处于较高水平，同时尚不允许外国保险公司经营。经过了四年的争取，美家人寿成为战后第一家获得日本政府经营许可的外国保险公司。约翰·阿莫斯认为，这是因为当时公司还比较小，没人认为它会成功。

获得经营许可之后，美家人寿必须建立一套全新的运作模式，即拥有自己的执行团队和业务模式。在日本，美家人寿几乎没有做广告，因为那里的人们不愿谈及癌症之类的话题，而美家人寿面向的也是大公司客户，而不是小业主。在七年之内，美家人寿在日本的销售收入就达到了与美国市场相同的规模。而今天，公司80%的收入来自日本客户。2016年，美家人寿已经占领了日本额外补充险种85%的市场份额，并且和东京股票交易所95%的上市公司有业务往来。美家人寿在日本不仅是最赚钱的保险公司，而且在日本最赚钱的美国公司中名列第三，仅次于可口可乐和IBM。

（三）持续创新成就世界500强

目前，美家人寿还在卖补充型癌症保险，但只是公司诸多险种之一，已经不再是最大的险种，他们在美国最成功的产品是一种短期的残疾险。

他们是利用电视宣传赢得众人瞩目的《财富》500强保险公司，拥有60000多家代理机构和近4200名员工，为全球4000万人提供可续签的意外事故险、伤残险和其他保险，擅长通过保险为客户支付不列在主要医保范围内的各种开销，包括共同支付、可扣除的开销、收入损失和各种需现款支付的开销。

在过去的10年里，公司的股票始终保持28.2%的年平均回报率，超过了标准普尔500指数成份股公司、通用电气公司，及保险业巨头夏威夷保险公司。在保险公司花开花谢的2000年，近半个世纪以来一直由阿莫斯家族经营的美家人寿净收入增加15%（排除日元影响的因素），达到6.87亿美元，资本回报率稳步增加20%以上。

在《财富》世界500强排名方面，2017年美国家庭人寿保险公司排名第483位，2018年排名第137位。2018年6月，福布斯世界最大上市公司排名发布，美国家庭人寿保险公司排名第195位。

第五节　医学新技术与企业竞争战略

竞争战略是企业战略的一部分，又称为业务层次战略或者SBU战略，它是在企业总体战略的制约下，指导和管理具体战略经营单位的计划和行动。企业竞争战略要解决的核心问题是，如何通过确定顾客需求、竞争者产品及本企业产品三者之间的关系，来奠定本企业产品在市场上的特定地位并维持这一地位。竞争战略首先是一个“自上而下”的过程，这也就要求高级管理层具备相关的能力及素养。

如何在竞争中求发展，是每个企业都在思考的课题。根据迈克尔·波特教授的竞争战略理论，企业的利润将取决于同行业之间的竞争、行业与替代行业的竞争、供应方与客户的讨价还价以及潜在竞争者共同作用的结果。

竞争战略就是一个企业在同一使用价值的竞争上采取进攻或防守行为。流行的战略是降价，既打到对方，也损害自己，形成负效应，进入恶性循环。正确的竞争战略为总成本领先战略、差异化战略或别具一格战略、集中化战略或目标集中战略、目标聚集战略、专一化战略。

总成本领先战略就是尽最大努力降低成本，通过低成本降低商品价格，维持竞争优势。要做到成本领先，就必须在管理方面对成本严格控制，尽可能将降低费用的指标落实在人头上，处于低成本地位的公司可以获得高于产业平均水平的利润。在与竞争对手进行竞争时，由于你的成本低，对手已没有利润可图时，你还可以获得利润，这样你就主动，你就是胜利者。

差异化战略是公司提供的产品或服务别具一格，或功能多，或款式新，或更加美观。如果别具一格战略可以实现，它就成为在行业中赢得超常收益的可行性战略，因为它能建立起对付强大竞争作用力的防御地位，利用客户对品牌的忠诚而处于竞争优势。

集中化战略是主攻某个特定的客户群、某产品系列的一个细分区段或某一个地区市场。其前提是公司能够以更高的效率、更好的效果为某一狭窄的战略对象服务，从而超过在更广阔范围内竞争对手，该战略具有赢得超过行业平均水平收益的潜力。

医学新技术对企业竞争战略的影响也表现在各种战略形态中。

一、疫苗技术对人身保险业的深刻影响

疫苗技术主要用于感染性疾病的防控。医生为你注射疫苗、预防疾病，这叫作疫苗接种或防疫注射。疫苗含有无害的死病菌或是由无害的死病菌中提取的物质，能使身体产生天然的防御能力对抗病菌。注射后，身体仿佛受到病菌入侵一样，开始产生杀死病菌的抗体，身体又会制造有保护作用的白细胞，能够抵抗某类传染病。日后如果真的遇上同类病菌，身体便能立刻消灭病菌。

目前已知最早的疫苗接种可溯源至人痘接种术，这项技术起源自公元前 200 年的中国。清代医书记载，我国于北宋时期即开始种天花痘，显示该技术对天花的预防颇有成效。英国医师爱德华・琴纳听闻民间普遍相信牛痘可以预防人类天花，感到好奇的他于 1796 年 5 月 14 日对一名儿童接种由感染牛痘的农妇手中抽取的脓汁作为疫苗，三个月后，他将天花接种至儿童身上，并证实该名儿童对天花免疫，这个方法因此传遍整个欧洲。

1974 年世界卫生组织吸收了已在被消灭中的天花、麻疹、脊髓灰质炎等疾病的预防与控制经验，提出了扩大免疫计划，以预防和控制天花、白喉、百日咳、破伤风、麻疹、脊髓灰质炎、结核病等，并要求各成员国坚持该计划。

在实施计划之前，全球只有不足 5% 的婴儿被适当免疫，致使每年死于麻疹、脊髓灰质炎、肺结核、百日咳、白喉和破伤风的人达 500 万之巨，且另有 500 万人留有后遗症。经过努力，1991 年 10 月，WHO 在纽约举行的庆祝大会上宣布：1990 年至 2000 年全球消灭脊髓灰质炎，至 1995 年使麻疹病死率下降 95%，并消灭新生儿破伤风。

我国于 70 年代中期制定了《全国计划免疫工作条例》，将普及儿童免疫纳入国家卫生计划。其主要内容为“四苗防六病”，即对七周岁及以下儿童进行卡介苗、脊髓灰质炎三价糖丸疫苗、百白破三联疫苗和麻疹疫苗的基础免疫，及时加强免疫接种，使儿童获得对结核、脊髓灰质炎、百日咳、白喉、破伤风和麻疹的免疫。1992 年卫生部又将乙型肝炎疫苗纳入计划免疫范畴。随着科技进步，计划免疫将不断扩大其内容。

我国于1980年正式参与世界卫生组织的活动，1985年我国政府宣布分两步实现普及儿童计划免疫。1988年各省实现12个月龄和18个月龄接种率达85%目标，1990年实现各县适龄儿童接种率达85%要求，实际上1990年我国已达90%目标，并根据WHO推荐的免疫程序，1986年卫生部重新修订了我国儿童计划免疫。我国计划免疫工作的主要内容是“五苗防七病”，五苗是卡介苗、脊灰疫苗、百白破三联疫苗、麻疹疫苗和乙肝疫苗，七病主要是结核病、脊髓灰质炎、百日咳、白喉、破伤风、麻疹和乙型肝炎。部分省、市、自治区还把流行性乙型脑炎、流行性脑脊髓膜炎和流行性腮腺炎等传染病的预防纳入计划免疫管理。2007年国家扩大了计划免疫免费提供的疫苗种类，将原有的“五苗七病”增加到15种传染病，新增了甲型肝炎疫苗、乙脑疫苗、流脑多糖疫苗、风疹疫苗、腮腺炎疫苗、钩体病疫苗、流行性出血热疫苗和炭疽疫苗。

实施国家免疫计划后，再加上经济持续发展、爱国卫生运动持续推进等综合因素影响，我国人均寿命、疾病谱等方面发生了实质性变化。

首先是急性传染疾病的发病率和死亡率明显下降，人均寿命逐年提高。2013年，中国男性的平均预期寿命从1990年的66岁延长到73.5岁，女性的平均预期寿命则从70.2岁延长到80岁。发病率、死亡率的下降和人均寿命的提高，对寿险和健康险降低理赔成本起到了非常积极的作用，但对养老金支付的成本将变成负面作用。

其次是我国疾病谱由急性传染病为主转为非传染性慢性病为主。心血管疾病、脑血管疾病、恶性肿瘤和慢性阻塞性肺病是当前威胁国人生命健康的四大主要疾病。这四类疾病致病危险因素相似，包括膳食不合理、缺乏运动、心理压力大、吸烟、酗酒等，这些对人身保险的经营成本将带来很多不利的影响。

近些年医学研究表明，宫颈癌的发生与高危型人乳头瘤病毒持续感染有着密切的关系，目前世界卫生组织推荐的宫颈癌防控策略主要包括HPV疫苗接种、宫颈筛查及早期诊断治疗，保险公司可根据自身客户特征和经营战略进行有效的选择。

二、管理式医疗的控费作用

20世纪70年代以前，美国采用的是一种传统的，类似于“实报实销”的看病模式，病人可以自由选择任何一个医生就诊，然后由保险公司付钱，最终病人只需承担部分医疗费用。

但在这种情况下，医院为增加效益往往会鼓励病人接受一些不必要的医疗服务，如大处方、过度医疗等，导致了医疗开支的大幅增加，从而催生了美国的管理式医疗（Managed Care）。

管理式医疗的出发点就是要高效地提供医疗服务，即在参保人得到合理、必需和高质量的医疗服务的前提下，尽量减少开支。其主要的理念是保险机构直接参与医疗服务机构的管理，保险机构和医疗服务提供者（医生和医疗机构等）通过协议共担风险，设法降低参保人的疾病发生率来控制理赔款，同时用经济奖励机制来鼓励医疗服务提供者和投保方控制费用。

保险机构直接参与医疗服务体系的管理是管理式医疗与传统模式最明显的区别。一是根据严格的选择标准来挑选医疗服务提供者（医院、诊所、医生）。二是将挑选出的医疗服务提供者组织起来，建成网络，为参保人提供医疗服务。三是有正式、详尽的规定以保证服务质量，并经常复查医疗服务的使用状况，比如保险机构将对医生的行医过程进行复查，医生在做一些重大手术或为病人提供额外服务之前需要得到保险机构的批准等。四是要求参保人尽量按规定程序，在网络内找指定的医生、诊所和医院提供服务。

管理式医疗的另外一个特征是保险机构和医生及医疗机构通过协议共担风险，例如"按人头包干"，就是在管理式医疗计划中，参保人需要在保险机构指定的网络内找到一个家庭医生。一旦确定，保险机构会支付一笔固定的，事先在协议中约定的保费给家庭医生，而该医生则负责满足这个参保人在协议里规定的医疗保健需要。这样的话，医生就接受和承担了相当大的一部分经济风险。

管理式医疗也采用健康管理，即从参保人的角度出发，通过降低他们的疾病发生率来控制理赔款，从源头上控制医疗费用。这与财产保险中保险公司实施的风险管理有些类似，主要措施包括对参保人进行健康教育和预防保健等，比如体检就被列为协议中的医疗项目之一。医生也非常希望参保人每年体检一次，原因很简单，对大多数疾病来说，发现得越早，诊断和治疗要花费的医疗费用越少，对医生更有利。

管理式医疗同时用经济奖励机制来鼓励医生和医院以及参保方控制费用，对医疗方来说，给家庭医生的专科治疗和住院基金奖励就是个很好的例子。

家庭医生在管理式医疗模式里扮演着非常重要的角色，就像"看门人"一样。参保人得病后，先要通过他的诊断，然后由他决定参保人有无必要看专科医生或住院治疗。有的保险机构会建立基金，用于支付专科治疗及住院治疗费用，如果年底基金中尚有余额，家庭医生可分得一部分。

在参保人方面，主要是引导参保人得病后，先去找家庭医生，然后可享受较大的价格折扣。每次收到医疗费用单据，我都仔细看过，折扣都不小，一般可以达到 4 ~ 5 折。参保人在管理式医疗模式里依然要承担部分的医疗费用，如免赔额和比例给付等，因此先找家庭医生就可以得到折扣的做法对他们还是很有吸引力的。

以上都是从理论层面分析管理式医疗模式有降低医疗开支的可能性，实际情况又如何呢？我接触过相关的数据：与拥有传统医疗保险计划的人相比，管理式医疗参保人的总费用（保险费和自费部分）降低了 10% ~ 40% 不等。下降幅度最大的是住院费用，比传统的医疗保险方式低 30%，家庭医生作为“看门人”，功不可没。

在管理式医疗模式下，人们自然会想到：把费用降下来了，那有没有可能出现医疗不足呢？医疗质量有保证吗？为此，美国有相应的监督机制。

1. 保险机构和参与计划的医生、医疗机构签订的协议中有正式而详尽的规定，以保证服务质量；

2. 保险机构经常对医生的行医过程进行复查；

3. 保险机构将网络内医疗服务的使用情况与一系列的标准相对照，以确定医疗服务的恰当性与有效性，当所提供的服务不恰当、不必要或质量差时，管理式医疗将不予以支付；

4. 保险机构可以对医生的工作进行审评，并对服务质量高、有效率的医生给予各种奖励；

5. 参保人每年有重新选择指定医生的权力，所以为了稳定病人数量，医生在节省费用的同时，也会考虑病人的需求和满意度。

在设法降低医疗费用的同时，管理式医疗模式从总体上看并没有降低服务质量，从而在美国被称为健康保险的最高层次。

综上所述，管理式医疗模式做到了高效地提供医疗服务，对参与的三方都有利。对医生和医院而言，虽然收费价格较低，但在医疗市场竞争中，病人来源增加稳定，就诊人数的增加可以弥补价格上的损失；对保险机构来说，可通过参与医疗服务体系的管理，达到控制医疗费用的目的；对参保人来说，交纳较低的保险费，同时享受一些费用折扣，并且不影响到获得的医疗服务质量，这种模式应该有值得我们学习和借鉴的地方。

与传统健康保险相比，管理式医疗可降低保险费 10% ~ 20%。1995—1998 年，美国医疗服务消费价值指数年均增速 3.3%，为历史最低水平；同期医疗服务生产价格指数维持 2% 增速，也处于较低的增长水平。医疗支出占 GDP 的比例维持在 13.5% 左右，正是得益于管理式医疗的高速发展。在 90 年代，美国的传统医疗保险模式占比从 46% 下降到 5%。

三、凯撒医疗模式下的健康险专业化经营

凯撒医疗总部位于美国加利福尼亚州的奥克兰市，是美国最大的健康维护组织，目前已有70多年的历史。从成立初期只有26名医生、201名员工，成长为拥有近2万名签约医生、20万名员工，约30%的美国人参保，凯撒医疗的经营理念是为客户提供高质量、可负担的医疗服务，提高客户的健康水平，提高社区整体健康水平。

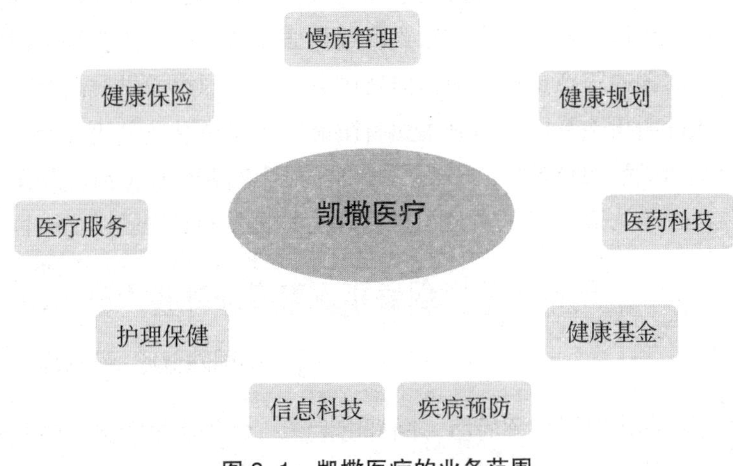

图3–1　凯撒医疗的业务范围

凯撒医疗集合了医疗健康服务和保险保障，绝大多数健康管理服务由凯撒医疗体系内部提供，凯撒会员可以获得全科医疗照护服务，凯撒医疗被认为是引领美国潮流的医疗健康服务和非营利健康保障计划提供者之一。在美国国家保险质量调查委员会的报告中，凯撒健康计划基金连续多年在健康保险中综合排名第一，其各地区健康计划基金在当地联邦医疗保障计划和商业健康保险中均排名第一。

凯撒医疗是非营利性组织，没有股东和投资人。2015年，凯撒医疗对社区公益事业投资21亿美元，服务63万多名社区会员，实现营业收入607亿美元，净利润19亿美元，会员1020万人，年门诊量4470万人次，住院手术13.8万台，员工人数20万人，其中医生1.86万人，护士5.10万人，拥有38家医院和622个社区诊所。

（一）成长历史

凯撒管理式医疗模式的雏形产生于20世纪30年代沙漠中的一个小型医院。1933年，创始人亨利·凯撒和一些大的建筑厂商合作成立了一个叫作“产

业损害赔偿”的保险协会，由西德尼·加菲尔德医生为修建科罗拉多河水渠的5000名建筑工人提供医疗服务，产业损害赔偿保险协会将保费的17.5%或按照每位工人每月1.5美元将费用提前付给医生，以使工人们可以获得工伤医疗服务，工人们也可以每天付5美分以获得额外的非工伤医疗服务。

加菲尔德医生的医院本已濒临破产，在实施这项计划后，水渠完工时加菲尔德医生已经还清了所有的债务，并且有了15000美元的储蓄。

1938年至1945年间，保险计划将工人的家人也囊括在内。“二战”期间，凯撒医疗的医疗计划覆盖了加利福尼亚州和华盛顿州的凯撒造船厂，造船厂的工人每天为完整的医疗服务付7美分，一年内造船厂的医疗计划便雇佣了6名医生，每位医生的收入在450美元至1000美元之间。

从1945年开始，凯撒医疗的医疗计划开始对加利福尼亚州、俄勒冈州和华盛顿州的公众开放，允许其他企业以团体预付费用的方式购买服务。在“二战”后，由于90%的美国人无法负担按服务项目付费的医疗费用，凯撒医疗的会员数量在1950年至1958年间从1.5万人快速增长至6万人。

目前，凯撒医疗在华盛顿州、俄勒冈州、加利福尼亚州、夏威夷州、科罗拉多州、佐治亚州、弗吉尼亚州、马里兰州和华盛顿特区开展业务。凯撒医疗是发源于加利福尼亚州，根植于加利福尼亚州的企业，其业务主要集中在加利福尼亚州，其70%以上的业务都在加利福尼亚州，其排他性的一体化医疗模式决定了凯撒医疗业务模式扩张的局限性。

（二）商业模式

凯撒医疗商业模式的核心特点是其保险、医疗一体化的组织架构与按人头付费的制度。在保险公司、医院、医生集团三位一体的封闭体系内，凯撒医疗实现了自负盈亏的高效运营，并通过预付费制度为医疗机构提供了成本控制的动机。

凯撒医疗销售健康险产品，并通过自建或合作的方式建立起自有的医疗服务网络，为会员提供医疗服务，并通过按人头付费的制度进行管理。

1. 封闭的一体化医疗模式

凯撒医疗实质上是由凯撒基金健康计划、凯撒基金医院、凯撒医生集团三个独立运营又相互依存的主体组成。在一体化系统内形成了提供医疗服务并进行支付的商业闭环，为客户提供排他性的医疗和保险服务。

2. 医生的薪酬与激励机制

凯撒整合医疗模式中的一项关键因素便是保险端、医院端、医生端三方之间的经济一致性。医生端每年与保险端协商确定一项年度预算，在年度预算的前提下，保险端与医生端之间会有一项“风险分担协议”，各方共同承担互相可能发生的预算盈余或支出，保险端与医生端互相为对方的费用负责。

在这种合作中，医生端能够得到的收入是有限制的，医生不会从增加的医疗费用支出中获得奖励，也不会从节省的医疗费用中得到奖励，因此对于医生端来说最佳的利益是确保医疗服务基于最恰当的临床诊断做出。

3. 按人头付费

在一体化医疗的组织架构下，凯撒医疗运营制度的核心是按人头付费的管理方式，医疗板块每年的收入是固定的，几乎完全来源于保险端。

按人头付费的方式是指按照参与会员的数量，按照每期每人付给医生或医生团体一笔固定的费用，无论这些会员是否会发生医疗费用。这些医生或医生团体通常会与基金会签订协议，授权为会员提供医疗服务，报酬的数量根据每位病人的平均预期医疗服务需求量决定，有严重病史的病人费用通常会高一些。

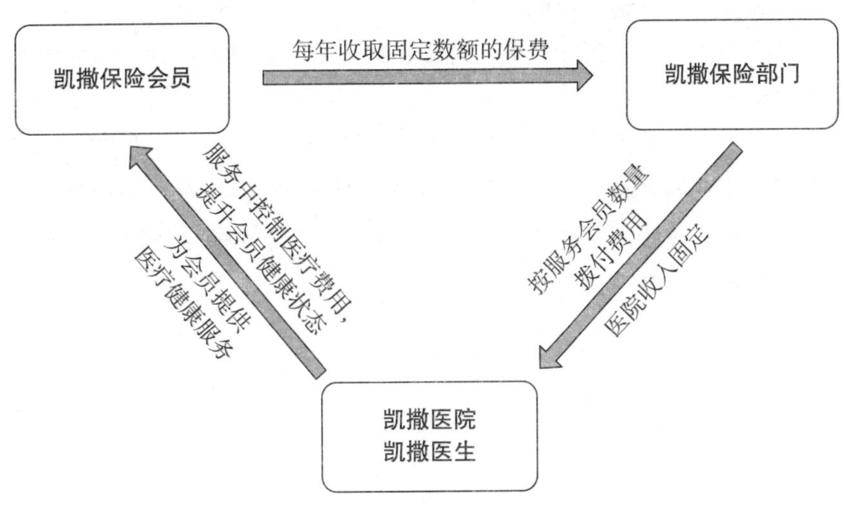

图 3-2 凯撒模式的医疗健康服务付费方式

4. 控费动机

凯撒医疗通过多种途径降低医疗费用，比如缩短住院时间，降低医疗费用，凯撒通过多种方案降低急诊率、缩短住院时间，以减少会员在实体医疗机构发生的医疗费用。

高昂的急诊费用对于保险公司而言通常是很大的负担，凯撒在 2001 年开发了电话转诊中心项目，为会员提供 24 小时电话转诊服务，对需要就诊的会员提供就诊建议。在 2011 年接到的 85 万个电话中，只有 18% 的会员被分配到急诊。在所有原本希望到急诊的会员中，与医护团队通话后只有 40% 的会员认为他们仍然应该去急诊，这一方案有效降低了急诊费用。同时，在医院端，凯撒医疗通过采取单人病房、临床路径标准化治疗方案、增加日间手术等多种方式降低医疗费用。

从预防疾病发生入手，防止严重疾病及相关医护投入的发生。凯撒通过多种方式对会员进行预防性健康管理，并通过对已病群体的随访和密集照护降低医疗费用。例如，凯撒的心功能不全照护计划，通过为心血管疾病患者提供术后医疗照护，2006 年至 2010 年间会员的 90 天住院率降低了 30%，并有效降低了死亡率和急诊率。

此外，凯撒医疗控费方式还包括减少病人待在费用高昂的实体医院的时间，将诊疗向基层门诊沉降。与美国医院的同类医疗服务成本相比，凯撒可以做到比平均成本水平低 17%。

5. 预防式医疗与健康管理服务

在多年的实践中，凯撒医疗开发出了非常成熟的会员健康管理体系，可以实现对大规模人群的有效健康管理。

凯撒医疗开发了基于医疗团队的健康管理体系，通过减少冗余医疗检查、减少会员实地到访医院，从而降低医疗费用。同时，凯撒医疗投资 40 亿美元建设了医疗信息管理系统，实现了诊疗流程电子化，并通过客户端对会员进行健康管理。

由于凯撒医疗的大部分客户为公司客户，因此凯撒医疗开发了针对团体客户的健康管理方案，在营养学、健身、心血管健康、预防癌症、戒烟、体重管理等方面为团体客户提供健康管理支持。

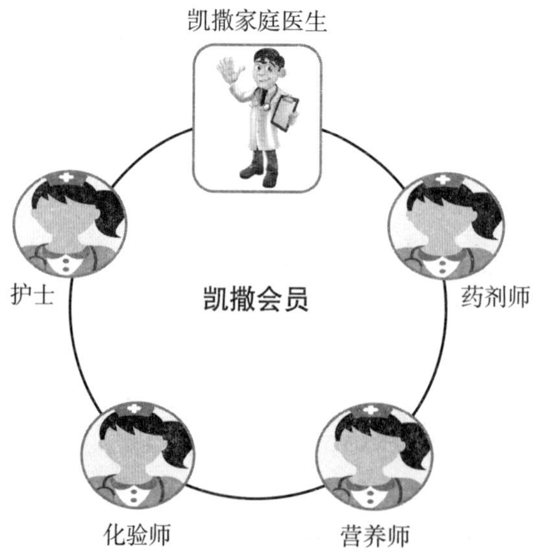

图 3-3 凯撒模式下的会员健康管理团队

凯撒医疗的医疗体系是高度电子化的，2004 年至 2010 年，凯撒医疗投资超过 40 亿美元建立了美国最大的电子医疗病历系统，将 860 万凯撒会员的医疗记录全部电子化，为医护团队提供了做好医疗服务和健康管理的有效工具。电子病历系统为医生提供工作站，并为会员提供手机和电脑用户端。

（三）凯撒医疗模式的局限性

需要注意的是，凯撒医疗模式并非完美的商业模式，在很多层面凯撒医疗的运营方式是有争议的。

1. 扩张速度慢

由于凯撒医疗采取自建或签约医院的重资产模式，且其运营需要达到一定规模的会员数量的支持，整个体系是封闭的，不接受与其他保险公司及外部医疗机构的合作，这些因素导致凯撒医疗的市场扩张速度受到限制。在 70 多年的运营过程中，凯撒医疗的运营版图只铺设到美国的八个州，其中既受到各个州医疗、保险政策不同的影响，也受到其模式本身局限性的制约。

2. 不够充分的医疗

对于凯撒医疗体系所提供的医疗服务的质量也是有争议的。为了降低医疗费用，凯撒医疗会通过由医生和药剂师撰写的临床指南鼓励其医生使用非品牌药，而不是品牌药。由于凯撒医疗采取的是封闭式医疗体系，难以满足希望到更高水平医疗机构就诊的客户。

四、新型的健康保险经营模式——奥斯卡健保

在 2015 年 9 月 22 日美国参议院司法委员会举行的听证会上，为了证明健康保险行业对于新成立的公司依然非常友好，美国两大保险巨头的首席执行官不约而同地提到了一家名不见经传的初创公司——奥斯卡健保。

从这两家公司的反应来看，两年前刚刚成立的奥斯卡健保已经在美国吸引到很多人的关注。2015 年 4 月，奥斯卡健保成功融资 1.45 亿美元。不久之后，谷歌旗下的投资基金向奥斯卡健保投资 3250 万美元，使得该公司的估值已经达到 17.5 亿美元。

奥斯卡健保成立于 2013 年 7 月，它的诞生要得益于奥巴马医改。这项法案强制美国公民、合法移民以及其他合法的长期居民必须购买保险，否则就要接受罚款。同时，法案还规定保险公司不得以既往症拒保，不能因为旧病提高保费。据统计，这些未被覆盖人群约为 4800 万人，占人口总数的 24%。

奥巴马医改政策推出以后，美国各州都形成了保险交易所，为小企业主、小

公司、自由职业者等群体提供保险服务。过去不买保险的小业主、经济较困难但还没有达到美国社会保险补助标准的人群开始成为健康险购买群体，推动了个人健康险市场的发展，也为各类医疗保险公司，包括奥斯卡健保这样的创业公司扩大业务提供了契机。

这只“独角兽”之所以让投资人另眼相看，一方面是因为奥巴马医改的红利，另一方面也是因为它在技术和思维上的创新搅动了美国健康保险市场的一潭“死水”。

（一）奥斯卡健保主要经营模式

1. 健康人的健康保险

健康人，这对于保险公司来说无疑是最佳的客户，但保险公司往往要面对一个尴尬的事实——健康的人不愿意买保险，而买保险的人往往看中的是短期的回报。因此，在传统的保险模式中，精打细算的保险公司不得不在赔偿项目上费尽心思，复杂并且缺乏透明度的条款让理赔的过程相当艰难，客户的满意度自然大打折扣。

奥斯卡健保相信自己已经为健康保险行业找到了另一条出路，他们的方法并不是选择健康人作为自己的客户，而是让自己的客户变得更健康。奥斯卡为自己的会员免费提供可穿戴设备，如果他们每天步行的数字超过目标就会得到现金或者购物卡作为奖励。

这种做法吸引了更多愿意主动管理自身健康状况的用户，也表现出奥斯卡健保和传统保险企业最大的不同。公司的创始人之一，风险投资人约书亚·库什纳表示，奥斯卡健保将不再甘心只成为医疗行业的支付方，而是通过主动的干预措施降低会员的医疗费用，改变行业的规则。

2. 以科技连接患者和医生

奥斯卡健保自诞生以来就吸引了很多业内人士的关注，有人将它称为美国健康保险领域近 20 年内的第一家创新企业。直观上来说，这家公司最大的创新在于通过技术手段，将患者和医生直接联系到一起。

奥斯卡健保通过手机客户端和网站，使得会员只需要在搜索框里输入描述疾病的日常用语就可以找到附近的医生，这种类似于地图搜索的功能对于奥斯卡健保的目标人群——在移动互联网环境下成长起来的年轻人有着天然的亲和力。

在下拉菜单中，用户可以选择搜索某一类型的医生、某种药品或者医疗服务，以及医疗机构的地点。在奥斯卡的保险方案中，包括免费通过电话向医生咨询、预防性护理以及通用药物。从首页的搜索选项中可以看出，被搜索次数较多的包括妊娠、抑郁、哮喘、流感疫苗、背痛和痤疮。

在运用医疗数据方面，奥斯卡健保利用自己的搜索引擎搜集会员的医疗数据，并通过综合分析给出用户相关的建议。

3. 与可穿戴医疗科技的深度合作

奥斯卡健保的投资人背景比较复杂，除了传统金融领域的投资者外，还包括类似谷歌投资这样拥有高科技背景的公司。在奥斯卡健保最初的发展方向上就已经对可穿戴设备表现出浓厚的兴趣，而可穿戴设备的引入，也能够帮助他们更好地实现控制会员医疗费用的目标。

关注投资领域的福布斯专栏作者对奥斯卡医疗在糖尿病管理领域的可能性给予了积极的评价，他认为奥斯卡健保可能会成为健康保险领域第一家能够实现主动干预用户医疗费用的健保公司。

“糖尿病管理的优势在于几乎全世界都对这种疾病的干预措施达成了共识，而数据搜集也轻而易举。奥斯卡目前已经实现了会员免费电话问诊，那么不难想象，对于糖尿病的患者，奥斯卡也可以为他们直接配备一款糖尿病管理工具。”

目前奥斯卡健保已经雇佣了 45 名工程师研发数据分析工具，这些工具不仅仅用来搜集患者的数据，还能以数据为基础为患者找到更合适的医生。谷歌投资的负责人也曾这样说道：“奥斯卡健保最让我们感到兴奋的地方在于，他们可以通过科技来降低医疗成本。”

（二）奥斯卡健保的经营成效

2015 年之前，奥斯卡健保主要集中在纽约和新泽西州两个地方运营，2016 年开始将业务拓展至加利福尼亚州和得克萨斯州。

凭借以上优势，奥斯卡健保获得了年轻用户的追捧，自 2013 年起，其会员数量持续增长，从 2014 年年底的 1.7 万人，增长到 2015 年年底的 4 万人，随着其他地区业务的扩展，2016 年年初用户数量上升到了 14.5 万人。

但与用户数量的增长不匹配的是，这家公司一直处于巨额亏损的境地，2014 年，亏损源自于公司开发新技术时的投资；2015 年，亏损主要集中在医疗费用和运营成本的增加上；2016 年，前三季度亏损更是达到了 1.28 亿美元。

造成亏损的原因主要有以下几个方面：早期投入成本巨大；个险用户数量未达到预期，许多大型保险公司选择退出这一市场；收入越低，慢病爆发的比例越高，因此在经济收入总体偏低的地区，逆选择的风险越高，导致亏损速度加快。

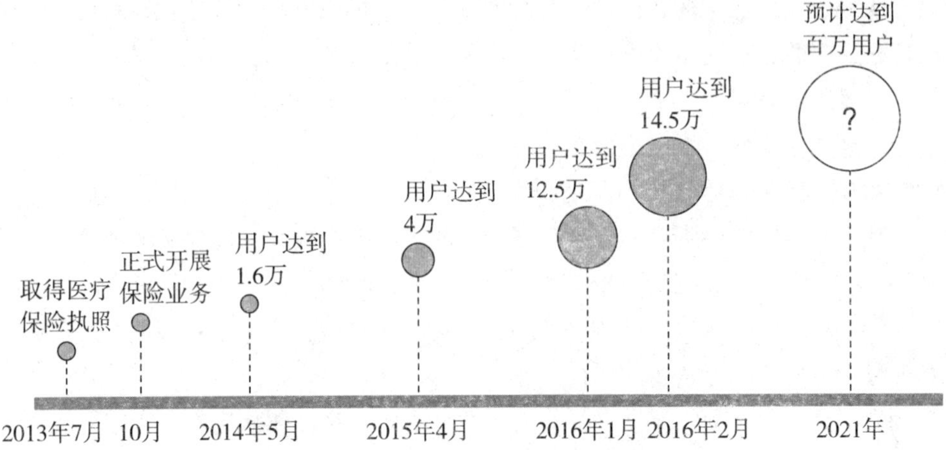

图 3-4 奥斯卡健保的会员数量持续增长

图 3-5 奥斯卡健保的保费收入与净利润

（三）美国健康保险创新力量的崛起

奥斯卡健保对医疗保险领域的影响，不仅在于他们在运营模式和技术上的创新，而且是对整个行业生态的改变。在奥巴马医改法案通过之后，正有越来越多的创新企业像奥斯卡健保一样，希望能冲破传统保险行业的阻碍。

1. 牙科保险 Beam Insurance

Beam Insurance 是一个专注于牙科领域健康保险的高科技公司，它也被媒体称为牙科界的奥斯卡健保。他们的竞争利器是一款智能电动牙刷，通过与客户端连接，这款牙刷可以记录使用者的刷牙习惯，这与奥斯卡健保的健康追踪系统有异曲同工之妙。

其创始人兼首席执行官甚至直言不讳地说："我们是奥斯卡的粉丝，我们的品牌也和他们有很多的相似之处。"

2. 三叶草健康医疗公司

三叶草健康医疗公司是一家位于旧金山的初创健康保险公司，他们的目标是通过数据驱动的新型服务模式，为年长的患者重新打造医疗服务方案。

这家公司致力于从以往的医保申请中搜集患者的医疗信息，然后通过分析数据找到其中的高风险患者，三叶草健康医疗公司将和这部分患者共同提高总体治疗效果。为了实现这个目标，公司首轮融资 1 亿美元。

公司的首席技术官表示："我们的核心业务是通过数据和软件为患者建立一个健康档案，仔细寻找医疗中的缺失部分，然而再去弥补这部分缺失。"

三叶草健康医疗公司将运用数学模型分析患者的健康档案，找到其中的问题。例如，患者不能按时吃药，然后通过医护人员和社会工作人员进行干预。

公司首席执行官认为，目前还没有人有足够的时间和信息去指引患者与医疗机构进行互动，从而让医疗服务的提供者在正确的时间获得正确的信息。这需要有足够的技术把患者零散的医疗信息汇总到一个可分析的系统中，而这正是三叶草健康医疗公司最大的卖点。

就像任何一个创新企业刚刚起步时一样，虽然有评论家和投资人对他们表现出相当浓厚的兴趣，但是也少不了来自各方面的质疑。对于奥斯卡健保最大的质疑就是他们的盈利能力和用户数量，毕竟与传统保险行业的用户人群来说，他们的用户人数实在是太少了。

不管未来奥斯卡健保这类公司将按照什么样的轨迹发展，医学新技术对于健康保险甚至整个保险行业带来变化都将继续进行着。

第六节 医学新技术与企业职能战略

职能层战略是为贯彻、实施和支持公司战略与业务战略而在企业特定的职能管理领域制定的战略。职能战略主要回答某项职能的相关部门如何卓有成效地开展工作的问题，重点是提高企业资源的利用效率，使企业资源的利用效率实现最大化。

人身保险公司职能战略可以表现为市场营销和产品开发战略、运营管理和客户服务战略、资源配置战略、资本与偿付能力战略等诸多方面，医学新技术对企业职能战略影响也非常深刻。

一、健康危险因素评价在人身保险市场营销战略的运用

健康危险因素评价是指研究危险因素与慢性病的发病率及死亡率之间的数量依存关系及其规律性的一种技术，它研究人们生活在有危险因素的环境中发生死亡的概率，以及当改变不良行为，消除或降低危险因素时，死亡及危险改变的情况、可能延长的寿命，其目的是促进人们改变不良行为，减少危险因素，提高健康水平。

人身保险经营的风险中，最为重要的是疾病发生和死亡的风险，其涉及寿命和医疗支出。因此，健康危险因素评价技术适用于人身保险经营的全过程。

健康危险因素评价是根据流行病学资料和人群死亡率资料，运用数理统计方法，对个人的行为、生活方式等危险因素进行评价。它可以估计个人在一定时期内患病或死亡的危险性以及降低危险因素的潜在可能性，继而可估计出不同危险因素在人群中的分布及其影响。

所谓危险因素是指机体内外环境中存在于疾病的发生、发展及预后的各种诱发因素。危险因素种类很多，大体可以分为生物因素、环境因素、行为生活方式和卫生服务四大类。危险因素与疾病的发生不一定有直接因果联系，但是可以增加疾病发生的概率，影响疾病的预后，是疾病的诱发因素。比如吸烟可以增加肺癌的发生风险，但不能认定为肺癌的近因，保险公司不可因为客户没有告知吸烟而认定为告知不实。因此，可以将健康危险因素评价技术运用于保险营销活动中，用于提高风险意识和风险认知，促进客户购买保险产品。

健康危险因素评价既可以用于个人评价，也可以用于群体评价。个体评价是针对个人涉及的危险因素状况，对未来疾病发生或者死亡的风险进行判断。死亡风险评价通常采用评价年龄、可达到年龄和实际年龄相比较取得评价结果。评价年龄是根据年龄与死亡率之间的函数关系，按个体所存在的危险因素计算出的年龄。它可以比实际年龄大，也可以比实际年龄小。可达到的年龄是指采取降低危险因素的措施后，重新计算的评价年龄。根据个体的实际年龄、评价年龄和增长年龄三者间的关系，评价结果可分为健康型、自创性危险因素型、难以改变的危险因素型、一般性危险型四种类型。群体评价就是按照个体评价的四种类型进行归类，根据该人群中不同组的比例大小，来确定整个人群的危险程度。

健康危险因素评价对人身保险经营的意义主要有如下几个方面：一是唤醒人身保险的风险意识，提升和引发保险需求，促进保险业务上规模；二是提高民众

风险防范意识，有利于实施个性化健康教育和健康促进，从而改变生活行为方式，提高保险客户服务水平；三是通过实施健康管理新模式，开展疾病早期干预，有效降低疾病发生，延长寿命，降低保险公司赔付率。

随着保险技术的日新月异，一些公司推出了以癌症保险市场开拓为主要目标的防癌风险评价系统，运用大数据技术，结合每个人存在的各种危险因素，对可能发生的恶性肿瘤种类和不同年龄的发生风险作出科学评价，引导人们对自创型危险因素进行有效控制管理，引导癌症保险和重大疾病保险消费，按照医学专家意见进行癌症健康管理，达到不患癌、少患癌、迟患癌的目的。通过一些保险公司的运用，在营销队伍中普及了防癌知识，提高了客户的癌症风险意识和预防癌症的能力。通过该系统前后对比，癌症保险和重大疾病保险的保费收入增长了60% 以上，人均件数和人均保费增长 50% 以上，并提高客户服务水平，深受销售队伍和营销管理人员的好评。

二、人身保险运营管理中医学新技术的应用

近年来，医疗和健康大数据、数字化、互联网、物联网及移动通讯技术的融合对保险行业产生巨大影响，涉及产品开发、核保、分销、服务和理赔的整条价值链。

（一）在人身保险核保流程的应用

1. 互联网医疗数据在人身核保中的应用

目前，获取申请人的医疗记录以签发保单的流程烦琐耗时，且大部分资料都是纸质格式。如果能够在征得个人同意后即刻查阅数字化病史，通过医疗机构的互联网沟通，让核保数据快速而准确地进入核保流程，新的数据来源、存储和分析平台以及新的数据挖掘技术有望简化核保流程，降低风险管理的侵扰度，全面优化风险选择和保单定价，简化保险购买流程，改善购买保险的客户体验，降低核保时间和资金成本。

2. 新的另类数据源可用于评估风险

传统的寿险核保模式要求客户提供自身及家人的病史证明及第三方信息。新的数据源——从电子健康记录、联网设备到社交媒体——为保险公司提供可用于评估风险及定价的另类数据来源。健康监测设备记录的生理活动水平、食谱、睡眠模式及心率等数据也可能变得有价值。目前尚没有足够的研究资料和经验可以将相关指标与健康结果建立关联，因此阐释这些数据并将其用于核保还具有难度。

另一个潜在的信息来源是个人基因谱。如果保险公司能获取基因数据，便可以借此获知疾病的易感性、疾病特异基因以及易产生疾患的体质，从而更准确地预测风险。基因检测已经可以辅助诊断、预防和治疗某些疾病，随着受益人群日益扩大，这种技术可以降低许多人的健康风险，使他们可以低价享受保险保障。

3. 更好地了解风险，将拓宽保险的可保范围

寿险公司的传统做法是评估健康风险，并在出售保单时一次性询问与死亡风险上升相关的生活方式。如今，在某些情况下，保险公司经高风险客户许可，可利用科技手段定期获取数据，以此为交换条件，提供后者以往难以承担或无法获取的保险。现在，这类产品作为可续保产品发售，在此情况下，患者必须持续提供良好的健康证明。与之相反，低风险客户可能希望主动向保险公司提供健康数据，以换取较低的保费。

（二）医疗保险理赔模式创新

医疗保险理赔处理是保险公司兑现保险合同承诺的过程，理赔部门承担着及时理赔和风险控制的双重责任，既能及时解决客户的理赔所需，又能控制理赔风险，做好精准理赔、快速理赔。随着医疗互联网技术以及大数据、云计算等技术的发展，保险公司将积极进行理赔模式创新。

1. “互联网 + 商保医院”直接结算平台。各家保险公司与医院合作，依托医疗数据的准确性和信息的互联性，推出商业医疗保险住院押金、直接结算等理赔服务，简化理赔处理流程，提升客户理赔体验，实现直赔、闪赔、快赔等省心理赔服务。

2. “区块链 + 医疗场景”保险直赔模式。这种模式将医疗机构、保险公司、卫生信息平台等组成区块链联盟，力争从根本上解决医疗数字信息的安全性、关联性等应用技术问题，实现自动核保、快速理赔的目标，实现区块链保险直赔模式。

（三）医学新技术在客户服务中的应用

在客户服务领域，常见形式是在线健康咨询及健康管理 App，提供家庭医生、名医问诊、健康社区、健康评测、健康习惯、健康档案等服务内容，为用户提供一站式健康咨询及健康管理服务。这类服务大多用于保险客户的增值服务上，进一步提高客户的认同感，促进公司业务规模和品牌影响力的提升。

当然，也有一些公司希望将这类服务发展成独立的业务系列，成为新的利润增长点。主要业务类型有：

家庭医生业务，根据年度会员认购模式开发产品，扩充自有医疗团队，以增强服务能力，鼓励用户采纳付费咨询服务。

消费型医疗业务，发展现有服务组合，并推出新类型的产品，扩充医疗健康服务提供商网络，如名医就诊付费服务。

健康商城业务，扩大活跃用户基础及增加商品种类，提高健康相关产品如药品、家用医疗设备等的销售收入。

健康管理和互动业务，增加用户数量，以吸引更多广告商，提升广告方面的定价能力，提高健康管理方面的收入。

三、医学新技术与资源配置战略

保险公司如需要广泛采用医学新技术，必须在医学新技术研究和选择、产品开发运用、市场营销策略和培训、运营管理等各个方面进行充分的资源配备，如研发预算、新型医疗设备、人力资源和人才培养、信息管理、技术等各方面，才能将公司医学新技术战略贯彻落实，执行到位。

资源配置战略是经营管理的基础。从各家健康保险公司实践经验看，对于医学专业人才配备的重视程度、配备规模和专业人才在公司的决策权和话语权，直接影响健康保险专业化市场开发程度、保险收入规模和经营成效，特别在公司初创时期。

（本章作者：邓建华、王锡安、潘慧云）

参考文献

［1］李洁，葛文芳，梁伟 . 保险概论［M］. 北京：清华大学出版社 .2005.24–38.

［2］姚新超，阎彬 . 美国寿险保单贴现的运作及其启示［J］. 国际金融研究，2005，（09）：23–27.

［3］何廷尉，李宁秀 . 预防医学［M］. 北京：高等教育出版社 . 2001. 310–324.

第四章
对人身保险影响较大的医学诊断新技术

进入20世纪以来，特别是20世纪80年代以来，医学诊断技术大量融合了物理学、化学和分子生物学的最新技术以及数字技术，使得医生能够更准确、更精细地从宏观到微观的各个层面观察到人体各个方面的生理和病理的变化。为疾病的早期筛查、确诊、治疗方案制定以及疗效评价提供了灵敏度更高、特异性更好、诊断效率更高的诊断方法。

医学诊断技术的进步，不仅改变了人类与疾病抗争的格局，也将深刻地影响人身保险业的发展。疾病的早期诊断甚至疾病预测能力提高，加大了人身保险逆选择风险，同时也提高了疾病的发病率，从而使得健康保险的保险事故发生率也相应提高，增加了赔付压力。另一方面，诊断技术的发展，疾病得到早诊断、早治疗，疾病的治愈率得到提高，人类寿命因此得以延长，这一趋势对人身保险的未来将产生巨大影响。当然高昂的医学诊断新技术费用对医疗保险的经营压力也不容忽视。可以说，医学诊断新技术的发展在人身保险的产品研发、核保风险选择、赔付风险控制等各个环节全方位地产生影响。因此对于保险从业人员而言，了解相关的医学诊断新技术很有必要。

第一节　医学影像诊断技术

一、电子计算机断层成像（CT）

电子计算机断层扫描，是用X射线束对人体的某一部分按一定厚度的层面进行扫描，当X射线射向人体组织时，部分射线被组织吸收，部分射线穿过人体被检测器接收，并产生信号。因为人体各种组织的疏密程度不同，X射线的穿透能力不同，所以检测器接收到的射线就有了差异。将所接收的有差异的射线信号转变为数字信息后，由计算机进行处理，输出到荧光屏上显示出图像，这种图像被称为横断面图像。

（一）发展历程

1971 年 9 月，英国电子工程师亨斯・菲尔德与一位神经放射学家合作，在伦敦阿特金森 – 莫利医院安装了他设计制造的第一台 CT 机，开始了头部检查。患者在完全清醒的情况下仰卧，X 射线管装在患者的上方，绕检查部位转动，同时在患者下方装一个计数器，使人体各部位对 X 射线吸收的多少反映在计数器上，再经过电子计算机的处理，使人体各部位的图像从荧屏上显示出来。1972 年 4 月，亨斯・菲尔德在英国放射学年会上首次公布了这一结果，正式宣告了 CT 的诞生。1974 年制成全身 CT，检查范围扩大到胸、腹、脊柱及四肢。他也因此在 1979 年，与在 CT 图像重建方面做出突出贡献的艾伦・麦克劳德・科马克共同获得了当年度的诺贝尔医学和生理学奖。

（二）技术原理

CT 的基本工作原理是采用高度准直的 X 射线作为能量，对人体或物体某个部位作透射扫描。由于人体或物体组成物质的密度、原子序数和每克电子数不同，对 X 线的吸收（衰减系数）亦不同，导致透过物体（衰减后）的 X 射线强度不同。探测器接收到衰减后强度不同的 X 射线，经模数转换器转换成数字信号输送至计算机。由计算机根据扫描断面各单元（像素）的衰减值，将这些数据组成矩阵图像，借助于数模转换器还原成模拟图像，再由图像显示器和胶片以不同灰阶梯度予以显示和记录，所以 CT 断面图像均为计算机重建影像。

CT 图像是由一定数目由黑到白不同灰度的像素按矩阵排列所构成，这些像素反映的是相应体素的 X 射线吸收系数。不同 CT 装置所得图像的像素大小及数目不同，像素越小，数目越多，构成图像越细致，即空间分辨力越高。

CT 图像以不同的灰度来表示，反映器官和组织对 X 射线的吸收程度。因此，与 X 射线图像所示的黑白影像一样，黑影表示低吸收区，即低密度区，如含气体多的肺部；白影表示高吸收区，即高密度区，如骨骼。但是 CT 与 X 射线图像相比，CT 的密度分辨力高，即有较高的密度分辨力。因此，人体软组织的密度差别虽小，吸收系数虽多接近于水，但也能形成对比图像，这是 CT 的突出优点。CT 可以更好地显示由软组织构成的器官，如脑、脊髓、纵隔、肺、肝、胆、胰以及多种器官等，并在良好的解剖图像背景上显示出病变的影像。

X 射线图像可反映正常与病变组织的密度，如高密度和低密度，但没有量的概念。CT 图像不仅以不同灰度显示其密度高低，还可用组织对 X 射线的吸收系数说明其密度高低的程度，具有一个量的概念。实际工作中，不用吸收系数，而换算成 CT 值，用 CT 值说明密度。

CT 图像是层面图像，常用的是横断面。为了显示整个器官，需要多个连续的层面图像。通过 CT 设备上的图像重建程序，还可重建冠状面和矢状面的层面图像，可以多角度查看器官和病变的关系。

扫描方式有三种：

1. 平扫。不用造影增强或造影的普通扫描，一般都是先作平扫。

2. 增强扫描。用高压注射器经静脉注入水溶性有机碘剂，如 60% ~ 76% 泛影葡胺后再行扫描的方法。血内碘浓度增高后，器官与病变组织内碘的浓度可产生差别，形成密度差，可能使病变显影更为清楚。

3. 造影扫描。先作器官或结构的造影，然后再行扫描的方法。例如，向脑池内注入碘曲仑 8 ~ 10 毫升或注入空气 4 ~ 6 毫升进行脑池造影再行扫描，称为脑池造影 CT 扫描，可清楚显示脑池及其中的小肿瘤。

（三）优点和缺陷

CT 检查对中枢神经系统疾病的诊断价值较高，应用普遍。对颅内肿瘤、脓肿与肉芽肿、寄生虫病、外伤性血肿与脑损伤、脑梗塞与脑出血以及椎管内肿瘤与椎间盘脱出等病诊断效果好，诊断较为可靠。因此，脑的 X 射线造影除脑血管造影仍用于诊断颅内动脉瘤、血管发育异常和脑血管闭塞以及了解脑瘤的供血动脉以外，其他如气脑、脑室造影等均已少用。CT 对头颈部疾病的诊断也很有价值。例如，对眶内占位病变、鼻窦早期癌、中耳小胆指瘤、听骨破坏与脱位、内耳骨迷路的轻微破坏、耳先天发育异常以及鼻咽癌的早期发现等。如果是明显病变，X 射线平片已可确诊者，则无须 CT 检查。

CT 的特点是操作简便，对病人来说无痛苦，其密度、分辨率高，可以观察到人体内非常小的病变，直接显示 X 射线平片无法显示的器官和病变，它在发现病变、确定病变的相对空间位置、大小、数目方面非常敏感而可靠，具有特殊的价值，但是在疾病病理性质的诊断上则存在一定的限制。

对胸部疾病的诊断，随着高分辨力 CT 的应用，日益显示出它的优越性。通常采用造影增强扫描以明确纵隔和肺门有无肿块或淋巴结增大、支气管有无狭窄或阻塞，对原发和转移性纵隔肿瘤、淋巴结结核、中心型肺癌等疾病的诊断，有较大的帮助，肺内间质、实质性病变也可以得到较好的显示。CT 对平片检查较难显示的部分，例如同心、大血管重叠病变的显圾，更具有优越性；对胸膜、膈、胸壁病变，也可清楚显示。

心脏及大血管的 CT 检查，尤其是后者，具有重要意义。心脏方面主要是心包病变的诊断、心腔及心壁的显示。由于扫描时间一般长于心动周期，影响图像的清晰度，诊断价值有限，但冠状动脉和心瓣膜的钙化、大血管壁的钙化及动脉瘤改变等，CT 检查可以很好显示。

腹部及盆部疾病的 CT 检查，应用日益广泛，主要用于肝、胆、胰、脾、腹膜腔及腹膜后间隙，以及泌尿和生殖系统的疾病诊断。尤其是占位性病变、炎症性和外伤性病变等，增强 CT 对肝癌患者的检出率大约 80% ~ 90%。

CT 与常规的影像学检查手段相比，主要有以下四个方面的优点：一是真正的断面图像。CT 通过 X 射线准直系统，可得到无层面外组织结构干扰的横断面图像。与常规 X 射线体层摄影比较，CT 得到的横断面图像层更准确，图像清晰，密度分辨率高，无层面以外结构的干扰。另外，CT 扫描得到的横断面图像，还可通过计算机软件的处理重组，获得诊断所需的多平面（如冠状面、矢状面）的断面图像。二是密度分辨率高,CT 与常规影像学检查相比，它的密度分辨率最高。其原因是 CT 的 X 射线束透过物体到达检测器经过严格的准直，散射线少；CT 机采用了高灵敏度、高效率的接收器；CT 利用计算机软件对灰阶的控制，可根据诊断需要，随意调节适合人眼视觉的观察范围。一般 CT 的密度分辨率要比常规 X 射线检查高约 20 倍。三是可作定量分析。CT 能够准确地测量各组织的 X 射线吸收衰减值，通过各种计算，可作定量分析。四是可利用计算机作各种图像处理。借助于计算机和某些图像处理软件，可作病灶的形状和结构分析。采用螺旋扫描方式，可获得高质量的三维图像和多平面的断面图像。

缺点主要包括以下几个方面：

首先，辐射剂量较普通 X 射线大，故怀孕妇女不能做 CT 检查。在其他方面，CT 虽然极大地改善了诊断图像的密度分辨率，但由于各种因素的影响，也有其局限性和不足。极限空间分辨率仍未超过常规的 X 射线检查。目前，中档 CT 机的极限空间分辨率约 10LP/cm，而高档的 CT 机极限空间分辨率约 14LP/cm 或以上。常规 X 射线摄影的分辨率可达 7 ~ 10LP/mm，无屏单面药膜摄影的极限空间分辨率最高可达 30LP/mm 以上。

CT 虽然有很广的应用范围，但并非是所有脏器都适合 CT 检查，如空腔性脏器胃肠道的 CT 扫描，还不能取代常规 X 线检查，更不如内窥镜。由螺旋 CT 扫描的 CT 血管造影（CTA），其图像质量仍不能超越常规的血管造影。目前，由于多层螺旋 CT 的出现和一些新的成像方法的应用，已使两者的差距逐渐缩小。

CT的定位、定性诊断只能相对比较而言，其准确性受各种因素的影响。在定位方面，CT对于体内小于1厘米的病灶，常常容易漏诊。在定性方面，也常受病变的部位、大小、性质、病程的长短、患者的体型和配合检查程度等诸多因素的影响。

CT的图像基本上只反映了解剖学方面的情况，几乎没有脏器功能和生化方面的资料。当体内的某些病理改变其X射线吸收特性与周围正常组织接近时，或病理变化不大，不足以对整个器官产生影响，对此CT也无能为力。CT无法区分脑梗的新旧病灶，对脑实质或静脉窦的病变也无法准确区分，对一些部位如幕下、桥小脑角等部位很难清楚显示结构。

（四）主要用途

CT诊断由于其特殊诊断价值，已广泛应用于临床。但CT设备比较昂贵，检查费用偏高，对某些部位的检查，尤其是定性诊断，还有一定限度，所以不宜将CT检查视为常规诊断手段，应在了解其优势的基础上，合理地选择应用。

在常规的CT检查中，由于CT的密度分辨率高，它可以分辨人体组织内微小的差别，使影像诊断的范围大幅扩大，在观察颈椎骨刺、韧带钙化及椎管狭窄等骨组织的退变时，CT更清楚。

在增强CT检查中，CT除了能分辨血管的解剖结构以外，还能观察血管与病灶之间的关系，病灶部位的血供和血液动力学的一些变化。

利用CT计算机软件提供的标尺和距离测量等，CT还可作人体多个部位的穿刺活检，其准确性也优于常规X射线透视下的定位穿刺。

CT还有助于放射治疗计划的制订和治疗效果评价，根据病变组织的X射线吸收衰减值和计算软件，能将放射线集中至病变部位并使放射线量均一，使患者得到更恰当、更合理的治疗。

利用X射线的衰减,CT还可作各种定量计算工作。如在老年骨质疏松患者中，利用X射线的衰减及计算，可测量人体内某一部位的骨矿含量情况。通过对心脏冠状动脉钙化的测量，有助于临床上冠心病的诊断。

利用CT的三维成像软件，CT还可作人体多个部位的三维图像。如颅骨和颌面部，为外科制订手术方案和选择手术途径提供直观的影像学资料，该方法尤其适合颌面部的整形外科手术。

二、螺旋CT

常规CT扫描采取停—进原则，即CT扫描采集数据时，病人扫描部位处于静止状态，第一次扫描采集结束时检查床移动到下一层面，再进行第二次扫描采集数据。如此反复进行，每次扫描只能产生一幅横断面图像。与常规 CT 不同，螺旋 CT 扫描时，患者躺在床上以恒速通过 CT 机架，同时 X 射线球管连续旋转并曝光。这样采集的扫描数据分布在一个连续的螺旋形空间内，螺旋的意思是扫描过程中围绕病人旋转的 X 射线束螺旋扫描（亦被称作体积扫描）是计算机断层成像术（CT）的最新进展。

（一）发展历程

CT 自 20 世纪 70 年代问世以来，不断获得改进，从第一代到第五代，不断缩短扫描时间和提高图像质量。1989 年由于解决了高压发生器与 X 射线球管一起旋转的难题。X 射线管可以螺旋式运动了，再加上滑环技术，把 CT 技术推上了一个新的水平，即螺旋 CT 的问世。原来的 CT 每次扫描都必须经过启动、加速、均速、取样、减速、停止等几个过程，大大限制了扫描速度，而螺旋 CT 克服了上述缺点，可以连续旋转扫描，患者的床也以一定的速度前进和后退，这不仅将扫描速度提高好几倍，而且这种螺旋扫描不再是对人体某一层面采集数据，而是围绕人体的一段体积螺旋式采集数据，被称为体积扫描。它不仅速度快，而且获得的是三维信息，这就增加了信息处理的内容和灵活性，可以得到真正的三维重建图像，使血管立体成像成为可能。螺旋 CT 的功能大大增加，如组织容积与分段显示技术、实时成像技术、三维重建图像、仿真内窥镜技术及心脏功能评估等，故螺旋 CT 被称为 CT 的“新生”。

（二）技术原理

和常规的轴向扫描 CT 不同，螺旋扫描是在病人以匀速通过旋转的 X 射线球管的扫描野时进行的，运动的 X 射线扫描产生的路径是扫描床运动速度的函数，扫描路径形成一条螺旋线，采集的数据通常称作螺旋数据。其显著优点是单次屏住呼吸就可以完成整个检查部位的扫描，且可以在任意想要的位置上重建图像，重建平面图像的数据用内插法从螺旋数据中获得。由螺旋扫描对图像质量影响的研究可以看出空间分辨率、低对比度分辨率、图像的一致性都不受螺旋扫描方式的影响，有影响的是像素噪声和断层灵敏度曲线。

在螺旋扫描中，当扫描床匀速通过 X 射线扫描野时，X 射线管球连续曝光旋转。和轴向扫描一样，X 射线管球旋转两周，覆盖同样的范围。在螺旋扫描中，每扫描一周，床移动的距离称作螺距。不同于轴向扫描时产生的分离独立的数据组，螺旋扫描产生一组连续的体积数据，这就允许在重建中有新的选择。例如，螺旋扫描一周可产生多幅图像，并且可以在获取数据前后分别确定处理的一些参数，来获取各种要求的图像。主要分类包括分单层螺旋 CT、双层螺旋 CT、多层螺旋 CT。

（三）优点和缺陷

与常规 CT 扫描不同，螺旋式扫描所获得的是连续层面的信息，是扫描范围内的所有组织的信息，所以又称为容积数据，避免了断层 CT 扫描时由于呼吸运动容易造成遗漏小病灶的弊端。由于采用了特殊的探测器和新的技术，扫描速度明显提高，使覆盖面大的快速薄层高分辨扫描成为可能。

这些技术的临床应用，使 CT 的应用范围进一步扩大，尤其是受运动影响较大的脏器显示方面，图像质量和诊断信息有了明显改善。螺旋扫描的优点是不易遗漏病变信息，扫描速度快，而且图像处理上有很大的灵活性，可获得任意方向的图像层面。

1. 一次屏气扫描层数达 9 ~ 24 层，且没有呼吸运动伪影，因而冠状或矢状面重建的空间分辨率高，较小的病变不会因呼吸运动而漏扫，二维或三维图像质量得到改善。

2. 选择适当造影剂量可以显示血管，使 CT 血管造影成为可能。

3. 如果患者不能维持很大功能体位，可进行快速体层扫描。

4. 不需要重复扫描及重叠扫描，因而患者接受辐射剂量减少。

5. 动脉体层扫描可鉴别伪影。

螺旋 CT 扫描，可以获得比较精细和清晰的血管重建图像，即 CTA，而且可以做到三维实时显示，有希望取代常规的脑血管造影。螺旋 CT 设备的显著优点是单次屏住呼吸就可以完成整个检查部位的扫描，且可以在任意想要的位置上重建图像，重建平面图像的数据用内插法从螺旋数据中获得。

螺旋 CT 也存在一些缺点，比如一次连续扫描时间不超过 12 ~ 24 秒，扫描范围也有一定限度，两次扫描时间间隔需要 8 ~ 12 分，特殊情况下如严重呼吸窘迫综合征患者，螺旋 CT 仍不能完全消除呼吸伪影。

（四）主要用途

一般单部位的螺旋 CT 扫描可在 5 ~ 10 秒内完成，或在患者一次屏气状态完成数据收集，方便危重患者及婴幼儿患者的检查，并可在对比剂到达峰值时成像，节省对比剂用量。可提高病灶检出率和 CT 测量的准确性，消除呼吸运动伪影，对肺癌的诊断准确率达 90% 以上。还能避免遗漏小病灶，并可采取任何位置或任何方向重建。可以保证以病灶为中心，避免部分容积效应，螺旋CT可重建出高质量的三维图像和血管造影图像，在某些部位获得仿真内镜图像，具有CT透视功能，可指导介入手术等。

三、正电子发射计算机断层显像（PET-CT）

正电子发射计算机断层显像是反映病变的基因、分子、代谢及功能状态的显像设备。它是利用正电子核素标记葡萄糖等人体代谢物作为显像剂，通过病灶对显像剂的摄取来反映其代谢变化，从而为临床提供疾病的生物代谢信息，是当今生命科学、医学影像技术发展的新里程碑。PET-CT将正电子发射成像（PET）与CT完美融为一体，由PET提供病灶详尽的功能与代谢等分子信息，而CT提供病灶的精确解剖定位，一次显像可获得全身各方位的断层图像，具有灵敏、准确、特异及定位精确等特点，可一目了然地了解全身整体状况，达到早期发现病灶和诊断疾病的目的。PET-CT的出现是医学影像学的又一次革命，受到了医学界的认可和广泛关注，堪称“现代医学高科技之冠”。

（一）发展历程

1997年，美国食品卫生管理局批准了18F-FDG临床应用。1998年，美国健康卫生财政管理局同意将多种适应症纳入医保范围，PET获得了一张广泛临床应用的“绿卡”，促使其进一步应用发展。1999年，PET-CT在北美放射年会上首次展出，并在2001年获得美国食品卫生管理局销售许可。PET--CT将PET和CT整合在一台仪器上，组成一个完整的显像系统，被称作PET-CT系统。病人在检查时经过快速的全身扫描，可以同时获得CT解剖图像和PET功能代谢图像，两种图像优势互补，使医生在了解生物代谢信息的同时获得精准的解剖定位，从而对疾病做出全面、准确的判断。

（二）技术原理

PET利用正电子发射体的核素标记一些生理需要的化合物或代谢物，如葡萄糖、脂肪酸、氨基酸、受体的配体及水等，引入体内后，应用正电子扫描机而获得体内化学影像。PET犹如大海中的航标，CT犹如航行图，从而能准确迅速地找到目标。它以能显示脏器或组织的代谢活性及受体的功能与分布，从而受到临床的广泛重视，也称为“活体生化显像”。可以说，PET的出现使得医学影像技术达到了一个崭新的水平，使无创伤性动态定量评价活体组织或器官，在生理状态下及疾病过程中细胞代谢活动的生理、生化改变，获得分子水平的信息成为可能，这是目前其他任何方法所无法实现的。因此，在发达国家，PET 广泛应用于临床，已成为肿瘤、冠心病和脑部疾病诊断和指导治疗的最有效手段。

（三）优点和缺陷

PET 采用正电子核素作为示踪剂，通过病灶部位对示踪剂的摄取了解病灶功能代谢状态，可以宏观的显示全身各脏器功能、代谢等病理生理特征，更容易发现病灶。具体优势表现在以下方面：

1. 肿瘤鉴别。肿瘤组织的重要特点之一就是生长迅速、代谢旺盛，特别是葡萄糖酵解速率增高。因此，代谢显像是早期诊断恶性肿瘤的最灵敏的方法之一，如发现肺部单发结节，PET 显示代谢明显活跃，则提示为恶性病变；若无代谢增高表现，提示良性病变可能性大，手术的选择就要慎重。对于某些肿瘤全身转移病灶的筛查，如果已经发现了原发肿瘤的部位，为了判断其他部位是否有转移，可以做全身扫描，以免有遗漏。多种有创检查未判断病灶的良恶性，在选择是否采取手术治疗之前可以做一下 PET 检查以供参考。如果检查出来更偏向于恶性，则可以直接考虑手术，如果做出来结果考虑良性的可能性大，还可以再随访观察一段时间。

2. 确定分级。PET 能一次进行全身断层显像，这也是其他显像设备所无法实现的。除了发现原发部位病变，还可以发现全身各部位软组织器官及骨骼有无转移病变，对肿瘤的分期非常有帮助，并提供准确的穿刺或组织活检的部位，协助临床医生制订最佳的治疗方案。

3. 疗效评估。对肿瘤各种治疗的疗效进行评估并进行预后判断，指导进一步的治疗。

4. 鉴别诊断。PET 可以对治疗后肿瘤残留或复发进行早期诊断，并对治疗后纤维化、坏死进行鉴别，同时根据治疗后病灶分布情况进行再分期，CT 及核磁等以结构信息为主的影像手段很难做到这一点。

5. 病灶寻找。通过快速的全身 PET–CT 扫描，为不明原因的转移性肿瘤寻找原发病灶。

6. 靶区定位。帮助放疗科医生勾画生物靶区，例如在肺癌合并肺不张等情况下，放疗师很难判断肿瘤的实际边界，PET 将有助于确定代谢活跃的病灶范围，为放射治疗（尤其是精准放疗）提供更合理、准确的定位，降低治疗的副作用。

心肌存活的研究已成为近年来的热门话题，普遍认为，PET 心肌代谢显像的方法是目前判断心肌细胞活性最准确的方法，被称为“金标准”。PET 显像可以帮助确定和鉴别坏死心肌与可逆性缺血心肌，对介入治疗、冠状动脉搭桥手术有重要的指导作用，可明显提高搭桥手术的成功率，同时可对术后心功能恢复情况进行预测。

脑代谢显像能准确了解正常情况下和疾病状态下的神经细胞活动及代谢变化，以及不同生理条件刺激和思维活动状态下大脑皮质的代谢情况。通过 PET 直观地了解到人大脑代谢活动情况及各种生理性或病理性代谢变化，并以图像的方式反映出来。

PET 也存在一些缺点：

1. 不能作为肿瘤特别是恶性肿瘤的诊断依据。恶性肿瘤的诊断必须要在体内取出标本，并在实验室显微镜下观察，才能做到百分之百确定。目前 PET-CT 诊断肿瘤的准确率在 80% 左右，这诊断准确性显然不能达到临床的要求。所以，即使做完 PET-CT 检查发现病灶并怀疑为肿瘤后，也还要进行有创检查来确定其良恶性。

2. 费用相对昂贵。每一次检查费用大概在 7000 到 1 万元左右。

3. 它是一种带辐射的检查。这个检查相当于 CT 加上核素显像，CT 扫描本身带有辐射，同时还要在体内注入一些带有放射性的核元素，所以不适合普通体检。

（四）主要用途

PET-CT 是目前影像科最先进的诊断技术，它将普通的形态学检查手段和功能学检查方法相结合，既可以检查病灶的形态、大小和密度，也可以观察病灶的功能。其检查多以全身扫描为主，也可以做局部脏器的观察，目前来说，其主要的应用场景在于发现并鉴别肿瘤。

1. 癫痫定位。对脑癫痫病灶准确定位，为外科手术或伽玛刀切除癫痫病灶提供依据。

2. 脑肿瘤定性和复发判断。可应用于脑肿瘤的定性、恶性胶质瘤边界的确定、肿瘤治疗后放射性坏死与复发的鉴别、肿瘤活检部位的选择等。

3. 痴呆早期诊断。早老性痴呆的早期诊断、分期，并与其他类型痴呆如血管性痴呆进行鉴别。

4. 脑受体研究。帕金森病的脑受体分析，进行疾病诊断和指导治疗。

5. 脑血管疾病。PET 可以敏感地捕捉到脑缺血发作引起的脑代谢变化，因此可以对一过性脑缺血发作（TIA）和脑梗死进行早期诊断和定位，并进行疗效评估和预后判断。

6. 药物研究。进行神经精神药物的药理学评价和指导用药，观察强迫症等患者脑葡萄糖代谢的变化情况，为立体定向手术治疗提供术前依据和术后疗效随访手段等。

7. 高级健康体检。

四、磁共振成像（MRI）

核磁共振是一种物理现象，作为一种分析手段广泛应用于物理、化学生物等领域，到 1973 年才将它用于医学临床检测。为了避免与核医学中放射成像混淆，把它称为磁共振成像术。磁共振成像是根据在强磁场中放射波和氢核的相互作用而获得的，磁共振一问世，很快就成为对许多疾病诊断有用的成像工具，包括骨骼肌肉系统。肌肉骨骼系统最适于做磁共振成像，因为它的组织密度对比范围大。在骨、关节与软组织病变的诊断方面，磁共振成像由于具有多于 CT 数倍的成像参数和高度的软组织分辨率，使其对软组织的对比度明显高于 CT。

（一）发展历程

1930 年，物理学家伊西多·拉比发现在磁场中的原子核会沿磁场方向呈正向或反向有序平行排列，而施加无线电波之后，原子核的自旋方向发生翻转。这是人类关于原子核与磁场以及外加射频场相互作用的最早认识，由于这项研究，拉比于 1944 年获得了诺贝尔物理学奖。

1946 年两位美国科学家布洛赫和珀塞尔发现，将具有奇数个核子（包括质子和中子）的原子核置于磁场中，再施加以特定频率的射频场，就会发生原子核吸收射频场能量的现象，这就是人们最初对核磁共振现象的认识，为此他们两人获得了 1950 年度诺贝尔物理学奖。

人们在发现核磁共振现象之后很快就产生了实际用途，化学家利用分子结构对氢原子周围磁场产生的影响，发展出了核磁共振谱，用于解析分子结构。随着时间的推移，核磁共振谱技术不断发展，从最初的一维氢谱发展到 13C 谱、二维核磁共振谱等高级谱图，核磁共振技术解析分子结构的能力也越来越强。进入 1990 年代以后，人们甚至发展出了依靠核磁共振信息确定蛋白质分子三级结构的技术，使得溶液相蛋白质分子结构的精确测定成为可能。

另外，医学家们发现水分子中的氢原子可以产生核磁共振现象，利用这一现象可以获取人体内水分子分布的信息，从而精确绘制人体内部结构。在这一理论基础上，1969 年纽约州立大学南部医学中心的医学博士达马迪安通过测量核磁共振的弛豫时间，成功地将小鼠的癌细胞与正常组织细胞区分开来。在达马迪安新技术的启发下，纽约州立大学石溪分校的物理学家保罗·劳特伯尔于 1973 年开发出了基于核磁共振现象的成像技术（MRI），并且应用他的设备成功地绘制出一个活体蛤蜊的内部结构图像。劳特伯尔之后，MRI 技术日趋成熟，应用范围日益广泛，成为一项常规的医学检测手段，广泛应用于帕金森氏症、多发性硬化症等脑部与脊椎病变以及癌症的治疗和诊断。2003 年，保罗·劳特伯尔和英国诺丁汉大学教授彼得·曼斯菲尔因为他们在核磁共振成像技术方面的贡献，获得了当年度的诺贝尔奖。

在这项技术诞生之初曾被称为核磁共振成像，到了 20 世纪 80 年代初，作为医学新技术的 NMR 成像一词越来越为公众所熟悉。为了突出这一检查技术不产生电离辐射的优点，同时与使用放射性元素的核医学相区别，放射学家和设备制造商均同意把“核磁共振成像术（MR）”简称为“磁共振成像（MRI）”。

（二）技术原理

MRI 通过对静磁场中的人体施加某种特定频率的射频脉冲，使人体中的氢质子受到激励而发生磁共振现象。停止脉冲后，质子在弛豫过程中产生 MR 信号。通过对 MR 信号的接收、空间编码和图像重建等处理过程，即产生 MR 图像。磁共振成像通过多向平面成像功能，应用高分辨的表面线圈可明显提高各关节部位的成像质量，使神经、肌腱、韧带、血管、软骨等其他影像检查所不能分辨的细微结果得以显示。

通常情况下，原子核自旋轴的排列是无规律的，但将其置于外加磁场中时，核自旋空间取向从无序向有序过渡。这样一来，自旋的原子核同时也以自旋轴和外加磁场的向量方向的夹角绕外加磁场向量旋进，这种旋进叫作拉莫尔旋进，就像旋转的陀螺在地球重力下的转动。自旋系统的磁化矢量由零逐渐增长，当系统达到平衡时，磁化强度达到稳定值。如果此时核自旋系统受到外界作用，如一定频率的射频激发原子核即可引起共振效应。在射频脉冲停止后，自旋系统已激化的原子核，不能维持这种状态，将回复到磁场中原来的排列状态，同时释放出微弱的能量，成为射电信号，把这些信号检出，并使之能进行空间分辨，就得到运动中原子核分布图像。原子核从激化的状态回复到平衡排列状态的过程叫弛豫过程，它所需的时间叫弛豫时间。

（三）优点和缺陷

优点包括以下几个方面：

1. MRI 在神经系统病变检测方面独具优势，有高度的软组织分辨能力，可敏感地检出成分中水含量的变化。MRI 对颅脑和脊髓的各种实质性病变如肿瘤、炎性病变、创伤、退行性病变、脑梗塞、先天性异常等诊断比 CT 更为敏感，可发现早期病变，定位也更加准确，对颅底及脑干的病变可显示得更清楚。MRI 可不用造影剂显示脑血管，发现有无动脉瘤和动静脉畸形。MRI 还可直接显示一些颅神经，可发现发生在这些神经上的早期病变。MRI 可直接显示脊髓的全貌，因而对脊髓肿瘤或椎管内肿瘤、脊髓白质病变、脊髓空洞、脊髓损伤等有重要的诊断价值。对椎间盘病变，MRI 可显示其变性、突出或膨出。另外，MRI 对显示椎体转移性肿瘤也十分敏感。

2. 头颈部 MRI 对眼耳鼻咽喉部的肿瘤性病变显示较好，如鼻咽癌对颅底、颅神经的侵犯，MRI 显示比 CT 更清晰准确。MRI 还可做颈部的血管造影，显示血管异常。对颈部的肿块，MRI 也可显示其范围及其特征，以帮助定性。

3. 胸部 MRI 可直接显示心肌和左右心室腔，可了解心肌损害的情况并测定心脏功能。对纵隔内大血管的情况可清楚显示，对纵隔肿瘤的定位定性也极有帮助。还可显示肺水肿、肺栓塞、肺肿瘤的情况，可区别胸腔积液的性质，区别血管断面还是淋巴结。

4. 腹部 MRI 对肝、肾、胰、脾、肾上腺等实质性脏器疾病的诊断可提供十分有价值的信息，有助于确诊。对小病变也较易显示，因而能发现早期病变。MR 胰胆道造影可显示胆道和胰管，MR 尿路造影可显示扩张的输尿管和肾盂、肾盏，对肾功能差的病人尤为适用。

5. 盆腔 MRI 可显示子宫、卵巢、膀胱、前列腺、精囊等器官的病变，可直接看到子宫内膜、肌层，对早期诊断子宫肿瘤性病变有很大的帮助，对卵巢、膀胱、前列腺等处病变的定位定性诊断也有很大价值。

6. 后腹膜 MRI 对显示后腹膜肿瘤以及与周围脏器的关系有很大价值。还可显示腹主动脉或其他大血管的病变，如腹主动脉瘤、布—查综合征、肾动脉狭窄等。

7. 肌肉骨骼系统 MRI 对关节内的软骨盘、肌腱、韧带损伤的显示率比 CT 高。由于对骨髓的变化较敏感，能早期发现骨转移、骨髓炎、无菌性坏死、白血病骨髓浸润等，对骨肿瘤的软组织块显示清楚，对软组织损伤也有一定的诊断价值。

MRI 提供的信息量不但大于医学影像学中的其他许多成像术，而且不同于已有的成像术，因此，它对疾病诊断具有很大的潜在优越性。它可以直接作出横断面、矢状面、冠状面和各种斜面的体层图像，不会产生 CT 检测中的伪影；不需注射造影剂；无电离辐射，对机体没有不良影响。MRI 对检测脑内血肿、脑外血肿、脑肿瘤、颅内动脉瘤、动静脉血管畸形、脑缺血、椎管内肿瘤、脊髓空洞症和脊髓积水等颅脑常见疾病非常有效，同时对腰椎椎间盘后突、原发性肝癌等疾病的诊断也很有效，准确率达 93.4%。

存在以下缺陷：

1. 和 CT 一样，MRI 也是影像诊断，很多病变单凭 MRI 仍难以确诊，不像内窥镜可同时获得影像和病理两方面的诊断；

2. 对肺部的检查不优于 X 射线或 CT 检查，对肝脏、胰腺、肾上腺、前列腺的检查比 CT 优越，但费用要高昂得多；

3. 对胃肠道的病变不如内窥镜检查；

4. 对骨折诊断的敏感性不如 CT 及 X 射线平片；

5. 体内留有金属物品者不宜接受 MRI；

6. 危重病人不宜做；

7. 妊娠 3 个月内者除非必须，否则不推荐进行 MRI 检查；

8. 带有心脏起搏器的患者不能进行 MRI 检查，也不能靠近 MRI 设备；

9. 多数 MRI 设备检查空间较为封闭，部分患者因恐惧不能配合完成检查；

10. 检查所需时间较长，成像速度慢，在检查过程中，病人自主或不自主的活动可引起运动伪影，从而影响诊断。

（四）主要用途

MRI 已应用于全身各系统的成像诊断，效果最佳的是颅脑，及其脊髓、心脏大血管、关节骨骼、软组织及盆腔等。对心血管疾病不但可以观察各腔室、大血管及瓣膜的解剖变化，而且可作心室分析，进行定性及半定量的诊断，可作多个切面图，空间分辨率较高，显示心脏及病变全貌，及其与周围结构的关系，优于其他影像检查。MRI 无骨性伪影，可随意作直接的多方向（横断、冠状、矢状或任何角度）切层，对颅脑、脊柱和脊髓等解剖和病变的显示，尤优于 CT。磁共振成像借其“流空效应”，可不用血管造影剂，显示血管结构，故在“无损伤”地显示血管（微小血管除外），以及对肿块、淋巴结和血管结构之间的相互鉴别方面，有独到之处。MRI 有高于 CT 数倍的软组织分辨能力，它能敏感地检出组织成分中水含量的变化，故可比 CT 更有效更早地发现病变，对胆囊癌诊断的准确率约 90% 以上，高于 CT 的 73.3% 和超声的 64%。通过磁共振血流成像技术的研究进展，在活体上测定血流量和血流门控，使磁共振成像能清楚全面地显示心脏、心肌、心包以及心内的其他细小结构，为无损检查和诊断各种获得性与先天性心脏疾患（包括冠心病等），以及心脏功能检查，提供了可靠的方法。随着各种不同的快速扫描序列和三维取样扫描技术的研究和成功地应用于临床，MRI 血管造影和电影摄影新技术已进入临床，且日臻完善。现在又实现了磁共振成像和局部频谱学的结合（即 MRI 与 MRS 的结合），以及除氢质子以外的其他原子核如氟、钠、磷等的磁共振成像，这些成就将能更有效地提高磁共振成像诊断的特异性，也丰富了它的临床用途。具体应用包括：

1. 神经系统病变。脑梗塞、脑肿瘤、炎症、变性病、先天畸形、外伤等，对病变的定位、定性诊断较为准确、及时，可发现早期病变。

2. 心血管系统。可用于心脏病、心肌病、心包肿瘤、心包积液以及附壁血栓、内膜片的剥离等诊断。

3. 胸部病变。纵隔内的肿物、淋巴结以及胸膜病变等，可以显示肺内团块与较大气管和血管的关系等。

4. 腹部器官。肝癌、肝血管瘤及肝囊肿的诊断与鉴别诊断，腹内肿块的诊断与鉴别诊断，尤其是腹膜后的病变。

5. 盆腔脏器。子宫肌瘤、子宫其他肿瘤、卵巢肿瘤，盆腔内包块的定性定位，直肠、前列腺和膀胱的肿物等，对卵巢癌的诊断准确率约为 88%。

6. 骨与关节。骨内感染、肿瘤、外伤的诊断与病变范围，尤其对一些细微的改变如骨挫伤等有较大价值，关节内软骨、韧带、半月板、滑膜、滑液囊等病变及骨髓病变有较高诊断价值。

7. 全身软组织病变。无论来源于神经、血管、淋巴管、肌肉、结缔组织的肿瘤、感染、变性病变等，皆可做出比较准确的定位、定性诊断。

五、超声诊断技术

超声医学是声学、医学、光学及电子学相结合的学科。凡研究高于可听声频率的声学技术在医学领域中的应用即为超声医学，包括超声诊断学、超声治疗学和生物医学超声工程，所以超声医学具有医、理、工三结合的特点，涉及的内容广泛，在预防、诊断、治疗疾病中有很高的价值。

超声成像是利用超声声束扫描人体，通过对反射信号的接收、处理，以获得体内器官的图像。常用的超声仪器有多种：A 型（幅度调制型）是以波幅的高低表示反射信号的强弱，显示的是一种“回声图”。M 型（光点扫描型）是以垂直方向代表从浅至深的空间位置，水平方向代表时间，显示为光点在不同时间的运动曲线图。以上两型均为一维显示，应用范围有限。B 型（辉度调制型）即超声切面成像仪，简称“B 超”。以亮度不同的光点表示接收信号的强弱，在探头沿水平位置移动时，显示屏上的光点也沿水平方向同步移动，将光点轨迹连成超声声束所扫描的切面图，为二维成像。D 型是根据超声多普勒原理制成。C 型则用近似电视的扫描方式，显示出垂直于声束的横切面声像图。近年来，超声成像技术不断发展，如灰阶显示和彩色显示、实时成像、超声全息摄影、穿透式超声成像、三维成像、体腔内超声成像等。

超声成像方法常用来判断脏器的位置、大小、形态，确定病灶的范围和物理性质，提供一些腺体组织的解剖图，鉴别胎儿的正常与异常，在眼科、妇产科及心血管系统、消化系统、泌尿系统的应用十分广泛。

（一）发展历程

20世纪50年代建立、70年代广泛发展应用的超声诊断技术，总的发展趋势是从静态向动态图像（快速成像）发展，从黑白向彩色图像过渡，从二维图像向三维图像迈进，从反射法向透射法探索，以求得到专一性、特异性的超声信号，达到定量化、特异性诊断的目的。

近30年来，医学超声诊断技术发生了一次又一次革命性飞跃，80年代介入性超声逐渐普及，体腔探头和术中探头的应用扩大了诊断范围，也提高了诊断水平，90年代的血管内超声、三维成像、新型声学造影剂的应用使超声诊断又上了一个新台阶。其发展速度令人惊叹，目前已成为临床多种疾病诊断的首选方法，并成为一种非常重要的多种参数的系列诊断技术。

（二）技术原理

超声波可以在固体、液体和气体中传播，并且具有与声波相同的物理性质，但是由于超声波频率高、波长短，还具有一些自身的特性。超声波具有束射性，这一点与一般声波不同，而与光的性质相似，即可集中向一个方向传播，有较强的方向性，由换能器发出的超声波呈窄束的圆柱形分布，故称超声束。当一束超声波入射到比自身波长大很多倍的两种介质的交界面上时，就会发生反射和折射。反射遵循反射定律，折射遵循折射定律。由于入射角等于反射角，因此超声波探查疾病时要求声束尽量与组织界面垂直。超声波的反射还与界面两边的声阻抗有关，两种介质声阻抗差越大，入射超声束反射越强；声阻抗差越小，反射越弱。穿过大界面的透射声，可能沿入射声束的方向继续进行，亦可能偏离入射声束的方向而传播，后一种现象称超声折射，是由于两种介质内声速不同所致。超声波在介质内传播过程中，如果所遇到的物体界面直径大于超声波的波长则发生反射，如果直径小于波长，超声波的传播方向将发生偏离，在绕过物体以后又以原来的方向传播，此时反射回波很少，这种现象叫衍射，因此波长越短的超声波的分辨力越好。如果是直径远小于超声波长的微粒，在通过这种微粒时大部分超声波继续向前传播，小部分超声波能量被微粒向四面八方辐射，这种现象称为散射。超声波在介质中传播时，入射超声能量会随着传播距离的增加而逐渐减小，这种现象称作超声波的衰减。衰减有以下两个原因：超声波在介质中传播时，声能转变成热能，这叫吸收；介质对超声波的反射、散射使得入射超声波的能量向其他方向转移，而返回的超声波能量越来越小。

在临床上，超声诊断仪有以下几种：

1. A 型超声诊断仪。A 超是幅度调制型，是国内早期最普及最基本的一类超声诊断仪，目前已基本淘汰。

2. M 型超声诊断仪。M 超采用辉度调制，以亮度反映回声强弱，M 超显示体内各层组织对于体表（探头）的距离随时间变化的曲线，是反映一维的空间结构，因 M 型超声多用来探测心脏，故常称为 M 型超声心动图，目前一般作为二维彩色多普勒超声心动图仪的一种显示模式设置于仪器上。

3. B 型超声诊断仪。B 型显示是利用 A 型和 M 型显示技术发展起来的，它将 A 型的幅度调制显示改为辉度调制显示，亮度随着回声信号大小而变化，反映人体组织二维切面断层图像，B 型超声是最重要的诊断方法。

B 型显示的实时切面图像真实性强，直观性好，容易掌握。它只有 20 多年历史，但发展十分迅速，仪器不断更新换代，几乎每年都有改进的新型 B 型仪出现，B 型仪已成为超声诊断最基本最重要的设备。目前较常用的 B 型超声扫查方式有线型（直线）扫查、扇形扫查、梯形扫查、弧形扫查、径向扫查、圆周扫查、复合扫查；扫查的驱动方式有手动扫查、机械扫查、电子扫查、复合扫查。

4. D 型超声诊断仪。超声多普勒诊断仪简称 D 型超声诊断仪，这类仪器是利用多普勒效应原理，对运动的脏器和血流进行探测。目前用于心血管诊断的超声仪均配有多普勒，分脉冲式多普勒和连续式多普勒两种。

多普勒效应是奥地利物理学家克里斯汀·约翰·多普勒于 1842 年首次提出来的，描述了光源与接收器之间相对运动时，光波频率升高或降低的现象，这种相对运动引起的接收频率与发射频率之间的差别称为多普勒频移或多普勒效应。声波同样具有多普勒效应的特点，多普勒超声最适合对运动流体做检测，所以多普勒超声对心脏及大血管血流的检测尤为重要。

5. 彩色多普勒血流显像仪。彩色多普勒血流显像简称彩超，包括二维切面显像和彩色显像两部分。高质量的彩色显示要求有满意的黑白结构显像和清晰的彩色血流显像。在显示二维切面的基础上，打开“彩色血流显像”开关，彩色血流的信号将自动叠加于黑白的二维结构显示上，可根据需要选用速度显示、方差显示或功率显示。目前，国际市场上彩超的种类及型号繁多，产品开发日新月异，具有高信息量、高分辨率、高自动化、范围广、简便实用等特点。

（三）优点和缺陷

它可以无创、实时地提供病变区域的血流信号信息，这是 X 射线、核医学、CT、MRI 以及 PET 所做不到的。超声诊断在对腹部脏器疾病的诊断中，因为快速、价廉而成为首选。另外，近年来在心脏超声、妇产科超声和腔内超声等领域也有了很大发展。同时，随着介入超声和超声治疗的加盟，肝肾的穿刺、癌症的治疗、震波碎石、造瘘等检查和治疗迅速发展起来，在超声诊断的同时进行治疗。对肌肉和软组织显像良好，对于显示固体和液体腔隙之间的界面有特别用处；能实时生成图像，检查操作者可动态选择对诊断最有用的部分观察并记录，利于快速诊断；能显示脏器的结构，目前未知有长期副作用，一般不会造成患者不适；有小型便携式扫描仪，可在患者床边进行检查；相对于其他检查价格便宜。

超声设备对骨的穿透性差。例如，脑的超声成像就极为受限，因为声阻抗的差异过大，当探头与要探查的组织之间有气体时，超声显像质量很差。例如，由于受到胃肠道气体的干扰，使得胰腺的成像非常困难，肺脏成像也是不可能的（除非是探查胸腔积液）。即使没有骨骼或气体的干扰，超声的探查深度也是有限的，使得远离体表的结构成像困难，特别是肥胖病人。操作者的手法十分重要，高超的技巧和丰富的经验对于获得高质量的图像和作出准确诊断极为重要。

（四）主要用途

B 型超声诊断在对腹部脏器检查方面具有独特的优势。

1. 脏器外形及大小、柔度或可动度。各种脏器均有其自然的解剖形态及大小尺寸，观察脏器的轮廓有无形态失常，肿块的形状、位置、大小、数目、范围，腹腔脏器的活动度等，在卵巢病变中的诊断准确率为 85.71%。

2. 病灶边缘回声。发现病灶后，观察病灶的边缘回声、有无包膜、是否光滑、壁的厚薄，以及周边是否有晕圈等。

3. 后壁及后方回声。由于人体各种正常组织和病变组织对声能吸收衰减不同，表现为后方不同的回声。如含液性囊肿或脓肿，则出现后壁回声“增强”；而钙化、结石、气体等，则其后方形成“声影”；某些酷似液性病灶的均匀实质性病灶，后方则无回声增强效应。

4. 内部结构特征可分为结构如常、正常结构消失、界面的增多或减少、界面散射点的大小与均匀度的不同以及其他各种不同类型的异常回声等。

5. 周邻关系。根据局部解剖关系判断病变与周邻脏器的连续性，有无压迫、粘连或浸润。

6. 功能性检测。如应用脂餐试验观察胆囊的收缩功能；空腹饮水后，测定胃的排空功能及收缩蠕动状态等。

超声多普勒是近年来迅速发展的一种检测技术，随着电子学的进步，此法在临床上得到日益广泛的应用，对心脏疾病、周围血管疾患、实质器官的血流灌注、小器官血流供应、占位性病变血供情况及胎儿血液循环的检查上具有重大的价值。

1. 鉴别液性暗区的性质。

2. 鉴别器官及病变组织的血供。彩色多普勒血流显像及能量图可以清晰显示脏器的正常血供，当有病变或新生占位性病灶出现时，通过血流显示可以做出具有重要意义的鉴别诊断。例如，甲亢病人甲状腺血供异常丰富，呈典型特征的"火海"征；肝脏肿瘤如原发性肝癌则可探及肿瘤内部及周边血供丰富，可见动脉频谱；血管瘤则血流很少，无动脉频谱。

3. 探测血流速度。

4. 估计压力差。

5. 测量血流量。

第二节　分子生物诊断技术

分子生物诊断技术是现代分子生物学与分子遗传学取得巨大进步的结晶，是在人们对基因的结构以及基因的表达和调控等生命本质问题的认识日益加深的基础上产生的，是指以 DNA 和 RNA 为诊断材料，用分子生物学技术通过检测基因的存在、缺陷或表达异常，从而对人体状态和疾病做出诊断的技术。其基本原理是检测 DNA 或 RNA 的结构是否变化、量的多少及表达功能是否异常，以确定受检者有无基因水平的异常变化，对疾病的预防、预测、诊断、治疗和预后具有重要意义。

一、DNA 探针

DNA 探针是以病原微生物 DNA 或 RNA 的特异性片段为模板，人工合成的带有放射性或生物素标记的单链 DNA 片段，可用来快速检测病原体。美国性别探针公司生产的的 DNA 探针于 1985 年进入临床实验室，并获得了美国食品药物管理局的批准。

单链的核酸分子在合适的条件下，与具有碱基互补序列的异源核酸形成双链杂交体的过程称作核酸分子杂交。不同来源的 DNA 或 RNA 单链在一定条件下重新组成新的双链分子——杂交分子。利用核酸分子杂交检测靶序列的一类技术称核酸分子杂交技术，核酸分子杂交技术是目前生物化学和分子生物学研究中应用最广泛的技术之一，是定性或定量检测特异 RNA 或 DNA 序列片段的有力工具。在核酸分子杂交实验中，杂交体必须和单链核酸分子区分开来，为此需要对参与杂交反应的核酸分子进行标记，这一段被标记的核酸分子就是探针。探针是用放射性核素或非放射性物质标记的一段单链或双链核苷酸，可依碱基配对规律与具有互补序列的待测核酸进行杂交，以探测它们的同源程度。杂交反应后，未参与杂交的分子被洗脱下来，而参与杂交反应的标记探针显示靶序列的位置和多少。

DNA 探针是最常用的核酸探针，现已应用的 DNA 探针数量很多，有细菌、病毒、原虫、真菌、动物和人类细胞 DNA 探针。这类探针多为某一基因的全部或部分序列，或某一非编码序列，这些 DNA 片段须是特异的，如细菌的毒力因子基因探针。基因探针通过分子杂交与目的基因结合，产生杂交信号，能从浩瀚的基因组中把目的基因显示出来。

DNA 探针利用 DNA 分子杂交原理，可以用来诊断寄生虫病，可用于现场调查及虫种鉴定，可用于病毒性肝炎的诊断、遗传性疾病的诊断，可用于检测饮用水病毒含量。

DNA 探针的主要优点有以下三点：探针多克隆于质粒载体中，可以无限繁殖，取之不尽，制备方法简便。DNA 探针不易降解（相对 RNA 而言），一般能有效抑制 DNA 酶活性。DNA 探针的标记方法较成熟，有多种方法可供选择，如缺口平移、随机引物法、PCR 标记方法等，能用于同位素和非同位素标记。

目前亟待解决的问题：

1. 开发专一性、荧光量子效率高、背景干扰小的 DNA 荧光探针；

2. 开发具有水溶性好、生物透膜性好、生物相容性好以及无毒性的 DNA 荧光探针；

3. 合成具有高灵敏度、大双光子吸收截面积大、能够对活细胞和深层组织成像的双光子 DNA 荧光探针；

4. 加大探针与 DNA 分子之间的反应机理以及生物学机制研究，为生物研究和医学诊断提供强有力的理论支持。

随着新型荧光探针的开发，人类将能够实现对一些生物过程基于 DNA 探针技术，运用多种方法、多种参数进行实时观测、动态研究，这将使得 DNA 探针技术在临床疾病诊断方面应用更加广泛，并且能大力推动基因组学及相关学科的发展。

二、基因诊断

某些受精卵（种质）或母体受到环境或遗传等因素影响，引起下一代基因组发生了有害改变，产生了（体质）疾病，为了有针对性地解决和预防，需要通过实验室的基因诊断、基因分析才能得到确认。基因诊断又称DNA诊断或分子诊断，用目前人类对基因组的认识和分子遗传学数据，检查分子结构水平和表达水平，对普通遗传病或家族遗传病做出诊断，该项技术于1984年由英国遗传学家A. J. 杰弗里斯发明，刚开始通过该项技术来确定身份，后逐渐应用于临床。

核酸分子杂交是基因诊断的最基本的方法之一。基因诊断技术的基本原理是：互补的DNA单链能够在一定条件下结合成双链，即能够进行杂交，这种结合是特异的，严格按照碱基互补的原则进行，它不仅能在DNA和DNA之间进行，也能在DNA和RNA之间进行。因此，当用一段已知基因的核酸序列作为探针，与变性后的单链基因组DNA接触时，如果两者的碱基完全配对，它们即互补地结合成双链，从而表明被测基因组DNA中含有已知的基因序列。由此可见，进行基因检测有两个必要条件，一是有必需的特异DNA探针，二是有必需的基因组DNA。当两者都变性呈单链状态时，就能进行分子杂交。

单链的核酸分子在合适的条件下，与具有碱基互补序列的异源核酸形成双链杂交体的过程称作核酸分子杂交，不同来源的DNA或RNA单链在一定条件下重新组成新的双链分子——杂交分子。利用核酸分子杂交检测靶序列的一类技术称核酸分子杂交技术，核酸分子杂交技术是目前生物化学和分子生物学研究中应用最广泛的技术之一，是定性或定量检测特异RNA或DNA序列片段的有力工具。在核酸分子杂交实验中，杂交体必须和单链核酸分子区分开来，为此需要对参与杂交反应的核酸分子进行标记，这一段被标记的核酸分子就是探针，探针是用放射性核素或非放射性物质标记的一段单链或双链核苷酸，可依碱基配对规律与具有互补序列的待测核酸进行杂交，以探测它们的同源程度。杂交反应后，未参与杂交的分子被洗脱下来，而参与杂交反应的标记探针显示靶序列的位置和多少。

限制酶或内切酶是基因工程和基因诊断重要的工具酶，它们的发现和应用为从基因组中分离目的基因提供了必要的手段。限制酶能特异地识别和切割特异的核苷酸序列，将双链DNA切成较小的片段。酶切后目的基因可能被完整地或部分地保存于某一DNA片段上，并被分离出来。

各种遗传病的基因异常是不同的，同一遗传病也可以有不同的基因异常，但这些异常大体可分为基因缺失和突变两大类型，后者包括单个碱基置换、微小缺失或插入。21世纪发现的一些遗传病是由于基因内的三核苷酸重复顺序增加引起的，根据对基因异常类型的了解，可以采用不同的诊断方法。如基因缺失可用基因探针杂交、PCR 扩增直接检测；点突变可用等位基因特异的 ASO 探针、SSCP 等直接检查。一般无须对家系成员进行分析，但条件是必需知道基因异常的性质，并肯定该异常与疾病之间的关系。由于许多疾病的遗传异质性，以及多数遗传的基因异常尚属未知，21 世纪能直接诊断的病种虽日益增多，但仍然是比较有限的。许多遗传病的基因尚未分离克隆，或基因异常尚不清楚，因此还不能根据突变的性质进行诊断。如果通过家系分析能证明某一 DNA 标记与致病基因连锁，则凡带有该标记的成员都可能带有致病基因，从而可作出间接的连锁分析诊断。

（一）分类及常用技术

基因诊断技术可以分为基因直接诊断和基因间接诊断，其常用技术包括以下几种。

分子杂交技术：分子杂交技术又被称为核酸分子杂交技术，其基本原理是将具有同源性的两条核酸单链在一定条件下（适当的温度和离子强度等）按碱基互补原则形成异质双链。根据检测样品不同可分为 DNA 印迹杂交、RNA 印迹杂交、点杂交和原位杂交。DNA 印迹杂交和 RNA 印迹杂交具有高度特异性和灵敏性，常用于特定基因的定量和定性检测、基因突变分析以及疾病诊断等。点杂交用于检测样品中是否存在特异的 DNA 或 RNA，可得到半定量结果。点杂交具有简便、快速、经济等优点，是基因诊断常用方法之一。原位杂交可确定探针的互补序列在细胞内的空间位置，因此具有重要的生物学和病理学意义。此外，原位杂交还可显示病原微生物存在的方式和部位。目前，基于分子杂交技术原理又发展出多种新技术，如荧光原位杂交、多色荧光原位杂交和比较基因组杂交等，分子杂交技术被广泛应用于对遗传病、癌症及感染性疾病的诊断。

聚合酶链反应：聚合酶链反应发明于 1985 年，是一种模拟天然 DNA 复制过程的体外扩增法，利用聚合酶链反应技术可将任意目的基因在体外进行特异性扩增。随着技术的不断成熟和发展，在其基础上衍生出多种类型的聚合酶链反应技术，如热启动、巢式、实时荧光定量等。聚合酶链反应技术与其他技术的结合使其应用性得到更广泛的发展，目前主要用于基因缺失或点突变所致疾病的检测，以及病原微生物的检测。

DNA 测序技术：DNA 测序是进行突变分析最重要、最直接的方法，其不受其他筛选方法敏感性和特异性的限制。DNA 测序方法主要包括双脱氧链终止法和化学裂解法，前者更为常用。双脱氧链终止法的原理是利用 DNA 聚合酶将结合在待定序列模板上的引物延伸，反应池中包含四种碱基，并混入一定量的双脱氧核苷酸，当双脱氧核苷酸结合到新合成的DNA上，即可终止DNA链的延伸，进而产生长度不等的DNA片段，再由高分辨率的聚丙烯酰胺凝胶电泳分离。由于双脱氧核苷酸上标记有同位素，因而可采取放射自显影读取结果。现在直接测序法采用四色荧光标记代替放射性同位素标记，避免了放射伤害，测序自动化程度大为提高，操作更加简便。

基因芯片技术：基因芯片技术是将许多特定的基因片段有规律地排列并固定于支持物上，形成储存有大量信息的DNA阵列，然后与待测的标记样品进行杂交，通过检测杂交信号的强弱，获得样品的分子数量和序列信息，进而对基因序列及功能进行大规模、高通量、平行化及集约化的处理和研究。基因芯片技术的出现使对遗传信息进行高效、快速分析成为可能，基因芯片技术具有快速、简便、高灵敏性和准确性的特点，最重要的是其还可以同时对多种疾病进行检测，便于临床医师了解患者整体的患病情况。

免疫组织化学技术：免疫组织化学又称为免疫细胞化学，其是利用抗原与抗体特异性结合的特性，将特异性抗体用显色剂标记，根据抗原抗体结合反应和化学呈色反应对组织或细胞中的相应抗原进行定位、定性和定量检测的一项技术。目前常用的免疫组织化学方法有免疫荧光细胞化学技术、免疫酶细胞化学技术和免疫胶体金技术。由于免疫组织化学技术具有快速、简便、定位准确和特异性强等优点，目前广泛应用于病原体检测、肿瘤病理学检测、肾活检、自身抗体检测及传染病快速诊断。

（二）基因诊断的临床应用范围

在遗传性疾病中的应用：基因诊断是基于分子遗传学发展而来的，因此其在遗传性疾病的诊断及预测方面的表现尤为突出，其对已明确致病基因的遗传病有较好的诊断效果，基因诊断可在疾病发生和发展的不同层面、不同阶段进行诊断。首先可进行临床症状基因诊断，即医师根据就诊患者的病史、临床症状，为明确或排除某一疾病而进行的检查，如珠蛋白生成障碍性贫血的基因诊断、苯丙酮尿的诊断等。临床基因诊断一般不难，但临床意义也有限。症状前基因诊断主要用于遗传病家系或有遗传病倾向的家系中未发病但有高度发病风险人群的诊断，在早期诊断后可实施预防性干预措施，进而避免出现严重不良后果，如对导致药物性耳聋的相关基因进行检测，通过早期预防，可避免药物性耳聋的发生。遗传性疾病最可怕之处在于其可以影响下一代，因而通过基因诊断预测子代的基因状态，在必要时进行干预，避免有重大基因缺陷的胎儿出生。这种针对胎儿进行的诊断又分为产前基因诊断和胚胎植入前遗传学诊断。产前基因诊断主要是针对有生育患儿风险的夫妇的胎儿进行诊断，采用的标本常为绒毛膜标本和羊水标本。这两种标本的采集方式具有一定的创伤性，对母婴的伤害很难避免。近年来，随着科学技术的发展，孕妇外周血中的胎儿有核细胞或游离胎儿 DNA 含量已满足检测要求，因此可采用孕妇外周血进行产前基因诊断，可有效避免对母婴的伤害。

在感染性疾病中的应用：感染性疾病是病原微生物侵入机体导致的，因此可针对各病原体的特异和保守序列设计引物。对病原体的 DNA 采用聚合酶链反应技术直接检测，针对 RNA 病毒，则可采用实时荧光定量技术得以实现。目前已获得部分病原微生物的全部基因序列，因此将某种病原微生物的特异保守序列集成排列在一块芯片上，可高效、快速、准确地检测出致病病原体，从而对疾病做出诊断。另外，某些特定基因的存在或基因突变可使机体对某些病毒或细菌等病原体的易患性增加，因此一旦确定易患基因的存在，及早对高危人群采取预防措施或医疗干预可有效降低机体的感染率。基因诊断具有简便、快速、特异及敏感的优点，目前已在病毒、细菌、衣原体、支原体、立克次体及寄生虫感染的早期诊断中得到应用。除此之外，环介导等温扩增技术也被广泛应用于各种病原体的检测，随着该技术的完善，目前已成功用于非典型性呼吸综合征、禽流感、人类免疫缺陷病毒、疟疾、弓形虫等疾病病原体和寄生虫等方面的检测。基因诊断技术也可用于感染性疾病病原菌耐药基因检测，病原菌的耐药问题是临床面临的难题之一，如果能及时检测病原菌的耐药基因，规避耐药药物，选择敏感或相对敏感的药物进行治疗会达到事半功倍的效果，如乙型肝炎耐药基因序列检测和耐甲氧西林金黄色葡萄球菌检测等。

在癌症疾病中的应用：癌症的发展过程极为复杂，临床表现多样，其发生与多种因素有关，并且在发展过程中涉及多个基因的变化，因而癌症属于多基因病。由于癌症的发生和发展主要基于基因的变化，因此基因诊断在癌症中有广阔的应用前景。目前已发现多种与肿瘤发生相关的癌基因和抑癌基因，而且这些基因的突变常发生在临床症状出现之前，因此通过对相关基因的检测可以达到早预防和早诊断的目的。另外，基因诊断可对肿瘤进行分级、分期及判断预后，也可对微小病灶、转移灶及血中残留癌细胞进行识别检测，并对治疗效果进行评价。检查癌基因的变化不仅有助于肿瘤的诊断和预后判断，而且还可辅助判断手术中肿瘤切除是否彻底、有无周围淋巴结转移等。

在血液病中的应用：目前研究结果显示，白血病的病因主要是白血病细胞中存在某些特定的融合基因或基因重排，不同的白血病类型其融合基因不同，因而对融合基因或基因重排进行检测，可对白血病进行分型，为白血病的治疗提供有效的分子靶标。

（三）基因诊断技术的优点和不足

基因诊断技术的优点是针对直接病因诊断，特异性强，灵敏度高；适应性强，诊断范围广；目的基因是否处于活化状态均可，无组织和发育特异性；在感染性疾病的基因诊断中，可检测正在生长的病原体或潜伏病原体。

由于许多疾病的遗传异质性，以及多数遗传的基因异常尚属未知，目前能直接诊断的病种虽日益增多，但仍然是比较有限的。许多遗传病的基因尚未分离克隆，或基因异常尚不清楚，因此还不能根据突变的性质进行诊断。在基因诊断逐渐兴盛的同时，由于不能准确地评估患病风险，以及对一些可以检测的致病基因所引发的疾病没有有效的预防和治疗措施，基因检测结果反而成为思想负担。基因诊断技术还存在标准化问题，目前尚缺乏标准化的操作规程和质量认证体系，标准不统一，质量难保证。基因诊断过程中涉及的伦理学问题、所用资源及信息的安全性问题也尚未解决。

随着科研人员对疾病发生发展的分子生物学机制的深入研究，以及“人类基因组计划”的顺利实施，人们越来越清晰地认识到基因与疾病的关系。目前，科研人员更多地关注如何发展和利用基因检测技术找寻致病基因、解码个体基因、评估患病风险，进而对个体进行基因诊断与治疗。因此，基因检测、诊断技术迅速崛起，逐渐改变现有的医疗模式。相信随着医学技术的不断发展，凭借人体基因密码预测相关疾病的风险性，做到早检测、早预防、早治疗，基因诊断技术在临床的应用会有一个更加广阔的前景。

第三节　细胞和生化学技术

细胞和生化学技术是以细胞为研究对象，从细胞的整体水平、亚显微水平、分子水平三个层次，以动态的观点研究细胞、细胞器的结构和功能、细胞的生活史和各种生命活动规律，在临床上则通过应用该项技术来对相关疾病进行诊断及预后评估。

一、循环肿瘤细胞（CTC）

通常把进入人体外周血的肿瘤细胞称为循环肿瘤细胞。1869 年，澳大利亚籍医生阿什沃斯首次提出循环肿瘤细胞的概念。1976 年美国籍医生彼得·凯里·诺维尔将循环肿瘤细胞的定义修正为：来源于原发肿瘤或转移肿瘤，获得脱离基底膜的能力，并通过组织基质入侵进入血管的肿瘤细胞。目前循环肿瘤细胞是指存在于外周血中的各类肿瘤细胞的统称，因自发或诊疗操作从实体肿瘤病灶（原发灶、转移灶）脱落，大部分循环肿瘤细胞在进入外周血后发生凋亡或被吞噬，少数能够逃逸并锚着发展成为转移灶，增加恶性肿瘤患者死亡风险。循环肿瘤细胞检测通过捕捉检测外周血中衡量存在的循环肿瘤细胞，监测循环肿瘤细胞类型和数量变化的趋势，以便实时监测肿瘤动态、评估治疗效果，实现实时个体治疗。

大量研究表明，循环肿瘤细胞以不同形态存在于外周血中，既有游离的单个细胞，也有聚集成团的细胞团。恶性肿瘤都会通过血液传播转移到身体的其他器官，而肿瘤转移是导致肿瘤患者死亡的主要原因。肿瘤细胞侵入原发肿瘤细胞的周围组织中，进入血液和淋巴管系统，形成循环肿瘤细胞，并转运到远端组织，再渗出并适应新的微环境，最终播种、增殖、定植、形成转移灶。因此早期发现血液中的循环肿瘤细胞，对于患者预后判断、疗效评价和个体化治疗都有着重要的指导作用。

由于循环肿瘤细胞在外周血中含量极低，因此对于检测技术的灵敏度和特异度都有很高的要求。循环肿瘤细胞与血液细胞相比，体积更大，液相流动更大以及细胞膜的电导和电容不同，这也是检测技术的嵌入点。

新兴的循环肿瘤细胞检测技术，已成为研究热点并进入临床应用。循环肿瘤细胞的检测可有效应用于体外早期诊断，化疗药物的快速评估，个体化治疗包括临床筛药、耐药性检测，肿瘤复发的监测以及肿瘤新药物的开发等。

早期诊断：对于肿瘤的常规检测手段来讲，例如影像学，肿瘤在小于 1 厘米的情况下，医生也不认为它是异常。通过国内外研究可以看到，很多肿瘤在 2 ~ 4 毫米的情况下已经有肿瘤细胞进入血液循环，从这个角度讲，它对于早期诊断具有不可低估的意义。

辅助诊断手段：在很多难以确诊的病人的血液中，如果说能够检查到循环肿瘤细胞，那对于指导医生明确肿瘤诊断的结论是具有积极意义的，例如胰腺癌的早期诊断。

预后评估：对转移肿瘤患者进行预后评估是目前循环肿瘤细胞临床应用最广泛的领域，恶性肿瘤患者治疗前后的循环肿瘤细胞类型和数目的变化具有重要的预后提示价值。大量实验证明，循环肿瘤细胞的出现与晚期癌症患者的预后密切相关，循环肿瘤细胞检测作为一种简单的血液检测，可随时获取用于评估患者的预后。

复发风险评估：肿瘤的复发转移与循环肿瘤细胞密切相关，监测循环肿瘤细胞可早于常规影像学检查手段预估肿瘤复发风险。大量研究已经证实，循环肿瘤细胞检测将有助于复发转移监控、判断患者预后、指导术后辅助治疗等。与肿瘤组织样本相比，血液样本更易获取、创伤性小、可反复采集，是临床上常规检测较为理想的标本来源，大大提高了这一方法的应用价值。

疗效监测：抗肿瘤治疗的疗效监测是循环肿瘤细胞的另一项重要临床应用领域。循环肿瘤细胞检测可作为影像学及临床评分体系的补充，对患者的治疗应答做出评价。比如在药物治疗后 1 ~ 2 周，通过循环肿瘤细胞的检测，临床医师就可以观察循环细胞类型和数量的改变，即可预测治疗效果，效果不好的患者可及时调整治疗方案，避免浪费宝贵的治疗时间。

体内耐药性检测：很多情况下一开始给病人用化疗药物是有效的，但是过一段时间后肿瘤病人的发病并没有得到控制，这有可能是病人对药物产生了耐药性。病人会不会产生耐药以及什么时候产生耐药是未知的，往往是发现病人产生耐药时，病情已得不到控制。随着循环肿瘤细胞技术的成熟，对病人做持续跟踪观察，在动态的观察过程中一旦发现循环肿瘤细胞数目显著增加，医生就应该及时更换新的治疗方案。

个体化治疗：循环肿瘤细胞检测不仅可提供预后预测、复发风险评估和疗效监测，同时分子分析还可以反映患者肿瘤的基因信息，指导个体化用药。

目前，靶向治疗已成为恶性肿瘤治疗的主要手段。靶向治疗药物作用于特定的靶标基因发挥药效，其药物疗效与肿瘤患者的基因信息密切相关。因此，患者接受靶向药物治疗之前，必须接受一系列的基因检测，根据患者的基因特点，采用不同的治疗方案，实施个体化治疗。

循环肿瘤细胞是游离于患者血液中的肿瘤细胞，携带了肿瘤的全部基因，可以作为基因检测的样本。通过对获取的细胞进行基因分析，能实时反映肿瘤的基因状况，清楚地指导患者下一步的药物选择，提高治疗效果。

循环肿瘤细胞检测是一种新型的“液体活检”技术，具有无创、便捷、实时、精准、可重复操作等特点，为临床提供了从肿瘤细胞到分子水平的分析平台，弥补了现有临床肿瘤诊断方法的不足，有助于实现肿瘤患者的精准医疗。

虽然循环肿瘤细胞技术已被证实为有力的预后因素，并可以检测肿瘤患者治疗效果，但其缺乏临床实用性，故循环肿瘤细胞技术仍无法应用到日常的临床实践中。现有的循环细胞检测技术利用细胞上皮生物标记物来捕捉循环肿瘤细胞，但循环间质肿瘤细胞或循环干细胞样肿瘤细胞表达的上皮生物标记物十分有限，而间质肿瘤细胞或干细胞样肿瘤细胞在肿瘤转移和耐药性方面又起到重要作用，这也降低了检测的临床实用性。

循环肿瘤细胞检测的临床有效性的提高有助于新抗癌策略的出现，检测敏感性的提高有助于改善对疗效的持续监测、肿瘤筛查和用循环肿瘤细胞作为体液活检材料的病理学研究。相信随着循环肿瘤细胞技术的进步，将会为肿瘤的诊断、治疗、预后提供更有力的支持。总而言之，循环肿瘤细胞检测分析在肿瘤生物学研究和临床医疗实践中都表现出广泛的应用价值和发展前景。

二、肿瘤标记物

肿瘤标记物是 1978 年赫伯曼在美国国立癌症研究院召开的人类免疫及肿瘤免疫诊断会上提出的。肿瘤细胞产生和释放的某种物质，常以抗原、酶、激素等代谢产物的形式存在于肿瘤细胞内或宿主体液中，根据其生化或免疫特性可以识别或诊断肿瘤、肿瘤细胞的生物化学性质及其代谢异常，因此在肿瘤病人的体液、排除物及组织中出现质或量上改变的物质，这些就是肿瘤标记物。肿瘤标记物在临床上主要用于对原发肿瘤的发现、肿瘤高危人群的筛选、良性和恶性肿瘤的鉴别诊断、肿瘤发展程度的判断、肿瘤治疗效果的观察和评价以及肿瘤复发和预后的预测等。

（一）肿瘤标记物检测原理

肿瘤标记物是恶性肿瘤组织自身产生的正常细胞所没有或含量很低的物质，或机体自身对肿瘤反应而异常产生或升高的，反映肿瘤存在和生长的一类物质。肿瘤标记物存在于细胞、组织、血液或体液中，可用生物化学、免疫学及分子生物学等方法进行定性或定量测定。

（二）肿瘤标记物的临床应用范围

肿瘤标记物的敏感性和特异性：敏感性和特异性决定着肿瘤标记物的临床价值，敏感性是指在所有的肿瘤患者中检出阳性结果的百分率，即真阳性率，反映试验检测疾病的能力；特异性是指在健康或良性疾病患者所检出真阴性结果的发生率，反映识别疾病的能力。假阳性结果比例越低，特异性越好。由于不同肿瘤，或同种肿瘤在不同的患者身上存在差异，很少有肿瘤标志物的敏感性和特异性达 100%，阳性率越高，敏感性就越高，用于诊断肿瘤时，漏诊的患者就越少；用于肿瘤诊断的标志物特异性越高，误诊率就越低，被误诊为肿瘤的人就越少。

肿瘤的筛查：肿瘤筛查是早期发现癌症和癌前病变的重要途径，肿瘤筛查采用特定的筛查方式对无症状或看似健康的人群进行定期或不定期检查，以发现肿瘤疑似患者及肿瘤患者。肿瘤标志物检查是肿瘤早期诊断的重要线索，大部分肿瘤标志物出现前于临床症状，因此可用于高危人群的筛查。如对某些肿瘤高发区及有肿瘤家族史的人群进行筛查，对肝癌高发区、慢性病毒性肝炎患者做甲胎蛋白、α-L-岩藻糖苷酶联合检查，可早期发现肝癌。

肿瘤的预后判断：肿瘤标志物广泛应用于肿瘤的临床检测和预后判断，许多肿瘤标志物浓度与癌症的恶性程度、发展、转归和转移有较好相关性。若病人肿瘤标志物浓度不断升高，说明病情进行性恶化，肿瘤标志物异常越显著，提示病情越严重，预后越差。

肿瘤治疗的疗效检测：肿瘤治疗的疗效检测是肿瘤标志物的最重要临床应用价值，大部分肿瘤标志物浓度动态变化与肿瘤的治疗效果有关。经手术、放疗、化疗后，若肿瘤标志物浓度迅速下降至正常水平，说明肿瘤全部清除或病情缓解，预后好；若肿瘤标志物浓度下降缓慢且持续在参考区间以上，提示肿瘤有残留或已转移；若肿瘤标志物浓度下降后又重新升高，预示肿瘤复发或转移，这种现象发生在临床症状出现前。

多数肿瘤标志物无器官和组织特异性，各种肿瘤可因部位、类型及组织来源不同，其肿瘤标志物的浓度或种类不一致；同一肿瘤标志物也可在不同肿瘤出现。大多数单个肿瘤标志物出现在多个器官或组织的疾病状态下，也可出现在健康状态下，单一肿瘤标志物诊断肿瘤缺乏足够的敏感性和特异性，影响其在疾病筛选中的应用，不能满足临床需求。应作肿瘤标志物联合检测，以互补不足，提高恶性肿瘤的阳性检出率，基本选择原则为选用性质不同、互补、相对敏感的 3 ~ 5 个标志物。

近年来，新的肿瘤标志物不断发现，检查手段不断完善，使得其灵敏性和准确性不断提高。相信今后“肿瘤标记物学”这一新兴学科会取得更长足的发展，为早期反映体内肿瘤变化状态提供更充足的依据。

三、诊断酶学

酶是生物体内具有催化活性的一类物质。酶的研究始于对发酵本质的探讨，故曾被称为“酵素”。绝大多数的酶是蛋白质，有些酶是核酸和酶蛋白组成的复合体，极少数酶是核酸。酶除了具有蛋白质的理化性质和一般催化剂的共同性质外，还具有极高的催化效率、高度的特异性及催化作用的可调节性等特点。20 世纪初临床就开始测定体液中的酶来诊断疾病，如 30 年代临床测定碱性磷酸酶用于诊断骨骼疾病，随后发现不少肝胆疾病特别在出现梗阻性黄疸时，这种酶常明显升高。

同工酶是指能够催化相同的化学反应，但其分子结构、理化性质乃至免疫学性质不同的一类酶，其活性中心的三维结构相同或相似。由于同工酶的分布往往具有较明显的组织差异，或者在同一细胞内的定位不同，使同工酶检测对不同组织器官的疾病及组织器官损伤程度的评估都具有较大的意义。

临床上可根据酶浓度的变化用以辅助诊断。若酶浓度变化由细胞坏死或细胞膜通透性变化引起，表示脏器或组织损伤；若为细胞内酶合成增加所致，提示组织再生、修复、成骨或异位分泌，或提示有恶性肿瘤的可能；若为酶排泄障碍引起，则提示有梗阻存在。同工酶的分析与鉴定则能反映疾病的部位、性质和程度。由于酶广泛分布于全身各器官、组织，在血清中升高的机制又不尽相同，因此单凭某一酶的活性变化，很难作出独立诊断。若同时测定一组性质不同的酶，比较各种酶活性的变化，就能根据酶增高或减少的“谱型”作出诊断。

诊断酶学的临床应用范围包括肝硬化及肝胆疾病、心肌损伤与骨骼肌疾病、胰腺疾病等。20 世纪 50 年代后，以分光光度技术为基础建立起来的酶活性连续监测法使体液酶检测技术和临床应用均跨入了一个崭新的时代，多种酶学标志物已逐渐用于多种器官、组织疾病的诊断、疗效评价、用药指导、预后评估、疾病筛查和健康评估等。如尿液酶学检查对泌尿系统疾病、胰腺疾病等的诊断、鉴别诊断有较大意义；浆膜腔积液酶学检查对于鉴别渗出液与漏出液、癌性与结核性等意义较大；脑脊液的酶学检查则对结核、肿瘤、脑梗死、脑萎缩等疾病具有重要的诊断价值，已越来越多地引起了临床关注。

第四节　其他检测技术

本节主要介绍了目前临床诊疗过程中比较热点并且应用前景较好的检测项目，相较于传统项目，这些检测项目对于疾病的诊断及指导治疗方面，有着更高的敏感性和特异性，但是由于费用相对高昂，临床普及程度仍明显低于传统检测项目。

一、化学发光免疫分析技术

化学发光免疫分析技术是将具有高灵敏度的化学发光测定技术与高特异性的免疫反应相结合，用于各种抗原、半抗原、抗体、激素、酶、脂肪酸、维生素和药物等的检测分析技术，是继放免分析、酶免分析、荧光免疫分析和时间分辨荧光免疫分析之后发展起来的一项最新免疫测定技术。从 20 世纪 70 年代中期发展至今，化学发光免疫分析技术已经成为一种成熟的、先进的超微量活性物质检测技术，应用范围广泛，近 10 年发展迅猛，是目前发展和推广应用最快的免疫分析方法，也是目前最先进的标记免疫测定技术，灵敏度和精确度比酶免法、荧光法高很多，可以完全替代放射免疫分析，彻底淘汰酶联免疫分析。

化学发光与放射免疫法是公认的肿瘤标志物和各种激素最精确和最成熟的检测方法，二者的原理、技术与方法早已成熟并被国外各大医院用于肿瘤检测和激素检测，二者的试剂与仪器均通过美国 FDA 认证与我国药监局的批准。但是，放射免疫分析法虽有很高的灵敏度，却存在放射性防护和同位素污染的问题，况且试剂价格昂贵，在基层医疗机构难以普及。化学放光免疫分析仪继承了放射免疫的所有优点，同时克服了放射免疫和酶联免疫各自的缺点，是临床免疫检测最理想的新方法。可以肯定地说，它将取代放射免疫和酶联免疫成为临床免疫检测最理想的新技术。

化学发光免疫分析含有免疫分析和化学发光分析两个系统，免疫分析系统是将化学发光物质或酶作为标记物，直接标记在抗原或抗体上，经过抗原与抗体反应形成抗原抗体免疫复合物。化学发光分析系统是在免疫反应结束后，加入氧化剂或酶的发光底物。化学发光物质经氧化剂的氧化后，形成一个处于激发态的中间体，会发射光子释放能量以回到稳定的基态，发光强度可以利用发光信号测量仪器进行检测。根据化学发光标记物与发光强度的关系，可利用标准曲线计算出被测物的含量。

化学发光免疫分析根据发光体系应用于免疫分析中的方式不同可分为直接标记发光物质的免疫分析、酶催化化学发光免疫分析、电化学发光免疫分析。直接标记发光物质的免疫分析，目前常见的标记物主要为鲁米诺类和吖啶酯类化学发光剂。鲁米诺类发光强度依赖于免疫反应中酶的浓度，如果不使用增强剂，鲁米诺体系的发光基本上为闪光型且信号弱。吖啶类化合物的发光效率高，量子产率可达 0.05，作为标记物用于免疫分析，其发光体系简单快速，不需要加入催化剂，也不需要增强剂，从而降低了背景发光，提高了信噪比，干扰作用少。

化学发光免疫分析技术的临床应用主要包括以下几种。

激素分析：激素是由内分泌腺或散在内分泌细胞所分泌的高效能生物活性物质，是细胞与细胞之间信息传递的化学媒介。化学发光免疫分析技术对甲状腺激素、性激素等多种激素进行测定，可给临床诊断、治疗、预后提供可靠的实验室数据，大大提高检测的特异性和灵敏度。

肿瘤标志物的分析：肿瘤标志物是指肿瘤发生和增殖过程中有肿瘤细胞合成、释放或机体对肿瘤细胞反应而产生的一类物质，包括蛋白质、激素、酶（同工酶）及癌基因产物等。肿瘤标志物存在于患者的血液、体液、细胞或组织中。对良性及恶性肿瘤患者可进行体外早期辅助诊断和术后的监测，也可以用于寻找新的肿瘤标志物。

传染性疾病的病原诊断：乙型肝炎病毒表面抗原、抗体是乙肝感染后，评价治疗是否有效及机体免疫功能的指标，是重要的血清学标志物，但常规酶法有可能使部分低病毒含量携带者漏检。

心脏疾病的特征标记物测定：心肌损伤常用的标记物有肌钙蛋白、肌红蛋白和肌酸激酶，临床上常用同工酶定量测定。

化学发光免疫分析技术还可以对其他一些微量物质进行测定，如细菌、细胞因子、基因、维生素、叶酸、免疫球蛋白及酶等。

化学发光免疫分析技术主要具有灵敏度高、特异性强、标记物制备非常容易、标本用量少、试剂价格低廉、试剂稳定且有效期长（6–18 个月）、方法稳定快速、检测范围宽、操作简单自动化程度高等优点。

化学发光免疫分析技术在医学的临床应用已非常成熟，有取代放射免疫分析技术和酶联免疫分析技术而成为诊断市场上的主流产品的趋势。现已有全自动化学发光免疫分析仪应用于临床疾病的诊断和治疗中，不但对检测者无害，而且试剂稳定，可进行全自动分析，20 分钟内就可以得出精确的结果，将会成为常规实验诊断的重要手段，为临床提供重要的诊断依据。

二、血栓弹力图（TEG）

血栓弹力图是反映血液凝固动态变化（包括纤维蛋白的形成速度、溶解状态和凝状的坚固性、弹力度）的指标，是血栓弹力图仪描绘出的特殊图形。

血栓弹力图的临床应用包括以下几种。

监测凝血功能：血栓弹力图是全血检测，能够全面监测凝血功能，反映患者凝血因子、纤维蛋白和血小板的功能以及是否存在纤溶亢进。

指导成分输血：血栓弹力图检测能判断出血原因，指导成分血输注，对术后出血原因进行鉴别，减少二次手术风险。

评估抗血小板治疗效果：血小板图测试可以评估抗血小板药物疗效，预测患者的出血和血栓风险，提供抗血小板药物的治疗窗，同时能够帮助外科医生判断围术期血栓、出血风险，以显著减少术中及术后出血。

判断抗凝药物、溶栓药物疗效：血栓弹力图的肝素酶对比检测常用于围术期判断肝素抵抗情况、监测肝素化情况和评价鱼精蛋白对肝素的中和效果。

诊断纤溶亢进：对纤溶亢进进行定性、定量分析，早期识别纤溶亢进患者，监测抗纤溶治疗疗效，降低死亡率。

判断高凝状态：筛选有血栓栓塞风险的患者，包括创伤后深静脉血栓患者、癌症患者和手术后患者的血栓风险，鉴别原位肝移植中血栓栓塞有关的血栓前状态。

与传统凝血功能检测（CCT）相比，血栓弹力图主要优势有：可以反映样本血液从凝血块形成直到纤维溶解的全过程，比凝血功能检测更加全面；检测指标可以反映凝血因子与血小板之间的相互作用，能更全面表现患者的整体凝血状况；血栓弹力图试验结果产生速度显著快于凝血功能检测，能够即时反映患者凝血功能，更好地指导临床医生及早制定治疗决策；检测可以在床旁进行，检测结果可以同步显示于临床医生及实验技术员面前，提高工作效率。

血栓弹力图虽然具备很多优势，但仍存在一定缺陷。第一，血栓弹力图是一项体外检测项目，因此检测环境与机体实际环境仍有差别。第二，血栓弹力图对机体整体凝血功能进行检测，但有时不能用于区分某一凝血过程的异常。第三，目前尚缺乏标准化的操作与评估指南，血栓弹力图的质控并不理想，临床操作指导治疗决策的阈值选择也不尽相同，有待进一步完善。第四，血栓弹力图费用仍较高，部分患者拒绝检测该项目。

从 2000 年开始，我国三甲医院开始引入血栓弹力图测试，并在麻醉科、重症监护室、体外循环和器官移植等科室率先使用。2004 年，血栓弹力图家族新增了抗血小板药物疗效检测方法。2006 年，检验科开始将血栓弹力图测试作为常规凝血四项检测的补充，目前已广泛应用于各临床科室来监测患者凝血功能并指导治疗，并且随着研究的深入以及在临床实践过程中不断完善和改进，将会有更多患者从中获益。

三、荧光原位杂交（FISH）

荧光原位杂交是 20 世纪 80 年代末在放射性原位杂交技术基础上发展起来的一种非放射性分子生物学和细胞遗传学结合的新技术，是以荧光标记取代同位素标记而形成的一种新的原位杂交方法。1980 年，鲍兰（J.G.Baunlan）等运用化学偶联的方法将荧光素结合到 RNA 探针上，用于直接快速的特异性靶序列检测。

荧光原位杂交技术原理是将荧光素直接或间接标记的核酸探针，或用生物素、地高辛、二硝基苯、氨基乙酰氟等标记的核酸探针与待测样本中的核酸序列，按照碱基互补配对的原则进行杂交，经洗涤后直接在荧光显微镜下观察。

荧光原位杂交技术是一种重要的非放射性原位杂交技术，原理是利用报告分子（如生物素、地高辛等）标记核酸探针，然后将探针与染色体或 DNA 纤维切片上的靶 DNA 杂交，若两者同源互补，即可形成靶 DNA 与核酸探针的杂交体。此时可利用该报告分子与荧光素标记的特异亲和素之间的免疫化学反应，经荧光检测体系对待检 DNA 进行定性、定量或相对定位分析。

荧光原位杂交的临床应用主要包括以下几种。

染色体数目与结构异常：在细胞遗传学检验中，重复序列的探针应用最多，包括 α 卫星 DNA 探针、β 卫星 DNA 探针和经典卫星 DNA 探针。α 卫星 DNA 探针主要检测人染色体的着丝粒。后两种探针除可用于染色体数目检查外，还可用于上述部位精细改变的检查。应用荧光原位杂交技术检测染色体数目与结构异常，具有较高的特异性及敏感性，目前已被广泛应用于快速产前诊断。

血液肿瘤学：临床上对血液肿瘤的荧光原位杂交检测主要集中在染色体异位形成的融合基因检测，另外，基因缺失检测可以发现一些关键基因的缺失，有助于疾病的诊断及预后判断，使用荧光原位杂交技术可对微小残留病灶进行检测，以及进行造血干细胞移植状态的监测。

实体肿瘤学：在荧光原位杂交技术出现之前的所有测定基因扩增的方法，都是采用经典的分子生物学方法，与荧光原位杂交相比，这些方法不仅费时费力，而且也不能在细胞水平上观察到基因扩增的状态。荧光原位杂交技术的优点是可以在间期细胞核上观察到 DNA 扩增的直接证据，而且间期细胞核所显示出的扩增 DNA 荧光信号的数量多少及荧光强度常与 DNA 扩增的水平有关。目前，荧光原位杂交主要集中用于对肿瘤的早期诊断、疗效检测、个体化治疗和预后判断等方面。

荧光试剂和探针经济、安全，探针稳定，一次标记后可在两年内使用；实验周期短，能迅速得到结果，特异性好，定位准确；荧光原位杂交可定位长度较短，其灵敏度与放射性探针相当；多色荧光原位杂交通过在同一个核中显示不同的颜色可同时检测多种序列，既可以在玻片上显示中期染色体数量或结构的变化，也可以在悬液中显示间期染色体 DNA 的结构。

荧光原位杂交技术在临床中的应用已经得到迅速发展，灵敏度和特异度明显改善，可供选择的商业化探针也越来越多。但是，由于目前仪器设备和探针价格过于昂贵，以及对于操作人员技术水平要求也较高，在一定程度上限制了该项技术在临床上的应用。

（本章作者：张雁歌、褚熙、李严）

参考文献

[1] 王绪 .CT 诊断学 [M]. 上海：第二军医大学出版社 .2000.78–82.

[2] 沈天真，陈星荣 . 中枢神经系统计算机体层摄影（CT）和核磁共振（MRI）成像 [M]. 上海：上海医科大学出版社 . 1992.319–330.

[3] 郑穗生，高斌，刘斌 .CT 诊断与临床 [M]. 合肥：安徽科学技术出版社 .2011.102–104.

[4] 于丽娟 . PET/CT 诊断学 [M]. 北京：人民卫生出版社 . 2009.202–214.

[5] 王荣福 . PET/CT：分子影像学新技术应用 [M]. 北京：北京大学医学出版社 . 2011.322–327.

[6] 陈胜祖 .PET/CT 技术原理及肿瘤学应用 [M]. 北京：人民军医出版社 .2007.88–96.

[7] Hashemi, Ray H., Bradley, WG., Lisanti, CJ. 著，尹建忠译 . MRI 基础 [M]. 天津科技翻译出版公司 .2004.119–123.

[8] 陈武凡，康立丽 .MRI 原理与技术 [M]. 北京：科学出版社 .2012.44–48.

[9] 胡军武，冯定义，邹明丽 .MRI 应用技术 [M]. 武汉：湖北科学技术出版社 . 2003.89–93.

[10] 郭万学 . 超声医学 [M]. 北京：人民军医出版社 . 2011.206–210.

[11] 唐杰，姜玉新 . 超声医学 [M]. 北京：人民卫生出版社 . 2009.65–69.

[12] 周荣康 . 螺旋 CT [M]. 上海：上海医科大学出版社 . 1998.24–28.

[13] 胡瑛 .PET/CT 与磁共振诊断乳腺癌的结果比较 [J]. 中国 CT 和 MRI 杂志，2017，15（12）：51–53.

[14] 周庆锋，欧文，拉海阿支 . 肝脏增强 CT 扫描与 MRI 在肝癌诊断中的研究价值 [J]. 中国 CT 和 MRI 杂志，2017，15（08）：94–97.

[15] 陈藤，吴宇 . 超声、MRI、CT 在诊断原发性胆囊癌患者中的应用 [J]. 中国 CT 和 MRI 杂志，2015，13（11）：66–69.

[16] 司同，黄爱娜，王燕飞 .108 例肝癌患者超声及腹部 CT 扫描特点及诊断价值分析 [J]. 中国 CT 和 MRI 杂志，2016，14（12）：77–79.

[17] 古今，王雨，罗丽 . 原发性肝癌磁共振与超声成像特点及诊断价值分析 [J]. 中国 CT 和 MRI 杂志，2016，14（12）：71–73.

[18] 柴修山 . 螺旋 CT 诊断肺癌的应用 CT 表现分析 [J]. 中国继续医学教育，

2017，15（09）：31–33.

［19］陆予云，丁丽，吴秀珍 . 寄生虫检验技术［M］. 武汉：华中科技大学出版社，2012.78–104.

［20］. 张璐瑶，石晓明，杜亚丹等 .DNA 分子荧光探针的种类及特点概述［J］. 生物学教学，2018，（06）：3–5.

［21］王培林，傅松滨．医学遗传学［M］．北京：科学出版社 . 2011.90–93.

［22］高媛，郑文岭，马文丽 . 基因诊断技术的临床应用进展［J］. 基础医学与临床，2013，（01）：15–18.

［23］李姗珊，焦娟 . 基因诊断技术及其临床应用［J］. 医学综述，2015，（17）：3198–3200.

［24］巫晓芳 . 基因诊断技术进展［J］. 检验医学与临床，2010，（20）：2287–2288.

［25］吕建新，樊绮诗 . 临床分子生物学检验［M］. 北京：人民卫生出版社 . 2012.435–466.

［26］王宜文 . 循环肿瘤细胞的研究进展［J］. 安徽医科大学学报，2017，（12）：1897–1900.

［27］徐训政，张好刚，乔鹏飞 . 循环肿瘤细胞检测的临床有效性和实用性分析［J］. 实用肿瘤学杂志，2018，（02）：169–173.

［28］黄子凌，宇小婷 . 循环肿瘤细胞检测技术的研究进展［J］. 同济大学学报（医学版），2018，（03）：123–127.

［29］赵倩雯，司徒博，郑磊 . 循环肿瘤细胞检测与临床应用进展［J］. 南方医科大学学报，2017，（10）：1423–1426.

［30］万学红，卢雪峰 . 诊断学 . 北京：人民卫生出版社 .2013.478–489.

［31］吴建伟 . 化学发光免疫分析技术的临床应用及研究进展［J］. 中国实用医药，2010，（34）：258–259.

［32］陈海斌 . 化学发光免疫分析技术及其进展［J］. 中国医学装备，2011，（05）：56–59.

［33］胡锦霞 . 化学发光免疫分析技术及其在临床检验中的应用［J］. 中国保健营养，2013，（01）：463–465.

［34］李彦霏，张兆明 . 化学发光免疫分析技术在临床的应用［J］. 中国社区医师（医学专业），2013，（02）：211–212.

［35］张时民 . 新编检验与检查手册［M］. 北京：中国协和医科大学出版社 . 2003.109–120.

[36] 王毅盟 . 血栓弹力图仪的研究进展 [J] . 国际检验医学杂志，2011，32 (10): 1102–1103.

[37] 董林剑，李元海 . 血栓弹力图的临床应用及发展 [J] . 安徽医药，2015，(05): 817–820.

[38] 温旺荣，周华友 . 临床分子诊断学 (第 2 版) [M] . 广州: 广东科技出版社 . 2015.233–250.

[39] 德生，邬玲仟 . 基因组拷贝数变异与基因组病 [M] . 西安交通大学出版社 . 2016.74–85.

[40] 于德水 . 荧光原位杂交技术临床应用与作用 [J] . 中国伤残医学，2015，(05): 213–214.

[41] 卢建，章钧，何蕴韶 . 荧光原位杂交技术及其临床应用 [J] . 分子诊断与治疗杂志，2009，1 (01): 38–42.

第五章
对人身保险影响较大的医学治疗新技术

第一节　心血管疾病治疗新技术

一、概述

近年来，随着经济快速发展和人们生活水平提高，我国的心血管疾病发病率呈持续快速增长和年轻化态势，心血管疾病负担日渐加重，已成为当前首要的公共卫生问题。《中国心血管病报告（2017）》数据显示，我国心脑血管疾病患者高达 2.9 亿人，其中脑卒中 1300 万人，冠心病 1100 万人，肺源性心脏病 500 万人，心力衰竭 450 万人，风湿性心脏病 250 万人，先天性心脏病 200 万人，高血压 2.7 亿人。心血管病死亡占居民疾病死亡构成 40% 以上，居于首位，高于肿瘤及其他疾病。从 2000 年至今，心脑血管疾病连续位于全球十大死因之首，成为人类死亡的首要杀手。根据世界卫生组织 2018 年 5 月 24 日发布的最新数据显示，2016 年全球范围内共死亡 569 万人，占总致死构成 54% 的十大死因中，缺血性心脏病位于榜首，其次是卒中，二者共导致 152 万人死亡。究其原因，与目前心脑血管疾病的危险因素未得到有效控制及治疗不足密切相关。

目前，缺血性心脏病的主要治疗方法包括单纯药物治疗、介入治疗以及外科手术治疗。因近数十年来，各种器械设备的改进及技术的提高，大大提高了冠状动脉造影术的成功率和安全性。当前，介入治疗发展迅猛，治疗病例数持续稳步增长。根据冠心病介入治疗网络申报数据，2017 年我国大陆地区全年介入治疗量已经超过 75 万例。相比之下，冠心病药物治疗及外科血运重建发展相对缓慢。此外，经皮介入的瓣膜成形术、房颤射频消融术及左心耳封堵术等介入技术正方兴未艾。本章将重点介绍这些心血管疾病经皮介入相关的新技术。

二、经皮介入冠脉技术

经皮介入技术是在心导管技术基础上发展起来的。1844 年，法国生理学家克劳德·伯纳德（Claude Bernard）通过外周血管逆行进入双心室，在动物身上完成了首例心导管术。1929 年，当时年仅 25 岁的德国医生沃纳·福斯曼（Werner Forssmann），通过左肘前静脉把一根 65 厘米长的导管送入了自己的右心房，然后走到放射科，拍摄胸部 X 线片证实了导管位置。这一大胆创举，开创了人体心导管术的先河。因此，福斯曼获得了 1956 年诺贝尔生理学和医学奖。遗憾地是，福斯曼的行为在当时并不为人们所接受，随着人们认识的不断深入，福斯曼这一技术的诊断潜力被逐渐发掘，并被广泛应用于心脏生理功能研究。20 世纪五六十年代，心导管术进入快速发展时期。1953 年，塞尔丁格发明了经皮血管穿刺技术。1958 年，美国儿科心脏病医生梅森·索内斯（Mason Sones）在给一例瓣膜病患者进行主动脉造影时，意外将 30 毫升造影剂注入了患者的右冠状动脉，结果清晰显示了血管情况，而患者安然无恙。索内斯等随后改进手术操作并完成数百例冠脉造影后，于 1959 年正式报道了选择性冠状动脉造影术（CAG），开创了诊断性冠脉造影术的新纪元。

（一）经皮冠状动脉血管成形术（PTCA）

冠脉造影术是将造影剂直接注入冠状动脉内，选择不同的投照角度在高分辨率 X 光机下显像 0.3 毫米以上的冠状动脉，明确冠脉的血运循环及解剖特点。1967 年，库尔特（Kurt Amplantz）和梅尔文（Melvin Judkins）两位医生通过改良导管构型，相继开展经皮穿刺股动脉逆行插入特制成形导管，进行选择性冠状动脉造影术，使得该技术逐渐得到广泛开展。1973 年，陈灏珠院士进行了我国首例选择性冠状动脉造影术。1977 年 9 月 15 日，这是冠脉介入史上划时代的一天，德国心血管医生安德烈亚斯·格林特茨格（Andreas Gruentzig）用自己发明并改进的球囊导管，在瑞士苏黎世为一位 38 岁的男性心绞痛患者成功施行了全球首例经皮冠状动脉血管成形术（PTCA），开创了介入心脏病学这一崭新领域。经皮冠状动脉血管成形术拉开了介入心脏病学的序幕，是心血管病介入史上第一个里程碑，因此格林特茨格也为誉为“介入心脏病学之父”。

（二）支架技术

虽然经皮冠状动脉血管成形术能有效地扩张冠脉狭窄病变，术后即刻效果满意，但单纯球囊扩张的固有缺陷带来了不少临床问题，包括术后血管急性闭塞、中晚期再狭窄率高达 50% 等。1987 年，乌利齐 · 西格瓦特（Ulrich Sigwart）医生在法国实施了第一例经皮冠状动脉支架置入术，裸金属支架（BMS）在人体的成功置入，标志着心脏介入病学进入了新的阶段。1989 年，卢西恩（Lucien Campeau）率先发明经桡动脉途径行冠状动脉造影术；1992 年，费迪南德（Ferdinand Kiemeneij）报道了首例经桡动脉途径行冠脉介入治疗。与经股动脉途径相比，经桡动脉途径行冠状动脉介入治疗，创伤小，局部出血或血肿发生少，不影响术后抗栓治疗，术后卧床时间短等优点。进入 21 世纪后，我国冠状动脉造影术在各级医院快速开展，造影途径呈现微创化的特点，经桡动脉途径迅速取代传统的经股动脉途径，得到广泛的推广和应用。

裸金属支架的问世，降低了经皮冠状动脉血管成形术术后急性闭塞发生率，同时将再狭窄的发生率也降至 20% ~ 30%。但是裸金属支架置入术后，支架内再狭窄仍是冠状动脉介入治疗的致命软肋。因为裸金属支架植入后损伤内皮细胞，引起血小板粘附与聚集，活化的血小板分泌大量炎性因子，进一步趋化白细胞黏附、聚集，使血管出现炎性反应和早期血栓形成。炎症持续几周后，平滑肌细胞发生表型转化，分泌细胞外基质并沉积于管壁，同时平滑肌发生增殖和迁移，在二者共同作用下，最终导致血管腔狭窄。

由于裸金属支架的上述缺陷，冠心病介入治疗开始进入药物洗脱支架（DES）研发时代。2001 年 9 月，在瑞典的欧洲心脏病学会年会上，公布了第一项药物洗脱支架的临床试验。试验显示，置入雷帕霉素洗脱支架 6 个月后，支架内再狭窄率为 0。因此，药物洗脱支架荣登当年美国心脏协会十大研究进展榜首，这项试验结果的公布标志冠心病介入进入了新的阶段。药物洗脱支架是利用裸金属支架平台，覆盖抗血管内膜增生的药物载体（主要是雷帕霉素和紫杉醇），通过在局部洗脱释放，有效抑制支架内膜增生，防止再狭窄发生的一种特殊支架。虽然药物洗脱支架极大地减少再狭窄和再次介入手术的发生率，将血管再狭窄率降低至 3% 左右，但并未减少病死率，同时患者术后需要终身抗血小板治疗。此外，在药物释放完毕后，聚合物涂层仍然长期留在支架表面，有致炎作用，导致血管内皮愈合延迟，从而增加支架内血栓等风险。为了解决这一问题，新一代的药物洗脱支架开创性地实现了药物释放和聚合物载体同步降解。这项技术在保证术后冠脉快速愈合的同时，进一步降低支架内血栓的发生，从而有效减少术后并发症。在 2018 年的中国介入心脏病学大会上，波士顿科学宣布新一代可降解涂层依维莫司洗脱冠状动脉支架系统（SYNERGY）在国内上市。

由于金属支架无法吸收，支架长期支撑导致血管无法正常舒缩，尤其是支架两端的血管平滑肌在应力作用下，继而出现细胞过度增生，引起药物洗脱支架置入后支架两端再狭窄的发生。与传统的永久性金属支架相比，生物可降解支架（BVS）由生物可降解或可吸收的材料制成，具有良好的组织相容性和生物降解性。置入生物可降解支架后，既可保证前期有效地扩张血管，随后它可以在体内被逐渐降解吸收，而不影响远期血管功能，从而显著减少支架血栓及再狭窄的形成，也不影响患者再次进行介入治疗，避免了体内异物留存对某些患者造成的心理负担。可降解支架是目前全球支架研发的主要方向，现有的可降解支架主要包括金属类可降解支架和高分子聚合物类可降解支架（以左旋聚乳酸为主）。

生物可降解材料在支架方面的使用具有划时代意义，但是目前生物可降解支架的技术还不十分成熟，仍有一系列问题亟待解决，临床应用尚待验证。比如生物可降解支架的降解时间缺乏一个确切的标准，降解时间过短，血管因弹性回缩大大增加再狭窄的概率；降解时间过长，则会因内膜增生增加支架内血栓的发生。此外，研发药物涂层可降解支架，虽然可利用药物抑制内膜增生，但药物涂层释放的时间曲线跟支架的降解速度之间同样需要达到平衡。另外，可降解聚合物支架是透 X 射线的，没有明确的标记物，这给术中支架的定位和术后的影像学随访造成了一定的困难。

支架植入术患者住院费用方面，以植入一枚支架计算约 3 万元，根据病情不同手术复杂程度的不同，费用完全不同。

（三）冠脉介入辅助技术

支架的改进使经皮冠状动脉介入治疗的疗效得到很大提升，血管腔内影像技术进一步优化了经皮冠状动脉介入治疗的治疗效果。尽管冠状动脉造影是诊断冠心病、判断狭窄程度和介入适应证的“金标准”，但是由于二维血管投照显影的技术限制，使其在评价管壁及斑块的特征方面存在很大的局限性。对于弥漫性病变，由于无法找到真正“正常”的参考血管，冠状动脉造影往往低估病变程度；对于偏心性斑块，造影投照的局限性易遗漏或低估病变。另外，如果病变血管发生正性重构，即使斑块负荷较重，但由于血管代偿性扩张，冠状动脉造影可能严重低估病变程度。冠状动脉腔内影像技术可以对冠状动脉管腔细微结构进行精确评价，包括管腔狭窄程度、斑块负荷程度和易损性等，对探究冠心病发病机制，优化指导冠心病介入治疗具有重要的临床意义。

目前，临床广泛应用的经典血管腔内影像技术包括血管内超声（IVUS）和光学相干断层成像（OCT）。作为研究冠状动脉的第三只眼睛，在经皮冠状动脉介入治疗术前，能够识别斑块性质、负荷和易损性及血栓病变、夹层等，评价管腔狭窄程度，了解冠脉病变的特征；术中即刻观察支架贴壁、内膜撕裂和斑块组织脱垂等，以指导术中策略和器械选择，优化冠脉支架治疗方案；术后评价支架内皮修复、内膜增生、血栓形成，随访观察冠脉情况。上述对冠状动脉管腔细微结构的精确评价，弥补了 X 射线冠状动脉造影的不足。

血管内超声利用超声原理探查血管内、血管壁及其周围组织的结构，提供管腔和管壁的横截面图像，且不受投照体位影响。血管内超声可定量测定靶血管狭窄节段、参考节段的血管直径和血管横截面积，全面评价斑块组成、结构、性质和及血管重构情况，并判断斑块的稳定性。除了评价斑块负荷程度，血管内超声在临界病变、偏心病变、左主干病变和分叉病变的介入治疗以及指导慢性完全闭塞（CTO），判断导丝是否在血管真腔中具有重要的指导意义。当前，血管内超声在国内的心脏介入中心被广泛采用，提高了医生对冠状动脉疾病病理生理特征的认识，极大地提高了我国冠状动脉疾病的诊治水平。尽管如此，血管内超声仍存在一些局限性，比如为有创方法，分辨率及对钙化病变判断有限（病变后方的声影使血管内超声无法识别钙化病变的厚度及确定钙化后的组织成分）。高分辨率和实时超声三维成像是未来发展方向，技术革新将有助于进一步全面准确地评价、诊断和治疗冠状动脉疾病。

光学相干断层成像通过测量近红外线反向散射光波的延迟时间和光波强度获得实时断层影像，具有分辨率高的优势。与血管内超声相比，光学相干断层成像分辨率高 10 倍，因而可识别粥样斑块精细特征，在观察血栓形态方面也比血管内超声更有优势。尤其可定性评价斑块性质，精确测量斑块纤维帽厚度，识别薄纤维帽斑块，判断斑块稳定程度及预后。此外，光学相干断层成像可评价生物可吸收支架置入后的即刻效果，降低支架贴壁不良及膨胀不全，降低术后支架内血栓的发生。还可以随访支架远期效果，通过光学相干断层成像随访生物可吸收支架的降解情况来指导双联抗血小板治疗策略，具有比血管内超声更大的优势。光学相干断层成像的主要局限是由于近红外线组织穿透能力较差，不能穿透脂质池较大的斑块，无法对斑块进行全面评价，同时无法达到病理组织学的分辨率，对于血管走行和形态显示不佳，且无法有效区分一些相似信号结构。另外，近红外线难以穿透红细胞，所以在光学相干断层成像时需要阻断血流或冲洗血管以排除血管中的血液，这使光学相干断层成像的操作相对复杂。随着光学相干断层成像技术不断进步和完善，目前三维光学相干断层成像已经在临床开始应用，其良好的分辨率及成像速度可更加准确地显示血管内腔的微细结构改变，可以更好地评价和指导冠心病介入治疗。需要强调的是，IVUS 与光学相干断层成像二者对组织穿透能力和分辨率不同，对病变的评估各有所长，不能相互取代。无论是

IVUS 还是光学相干断层成像，均只对冠状动脉病变的物理学及影像学指标进行评价，对病理生理功能改变几乎无法评价。

目前，临床应用血管内超声和光学相干断层成像的费用约为 1.5 万元。

三、经皮介入瓣膜成形术

除了冠心病以外，介入技术的迅速发展同时推动了其他心脏疾病的介入治疗发展，其中心脏瓣膜病介入治疗是瓣膜病治疗领域的重大突破。以往，肾素血管紧张素系统（RASS 系统）阻断剂等药物是瓣膜病治疗的基石，虽然其可在一定程度上延缓瓣膜病变引起的心脏重构，但最终无法阻止血流动力学障碍造成心脏结构重构和心力衰竭。外科换瓣或修复是根治心脏瓣膜病的首选方法，但外科手术因创伤大，对患者的心肺功能及全身状况要求高，致使部分患者无法满足手术条件。因此，对于一些高危的瓣膜病患者，传统的治疗方法疗效甚微，而几年来发展起来的经皮瓣膜介入治疗技术可以治疗部分外科手术禁忌和高危的患者。目前针对主动脉瓣、二尖瓣、肺动脉瓣和三尖瓣的病变开展的介入治疗技术都处于发展阶段，技术逐步趋于成熟。1986 年，克里比尔等进行了首例经导管主动脉瓣膜成形术（BAV）治疗主动脉狭窄。虽然主动脉瓣膜成形术能有效改善主动脉瓣狭窄患者血流动力学障碍和临床症状，但是术后再狭窄率高，远期预后欠佳。1989 年，安德森开始探索经导管主动脉瓣置换术（TAVR）。经过动物实验的摸索，2002 年，克里比尔完成了首例人体经导管主动脉瓣置换术。通过导管将人工瓣膜输送至主动脉瓣释放，恢复瓣膜功能。目前多项临床试验已证实，经导管主动脉瓣置换术安全有效，与传统外科手术相比，具有非劣效性，是目前介入治疗主动脉瓣狭窄的主导技术。1984 年，日本学者提出经皮二尖瓣球囊成形术（PMBV），由介入导管输送球囊至二尖瓣区，进行球囊扩张治疗二尖瓣狭窄。临床研究结果显示，术后即刻及中长期随访疗效良好。此外，治疗二尖瓣关闭不全的介入方法包括经导管二尖瓣置换术（TMVR）和二尖瓣钳夹术（Mitra Clip），其他瓣膜病变介入技术包括经皮球囊肺动脉瓣成形术（PBPV）、经皮肺动脉瓣置入术（PPVI）及经导管三尖瓣修复术等。虽然经皮介入治疗瓣膜病的技术尚处于发展阶段，但为心脏瓣膜病开辟了新的治疗方法，且部分技术的研究显示出良好的安全性和有效性，相信未来技术的进步会改善目前心脏瓣膜病患者治疗的困境。

目前，经介入瓣膜成形术费用在 20 万 ~ 30 万元。

四、房颤消融与左心耳封堵

众所周知，心房颤动是最常见的心律失常之一，几乎见于所有的器质性心脏病，在非器质性心脏病也可发生，尤其在老年人、心力衰竭及心脏瓣膜病等患者中多发。目前，全球范围内有3300万名房颤患者，而我国已超过1000万人。随着我国人口进入老龄化阶段，新发房颤患者将不断增多，疾病负担逐渐加重。房颤可减少20%~30%的左室灌注，且持续快速的心室收缩可引发充血性心力衰竭。因此，房颤的治疗包括心率控制和节律控制。由于房颤节律控制的抗心律失常药物效果有限，并具有致心律失常的潜在风险，短期应用可改善症状及生活质量，但不能改善远期预后，不推荐长期使用。另外，外科迷宫手术因创伤大等缺点，限制了其临床应用。因此，导管消融作为节律控制治疗的重要补充应运而生。近年来，房颤导管消融的各种新的器械不断问世，使得房颤消融手术成功率不断提高，在指南中的推荐地位也不断提升。对阵发性房颤，新一代的冷冻球囊临床数据显示不劣于射频消融，具有良好效果。房颤射频消融的优点是非常灵活，一旦房颤转变成为其他类型的复杂心律失常，则射频消融在三维标测定位情况下的优势则非常明显，但射频对技术要求高，逐点消融难度大，另外也容易将心脏烧穿孔。冷冻球囊消融非常简单，操作程序化，且隔离肺静脉的效果可靠，但对肺静脉以外的病灶无法准确定位和消融。无论采用哪种消融手段和消融术式，阵发性房颤一次消融成功率不超过90%，持续性房颤则更低。

房颤持续3天以上，即可在心房内形成血栓，房颤和卒中密切相关，卒中是房颤患者的第三位死因及首要的致残因素。与同龄的窦性心律人群相比，房颤患者卒中风险增加5倍以上，且卒中风险与患者年龄呈正相关关系。因此，对于房颤患者的管理，预防卒中尤为重要。尽管，目前射频消融和外科迷宫手术可以根治房颤，但术后复发率高，且部分心房解剖显著扩大及某些无法耐受手术的患者，仅能选择控制心室率策略。对于选择心室率控制策略的患者，预防卒中策略显得极为关键。目前，口服抗凝药物主要包括华法林和新型口服抗凝药物，华法林因受食物和药物的影响因素较多，治疗窗狭窄，安全性问题导致其近年有被新型口服抗凝药物所取代的趋势。新型口服抗凝药物虽然安全性较华法林高，但因其昂贵的医疗费用以及需终身服药的特点，一定程度上限制了临床应用，影响了部分患者的依从性。另外，所有口服抗凝药物均存在出血风险，有一定的出血事件发生概率。鉴于以上不足，左心耳封堵术应运而生。目前，欧洲心脏病学会（ECS）指南已推荐左心耳封堵术（LAAC）用于需要抗凝但存在抗凝禁忌或不愿接受口服抗凝药物的房颤患者，作为预防卒中的可选策略。临床已证实，房颤患者左心耳是血栓形成的好发部位。

除了上述介入技术的进步，电生理领域的发展更为瞩目。三维标测技术的问世和临床应用，大大减少甚至避免电离辐射对医生和患者的伤害，使得射频消融已进入绿色电生理时代。传统的心脏电生理手术是在X射线透视下进行导管定位及射频消融操作，由此医生和患者需要全程暴露在X射线下完成整个手术操作。另外，X射线透视仅能提供二维成像，而对于一些复杂的心律失常射频消融价值有限。三维标测系统可以对心腔进行电解剖标测并建模，在减少辐射的同时构建心脏三维图像，简化手术操作。另外，将三维标测技术与心包腔内超声（ICE）结合，有助于简化术中建模，准确显示特殊结构，指导导管准确稳定贴靠。

目前，房颤的射频消融术费用约8万元，左心耳封堵术费用大概是10万至15万元。

五、心脏器械植入技术

在心血管介入技术飞速发展造福人类的同时，心血管植入式装置也取得了令人欣喜的进步。如左室辅助装置为血流动力学严重障碍患者提供机械循环支持，以及三腔起搏器提供的心脏再同步化治疗（CRT），大大提高了重度心力衰竭患者的救治水平。目前，左室辅助装置主要包括主动脉内球囊反搏（IABP）、体外膜肺氧合器（ECMO）及经皮心室辅助装置（pVAD）等。尽管机械性辅助循环装置能为心源性休克和顽固性心衰提供循环支持，但IABP和ECMO置入后，有并发局部出血、血栓、感染及远端肢体缺血坏死等严重并发症风险。另外，IABP和ECMO提供循环支持的时间有限。pVAD可用于不适合进行心脏移植的终末期心力衰竭患者永久性替代治疗，但仍存在出血、溶血、血栓及感染等并发症，且装置耗损故障、尺寸不匹配或梗阻等风险及费用昂贵使临床应用受限。

传统起搏器主要用于治疗心动过缓，但起搏器新技术的发展大大拓宽了其临床应用范围。埋藏式自动除颤仪（ICD）是一种具有自动除颤功能的特殊起搏器，对于恶性心律失常患者是关键时刻的救命装置。传统ICD需要通过外周静脉送入导线至右室，而脉冲发生器置于皮下。近年来发明的全皮下ICD（S-ICD），导线和脉冲发生器均位于皮下，导联无需接触静脉及心脏，避免了传统手术术中出现静脉穿孔、心肌穿孔、三尖瓣反流及术后导联拔除困难等问题。三腔起搏器是在传统起搏器基础上，于左心室置入一根电极，使左右室同步收缩，可用于治疗左室除极延迟导致的严重心力衰竭，是治疗心力衰竭的新方法。实现房室顺序性双心室同步化起搏的新技术——心脏再同步治疗（CRT）始于21世纪初期，其临床获益已经在伴有心室失同步的特定人群中得到了证实，然而临床研究发现，约有30%左右的患者出现无应答，进行双心室起搏未见到明显的临床疗效。因此，对于病人的选择需要严格把握适应证。

主动脉内球囊反搏（IABP）初期费用约1万元，根据应用时间长短，在此基础上按时收费；体外膜肺氧合器（ECMO）初期费用是 4 万 ~ 6 万元，也是根据使用时间长短，需要按时收费（约 1 万元 / 天）。

单腔起搏器费用约 4 万元，双腔起搏器费用约 9 万元，单腔 ICD 约 13 万元，双腔 ICD 约 15 万元，三腔起搏器 18 万 ~ 21 万元。

六、希氏束及左束支起搏术

传统的起搏器心室电极的植入点是右室心尖部，该部位起搏具有可操作性强、电极稳定不易脱落等优点，但右室心尖部起搏时心室激动的顺序与生理性起搏相反，易引起心室电 – 机械的失同步，导致心室重构，有致房颤、心功能恶化及增加死亡的风险，因此并非理想起搏位点。尽管 CRT 能实现双心室同步收缩，但部分患者因解剖问题导致左室电极导线无法植入。目前研究表明，真性完全性左束支传导阻滞是心脏再同步化治疗（CRT）的适应症。由于完全性左束支阻滞发生在希氏束或者左束支近端，理论上可通过希氏束起搏改善希氏束或近端左束支传导性能。希氏束起搏能够确保电激动在全心室的快速扩布，使心室间同步有效收缩，是目前首选的起搏治疗方式。该项技术于 2000 年，首次由德斯蒙等在人类进行试验，并发现可以改善心力衰竭患者的心功能。尽管希氏束起搏被认为是实现了真正意义上的生理性起搏，但也存在一定的缺陷，比如感知通常偏低，容易交叉感知，传导系统病变进展，不适用于对于阻滞点位于希氏束以下的患者。2017 年，黄伟剑首次提出了左束支起搏的概念，并成功治疗了一例扩张性心肌病合并左束支阻滞的患者。后期随访显示，左束支起搏同样可纠正房室阻滞及左束支阻滞，减少心脏收缩不同步，改善病人症状。目前，希氏束起搏及左束支起搏技术是起搏领域的研究热点，已在国内各大心血管中心陆续开展并积累了一定的临床经验。

综上所述，心血管介入治疗技术的发展，大幅度提高了心血管疾病的诊治水平。相信随着器械、设备和技术的不断更新，将进一步促进现代心血管介入技术向更高层次发展。

第二节　脑血管疾病治疗新技术

一、概述

脑血管疾病（CVD）是指由于各种脑血管病变所引起的脑部病变，是神经系统的常见病及多发病，因其高发病率、患病率及死亡率成为人类疾病的三大死亡原因之一，且存活者中 50% ~ 70% 病人遗留瘫痪、失语等严重残疾，给社会和家庭带来沉重的负担。其中脑卒中又称“中风”或脑血管意外，是一组突然起病，以局灶性神经功能缺失为共同特征的急性脑血管疾病，主要包括脑出血、蛛网膜下腔出血及脑梗死等。它是以猝然昏倒，不省人事，伴发口角歪斜、语言不利、半身不遂为主要症状的一类脑血液循环障碍性疾病，其中缺血性卒中约占 70%，出血性卒中约占 20%，其他类型约占 10%。

近二三十年来，随着经济的快速发展和人们生活水平的提高，脑卒中发病率呈持续快速增长和年轻化态势，已成为严重危害居民健康和生命的主要疾病，给患者及其家庭和社会带来沉重的负担。最新发布的《2016 年脑卒中流行病学报告》指出，脑卒中已成为我国居民第一死亡原因。我国现有脑卒中患者 7000 万人，每年新发脑卒中 200 万人，每年脑卒中死亡人数为 165 万人。简单来说，平均每 10 秒，我国就有一人初发或复发脑卒中，每 28 秒就有一人因脑卒中离世，每年因脑卒中而死的中国人占所有死亡人数的 22.45%。而幸存者中，约 75% 留下后遗症，40% 重度残疾。另外，脑卒中年轻化趋势日趋明显，30 多岁的脑卒中患者屡见不鲜。如何在急性卒中发作后尽可能地抢救生命，恢复患者的社会功能成为了所有神经科医生的挑战。

研究表明，约四分之一的卒中归因于颈内动脉颈段狭窄和闭塞引起的缺血性事件，颈动脉重建的主要目标是预防卒中。颈动脉狭窄所致的卒中大部分归因于栓塞和血栓形成，小部分归因于低灌注。因此对颈动脉狭窄的患者应着重关注降低血栓脱落的风险和防止动脉粥样硬化部位血栓形成。目前，缺血性脑卒中的主要治疗方法包括单纯药物治疗、介入治疗以及外科手术治疗。在 20 世纪 50 年代，著名外科学家米高·德贝基（Michael DeBakey）确立了传统的颈动脉内膜切除（CEA）术，其主要是通过切除增厚的颈动脉内膜粥样硬化斑块，预防由于斑块脱落引起脑卒中的一种方法，是当时唯一可以达到去除动脉粥样硬化斑块、重建正常管腔和血流的方法。到 80 年代，多项多中心大样本随机对照研究显示，CEA 对于重度颈动脉狭窄和症状性中度颈动脉狭窄的治疗效果明显优于药物治疗，现在已经成为欧美治疗颈动脉狭窄的首选方案。而在我国，虽然近年来重视程度有所提高，但其临床应用仍较为局限，能开展 CEA 手术的医疗机构和医生数量不多。近年来在计算机控制的数字减影血管造影（DSA）系统的支持下，介入神经放射学取得了长足发展，而各种器械设备的改进及技术的提高，大大提高了脑血管造影及神经科血管内治疗的成功率和安全性。随着 2015 年包括“血管内治疗急性缺血性卒中的多中心随机临床试验（MRCLEAN）”在内的五大临床试验结果的公布，更是迎来了缺血性脑血管病血管内治疗的“春天”。本章将重点介绍缺血性脑血管病血管内介入治疗相关的新技术。

二、脑血管介入治疗技术

脑供血主要血管包括双侧颈动脉、双侧椎动脉。双侧颈动脉提供脑部约70%的血供，供血区主要为大脑半球前三分之二；双侧椎动脉提供脑部约30%血供，供血区主要为大脑半球后三分之一、小脑及脑干。所以，颈动脉狭窄或闭塞引起偏瘫、失语等症状，而椎动脉闭塞则引起头晕甚至昏迷。

（一）发展历程

血管内介入治疗技术是在心导管技术基础上发展起来的。1844年，法国生理学家克劳德·伯纳德（Claude Bernard），通过外周血管逆行进入双心室，在动物身上完成了首例心导管术。1953年，塞尔丁格发明了经皮血管穿刺技术。1960年，卢恰霍经动脉内注入有金属芯的硅胶球珠栓塞治疗脑动静脉畸形（AVM）。1964年，多特和贾金斯创立经皮同轴导管血管成形术技术。1970年代金坚公司开创了颈外动脉和脊髓动脉的选择性插管造影技术，开创了诊断性脑血管造影术的新纪元。

近年来，广泛应用的数字脑血管造影是应用含碘造影剂注入颈总动脉、颈内外动脉、椎动脉，经计算机控制的连续数字减影血管造影在不同时期显示脑内动脉、回流静脉和静脉窦的形态、部位、分布和行径的一种显影技术，其不但能清楚地显示颈内动脉、椎基底动脉、颅内大血管及大脑半球的血管图像，还可测定动脉的血流量。对于缺血性脑血管病，也有较高的诊断价值。我国在2000年前后，开始将介入治疗应用于缺血性脑血管疾病，对以往缺血性脑卒中采用的静脉或动脉溶栓治疗起到了极大的促进作用。目前先进的支架取栓技术非常适用于颅内各部位大动脉急性闭塞导致的大面积脑梗塞开通，可有效降低颅内大动脉急性闭塞的死亡率和致残率，为急性缺血性脑卒中治疗提供了强有力的技术保障。

在20世纪90年代之后，随着设备和器械的进步，一种更为微创、简捷的颈动脉支架血管成形术（CAS）逐渐开展和普及，并有取代颈动脉内膜剥脱术（CEA）的趋势。CAS是经股动脉穿刺建立通道，在脑保护装置下，通过导管、导丝的配合，将颈动脉支架输送并释放在颈动脉狭窄区域，利用支架的撑开功能解除狭窄，达到治疗颈动脉狭窄的目的。患者术后需要长期服用抗血小板药物抑制再狭窄。这种微创技术具有创伤小、操作简单、恢复快、可重复操作等优点。整个手术耗时短，治愈率超过98%，能有效降低因颈动脉狭窄导致缺血性脑卒中的几率，对于年长、不适合大型外科手术的患者尤其适用。相比于动脉内膜剥脱术，在我国能够熟练开展颈动脉支架血管成形术的医疗机构和医生相对较多，而且有更多的临床医生在接受这方面的培训。另外，近期多项临床研究显示，颈动脉不稳定斑块和狭窄率一样是缺血性卒中的主要风险因素，但目前随机对照研究较少关注基于斑块稳定性评估的血管内治疗。目前高分辨率磁共振、光学相干断层扫描以及颈动脉血管内超声等技术手段均为评估斑块性质提供了可行的方法，未来应用前景十分广泛。

（二）球囊扩张及动脉支架植入术

颈动脉支架血管成形术（CAS）应用的支架主要为自膨式支架，它是由镍钛超弹合金薄壁管经过激光精密雕刻制成的超弹性支架。通过压握式输送导管到达病变处，解除固定后自扩张使血液畅通，并对病变部位起支撑作用。而另一种球囊扩张式支架是由医用不锈钢和钴铬合金等制成的预先装于球囊导管上的支架，与球囊一起输送到病变部位，球囊加压，释放支架，扩张后的支架使病变血管畅通，它主要应用于椎动脉、锁骨下动脉狭窄的介入治疗中。

在颈动脉支架血管成形术出现早期，围手术期的血栓栓塞事件高发，导致并发症较多，应用受到限制，但是随着远端保护装置的出现与应用，大大降低了手术期的血栓栓塞风险，使得手术期的卒中或死亡率降至1%或更低，这就使得颈动脉支架血管成形术在临床应用上得到了更广泛的认可。目前临床上常用的远端保护装置根据工作原理的不同分为两大类：远端阻塞保护装置和滤网保护装置。远端阻塞保护装置采用球囊在病变远端低压扩张以阻塞血流，阻止栓子流向血管远端。在球囊扩张或支架释放完毕后，采用抽吸导管将阻塞于球囊近端的栓子抽出体外。与滤网保护装置相比，球囊闭塞保护装置的主要优点为器械外径相对较小，因此病变通过性相对较好，在通过血栓病变时使栓子脱落的风险较低。其次，球囊闭塞装置在进行血栓抽吸的时候能够同时吸出阻塞于球囊近端的血管活性物质，而血管活性物质也是无复流的重要元凶。其主要缺点为在处理病变及血栓抽吸的时候，远端血流始终处于阻塞状态，因此要求手术者操作必须熟练、迅速。另外，由于远端血流的阻断，操作过程中病变的影像学显示常较差，不利于精确定位。

尽管远端保护装置的应用在颈动脉支架血管成形术中已成为常规手段，但其在应用过程中仍具有一定局限性。如远端保护装置无法对分支血管进行保护，装置通过病变过程中易导致斑块碎屑脱落，且对于位于远端的病变无法应用等。而近年来出现的近端保护装置可克服远端保护装置的部分缺点，在处理病变完毕后采用抽吸导管将远端停滞血液中碎屑抽出，然后回抽球囊恢复血流。颈动脉及椎动脉狭窄支架植入术目前在我国应用广泛，单次手术费用约在 5 ~ 6 万元，部分可医保报销。

2014 年，中国症状性颅内大动脉狭窄与闭塞研究（CICAS）结果显示中国缺血性卒中或短暂性脑缺血发作（TIA）患者中颅内动脉粥样硬化发生率为 46.6%，伴有颅内动脉粥样硬化性狭窄（ICAS）的患者症状更重，住院时间更长，卒中复发率更高，且随狭窄程度的增加而复发率升高。对于这部分患者，以往的治疗认为强化的抗血小板及降脂治疗是唯一有效的方法，介入手术因手术难度大、并发症风险高，并未被广大医生所看好。但随着近年来对颅内动脉粥样硬化性狭窄研究的不断深入以及多模影像等术前评估手段的出现，血管内治疗逐渐成为症状性 ICAS 的治疗手段之一，可以在部分患者中选择性开展。《症状性颅内动脉粥样硬化性狭窄血管内治疗中国专家共识（2018）》中指出，症状性 ICAS 狭窄率 ≥ 70%，强化药物治疗无效或脑侧支循环代偿不良，责任血管供血区存在低灌注的患者，是血管内治疗的适应证。治疗手段主要有球囊血管成形术（PTBA）、球囊扩张式支架置入术、自膨式支架置入术，根据患者的具体病变及路径特点选择合适的血管内治疗方式。在严格进行术前评估的前提下，症状性颅内动脉狭窄的血管内治疗为严重狭窄或血流灌注明显不足的患者提供了新的治疗机会。目前颅内血管球囊扩张及支架植入术相较于颅外血管成型仍较少，手术难度及风险更大，须有资质的神经介入医师完成，其中球囊导管及支架系统目前医保覆盖较少，单处狭窄手术单次费用约在 6 万 ~ 10 万元。

（三）支架取栓术

过去除了静脉溶栓和保守治疗之外，在急性期对缺血性卒中几乎无其他治疗方法，脑血管支架取栓术打破了这一维持多年的局面。取栓装置的诞生，为医生治疗卒中提供了一个得力武器，彻底改变缺血性脑卒中的治疗规则。支架取栓装置的发明是卒中血管内治疗的一个巨大进步，取栓支架具有导航性和快速血管再通的优势，并且远期并发症的风险更低。支架取栓术的原理是通过微导管技术，使支架取栓设备沿下肢动脉通过体内动脉通道到达颅内动脉，然后导管前段的取栓装置主动“抓捕”堵住血管的血栓，恢复血管通畅。在手术过程中，医生只需要在患者大腿切开一个 2 毫米的小口，就可以把支架送入血管，到达发病部位，免除了患者要接受开颅手术的痛苦。2012 年以后的五项大规模随机对照临床试验显示出血管内治疗相比标准内科治疗有显著获益，新一代的取栓支架与上一代取栓装置相比，具有更高的再通效率、更短的再通时间和更好的再通效果，使得目前使用取栓支架进行脑梗手术成为一种常规手术。目前，主要的神经介入器材供应商都推出了取栓支架或类似产品，这些产品的安全性和有效性亦得到了临床试验的证实，可谓百花齐放。在多项大规模临床试验的支持下，急诊取栓的时间窗延长，并且在详细的影像学评估前提下，“组织窗”这一概念也被提出，更多的之前不能静脉溶栓或取栓治疗的卒中患者将得到有效救治，极大地减少了卒中的致残率和死亡率，但目前取栓的费用较高，各个医院对于急诊病人能否取栓的评估条件不尽相同，这可能是下一步急诊取栓能否得到更广泛推广需要注意的问题。

（四）动脉瘤栓塞术

除缺血性脑血管病之外，随着血管内介入技术的发展，也推动了颅内动脉瘤破裂引发的出血性卒中治疗上的进步。脑动脉正常血管处局部扩张成囊状，称为动脉瘤，动脉瘤管壁比正常血管壁薄，易破裂出血，破裂后引发蛛网膜下腔出血，患者多表现为难以忍受的头痛，是急危重症疾病，死亡率极高。自20世纪90年代电解脱弹簧圈出现后，血管内栓塞逐渐成为脑动脉瘤的主要治疗方法。早期由于完全栓塞率低，瘤颈部残留，进而出现了各种改进的弹簧圈，如凝胶弹簧圈等。后来相继出现宽颈脑动脉瘤栓塞的各种辅助栓塞技术，如球囊辅助栓塞、支架辅助栓塞等。通过介入技术可将动脉瘤进行填塞，之后通过药物控制术后并发症，可挽救患者的生命，同时可避免开颅手术，患者痛苦小。2012年，美国指南推荐能做介入栓塞的动脉瘤原则上尽量介入治疗，而不是开颅手术。

综上，缺血性卒中血管内治疗技术的发展，大幅度提高了脑血管病的诊治水平，随着器械、设备和技术的不断更新，将进一步促进现代脑血管病介入技术向更高层次发展。

第三节 恶性肿瘤治疗新技术

一、恶性肿瘤概述

恶性肿瘤是目前威胁人类健康的主要疾病，恶性肿瘤从组织学上可以分为两类：一类由上皮细胞发生恶变的称为癌，如肺上皮细胞发生恶变就形成肺癌，胃上皮细胞发生恶变就形成胃癌等。另一类由间叶组织发生恶变的称为肉瘤，如平滑肌肉瘤、纤维肉瘤等。恶性肿瘤的特点是细胞分化、增殖异常，生长失去控制，具有转移性和浸润性等，属于一个多因子、复杂的过程，可分为三个过程，即致癌、促癌、演进。引起该病的具体原因不明，但可能与下列因素有关：感染、吸烟、职业暴露、遗传、不良饮食习惯以及环境污染等。随着人们生活水平以及医学技术的不断进步，恶性肿瘤的发病率逐年升高，严重威胁着人们的身体健康和生命安全，所以应对该病进行有效控制。

恶性肿瘤有很多种，其性质类型各异、累及的组织和器官不同、病期不同、对各种治疗的反应也不同。恶性肿瘤的传统治疗手段主要有手术切除、化疗、放疗、微创介入和生物治疗五种。根据患者的身体状况、肿瘤的病理类型、侵犯范围等情况，采用手术、化疗、放疗、介入及生物技术等手段进行综合鸡尾酒疗法，以期较大幅度地提高治愈率，并改善患者的生活质量。

二、恶性肿瘤的手术治疗

（一）常规外科手术简述

手术是恶性肿瘤治疗的主要治疗手段，其目的在于早期根治；降低肿瘤所产生的特异性与非特异性免疫抑制因子，从细胞动力学观点为放疗、化疗以及其他治疗创造条件；减轻机体的肿瘤负担，恢复免疫力。另外，手术切除的病理标本，也是诊断恶性肿瘤的“金标准”。

（二）微创外科

微创外科（MIS），也可译为微创技术，它不属于一门新兴的医疗学科，而是建立在外科基础上，立足于现代科学技术之上的一个外科治疗新阶段。微创外科主要应用介入、内镜等技术，改变了传统手术方式，重新建立了结合内镜治疗的操作方法，既保证了疗效，又满足了患者对于创伤小、痛苦轻、并发症少的要求，减少了患者的身心损伤。微创外科最早起源于1804年，是德国法兰克福外科医生菲利普·博齐尼利用日光源做成最早的内窥镜器械，可以窥视口腔、鼻腔、宫腔、膀胱、阴道等器官的检查。内窥镜从诞生到现在其结构发生了四次重大的改变，即硬管式内窥镜、半曲式内窥镜、纤维内窥镜以及电子内窥镜。功能方面也得到了极大丰富，从直接观看病灶，到可拍照、摄录影像，再到辅助医生诊断及治疗。近年来，成像新技术获得了飞速发展，如高清放大内窥镜、超声内窥镜、电子染色内窥镜、分子影像内窥镜等，有些技术已进入临床，有些还处于实验阶段。目前内窥镜技术主要应用于以下几个方面：腹腔镜治疗胆道、胃肠道、肝脾等疾病，消化道支架治疗胆管癌、胰腺癌所引发的胆道狭窄和阻塞，腹膜后腔镜治疗泌尿系统疾病，超声介入和放射介入治疗实体性肿瘤、门静脉高压症、胃肠道出血，胸腔镜在治疗胸心外科疾病，骨关节镜治疗骨科疾患等。微创手术虽然具有很多优点，但也存在着一些不足之处。比如，没有传统的手术器械灵敏，发生错误的几率常比传统手术要高。由于微创外科发展时间较短，缺少足够的临床资料支持，现阶段仍属于有待成熟的技术，需要接受临床实践的检验，更需要大样本、多中心的临床研究支持，才能对远期的安全性和有效性进行评价。因此，在微创外科技术的发展道路上，仍需多方面进行借鉴，深入研究，通过大量临床研究的支持来确保持续改进，从而更好地为患者服务。

（三）机器人

机器人技术的发展使微创外科进入一个新的时代。以伊索（AESOP）系统、宙斯（Zeus）系统、达芬奇（da Vinci）系统为代表的第一代机器人手术系统已应用于临床，而新兴的经腹腔镜或人体自然腔道进入的体内微型机器人，也不断取得技术上的重大突破，并在动物试验中显示出独特的优势。目前广泛应用于临床各科，如泌尿外科的前列腺癌根治术、肾脏切除术、肾盂成形术、输精管吻合术，心脏外科的冠状动脉旁路移植术、瓣膜置换术、交感神经切断术，普外科的胆囊切除术、胃底折叠术、胃旁路手术、胃大部切除术、结肠切除术、脾切除术、胰腺切除术、肝叶切除术，妇产科的输卵管吻合术、子宫附件切除术，以及耳鼻喉科的功能性鼻内镜手术等。与传统腹腔镜手术相比，机器人手术具有可行性和优越性，这种优越性更明显地体现在泌尿外科和心脏外科的手术上。通常，实施开放式外科手术需要输血，会带来传染疾病等危险，而机器人做手术则出血很少。普通开放式外科手术，患者需 2 ~ 3 天才可出院，6 周后才能恢复正常活动，而用机器人做手术后，患者 1 天即可出院，1 周后即可正常活动。

上述机器人手术系统都是在体外将操作器械通过体表打洞送入体内进行手术，因此手术操作在一定程度上都会受到小切口的限制。当前医疗机器人的另一个发展方向是研究能完全置于人体内的微型机器人，主要包括内窥镜机器人和微型手术机器人。微型机器人可以执行某些困难的或看似不可能完成的任务，这些不受限制、无线控制的设备，将使现有的微创治疗和诊断程序出现巨大变化，使患者受益很多，如缩短术后恢复时间、减少并发症及感染风险等。微型机器人在医学上的应用包括以下几个方面：靶向治疗，靶向给药在提高治疗部位药物浓度的同时降低其副作用；清除异物，微型机器人可以进行组织消融、超声消融、活检或微型切除；可控结构，微型机器人可以作为支架支持神经、人造器官和血管的再生，也可以阻塞滋养肿瘤的血管；遥测，微型机器人可以从不易获得信息的特定位置获取有用信息。毫米级的微型机器人可在整个身体内部执行医疗任务，其中包括对心血管系统、中枢神经系统、泌尿系统、眼科疾病、耳鼻喉疾病及妇产科疾病的诊断及治疗。但是目前费用过高，且仍然处于初步发展阶段。当前的机器人手术系统、内窥镜系统和体内微型机器人系统等技术在未来将互相借鉴、融合并实现整体突破。

三、恶性肿瘤的化学治疗

（一）常规化疗简述

化学治疗属于药物治疗，是恶性肿瘤治疗的重要手段。化学治疗通常是使用细胞毒药物来杀伤恶性肿瘤细胞，对于可手术切除的中晚期肿瘤，术后辅助化疗能进一步消灭残存的亚临床病灶，提高了恶性肿瘤的治愈率。对于某些不能手术切除的恶性肿瘤，经辅助化疗的开展，可变为可切除，提高了治愈的希望。但化学治疗在杀伤肿瘤同时也损害机体本身的造血和器官功能，并且易产生耐药性而治疗失败。

（二）新型化疗药物

1942 年，医学界试用氮芥治疗淋巴肿瘤，及 1948 年应用氨茎喋呤治疗一例小儿白血病患者取得成功，开创了肿瘤化疗的历史。抗肿瘤药物经多年发展，已逐渐从传统的细胞毒性杀伤向分子靶向药物过渡，并且分子靶向抗肿瘤药物在得到批准的药物中占较大比例。近年来，单一靶点的小分子抗肿瘤药、多靶点抗肿瘤药以及单克隆抗体等已成为这一领域的研究热点。常见的抗肿瘤药物按作用靶点可分为以下几类：作用于信号转导通路关键分子的药物、蛋白激酶抑制剂、作用于肿瘤免疫领域的靶向药物和其他靶向药物。目前分子靶向治疗已成为肿瘤治疗的重要策略，越来越多的小分子靶向药物已被应用于临床，且取得了一定的疗效。深刻认识肿瘤的发病机制，深入了解靶点的分子机制，真正做到“对症下药”，同时将靶向治疗与“个体化治疗”“精准医疗”结合起来，为不同的患者“量体裁衣”，可以最大限度减少药物的毒副作用，提高疗效。

四、恶性肿瘤的放射治疗

（一）常规放疗简述

放射治疗，简称放疗，属于物理疗法，是用 X 射线，γ 射线、电子线等放射线照射癌组织，破坏细胞的染色体，使细胞生长停止。恶性肿瘤晚期常发生全身远处转移，临床预后差，缺乏有效治愈手段。放疗作为有效的姑息治疗手段具有毒性小、副作用少及资源消耗低等优势，常应用于恶性肿瘤骨转移、颅内转移及肿瘤原发灶的姑息治疗。同时，放疗又是对手术的有效补充，如部分肺癌、宫颈癌、食管癌、脑瘤病人，手术不能完全切除者，在手术瘤床区做根治剂量的放疗，可以达到完全缓解。

（二）恶性肿瘤的放射治疗新技术

针对肿瘤的精准医学还应该包括肿瘤精确放射治疗，精确放射治疗是相对于传统意义上普通放射治疗而言的。随着计算机技术和肿瘤影像技术的发展，放射治疗的模式发生了很大改变，产生了很多新技术手段，可以最大限度地提高肿瘤组织剂量，尽最大可能保护周围组织。

1. 三维适形放疗（3DCRT）

这是一种高精度的放射治疗，它利用 CT 图像重建三维的肿瘤结构，通过在不同方向上，设置一系列不同角度的照射野，并采用与病灶形状一致的适形挡铅，使得高剂量区的分布形状在三维方向（前后、左右、上下方向）上与肿瘤组织靶区形状基本一致，同时使得病灶周围正常组织的受量降低，这是精确放疗的最基础的一种技术。

2. 调强放射治疗（IMRT）

这是三维适形放疗的一种更高要求，要求辐射野内剂量强度按照放疗医师提出的要求进行调节。在三维放疗条件下，针对靶区三维形状和肿瘤周围重要器官，对不同组织的强度进行调节，单个辐射野内剂量分布是不均匀的，但是整个靶区体积内剂量分布比三维适形治疗更均匀。

3. 容积调强放射治疗（VMAT）

在调强放射治疗的基础上，机器可以围绕患者进行旋转治疗，同时进行调强治疗，具有更好的适形度，能节省治疗时间。

4. 图像引导放射治疗（IGRT）

不同于一般直线加速器，这种机器能同时拍摄 CT 图像，确保肿瘤组织准确定位，确保与治疗计划的一致性，同时能及时判断治疗组织的变化情况，方便医师及时更改治疗计划。

5. 立体定向放射治疗（SBRT）

在以上技术成熟的同时，在高度适形和最大限度地保护正常组织前提下，可以单次大剂量照射，减少总治疗剂量的照射次数。可以明显解决患者来医院多次治疗的麻烦，有效地利用机器，治疗更多的患者。

6. 射波刀（Ciberknife）

拥有灵活的机器手臂，可以360度旋转，还可以做到多个病灶同时治疗，最大的特点就是可以做到呼吸追踪，完全可以做到跟随治疗，时刻紧跟肿瘤的移动而移动，使肿瘤时刻接受足量的剂量。射波刀的优势在于治疗精准、无痛无创、治疗时间短。

7. 质子－重离子放疗

这是当代公认的先进有效的放疗尖端技术，其由射线独特的物理特性和生物特性所决定。物理特性是在射程范围内形成一个陡峭的高剂量峰，即Bragg峰，Bragg峰位的深度可以通过改变入射离子的初始能量来调节。治疗时把Bragg峰精确地调整到整个肿瘤靶区，使周围正常的组织只受到很小剂量的照射。生物特性是质子－重离子射线直接对DNA双链进行不可修复的破坏，对于普通光子射线不敏感的乏氧癌细胞，质子－重离子射线同样可以破坏其DNA双链，导致不可逆修复，所以对于常规放疗不敏感的肿瘤，这种治疗方式也能收到很好的效果。中子治疗最大优点就是对乏氧的肿瘤细胞特别敏感，经过中子治疗后的肿瘤组织，乏氧细胞复活率几乎为零，局部复发率极低，这是它的独特优势，所以中子治疗是具有生物学优势的先进治疗方法。硼中子俘获治疗系统目前主要用于治疗脑胶质瘤和黑色素瘤这些对常规放疗不敏感的肿瘤。

五、恶性肿瘤的微创介入治疗

（一）概述

肿瘤微创介入治疗又名微创介入疗法，具有以下特点：精确定位、精确治疗，多种微创治疗方法序贯联合治疗，微创治疗与肿瘤多学科综合治疗，根治性肿瘤微创治疗，局部、区域微创介入治疗联合全身多层次治疗，人性化、理性化治疗，肿瘤微创淋巴结清扫。影像学导向下微创介入治疗从诊疗技术方法上可分为血管性和非血管性两大类，血管性介入治疗的主要内容为经血管选择性插管肿瘤局部灌注化疗和栓塞，而非血管介入的主要内容为经皮穿刺肿瘤的消融治疗（Ablation）和放射性粒子植入。肿瘤介入治疗可用于治疗肺癌、肝癌，也可用于治疗头颈部肿瘤、肾癌 胃癌、乳癌、胰腺癌、食管癌、胆管肿瘤、盆腔恶性肿瘤、四肢软组织或骨恶性肿瘤等。对于外科手术不能切除的肿瘤，可以用此方法达到姑息治疗；也可通过灌注抗癌药物后，使肿瘤缩小再行外科手术切除；还可用于肿瘤切除术后患者进行预防复发的动脉内灌注化疗。这种治疗的特点：一是灌注药物浓度高，如肝癌肝动脉灌注比静脉给药的药物浓度要高出100～400倍，高浓度化疗可以起到大量杀灭肿瘤细胞的作用，又能减轻全身不良反应，所以成为抗癌治疗的重要方法之一；二是产生血管栓塞作用，肿瘤血管堵塞后，肿瘤组织因缺血而变性、坏死，因此介入治疗对于局部肿瘤的疗效比全身化疗要好得多，局部灌注的药物对全身肿瘤也能起治疗作用。

（二）微创介入技术

微创介入技术主要包括以下五个方面：（1）再通技术，简称“通”，即对人体因各种原因造成各种管腔狭窄或闭塞的病症进行再通，对没有管腔的组织器官进行造口和管腔再造技术。（2）栓塞技术，简称“堵”，是指采用某些栓塞物质，如明胶海绵、聚乙烯醇、螺圈、无水乙醇、组织黏合剂等对体内异常通道、肿瘤供血动脉、畸形血管、动脉瘤、动静脉瘘、出血血管进行栓堵的治疗技术。（3）灌注技术，简称“注”，是指用导管、细针向组织或器官内注入各种药物进行治疗的技术。（4）取出技术，简称“取”，是指通过微创介入技术获取体内组织或血样进行活检诊断，对体内异常积液、积脓进行抽吸、置管引流以及异物取出的技术。（5）消融技术，简称“消”，是近10年肿瘤微创介入治疗领域的新方法，经皮穿刺消融治疗发展迅速。

六、精准医学

（一）概述

自20世纪以来，手术、放疗和化疗作为传统三大方法，对恶性肿瘤的治疗取得较好的疗效，但这些治疗手段不良反应大，且患者常易出现耐药、肿瘤复发和转移等情况，故临床上对恶性肿瘤的治疗正逐步走向个体化、精准化、高效安全的方向发展。2015年1月20日，美国总统奥巴马在其国情咨文中提出了“精准医学计划（PMI）”，希望达到更接近治愈癌症和糖尿病等疾病的目标，并使所有人获得自己的基因信息，保护自己及家人的健康，开拓、进入一个医学新时代。2016年3月，国家科技部颁布了“精准医学研究”重点专项申报指南，旨在建立多层次精准医学知识库体系和安全稳定可操作的生物医学大数据共享平台，突破新一代生命组学临床应用技术和生物医学大数据分析技术，建立创新性的大规模研发疾病预警、诊断、治疗与疗效评价的生物标志物、靶标、制剂的实验和分析技术体系。此后，精准医学迅速成为全球医学界热议和关注的焦点，美国国家癌症研究所（NCI）将“精准医学”定义为将个体疾病的遗传学信息用于指导其诊断或治疗的医学。

肿瘤精准治疗的基石就是依据个体间分子遗传学上的差异，寻找到与其相关的生物标志物，如DNA、RNA、蛋白质、代谢物或微生物等，并以此作为确定药物治疗的靶点和干扰相关通路的基础，比如现在广泛应用于肺癌、肝癌等的分子靶向治疗就是典型的肿瘤精准治疗。靶向治疗是在细胞分子水平上，针对已经明确的致癌位点的治疗方式（该位点可以是肿瘤细胞内部的一个蛋白分子，也可以是一个基因片段）。可设计相应的治疗药物，药物进入体内会特异地选择致癌位点来结合并发生作用，使肿瘤细胞特异性死亡，而不会波及肿瘤周围的正常组织细胞。

恶性肿瘤免疫疗法是随着对机体抗肿瘤的特异性免疫应答的深入了解，以及对肿瘤免疫逃逸机制和肿瘤微环境的深入认识后逐渐研究出的新策略和新思路。

（二）恶性肿瘤免疫治疗

1. 特异性主动免疫治疗

主要指用肿瘤疫苗刺激机体产生针对肿瘤特异性抗原的免疫应答，作为癌症患者手术、化疗或放疗的一种辅助治疗，目的是克服因肿瘤产物造成的免疫抑制状态，增强肿瘤相关抗原的免疫原性，以刺激特异性免疫来攻击肿瘤细胞。

2. 肿瘤的被动免疫治疗

近20年来，单克隆抗体治疗肿瘤的基础和临床研究进展迅速，属肿瘤免疫治疗中较为成功的一种手段。

截至2018年1月，美国已批准五种抗体用于治疗各类晚期实体瘤以及恶性血液系统疾病。尽管肿瘤免疫治疗具有良好的抗肿瘤疗效，但通过阻断免疫检查点增强肿瘤特异性免疫反应的同时，也会非特异性地激活免疫系统，导致免疫稳态被破坏，导致与治疗相关的特殊炎症等不良反应，即免疫相关不良反应。随着抗体在临床适应证的不断扩大，临床医师对治疗过程中产生的不良反应的认识也会逐渐完善，未来也亟需对其产生机制及针对性应对策略进行深入研究。

3. 肿瘤的过继免疫治疗

这是将经处理的自体或异体的免疫细胞或免疫分子输给患者，以增强患者细胞免疫功能的方法。除了上述几种免疫治疗的方法外，其他如重组细胞因子的疗法，以及细胞因子基因治疗或细胞因子受体基因治疗等，也是较重要的肿瘤免疫治疗的途径。

嵌合抗原受体修饰的T细胞疗法作为过继性细胞治疗的一种，其概念最早在1989年提出。嵌合抗原受体分子是一类人工构建的表达于细胞膜的嵌合受体，依靠抗体的特异性获得识别肿瘤细胞表面特异抗原的能力，通过嵌合抗原受体分子胞内的激活段，获得T细胞激活细胞免疫疗法，在临床应用中已取得了一定进展，特别是在急性白血病和非霍奇金淋巴瘤中均取得了较好的疗效。因此，在临床实施的过程中，应充分评估嵌合抗原受体修饰的T细胞疗法治疗实体肿瘤的有效性和安全性，选择适当的治疗强度。目前，寻找特异性更强的靶抗原、优化结构和提高对抗免疫抑制微环境的能力是目前亟待解决的科学问题。

随着分子生物学和分子免疫学及其相关生物高技术的飞速发展，有关肿瘤免疫治疗的新方法、新思路、新途径不断地涌现，其基础和临床研究均呈上升趋势，并向纵深发展。回顾和总结过去临床肿瘤学研究所取得的进展，特别是那些改变了或可能改变临床实践的重要进展，对于准确把握当前临床肿瘤学的前进方向，对未来继续努力征服肿瘤具有承前启后的重要意义。

第四节　糖尿病治疗新技术

一、糖尿病概念及流行病学

糖尿病（DM）是一组由多种病因引起的以慢性高血糖为特征的代谢性疾病，是胰岛素分泌和作用缺陷所导致。长期碳水化合物以及脂肪、蛋白质代谢紊乱可引起多系统损害，如眼、肾脏、神经、心脏、血管等组织器官慢性进行性退变、功能减退及衰竭。

随着生活水平的提高、饮食结构的改变、日趋紧张的生活节奏以及少动多坐的生活方式等诸多因素影响，全球糖尿病发病率增长迅速，糖尿病已经成为继肿瘤、心血管病变之后第三大严重威胁人类健康的慢性疾病。根据国际糖尿病联盟（IDF）统计，2011年全世界糖尿病患者数达3.6亿。为了进一步防控糖尿病，世界卫生组织和国际糖尿病联盟于1991年共同发起活动，将每年的11月14日定为世界糖尿病日，其宗旨是引起全球对糖尿病的警觉和醒悟。有调查研究显示，目前中国的糖尿病发病率高达9.7%，糖尿病前期的比例高达15.5%。我国患病人群中以Ⅱ型糖尿病为主，所占比例达到93.7%，Ⅰ型糖尿病约占5%，其他类型糖尿病仅占0.7%，城市妊娠糖尿病的患病率接近5%。

二、糖尿病的药物治疗

目前糖尿病的治疗方式有饮食运动、口服药物控制、胰岛素降糖治疗、健康教育四种方式，与保险经营相关的主要是糖尿病药物及胰岛素降糖治疗两大类治疗方式。多个回顾性研究对住院患者降糖治疗方式选择情况进行调查研究发现，住院患者选择胰岛素类针剂降糖多于口服药物降糖；对口服药物而言，二甲双胍用药频率最高，其次为磺脲类及 α 葡萄糖苷酶抑制剂类。

（一）新型降糖药物

胰高血糖素样肽 -1（GLP-1）类似物已在美国、欧洲及中国上市或进入临床研究，并且由于其低血糖风险低、降低体重等优势取得了一定的市场份额。GLP-1 主要以葡萄糖浓度依赖性方式作用于胰岛 β 细胞，从而增加胰岛素的分泌及合成。另外，可通过刺激 β 细胞分化和增殖，增加胰岛素 β 细胞的数量。

二肽基肽酶 IV（DPP-IV）抑制剂可提高胰岛 β 细胞对葡萄糖的敏感性，近些年来，这一类药物也逐步获得上市批准。

（二）糖尿病的胰岛素降糖治疗

1. 胰岛素分类及药物特点

20 世纪 90 年代，人们利用基因工程技术对人胰岛素的氨基酸序列及结构进行局部修饰，合成了人胰岛素类似物，按照作用时间长短可分为短效、中效、长效和超短效胰岛素。

目前应用于临床的超短效胰岛素主要有两种，赖脯胰岛素和门冬胰岛素。超短效人胰岛素类似物与短效胰岛素相比，具有起效快、可餐前即刻注射、高峰时间提前、持续时间短等特点，不易出现下一餐前低血糖，更适合在胰岛素泵中使用，其在妊娠糖尿病及儿童糖尿病患者应用的安全性也已被证实。

常用的长效胰岛素主要有甘精胰岛素、地特胰岛素等。长效人胰岛素类似物吸收稳定，恒速释放入血，作用时间长，一般每日注射 1 次即可，药效学与胰岛素泵相似，可提供稳定的胰岛素浓度，不仅能有效控制空腹血糖，且较少引起血糖波动及夜间低血糖，因而是较理想的基础胰岛素剂型。

预混人胰岛素类似物是将短效制剂和中效制剂（R 和 N）进行不同比例混合的双时相人胰岛素类似物，如诺和锐 30R，即含有 30% 的可溶性门冬胰岛素和 70% 精蛋白门冬胰岛素。其中的速效胰岛素能提供更快、更高的餐时胰岛素分泌峰，与餐后血糖峰的同步性大大改善，有效降低餐后血糖的漂移；速效胰岛素降低餐后血糖后，血药浓度迅速下降，减少餐前的低血糖；精蛋白结合胰岛素成分则可提供基础胰岛素的补充，有效降低空腹血糖。

2. 胰岛素泵

胰岛素泵又称为持续皮下胰岛素输注（CSII），为模拟人体生理胰岛素分泌的一种胰岛素运载系统，其体积小，携带方便，并有报警装置。主要特点是机体对胰岛素的吸收稳定，能平稳地控制血糖，减少低血糖的发生，降低糖化血红蛋白，延缓糖尿病并发症的发生发展。

目前在我国使用的胰岛素泵基本上都是开环式泵，即需要自己监测血糖，预先设定胰岛素释放的基础量和餐前大剂量，再根据血糖监测结果调整基础和餐前剂量。

表 5–1　Ⅱ型糖尿病围手术期胰岛素泵与非胰岛素泵治疗比较（2008 年）

组别	例数	空腹血糖达标时间（日）	餐后血糖达标时间（日）	费用（元）
胰岛素泵	257	4 ± 2	4 ± 2	1200 ± 453
非胰岛素泵	195	7 ± 3	8 ± 4	1500 ± 637
P 值		<0.05	<0.05	<0.05

研究显示，在围手术期使用胰岛素泵，患者的血糖达标时间、费用控制均明显优于非胰岛素泵组，说明胰岛素泵控制血糖有降糖迅速、费用较低的特点，对患者术后恢复、减轻患者经济负担有重要意义。

3. 动态血糖监测系统（CGMS）

动态血糖监测系统（CGMS）是一种新型血糖监测手段，每 5 分钟测 1 次血糖，全面、客观地反映各时间的血糖，医生可根据血糖波动曲线，设置个体化的胰岛素泵治疗方案，有效调节患者餐前、餐后血糖，使患者全天候的血糖水平得到良好控制。目前这种闭环式血糖自动调节、控制系统已经研制成功，并获得了美国食品药品管理局的审批，其根据血糖情况、机体对胰岛素的敏感性等指标，可智能化、自动化调整胰岛素用法，精准控制血糖，是真正的“人工胰腺”，也是目前治疗糖尿病最理想的方式。

4. 人工胰腺

人工胰腺的临床应用是循序渐进的过程。第一阶段是夜间闭环模式或暂停胰岛素输注模式的人工胰腺，主要目的是减少夜间低血糖，进餐和运动对血糖的影响则由其他治疗策略来应对。2013 年 9 月 27 日，美敦力公司的人工胰腺被批准用于治疗Ⅰ型糖尿病，其使用的是夜间暂停胰岛素输注模式。第二阶段是发展自动化程度较高的人工胰腺，餐前可通过手动调节胰岛素输注以促进餐后血糖达标，其余时间的血糖控制则交由人工胰腺完成。第三阶段是研发真正完全自动调节血糖的人工胰腺。

5. 吸入胰岛素

吸入胰岛素主要通过肺、口腔黏膜、鼻腔黏膜三种吸收方式，以肺部吸入方式为主。吸入胰岛素起效时间明显比皮下注射常规人胰岛素短，且持续时间跟皮下注射常规胰岛素没有明显差别。

三、胰岛细胞移植术

对于大多数Ⅰ型糖尿病病人，通过胰岛素治疗、血糖监测和饮食控制是可以合理控制血糖水平的，但胰岛素治疗有发生致命性低糖血症的可能，因严重低糖血症死亡的Ⅰ型糖尿病病人甚至可以达到10%。因此，对于血糖不稳定或有低血糖相关的自主神经障碍的病人，胰岛细胞移植成为安全、有效的治疗方案，胰岛移植已被确认是唯一可根治糖尿病的方法。对于Ⅰ型糖尿病人，长期保持血糖水平正常能显著延缓微血管并发症，包括视网膜病变、肾病和神经病变的进展。一项对10例单纯胰岛细胞输注病人的五年随访研究显示，无论是否实现完全脱离胰岛素，所有10例病人的糖化血红蛋白均维持在最适水平（< 7.2%）。因此，提高胰岛移植的成功率对治疗糖尿病，提高糖尿病病人的生活质量有着非常重要的意义。然而，胰岛移植的供体来源、免疫抑制方案及胰岛的提取方法等仍有待进一步研究，目前在临床难以大面积推广。

四、糖尿病并发症对患者治疗费用的影响评估

Ⅱ型糖尿病是一种终身性疾病，易并发心脏、血管、肾脏、视网膜及神经等病变，给个人和社会造成沉重的医疗负担。中国大城市2001年治疗Ⅱ型糖尿病及其并发症的直接医疗总费用为187.5亿元，占卫生总费用的3.94%。其中81%的费用用于治疗与Ⅱ型糖尿病相关的并发症，治疗无并发症的直接医疗费用仅占19%。我国糖尿病患病率逐年增长，20年间标准化率增长约5倍以上，环顾全球此种增长速度实为罕见，特别是Ⅱ型糖尿病患病率的增长速率又较总体增长速率高，与之对应的是直接医疗成本的上升。调查机构对我国主要城市Ⅱ型糖尿及并发症经济负担进行了调查，提示患者人均每年直接医疗费用中位数为4800元，平均10164元，以上基于2007年的数据提示Ⅱ型糖尿病及其并发症的年医疗费用约260亿美元，学者估计在2030年可增长至472亿美元。其他研究提示Ⅱ型糖尿病患者的年治疗费用负担与其并发症有重要联系。

表 5–2 某地区糖尿病并发症个数与治疗费用

并发症个数	次均住院费用（元）	次均住院日数（天）	年均住院费用（元）	次均药品费用（元）	次均检查费用（元）	次均自费负担（元）
0	3744.61	13.71	5429.68	1070.79	274.69	98.15
1	3619.23	14.51	5971.72	1359.23	320.91	115.39
2	4636.92	14.98	8392.82	2060.15	346.76	78.46
3	5171.54	15.95	12101.41	2498.46	418.49	105.11
4	5296.14	17.23	13664.04	2530.51	438.16	163.87
5	5684.62	20.41	17679.16	2838.46	466.89	130.52
6	5906.15	21.01	18958.74	3023.07	536.15	210.61
7	5919.23	20.92	21131.65	3311.53	346.18	264.63
平均	5517.69	16.19	12414.81	2717.69	443.85	153.89

随着糖尿病并发症数目的增多，其次均住院费用、年均住院费用及次均药品费用均增高，特别需指出的是合并七种并发症的Ⅱ型糖尿病患者其各项比较指标可为无并发症患者的 2 ~ 3 倍，占据了巨大的医疗卫生资金资源。分析可知，无并发症患者的药品费用、化验费用、检查费用等均低于有并发症的Ⅱ型糖尿病患者，且其年均住院次数和次均住院日数均较低，以上因素都可直接或间接增加年治疗费用负担。

在所有并发症中，大血管并发症的直接治疗费用较高，特别是Ⅱ型糖尿病患者伴经皮冠状动脉成形术的次均直接治疗费用位列第一，而Ⅱ型糖尿病患者伴尿毒症的年均直接治疗费用位列第一，因为尿毒症患者需长期透析治疗。所有并发症中应重点防治糖尿病肾病，防止患者出现不可逆的肾损害而进展为尿毒症，这对于减轻患者的疾病费用负担有重要意义。综上，有效控制Ⅱ型糖尿病患者的并发症发生及并发症的数量是控制其年治疗费用的重要措施，且对于肾脏相关并发症、大血管病变等并发症需要重点预防。

表 5–3 某地区不同的糖尿病并发症的年直接治疗费用比较（元）

类别	次均直接治疗费用	年均直接治疗费用
小血管病变	6953.71	11823.19
足部溃疡	5758.45	9998.37
截肢	7961.25	12738.67
肾功能衰竭	4132.68	18860.43

续表

类别	次均直接治疗费用	年均直接治疗费用
尿毒症	6198.32	125047.27
视网膜病变	4430.15	15389.09
失明	7309.05	25852.27
外周神经病变	4059.33	5060.82
大血管病变	10312.7	15486.93
TIA	6311.42	8836.65
脑卒中	9841.35	16731.95
心绞痛	4585.88	7769.45
急性心肌梗死	8369.41	15928.18
慢性心力衰竭	5498.45	9897.37
PTCA	31062.66	2931.79
冠状动脉搭桥术	24980.87	37336.56

第五节 器官移植技术

一、器官移植概述

器官移植是指将健康器官移植到另一个个体内，并使之迅速恢复功能的手术。器官移植的目的是代替因致命性疾病而丧失功能的器官，使被移植个体能重新拥有相应器官，并正常工作。器官移植在20世纪以前一直是人类的梦想，在20世纪初期，医学界对治疗那些身体某个器官功能严重衰竭的病人依旧束手无策，由于受种种客观条件的限制，器官移植在当时只是停留在动物实验阶段。到了50年代，世界各地的医生开始进行人体试验，但由于不能很好地控制移植后的排斥反应，器官移植的效果不尽如人意。这种情况一直延续到诺华公司发明了免疫抑制药物——环孢素，环孢素的发明使移植后器官存活率大大提高，器官移植事业得到了飞速发展，这是20世纪尖端医学的重大成就之一。

（一）器官移植历史

自1954年肾移植在美国波士顿获得成功以来，人类已能移植除了人脑以外，几乎所有的重要组织和器官。器官移植是活性移植，要取得成功，技术上有三个难关需要突破。

一是移植器官一旦植入受者体内，必须立刻接通血管，以恢复输送养料的血供，使细胞赖以存活，这就要求有一套不同于缝合一般组织的外科技术，而这种完善的血管吻合操作方法，直到 1903 年才由 A. 卡雷尔创制出来。

二是切取的离体缺血器官在常温下短期内（少则几分钟，多则不超过一小时）就会死亡，不能用于移植，而要在如此短促的时间内完成移植手术是不可能的。因此，要设法保持器官的活性，这就是器官保存。方法是降温和持续灌流，因为低温能减少细胞对养料的需求，从而延长离体器官的存活时间，灌流能供给必需的养料。直到 1967 年由 F.O. 贝尔泽、1969 年由 G.M. 科林斯分别创制出实用的降温灌洗技术，包括一种特制的灌洗溶液，可以安全地保存供移植用肾的活性达 24 小时，这样才赢得器官移植手术所需的足够时间。

三是医疗上用的器官来自另一个人，但是受者能对进入其体内的外来“非己”组织器官加以识别、控制、摧毁和消灭，这种生理免疫过程在临床上表现为排斥反应，导致移植器官破坏和移植失败。移植器官像人的其他细胞一样，有两大类主要抗原：ABO 血型和人类白细胞抗原（HLA），它们决定了同种移植的排斥反应。ABO 血型只有四种（O、A、B、AB），寻找 ABO 血型相同的供受者并不难，但是白细胞抗原异常复杂，现已查明有七个位点，共 148 个抗原，其组合可超过 200 万种。除非同卵双生子，事实上不可能找到 HLA 完全相同的供受者。因此，同种移植后必然发生排斥反应，必须用强有力的免疫抑制措施予以逆转。到 1960 年代才陆续发现有临床实效的免疫抑制药物，这才能使移植的器官长期存活。1962 年，美国 J.E. 默里第一次进行人体肾移植获得长期存活，器官移植作为医疗手段才成为现实。

（二）移植应用

移植的器官若为成对的器官（如肾），可取自尸体，也可取自自愿献出器官的父母或同胞；而整体移植的单一器官（如心、肝），只能取自尸体。移植于原来解剖部位，叫作原位移植，如原位肝移植，必需先切除原来有病的器官；而移植于其他位置则称为异位移植或辅助移植，原来的器官可以切除也可以保留。若移植的器官丧失功能，还可以切除，并施行再次、三次甚至多次移植。一次移植两个器官的手术叫作联合移植，如心肺联合移植。同时移植三个以上器官的手术叫多器官移植。移植多个腹部脏器（如肝、胃、胰、十二指肠、上段空肠）时，这些器官仅有一个总的血管蒂，移植时只需吻合动、静脉主干，这种手术又名“一串性器官群移植”。现在还不能用动物器官作移植，因为术后发生的排斥反应极为猛烈，目前的药物不能控制，移植的器官无法长期存活。

进入80年代后，由于外科技术的进步、保存方法的改进、交通的发展、移植中心的建立，特别是新的副作用少、效力强大的免疫抑制剂的应用，器官移植的疗效大为提高。现在常用的移植器官有肾、心、肝、胰腺与胰岛、甲状旁腺、心肺、骨髓、角膜等；处于临床初用或实验阶段的有心肺、肺、小肠、肾上腺、胸腺、睾丸以及肝细胞、胎肝细胞、脾细胞输注等。在先进国家中，肾移植已成为良性终末期肾病（如慢性肾小球肾炎、慢性肾盂肾炎等所致的慢性肾功能衰竭）的首选常规疗法，到1990年年底全球已施行234559例次（中国5000余次），存活10年以上者成批出现，许多人恢复工作，结婚、生育一如常人。心、肝移植到1990年共分别施行16136和14168例次（中国分别为3和58例），一年存活率分别达90%和80%以上，最长存活均已达20年，工作、生活均甚满意。胰腺移植到1990年年底已达2836例次（中国八例次），已出现八年以上有功能存活者，适用于治疗Ⅰ型糖尿病。一串性器官群移植到1990年已有21例，其中治疗上腹部肝、胰等恶性肿瘤伴有腹腔淋巴转移的15例中，有9例长期存活。中国在带血管胚胎甲状旁腺移植、胚胎胰岛移植以及带血管异体脾移植、肾上腺移植等方面积累了较多经验，而国外对这些移植极少报道。有些部位，如角膜的移植较为特殊，可能由于该部位没有血管生长，血液中的免疫活性淋巴细胞不能接触角膜，角膜原位移植很少发生排斥反应，效果甚好，成功率达95%以上；即使发生排斥，也仅表现为角膜混浊，应用泼尼松龙有效。目前，角膜移植已成为常规手术，在眼科中广泛应用。

（三）组织移植

各类组织包括皮肤、脂肪、筋膜、肌腱、硬膜、血管、淋巴管、软骨和骨的移植。其中除同种皮肤移植属活性移植，其表现与上述器官移植特点相同外，其他各类组织移植则属于另一种类型，叫作非活性移植或结构移植。移植后组织的功能并不决定于移植组织内的细胞，而仅仅依靠移植物组织所提供的机械结构——支持性基质和解剖网络，使来自受者的同类细胞得以在此定居。因此，结构移植时，移植组织内细胞的活性并非必要，事实上这些细胞已失去活力。新鲜组织可用作移植，移植后不会发生排斥反应，因此不必应用免疫抑制药物。

（四）脏器移植

常见的移植脏器包括心脏、肺脏、肝脏、肾脏、胰腺等，除此之外尚有脾脏、小肠等脏器可以通过接受移植手术获得治愈。由各种病因导致的终末期心脏衰竭的病人，心脏移植是唯一的治疗方法。终末期良性肺部疾病的患者，经过传统内科治疗无法治愈，但估计尚有 1 ~ 3 年存活希望，可考虑进行肺移植手术来改善身体状况。处于良性肝病末期，无法用传统内科手术治疗的患者，肝脏移植是唯一的方法。当一些疾病对肾脏产生损害，肾脏不能发挥正常的生理功能时，就会逐渐发展为肾功能不全、氮质血症，其终末期就是尿毒症，挽救尿毒症患者生命的方法包括透析和肾脏移植。胰脏移植多数是与肾脏移植同时进行的，主要用于治疗晚期糖尿病、I 型糖尿病和胰切除后糖尿病。

（五）排斥反应

1. 宿主抗移植物反应

受者对供者组织器官产生的排斥反应称为宿主抗移植物反应（HVGR），根据移植物与宿主的组织相容程度，以及受者的免疫状态，移植排斥反应主要表现为三种不同的类型。

超急排斥反应一般在移植后 24 小时发生。目前认为，此种排斥主要由于 ABO 血型抗体或抗 I 类主要组织相容性抗原的抗体引起的。受者反复多次接受输血、妊娠或既往曾做过某种同种移植，其体内就有可能存在这类抗体。在肾移植中，这种抗体可结合到移植肾的血管内皮细胞上，通过激活补体而直接破坏靶细胞，或通过补体活化过程中产生的多种补体裂解片段，导致血小板聚集、中性粒细胞浸润并使凝血系统激活，最终导致严重的局部缺血及移植物坏死。超急排斥一旦发生，无有效方法治疗，终将导致移植失败。因此，通过移植前 ABO 及 HLA 配型可筛除不合适的器官供体，以预防超急排斥的发生。

急性排斥是排斥反应中最常见的一种类型，一般于移植后数天到几个月内发生，进行比较迅速。肾移植发生急性排斥时，可表现为体温度升高、局部胀痛、肾功能降低、少尿甚至无尿、尿中白细胞增多或出现淋巴细胞尿等临床症状。T 细胞介导的免疫应答是急性移植排斥的主要原因，即使在移植前进行配型及免疫抑制药物的应用，仍有 30% ~ 50% 的移植受者会发生急性排斥，大多数急性排斥可通过增加免疫抑制剂的用量而得到缓解。

慢性排斥一般在器官移植后数月至数年发生，主要病理特征是移植器官的毛细血管床内皮细胞增生，使动脉腔狭窄，并逐渐纤维化。慢性免疫性炎症是导致上述组织病理变化的主要原因，目前对慢性排斥尚无理想的治疗措施。

2. 移植物抗宿主反应

如果免疫攻击方向是由移植物针对宿主，即移植物中的免疫细胞对宿主的组织抗原产生免疫应答并引起组织损伤，则称为移植物抗宿主反应（GVHR）。急性抗宿主反应一般发生于骨髓移植后 10 ~ 70 天内。如果去除骨髓中的 T 细胞，则可避免抗宿主反应的发生，说明骨髓中 T 细胞是引起抗宿主反应的主要效应细胞。但临床观察发现，去除骨髓中的 T 细胞后，骨髓植入的成功率也下降，白血病的复发率，病毒、真菌的感染率也都升高。这说明，骨髓中的 T 细胞有移植物抗白血病的作用，可以压倒残留的宿主免疫细胞，避免宿主对移植物的排斥作用，也可以在宿主免疫重建不全时，发挥抗微生物感染的作用。因此，选择性去除针对宿主移植抗原的 T 细胞，而保留其余的 T 细胞，不但可以避免抗宿主反应，而且可以保存其保护性细胞免疫功能。

3. 抗排斥反应的预防与治疗

不同脏器移植通常采取不同的抗排斥方案，以肝移植为例，目前肝移植术后通常以三联免疫抑制方案预防排斥反应。术后一般需长期服用抗排斥药物，并定期监测血药浓度、肝肾功能、巨细胞病毒、EB 病毒等指标。

当术后出现急性排斥反应时，通常采用大剂量静脉注射甲泼尼龙的冲击治疗方案，同时根据血药浓度调整其他免疫抑制剂的剂量，并监测有无骨髓抑制、机会性感染、消化道并发症等并发症的发生。器官移植一般需长期服用抗排斥药物，根据个体差异不同，术后第一年抗排斥药物费用大约在 6 万 ~ 9 万元不等，之后每年的费用大约在 4.5 万 ~ 7 万元不等。

二、临床应用

（一）心脏移植

心脏移植主要是针对晚期充血性心力衰竭和严重冠状动脉疾病进行的外科移植手术，是将已判定为脑死亡并配型成功的人类心脏完整取出，植入所需受体胸腔内的同种异体移植手术。受体的自体心脏被移除（称为原位心脏移植）或保留用以支持供体心脏（称为异位心脏移植），手术方式主要包括原位心脏移植术和异位心脏移植术。心脏移植并不是心脏病的常规治疗方法，而是作为挽救终末期心脏病病人生命和改善其生活质量的一个治疗手段。

目前，随着心脏外科手术技术日益成熟，心脏移植术后患者的生存率及平均生存期均较以往有明显的提升（表 5-4），但目前总体费用及术后随访、用药费用仍较高，所幸部分省市已将心脏移植术后抗排异治疗费用纳入门诊特殊病种报销范围。如北京市从 2013 年 4 月起，将心脏（肺）移植术后抗排异治疗纳入门诊特殊病报销范围，相关患者医药费负担将由年均 7 万元降至 5000 元左右。

表 5-4 不同脏器移植手术预后及费用

移植脏器	生存率	平均生存期	平均费用（元）
心脏	>90%（3 年） >85%（5 年）	13 年	30 万 ~ 50 万*
肺	85%（1 年）	5.4 年	40 万 ~ 60 万*
肝	>90%（1 年、3 年） 70% ~ 85%（5 年）*	15 ~ 20 年	50 万
肾	52% ~ 100%（1 年）*	3 ~ 25 年*	20 万 ~ 30 万*

* 数据在不同的移植中心存在差异。

（二）肺移植

肺移植术是用手术方法将同种异体的健康肺植入体内以取代丧失功能的病肺。手术中需要作肺动脉、肺静脉及气管的吻合。除于术前应作好配型外，尚需选择大小比例合适的肺脏，目前已有短期存活的病例报道。手术的困难之处在于血管吻合技术比较复杂以及术后防治排异反应。肺移植的手术方式大致包括四种：单肺移植、双肺移植、心肺移植和活体肺叶移植。由于心肺联合移植的技术比较简单，目前已有逐渐取代肺移植术的趋势。

在过去的 15 年中，随着肺移植技术、供体保存和围手术期处理技术的逐步成熟，肺移植的一年生存率从过去的 70% 提高到 85%。但是远期生存率没有显著提高，这也提示了肺移植所面临的主要问题是受体和供体生物学不相容性。国际心脏和肺移植协会对世界范围内 100 多个移植中心的 23000 余例患者进行详细登记，根据 2009 年登记报告，肺移植患者的中位生存时间大约为 5.4 年，其中双肺移植的中位生存时间优于单肺移植。

（三）肝移植

自 1963 年，现代肝移植之父美国医生斯塔齐尔施行世界上第 1 例人体原位肝移植以来，迄今全世界已累积实施肝移植手术超过 10 万余例，每年以 8000 ~ 10000 例次的速度前进。与国外相比，我国的肝移植起步较晚，1977 年我国开展了人体肝移植的尝试，从此揭开了我国临床肝移植的序幕。随着经验的积累，尤其是近 10 年的飞速发展，我国的肝移植已跻身于国际先进行列。截至 2011 年 10 月，全国累计施行肝移植手术约 20900 例，术后疗效已接近国际先进水平。全国有 80 家医院开展肝移植，其中规模较大的有 20 余家。

肝移植根据移植位置不同可分为原位肝移植术和异位肝移植术。原位肝移植按照供肝的静脉与受体下腔静脉的吻合方式不同，可分为经典肝移植和背驮式肝移植。为解决供肝短缺和儿童肝移植的问题，又相继出现了活体部分肝移植、减体积肝移植、劈裂式（劈离式）肝移植、多米诺骨牌式肝移植等。目前全球开展最多的是同种异体原位肝移植术，即通常意义上的肝移植。

目前原位肝移植已成为治疗终末期肝病的最有效方法，相当一部分肝硬化病人需要行肝移植才能够挽救生命。目前肝移植术后一年存活率大于 90%，五年存活率在 70% ~ 85%，也就是说大部分患者均能长期健康的存活，肝移植后最长存活已经超过 30 年，大批病人手术后生存超过 10 年、20 年（表 5-4）。

（四）肾移植

肾移植是将健康者的肾脏移植给有肾脏病变并丧失肾脏功能的患者，是治疗慢性肾功能衰竭的一项有效手段。肾移植因其供肾来源不同分为自体肾移植、同种肾移植和异种肾移植，习惯把同种肾移植简称为肾移植，其他两种肾移置则冠以“自体”或“异种”肾移植以资区别。

肾脏移植预后与以下因素相关：移植中心效应、受体年龄、受体在术前体内即存在的抗体水平、患者原发疾病等，肾移植手术对医生的技术水平要求比较高。美国一项对 27000 多例尸体肾移植的回顾性研究结果显示，不同移植中心的移植肾一年存活率从 52% 到 100% 不等，移植肾半寿期从 3 年到 25 年不等（表 5-4）。

第六节　干细胞技术

一、干细胞以及干细胞技术概述

干细胞是人体及其各种组织细胞的最初来源，具有高度自我复制、增殖和多向分化的潜能，包括全能干细胞和成体干细胞（ASC）以及体外诱导获得的多能性干细胞（iPSCs）。最原始的干细胞称为全能干细胞，如早期胚胎干细胞（ESC），它来自受精卵发育形成的早期囊胚，分化能力最强，可以不断自我更新并分化为任何类型的组织细胞。1998 年科学家从人类早期胚胎中成功建立早期胚胎干细胞系，这是人类干细胞研究的标志性成果和重大里程碑。除胚胎外，发育成熟的个体中也含有少量干细胞，我们一般将这类干细胞称为成体干细胞，如间充质干细胞、造血干细胞就属于成体干细胞。成体干细胞可以跨胚层分化，打破了骨髓、神经、肌肉等组织分化的胚层限制理论。它不同于胚胎干细胞，缺乏全能分化的能力，而只能定向分化为一类或某个特定的组织细胞。

干细胞技术，又称为再生医疗技术，通过对干细胞进行分离、体外培养、定向诱导，甚至基因修饰等过程，在体外繁育出全新的、正常的甚至更年轻的细胞、组织或器官，并最终通过细胞、组织或器官的移植实现对临床疾病的治疗。

对于干细胞的认识已有上百年历史，但从基础到临床历经了一个漫长的发展过程。在 20 世纪 60 年代，科学家曾采用造血干细胞移植法对核武器伤导致的恶性血液病进行试验性治疗，但因移植排斥问题未取得成功。此后，随着强力免疫抑制剂的应用和分子生物技术用于移植配型，临床造血干细胞移植治疗得到快速发展，目前已在大型综合医院广泛开展。相较于造血干细胞，其他几类干细胞如胚胎干细胞、间充质干细胞等研究在最近 10 多年才取得重大进展。随后，干细胞的研究开始向临床应用转化研究聚焦，治疗各种损伤、退变性疾病、心血管疾病的研究在全世界纷纷开展。1998 年起，科技部和国家自然科学基金委员先后把干细胞研究作为我国科技发展的重点领域，并于 2000 年以来连续多年将其列入“863”“973”国家自然基金重点项目，投入大量资金资助。国务院 2006 年发布的《国家中长期科学和技术发展规划纲要（2006 ~ 2020 年）》中，干细胞作为五项生物技术之一，成为未来 15 年我国前沿技术的重点研究领域。与此同时，各地方政府也将干细胞研究作为科技发展重点积极支持，到 2004 年 5 月为止，省级干细胞研究几乎遍布全国，已有 20 多个经济技术相对发达省市建立了干细胞研究中心，部分经济技术相对落后地区也把干细胞研究列为当地科技发展项目予以积极支持。大学、科研机构及企业纷纷涌入本领域，分别就血液细胞、人体小血管、中枢神经细胞、骨、关节、韧带、心肌、小肠、膀胱、食道、器官、乳房（脂肪组织）、眼角膜、视网膜、毛发等相关的干细胞再生组织器官展开研究，尤其是在神经干细胞临床应用领域、干细胞治疗糖尿病和股骨头坏死等方面的研究走在世界的前列，现已有部分成果已进入试验性临床应用。

我国首个干细胞新药完成临床实验研究，由北京市协和医院“干细胞的新药研发及临床转化研究”北京市重点实验室赵春华团队历经 14 年临床试验，先后在国家临床药理基地完成了多次安全性、有效性临床试验，充分证明了该新药在临床上的安全性和可靠性、技术上的先进性和工艺上的稳定性，最终的临床数据已经形成总结报告材料，将向国家药监局递交申请我国第一个干细胞新药证书。

二、干细胞技术与临床应用

干细胞技术治疗疾病至少经历三个阶段：1. 将成体干细胞直接移植于病损组织区域；2. 根据干细胞分化条件的研究及基因技术，体外诱导干细胞使之“定向”分化或“基因修饰”后移植；3. 利用干细胞技术进行体外“器官克隆”，这也将是最具吸引力但最难实现的部分。

近年来，随着对干细胞技术认识的深入，干细胞已逐渐进入临床试验阶段。目前，国际上有 4700 多个干细胞治疗临床研究方案正在进行中，其中加拿大、韩国等间充质干细胞治疗已进入临床。

（一）干细胞技术在血液系统疾病中的应用

从 20 世纪 80 年代起造血干细胞移植已经成为治疗造血系统疾病、自身免疫系统疾病的重要手段，即完全丧失造血功能的患者通过中心静脉输入造血干细胞，使患者骨髓恢复再造血功能的一种治疗方法。1988 年 10 月，法国巴黎圣路易医院对一例 5 岁贫血患儿进行人类白细胞抗原（HLA）相合的同胞脐血移植（CBT）获得成功，由此拉开了脐血移植临床应用的序幕。2001 年，我国第一家脐带血造血干细胞库在天津市成立，截至 2013 年 6 月，我国正式批准建立的七家脐带血库中冻存公共脐血 7. 4 万份。主要适用于再生障碍性贫血等造血功能障碍性疾病，此外也常用于急慢性白血病、恶性淋巴瘤、多发性骨髓瘤等造血系统肿瘤。

（二）干细胞技术在心血管疾病中的应用

在心血管疾病方面，尤其是缺血性心脏病中的应用越来越广泛。干细胞移植治疗缺血性心脏病已逐步应用于临床，最早使用骨髓单个核细胞，其次使用骨髓间充质干细胞，目前最有前景的是脐带华通胶间充质干细胞。干细胞在心血管疾病治疗中的主要方法包括心外膜注射、心内膜注射、静脉注射、经冠状动脉导管灌注、经冠状静脉窦导管灌注、骨髓动员及超声微波辅助移植干细胞。虽然各种方法都各有利弊，但是无论经过何种途径都能明显改善心功能。

（三）干细胞技术在神经系统疾病中的应用

长期以来，人们一直认为成年哺乳动物脑内神经细胞不具备更新能力，一旦死亡即不能再生，这种观点使人们对脑血管疾病、帕金森病、多发性硬化及脑脊髓损伤等疾病的治疗受到了很大的限制。虽然传统的药物及手术对以上疾病的治疗取得了一定的进展，但是仍不能达到满意的效果。近年来干细胞移植技术迅猛发展，为神经系统疾病的治疗提供了新的方法。

（四）干细胞技术在糖尿病治疗中的应用

胰岛 β 细胞总量丢失和胰岛素分泌功能障碍是糖尿病发生的主要机制。Ⅰ型糖尿病患者因自身免疫损伤，导致胰岛 β 细胞数量进行性丧失，因此补充胰岛 β 细胞数量是一种潜在的治疗方法。Ⅱ型糖尿病晚期也存在严重的胰岛素分泌功能缺陷，故补充足量的胰岛 β 细胞亦能恢复正常的血糖水平。利用干细胞技术治疗糖尿病的主要理论依据是干细胞具有强大的增殖能力和向胰岛素分泌细胞分化的潜能，从而为机体补充胰岛 β 细胞数量，重建内源性胰岛素分泌功能。另外间充质干细胞还可能释放各种细胞生长因子，促进胰岛 β 细胞的增殖和（或）胰腺干细胞的分化。

（五）干细胞技术与组织工程

组织工程就是利用生物材料和细胞在一起孵育形成类似于组织的结构，用于缺损、损伤组织的移植和治疗。也就是说，从人体取得细胞，然后进行体外培养扩增，再把细胞放在一个支架上，细胞在支架上面铺满生长，最后按照支架形成一个类似的组织。通过创新技术构建的组织工程皮肤、骨、软骨、神经、血管、肌腱等已部分应用于临床试验，并获得了显著的修复与再生效果。

当前关于干细胞联合 3D 打印用于器官重建的报道相对较少。苏格兰研究人员利用 3D 打印技术，首次尝试用人类胚胎干细胞进行 3D 打印。研究人员利用气阀打印技术，通过改变开关气阀的喷嘴直径、进口气压和阀门打开时间来实现精确控制细胞放置数量，这种气动打印技术非常柔和，足以保持干细胞的高存活率，也能够精确地制造出统一尺寸的细胞团。检测显示打印出的胚胎干细胞保持了它们的多能性，具备像正常人类胚胎干细胞一样的分化潜能。由胚胎干细胞打印出的三维结构有望创造出更准确的人体组织模型。

三、干细胞技术的发展前景

理论上讲，干细胞可以用于各种疾病的治疗，较传统方法具有很多优点。但在临床应用方面，早期胚胎干细胞和成体干细胞各有优缺点，虽然早期胚胎干细胞可塑性最强大，但存在伦理、安全和免疫排斥等问题，成体干细胞存在来源不足和异体移植免疫排斥等问题。自 1996 年克隆羊多利诞生以来，胚胎干细胞研究涉及的伦理、宗教、道德、法律等问题，一直存在争议，严重阻碍了干细胞技术用于人类疾病治疗的发展。多能性干细胞实现将成熟体细胞诱导成具有分化潜能的干细胞，使得干细胞技术不再受制于来源，避免了胚胎干细胞所面临的伦理问题。2007 年以来，科学家利用转入干细胞相关基因和小分子化合物质、天然活性物诱导等方法，将成熟细胞转化为胚胎干细胞样细胞，一方面解决了胚胎干细胞治疗的伦理和免疫排斥问题，另一方面拓展了干细胞的来源。

干细胞技术涉及上游、中游、下游三个方面，其中上游主要是收集、制备和储存干细胞及相关材料，目前国内已建成了一批脐带间充质干细胞、骨髓造血干细胞库，一些干细胞库的储量已超过 10 万人份。中游主要涉及细胞产品和应用技术研发，目前已在国家层面建立了干细胞研究指导协调委员会，负责顶层设计和协调、指导，设置了数十个相关重大专项，“十三五”期间将继续加大投入并实施干细胞技术转化医学研究，各省区也相继把干细胞研究列为战略性新兴产业发展重点，建设了一批干细胞工程实验室、重点实验室等，一些研究成果已具备临床转化的条件。下游主要是指干细胞在临床上的转化应用，除骨髓造血干细胞外，其他干细胞治疗技术尚处于从基础走向临床的过渡期，特别是胚胎干细胞广泛的应用前景和特殊的治疗效果，它有可能改变传统临床医学中某些治疗手段。可以预见，在不远的将来，我们将完全可以使用体外培育的干细胞进行各种移植治疗和组织器官的构建，同时可以运用干细胞作为基因治疗的载体和生物制药的工具，创造出理想的治疗效果和高纯度、不含任何毒性的药物。

第七节　基因治疗新技术

一、概述

基因治疗是将人类正常基因或有治疗作用的基因通过一定方式导入人体靶细胞，以纠正基因缺陷或者发挥治疗作用，从而达到治疗疾病目的的生物医学新技术。基因治疗与常规治疗方法不同，一般意义上的疾病治疗针对的是因基因异常而导致的各种症状，而基因治疗针对的是疾病的根源——异常的基因。目前，基因治疗主要用于攻克现有医学治疗手段难以治愈的，对人类健康威胁严重的疾病，包括遗传病（如血友病、囊性纤维病、家庭性高胆固醇血症等）、恶性肿瘤、心血管疾病、感染性疾病（如艾滋病、类风湿等）。

早在 20 世纪 60 年代，通过对劳式肉瘤病毒的研究，美国遗传学家霍华德

（1975 年诺贝尔生理学和医学奖得主）发现病毒可以把遗传物质带入细胞并稳定地遗传下去。这一发现激起了科学家们极大的兴趣，同时期的另一位遗传学家爱德华（1958 年诺贝尔生理学和医学奖得主）在一次研讨会上说："我们能够预见病毒将为人类带来福祉，比如对体细胞遗传学的理论研究，还有可能用于基因治疗。长远来看，我们甚至可以乐观地认为，我们可以分离、设计或者合成新的基因，并用这些新基因对特定器官中有缺陷的细胞进行治疗。"由此，基因治疗的概念与思路开始被广泛认识。

随着 1970 年代至 1980 年代生物技术的推进，科学家们研制了多种基因载体，并在很多动物模型中进行了实验。加利福尼亚大学洛杉矶分校（UCLA）的马丁教授率先在小鼠中成功转入了一个有活性的基因，培育了世界上第一只转基因小鼠。之后，美国遗传学家安德森经过动物转基因实验后，向美国食品药品管理局（FDA）人类基因治疗分委员会提交了人体试验的申请，在经过漫长讨论和听证以后，管理局最终于 1990 年 9 月 14 号批准了安德森的申请，这也是获批的第一例人体基因治疗试验。安德森和他的团队选取了两名因腺苷脱氨酶缺乏导致的重症联合免疫缺陷症患儿，最终患儿体内改造后的白细胞可以产生正常的腺苷脱氨酶，试验最终获得成功，安德森因此被称为"基因治疗之父"。

1990 年代，基因治疗的临床试验在世界各地如火如荼地开展，但之后发生的数次重大试验失败及安全事件导致基因治疗一度被叫停。经过 10 多年的发展，基因治疗的研究已经取得了不少进展，但是大多数还处于初期临床试验阶段，还不能保证稳定的疗效和安全性。尽管存在着许多障碍，但基因治疗的发展趋势仍是令人鼓舞的。

二、基因治疗的基本原理

基因治疗是在基因工程基础上发展起来的分子生物学技术，它相对于现有其他治疗方法较为复杂。基因治疗的基本过程包括以下主要方面：

（一）目的基因的选择

基因治疗的首要问题是选择用于治疗疾病的目的基因。对于遗传病而言，只要研究清楚某种疾病的发生是由于某个基因的异常所引起的，其野生型基因就可被用于基因治疗，如可选择野生型腺苷脱氨酶基因治疗腺苷脱氨酶缺陷病患者。对于恶性肿瘤而言，肿瘤细胞内往往存在多种基因异常形式，可采用反义技术封闭细胞内活化的癌基因或向细胞内转入野生型抑癌基因，从而达到抑制肿瘤细胞生长的目的。此外，恶性肿瘤患者多伴有免疫缺陷，可选用不同种类的免疫因子基因转入人体，从而达到人工“被动免疫”的效果。

可用于基因治疗的目的基因必须满足以下两点原则：第一，在体内仅有少量表达就可显著改善症状；第二，该基因的过高表达不会对机体造成危害。因此，并非所有与疾病相关的基因均可作为基因治疗的目的基因，例如与血糖浓度相关的胰岛素、胰高血糖素基因目前尚不能用于糖尿病的基因治疗。

（二）目的基因的制备

目的基因的获取主要有如下几种方法：（1）直接法，即从细胞核中直接分离获取，又称“鸟枪法”“散弹射击法”。该方法优点是操作简便，缺点是工作量大，适用于原核生物的基因获取，人类的基因分布在23对染色体上，较难从直接法中得到。（2）人工体外合成法。对于简短的目的基因可在了解DNA一级结构或多肽链一级结构氨基酸编码的核苷酸序列的基础上，在体外进行化学合成，该方法操作简便，成本费用较低。（3）从基因文库中获取。将人体细胞的整个基因组DNA切割成大小合适的片段，并将所有片段都与适当的载体连接，引入相应的宿主细胞中保存和扩增，这些重组载体上带有该生物的全部基因，称为基因文库。我国科技部从2005年开始探索中国人口健康基因检测科学社会工程，并于2016年正式立项，致力于疾病相关易感基因筛查与基因文库的建立。

一旦获得目的基因片段，即可采用多聚酶链式反应（PCR）等技术进行大规模的体外扩增，然后采用基因重组技术，即利用限制性内切酶、DNA连接酶等，切割和修饰载体DNA以及目的基因，将两者连接起来，从而实现将目的基因插入可以自我复制的载体内。

（三）目的基因的转运

将外源的基因导入生物细胞内必须借助一定的技术方法或载体，基因转移的方法分为病毒载体介导法、物理方法和化学方法。化学方法和物理方法都是通过传染方式进行基因转移。病毒载体介导法是通过转换方式完成基因转移，即以病毒为载体，将外源目的基因通过基因重组技术，将其组装于病毒上，让这种重组病毒去感染受体宿主细胞。这种病毒称为病毒运载体，作为用于基因治疗的载体，其必须具备以下条件：1.有一个或多个限制酶的切点，便于目的基因插入；2.有自我复制能力或整合到受体染色体DNA上随染色体DNA复制的能力；3.必须带有标记基因，以便筛选；4.对受体细胞无毒副作用；5.大小合适，便于操作。目前，除了病毒载体以外，常用的基因载体还包括非病毒载体、受体介导的靶向载体等。常用的病毒载体包括逆转录病毒、腺病毒、腺相关病毒、慢病毒、痘苗病毒、疱疹病毒等；非病毒载体包括脂质体、阳离子多聚物载体、纳米颗粒载体、生物相容性载体等；受体介导的靶向载体包括叶酸受体、转铁蛋白受体、短肽蛋白等。常见载体的优缺点见表 5–5。

表 5–5 常见基因载体的优缺点

载体	优点	缺点
逆转录病毒载体	基因组小并且简单； 可稳定整合于宿主基因组； 生物学特性清楚； 可高效转入复制中的细胞； 对宿主细胞无害	仅感染分裂细胞； 随机整合（可能导致突变）； 常常只有短暂表达； 病毒滴度低； 可能会与有复制能力的病毒重组； 插入容量有限
腺病毒	适于原位使用，尤其是肺（在不分裂细胞中可进行高效率的体内感染）； 病毒滴度高； 生物学特性清楚	不与宿主基因组整合（只有短暂表达）； 载体基因组复杂； 病毒蛋白可能引起免疫反应及炎症反应； 插入外源基因能力有限
腺相关病毒	基因组小； 可特异整合于人 19 号染色体； 以人细胞作为宿主，无毒、无致病性	尚未研究清楚； 需腺病毒辅助复制； 携带外源基因能力有限； 难以得到高滴度病毒
脂质体	无感染能力； 理论上无 DNA 大小限制； 毒性低	无特异性靶细胞； 转染效率低； 仅有短暂表达； 体内应用困难
受体介导的转运载体	无感染能力； 特异性转染靶细胞； 理论上无 DNA 大小限制； 构建灵活	转染效率低； 体内应用困难； 可能有免疫原性； 只有短暂表达

（四）靶细胞的选择

基因治疗按靶细胞不同可分为生殖细胞基因治疗和体细胞基因治疗，广义的生殖细胞基因治疗以精子、卵子和早期胚胎细胞作为治疗对象。由于当前基因治疗技术还不成熟，以及涉及一系列伦理学问题，生殖细胞基因治疗仍属禁区。

如今绝大多数基因治疗的靶细胞采用体细胞，符合基因治疗要求的体细胞应该是在体内能保持相当长寿命或者具有分裂能力的细胞，这样才能使转入的基因有效地、长期地发挥“治疗”作用。因此干细胞、前体细胞都是理想的基因治疗靶细胞。目前，临床应用最多的是骨髓细胞，除此以外，淋巴细胞、肝细胞、上皮细胞、神经细胞、内皮细胞、肌细胞也可作为靶细胞来研究或实施基因治疗。

三、基因治疗的技术转化

目前，体细胞基因治疗方案主要包括两种：一种是体外基因组编辑，即将血液或骨髓中细胞分离出来，进行体外培养和扩增后进行基因组编辑，随后将编辑后的细胞回输入体内达到治疗效果。这种方式主要用于免疫细胞或骨髓造血干细胞的编辑，目前已被用于对艾滋病治疗、肿瘤细胞免疫疗法、镰状细胞贫血症治疗等方面的尝试。另一种方案是在体内对特定组织或细胞进行原位导入和基因组编辑。目前已知的体内原位基因组编辑尝试包括靶向肝脏组织（治疗高胆固醇血症、高酪氨酸血症、血友病、鸟胺酸氨甲酰基转移酶缺乏症、乙肝等）、肌肉组织（治疗肌营养不良症、肿瘤诱导的恶病质）、视网膜和角膜（治疗视网膜或角膜功能退化）等。

（一）遗传疾病的基因治疗

镰刀型贫血症是人β珠蛋白的第1个外显子上一个碱基突变导致的遗传疾病，全世界每年约有275000例新出生婴儿患有镰刀型贫血症。目前治疗方法主要是体外基因修复患者来源的造血干细胞，并且自体移植来治愈。2016年，美国斯坦福大学的研究组报道了利用CRISPR/Cas9技术体外修复患者来源的造血干细胞突变位点，并且分化为红细胞后，能够检测到正常的信使RNA（mRNA），这一临床前实验为CRISPR/Cas9技术应用于镰刀型贫血症的治疗提供了理论支持。

（二）肿瘤的免疫治疗与基因治疗

人体产生抗肿瘤效应的T细胞免疫反应需要两个重要的步骤：第一步是抗原递呈细胞通过递呈肿瘤抗原给T细胞，把T细胞激活成为抗癌症细胞的特异性T细胞；第二步是抗肿瘤的特异性T细胞接触肿瘤细胞后功能被活化，从而杀死肿瘤细胞。人体想要抑制体内肿瘤的发生、发展，往往需要强大的免疫系统，然而人体免疫系统通过多个检查点来控制过度反应，避免免疫系统损害健康的组织，因此免疫检查点对于控制肿瘤来说是不利的。细胞毒性T淋巴细胞相关蛋白-4（CTLA4）和程序性死亡受体1（PD-1）是免疫系统的两个重要的检查点，它们对T细胞的免疫反应起着负向调控作用。CTLA-4检查点的主要作用是抑制第一步的T细胞激活，PD-1检查点的主要作用是抑制第二步的T细胞功能活化。

肿瘤的免疫治疗是利用单克隆抗体特异性阻断免疫检查点对 T 细胞功能的负向调节作用，从而增强 T 细胞的抗肿瘤作用。目前，临床上治疗癌症的免疫检查点治疗主要是针对免疫检查点的单克隆抗体治疗。以肺癌患者为例，据估算，患者使用抗 PD-1 抗体治疗一年的费用约为 44 万 ~ 56 万元，抗 CTLA-4 抗体费用则更加昂贵，约每年 96 万元。

（三）其他疾病的基因治疗

与年龄相关的黄斑衰退（AMD）是导致成人失明的主要原因，脉络膜新血管形成（CNV）是其主要病理学特征，血管生成因子的高表达是造成病变的主要原因。金姆等将预先设计好的核糖核蛋白导入成年小鼠眼中，使视网膜色素上皮中 VEGFA 基因失活，并且在 AMD 的小鼠模型中发现 Cas9 核糖核蛋白，有效地减少了脉络膜新血管生成的面积，该研究表明基因技术有可能用于非遗传性退行性眼部疾病的局部治疗。

四、基因治疗的前景

目前对基因治疗应用的研发正处于指数增长阶段，而更多新的基因编辑平台的加入也将进一步扩充基因编辑技术在疾病分子机制探究、分子分型诊断和靶向治疗等方面的潜在应用。基因治疗能够安全、高效地应用于临床还需要解决如下问题：首先是建立高效、特异和安全的导入方式，由于基因编辑体系分子量较大，体内原位导入存在比较大的挑战，需要构建安全的导入载体，提升体内原位导入效率，增加组织或细胞特异性，以及增加对导入载体后的细胞可控性（如表达时间的控制）。其次是建立对脱靶效应的全面评估体系，基因编辑可能导致的非预期基因的永久性突变，可能带来严重的副作用，需要在提高基因编辑工具靶向特异性的同时，选择或建立合适的脱靶检测平台或模型，提升脱靶率检测的敏感性和全面性，对可能脱靶率及其可能导致的安全问题进行高通量和全方位评估。

第八节 脑起搏器及其他治疗新技术

一、脑起搏器

（一）脑起搏器概述

2014 年 9 月 8 日，素有“美国诺贝尔奖”之称的拉斯克临床医学奖将临床医学研究奖项授予了法国外科医师阿利姆·路易斯·贝纳比，以表彰其在采用脑深部电刺激疗法（DBS，俗称脑起搏器）治疗帕金森病领域的贡献，同时获奖的还有研究基底节环路、为脑深部电刺激提供理论指导的美国神经内科医生玛伦·德龙。

德龙教授的贡献主要是建立了基底节和大脑运动皮层神经通路的新模型，这为脑深部电刺激疗法建立了理论基础。1987 年，贝纳比教授及其团队在德龙教授的研究成果基础上，尝试在帕金森病患者脑内植入一个丘脑刺激系统以控制颤抖症状。1991 年，贝纳比在《柳叶刀》杂志上报道了脑深部电刺激丘脑治疗震颤和帕金森病双侧震颤的临床研究。1998 年，他在《新英格兰医学》杂志上进一步报道了丘脑底核电刺激治疗帕金森病的临床结果，五年以后，他在该杂志上报道了电刺激治疗帕金森病患者的五年随访结果，他和全球其他小组的研究推动了脑深部电刺激疗法的临床应用。2002 年，美国批准了丘脑底核电刺激治疗晚期帕金森病的疗法，迄今全世界范围内已经有超过 14 万名帕金森病等神经疾病患者因此获益，获得很好的生活质量。

（二）脑起搏器技术原理

脑起搏器包括脉冲发生器、延长导线和电极三个部件，对于帕金森病来说，通常是将电极植入丘脑底核，将脉冲发生器植于胸前皮下，延长导线在皮下连接脉冲发生器和电极。脑起搏器产生的高频电刺激脉冲，通过电极触点作用于脑内靶点核团，抑制因多巴胺能神经元减少而过度兴奋的神经元的电冲动，减低其过度兴奋的状态，从而减轻帕金森病的震颤、僵直和运动迟缓等症状。

（三）脑起搏器应用范围

帕金森病是一种慢性进行性疾病，因此脑深部电刺激疗法治疗时机尤为重要，一般在药物的蜜月期过后，出现运动并发症时最适合手术，原则上病程 5 年以上且年纪小于 75 岁的患者其收益更佳。当帕金森病发展到晚期，患者出现中轴症状，如平衡障碍、频繁跌倒、吞咽及构音障碍、认知障碍、精神异常、视幻觉，提示脑起搏器的手术时机过晚，患者受益有限，风险增高。

（四）脑起搏器手术疗效及风险

多项研究显示，脑深部电刺激疗法手术对运动症状的疗效肯定，能有效减少药物用量，提高患者日常生活能力，对非运动症状如情绪、认知、睡眠等也有所改善，手术安全性高，具有可调控的优势，术前严格筛选手术适应证者，排除有严重焦虑、抑郁、认知障碍的患者，有助于减少术后并发症，提高手术成功率。

脑深部电刺激疗法手术是一项成熟而且风险很小的微创手术，只要术前严格把握手术适应症和禁忌症，手术成功率可达到 95% 以上，因此是一项十分安全的手术治疗措施。

脑起搏器可终身使用，但脑起搏器中的电池是有一定年限的，电池寿命因人而异，一般不可充电式的脑起搏器电池可用 3 ~ 6 年，而可充电式的脑起搏器电池能够维持 9 ~ 10 年。电池量耗尽后，患者需要进行更换新的电池。

（五）脑起搏器技术应用前景

2013 年，清华大学自主研发的脑起搏器经过大量的技术攻关、动物试验研制和临床试验后，获得了产品注册证，随后使用寿命更长的可充电脑起搏器也于 2014 年获得了产品注册证。到 2017 年 12 月 31 日，超过 4000 个清华脑起搏器植入了患者体内，标志着我国已经具有了深受临床欢迎的植入式神经调控医疗装备。

目前，我国医疗市场上可充电的脑起搏器手术费用约 23 万元左右，不可充电的脑起搏器，如行双侧术后约 12 万元，单侧约 6 万元，手术费约 3 万元左右，如起搏器电池耗竭，需再次手术更换电池。

二、骨科 3D 打印技术应用

（一）3D 打印技术概述

1986 年，美国科学家查尔斯・赫尔开发了第一台商业 3D 打印机。1993 年，麻省理工学院获 3D 打印技术专利。1995 年，美国 ZCorp 公司从麻省理工学院获得唯一授权并开始开发 3D 打印机。目前 3D 打印机广泛应用于骨科、神经外科、整形外科等医学领域。从 2013 年开始，3D 打印技术开始进入我国医疗行业，尤其是骨科领域的脊柱外科手术、四肢骨折手术、骨肿瘤切除术、膝关节置换术、个性化手术导向模板、个性化内植物、制作个体化骨组织工程支架等。

（二）3D 打印技术原理

3D 打印技术即快速成型技术的一种，是以数字模型文件为基础，根据不同的成型原理，包括熔融沉积、立体平板印刷、选择性激光结烧、光固化和分层实体制造等 3D 打印技术，以丝状塑料、光敏树脂、粉末状金属或塑料等材料，采用分层加工、叠加成型的方式逐层增加材料生成 3D 实体的技术。3D 打印机又称三维打印机，通俗地说就是按照设计好的空间模型，用打印材料逐层堆砌，直到固态物体成型的一种新技术。

使用3D打印技术制备医学模型，其基本过程大致如下：第一步对患者病变部位进行MRI、CT等影像学检查，掌握患者病变部位的相关数据，然后根据影像学数据并借助CAD软件进行三维设计，得到所需打印物体的3D模型；第二步进行切片处理，将需打印的物体逐层分割并进行数据编程；第三步完成物体打印，将数据编程结果输入3D打印机内进行逐层打印，通过叠加材料的方式最终获得需打印物体的1：1模型。

（三）骨科3D打印技术应用

目前，我国3D打印技术在骨科领域的发展经历了三个阶段。第一阶段是术前打印1：1实体模型。术前按照患者的影像学资料3D打印出1：1骨骼模型，有利于术前诊断精确化，避免误诊的可能性，并在模型上进行术前计划，降低术中风险，同时让患者及家属参与其中，直观地看到仿真模型，并能够清楚了解整个手术的过程，深入了解自身病情和治疗过程，有利于提高患者的配合程度，更好地处理医患关系。第二阶段是制备出个性化假体及内植物来满足不同病患的需要。北京大学第三医院应用3D打印技术制作了世界首例人工定制枢椎作为脊椎外科内植物；空军军医大学西京骨科医院利用金属3D打印技术做出和患者肩胛骨、锁骨比例完全一模一样的钛合金假体；2015年，北京大学第三医院张克教授团队实现了人工髋关节3D打印植入产业化并获国家卫生部批准。第三阶段是打印组织工程支架与细胞等复合培养，形成功能组织，从而代替修复原有的病变组织。其中，第一阶段的技术已趋于成熟，第二阶段也逐渐应用于临床研究，而第三阶段正处于起步阶段，多集中在基础研究以及动物实验。

（四）采用3D打印技术指导下的骨科手术

国外的临床文献表明，在骨科手术中使用3D打印技术，可使平均手术时间较常规手术平均减少32.9%～42.5%，术中出血量平均减少50.4%。在对脑脊髓膜膨出的儿童患者实施脊柱畸形矫正术前，利用3D打印技术制定个性化手术方案及专用手术器械，数据显示手术时间短、术中出血少、术后患儿的胸腰椎脱位恢复好。在对青少年特发性脊柱侧凸进行后路矫正手术的研究中，使用3D打印技术于术前制定手术策略，同样可以显著缩短手术时间，显著减少术中失血量和围术期输血量。

目前骨科领域的3D打印技术亟需解决的问题是：一是目前技术型设计和制

作的时间较长，需 3 天左右，因此急诊骨科手术使用有所限制；二是对于脊柱模型的制作程序，在不同软件中操作会造成数据丢失，且需外科医生充分学习相关软件知识，而此类软件程序应用复杂，学习时间较长；三是 3D 打印设备成本较高，且收费标准尚未统一；四是缺乏 3D 打印骨科手术标准及循证医学证据（专家共识、指南）及 3D 打印植入物（金属物、金属假体、软骨、神经、假体等）的具体行规数据界定。

（五）我国 3D 打印技术的骨科应用前景

目前我国在 3D 打印技术开发、3D 打印个性化内植物方面处于国际领先水平，已获得打印发明专利 6 项，PCT 国际专利 5 项。但在 3D 打印核心元器件方面，我国研发技术与俄罗斯、美国、日本等国家尚有一定差距，在骨科应用范围有待进一步拓展，远未达到普及使用的水平。

在手术治疗方面，以髋关节置换术为例，采用人工假体的材料费用从 4 万元至 10 万元不等，而采用 3D 打印技术制备的个性化假体费用则可节约 2 万 ~ 4 万元不等。因此，推动 3D 打印技术在骨科应用，可有效降低我国患者的医疗费用负担。

三、眼科飞秒激光手术

（一）飞秒激光手术概述

飞秒激光是一种近红外激光，其激光脉冲宽度为飞秒（毫微微秒）量级，具有脉冲时间短、峰值功率高等特点，被广泛应用于微加工、生物医学、微电子学等一系列科学前沿领域。在医学领域，最早应用于角膜屈光手术的准分子激光原位角膜磨镶术（LASIK），即应用飞秒激光的切割作用进行角膜瓣膜的制作，代替以往的机械显微板层刀，于 2000 年获得美国食品药物管理局的批准。由于此类手术摒弃了传统的机械刀，由飞秒激光制作角膜瓣，准分子激光切削角膜基质矫正屈光度，但飞秒激光不能完成全部手术过程，因此被称为“半飞秒”激光角膜屈光手术。

“全飞秒激光手术”是指整个手术过程均应用飞秒激光完成的手术，是基于飞秒激光可以经过透明组织、精确聚焦于目标深度的特性，对预手术的靶组织进行精确的几何形状切割，从而达到效果的手术。因角膜组织具有高度透明性，因此激光极其容易传播而不被损耗，故全飞秒激光技术最早应用于角膜屈光手术，即屈光性透镜成型取出术（ReLEx），包括飞秒激光基质透镜切除术（FLEx）和飞秒激光小切口基质透镜取出术（SMILE）等不同的手术方式。其中，最具代表性的是 SMILE 手术。

（二）眼科飞秒激光技术应用范围

目前，SMILE 手术已成为眼科全飞秒激光手术的主要代表术式，该手术适应症包括：1. 受术者年龄应在 18 岁以上，60 岁以下，因为 18 岁以下眼睛尚处在发育阶段，屈光度还会发生变化；60 岁以上可以在作白内障手术的同时用人工晶体矫正屈光不正；2. 屈光度数稳定在两年以上，尽量排除进行性近视；3. 矫正视力 0.8 以上，无其他眼病及眼科手术史；4. 身心健康，无影响伤口愈合的全身疾病，患者自愿接受治疗并能配合。

飞秒激光不仅可以用于矫治近视、老视、散光等屈光性手术，在临床上，还可用于眼科各类角膜手术，包括穿透性角膜移植术、深前板层角膜移植术、深板层内皮细胞移植术、角膜内皮细胞移植术以及人工角膜手术等。近年来，飞秒激光的光爆破作用不断被拓展应用于其他眼科领域，特别是白内障手术领域等。

（三）手术疗效

全飞秒激光手术不仅可以治疗中低度近视，对高度近视同样具有较好的疗效。维斯特加德等对一组高度近视人群进行了观察，发现手术后 3 个月 95% 的患者治疗眼屈光度在 ±1.0D 以内，说明对高度近视同样具有较好的治疗效果。近期有该术后五年的临床疗效报道，仍显示了其较好的疗效稳定性。

国内外对全飞秒激光手术与其他屈光矫正术式进行对照性研究发现，与传统手术相比，全飞秒激光手术屈光度的长期观察中变化幅度更小，手术并发症更少，体现了手术的稳定性与精确性优势。由于术中无须制作角膜瓣，术后不存在角膜瓣膜，角膜表面完整性更佳，因此可以避免一系列瓣膜引起的术中及术后并发症，包括术中可能出现的钮扣瓣、不完全瓣、不规则瓣、游离瓣及角膜瓣复位不良等并发症，术后可能出现的角膜瓣移位、长期不能愈合、感染等严重影响视力及视功能的并发症。不过既然是手术就存在手术风险和特异的并发症，例如小切口对手术技巧要求相对较高，术中可能出现透镜取出困难或部分组织残留，甚至透镜不完全等，虽然较少见，但还是有可能存在的。一般认为，严重影响视力的并发症极为少见。

（四）手术应用前景

目前，全球已有将近 80000 例近视患者接受了全飞秒激光手术。在我国，该项手术的单眼费用在1万～1.3万元左右。虽然较传统的半秒激光手术费用稍贵，但其有效性、安全性、可预测性和稳定性俱佳，是近年来科技进步在眼科领域的重要突破和体现，也是屈光手术的革命性成果的体现。随着基础研究的不断深入和临床技术的不断完善，我们有理由相信全飞秒激光手术技术将有更大更广阔的发展空间。

（本章作者：王力、徐小红、王学文、陈厚良、高彦琳、方恒虎、邱峰、边洋、朱智明、曹芳英）

参考文献

［1］胡盛寿，高润霖，刘力生等．中国心血管病报告2017（概要）［J］．中国循环杂志，2018，（01）：1-8.

［2］Donald S.Baim. 心血管介入学（第七版）［M］．北京：人民卫生出版社．2009. 3-187.

［3］陈康宁，王伊龙．症状性颅内动脉粥样硬化性狭窄血管内治疗中国专家共识2018［J］中国卒中杂志，2018，6（13）：1166-1181.

［4］中华医学会神经病学分会脑血管病学组缺血性脑血管病血管内介入诊疗指南撰写组．中国缺血性脑血管病血管内介入诊疗指南2015［J］．中华神经科杂志，2015；48（10）：830-837.

［5］霍晓川，高峰．急性缺血性卒中血管内治疗中国指南2018［J］．中国卒中杂志，2018，13（07）：706-729.

［6］王陇德，王金环，彭斌等．中国脑卒中防治报告2016（概要）［J］．中国脑血管病杂志，2017，14（04）：217-224.

［7］曾敏，龚细礼．急性缺血性脑血管病血管内介入治疗进展［J］．现代医药卫生，2017，33（02）：243-245.

［8］缪中荣．缺血性脑血管病血管内治疗临床研究——春天真的来了吗？［J］．中国卒中杂志，2015，10（07）：539-542.

［9］JIANG B.，PAFF M.，COLBY GP.et.al. 脑动脉瘤血管内治疗的新技术［J］．中国卒中杂志，2017，12（09）：850-851.

［10］张华，詹启敏．精准医学的需求与挑战［J］．中国研究型医院，2015，2（05）：17-25.

［11］关于糖尿病的新诊断标准与分型［J］. 中国糖尿病杂志,2000,（01）: 5–6.

［12］李瑞珍，庄华玲，张平 . 糖尿病患者使用降血糖药情况分析［J］. 医药导报，2002,（08）: 492–493.

［13］丁全，陈世才 . 糖尿病住院患者降糖药应用分析［J］. 临床药物治疗杂志，2013,（01）: 60–62.

［14］王文渊，龚慧红，王归真等 . Ⅱ型糖尿病围手术期用胰岛素泵与非胰岛素泵控制血糖达标时间和费用的比较［J］. 现代医药卫生，2008,（16）: 2430–2431.

［15］杨功焕 . 中国人群死亡及其危险因素流行水平、趋势和分布［M］. 北京：中国协和医科大学出版社，2005.

［16］江济华，藏桐华，杨明功 . 糖尿病及并发症与疾病负担［J］. 疾病控制杂志，2000，4（03）: 259–262.

［17］袁虹 . Ⅱ型糖尿病并发症对患者年治疗费用负担的影响分析［J］. 中国医药指南，2015,（14）: 21–22.

［18］中华伦理学会 . 器官移植的伦理原则 . 医学与社会，1999,（02）: 1–2.

［19］朱家恺，黄洁夫，陈积圣. 外科学辞典［M］. 北京：科学技术出版社 .2003.07–09.

［20］徐泱，樊嘉，周俭等 . 肝癌肝移植预后相关因素分析［J］，中华医学杂志，2007，87（30）: 2101–2104.

［21］唐媛，吴易雄，李建华 . 中国器官移植的现状、成因及伦理研究［J］. 中国现代医学杂志，2008，18（08）: 1142–1145.

［22］周俭，王征 . 可切除早期肝癌行肝移植还是行肝切除［J］. 医学与哲学（临床决策论坛版），2011,（06）: 13+15.

［23］魏丽，游华，蒲川 . 器官移植供体公平分配问题的初步研究［J］. 医学与哲学，2011,（05）: 21–22.

［24］周松，彭龙开，谢续标 . 异种器官移植的研究进展［J］. 中国组织工程与临床康复，2010，444（14）: 8283–8287.

［25］胡盛寿 . 中国心脏移植现状［J］. 中华器官移植杂志，2017，38（08）: 449–454.

［26］胡盛寿，董念国，魏翔 . 我国心脏移植现状分析［J］. 中华器官移植杂志，2014，36（06）: 324–328.

［27］孙振峰，许凝 . 肺移植 50 年［J］. 中国组织工程与临床康复，2008，31（12）: 6093–6096.

[28] 王兴安，姜格宁 . 我国肺移植的发展现状：问题与反思 [J]. 中华外科杂志，2016，54（12）：881–884.

[29] 毛文君，陈静瑜 . 中国肺移植面临的困难及对策 [J]. 中华胸部外科电子杂志，2016，3（01）：1–6.

[30] 中华医学会肝病学会重型肝病与人工肝组学 . 肝衰竭诊疗指南 [J]. 中华肝脏病杂志，2006，14（09）：643–646.

[31] 黄晓武，周俭 . 肝癌肝移植临床研究回顾与展望 [J]. 中华肝脏病杂志，2018，26（02）：81–83.

[32] 闫舫，王韫芳，刘大庆等 . 干细胞专利技术现状研究 [J]. 中华医学科研管理杂志，2006，19（04）：197–201.

[33] 袁源，钟竑 . 诱导多能干细胞的研究进展 [J]. 实用医学杂志，2010，26（06）：897–899.

[34] 赵春华，廖联明 . 成体干细胞可塑性的新认识及其在再生医学中的意义 [J]. 中华医学杂志，2003，24（02）：57–58.

[35] 高连如，唐朝枢，朱智明等 . 经冠状动脉骨髓单个核细胞移植治疗重度心力衰竭 [J]. 中华心血管病杂志，2006，34（07）：582–586.

[36] 高连如，王志国，田海涛等. 经冠状动脉骨髓单个核细胞移植治疗缺血性心脏病二年随访 [J]. 中华医学杂志，2007，87（10）：685–689.

[37] 王珊珊，王宏起，高翔 . 我国干细胞产业技术标准化模式与策略研究 [J]. 中国科技论坛，2014，（10）：54–59.

[38] 达瑞，刘永琦 . 干细胞治疗的临床应用及存在的问题 [J]. 中外医疗，2011，（02）：190–192.

[39] 钱浩，刘金龙，符小丽等 . 双侧丘脑底核脑深部电刺激治疗中晚期帕金森病疗效（术后二年随访）[J]. 中国神经精神疾病杂志，2013，（39）：284–290.

[40] 李建军，王景，晁满香等 . 丘脑底核脑深部电刺激术联合药物治疗帕金森病的疗效及对血尿酸水平的影响 [J]. 神经损伤与功能重建，2018，（13）：204–210.

[41] 裴国献. 着力打造 3D 打印在骨科应用的技术平台 [J]. 中华创伤骨科杂志，2016，18（01）：4–5.

[42] 许森赫，王金成，范丽雯等 . 国内外 3 D 打印在骨科的发展状况 [J]. 中国实验诊断学，2018，22（02）：367–370.

[43] 鲍立杰，张志平，吴培斌等. 3D 打印技术在骨科的研究及应用进展 [J]. 中国矫形外科杂志，2015，23（04）：325–327.

第六章 对人身保险影响较大的预防医学新技术

自从有人类以来，人们就受到各种传染病的困扰，可以说人类发展史也是人类与传染病作斗争的历史。疫苗作为预防医学的一种重要技术，在防治许多传染病中的功绩已为世人所公认。疫苗的发展经历了三次革命，第一次疫苗革命是 19 世纪末以巴斯德为代表的诸如霍乱灭活疫苗和狂犬病毒减毒活疫苗的发明；第二次疫苗革命是 20 世纪 80 年代采用核酸重组技术和蛋白化学技术制备的诸如乙肝亚单位等疫苗；第三次疫苗革命是 20 世纪 90 年代开发研制的核酸疫苗。今天，疫苗的应用不仅使某些烈性传染病得到有效的控制或消灭，而且还广泛地应用于计划生育及肿瘤、自身免疫病、免疫缺陷、超敏反应等疾病的预防和治疗。

随着经济社会发展和科技进步，人类疾病谱发生了重大变化，20 世纪 60 年代开始预防医学主要研究对象是心脑血管疾病、恶性肿瘤和意外死亡等各种慢性非传染性疾病和健康问题，这些病约占全部死因的 75%，而且社会因素对疾病和健康的作用愈来愈明显。生物信息学、计算机和互联网领域不断出现的新技术、新突破和新方法，已经越来越多地应用于非传统预防医学领域。针对慢性非传染性疾病的预防新技术亦越来越多地聚焦在生活方式调整，如饮食调整、运动管理和心理调适等领域。

第一节　疾病免疫预防

一、疾病免疫预防的概念

疾病免疫预防是通过自然或人工的方式，可以使人体获得对某些疾病的抵抗力，从而减少疾病的发生。免疫预防可分为自然免疫和人工免疫，人工免疫又分为主动免疫和被动免疫。主动免疫维持时间较长，起到预防疾病的作用，被动免疫则是感染后紧急预防或治疗感染，维持时间较短。其中疫苗是最常见的人工免疫制剂。

在疾病预防中，接种疫苗起到极大的作用。在世界部分地区，目前已通过疫苗有效地控制了白喉、破伤风、黄热病、百日咳、狂犬病等 10 余类传染性疾病。其中最典型的例子是，通过接种牛痘疫苗，人类于 1979 年在全世界范围内消除了天花。

二、疫苗与传染性疾病

通过疫苗接种产生人体保护作用是一个极其复杂的过程，疫苗使得机体接触特异性抗原，使之产生特异性免疫。其目的是在避免使人体遭到实际感染的前提下，激发机体保护性免疫反应，产生免疫效应物，引发并介导保护效力，以预防疾病。有些疫苗可以产生较为长期的免疫记忆，而有些疫苗需要多次接种，维持免疫记忆。

常见的疫苗类型有灭活疫苗、减毒活疫苗、类毒素、亚单位疫苗、合成疫苗、基因工程疫苗，已在不同疾病的预防中扮演着重要角色，此外还有转基因植物口服疫苗、核酸疫苗等新型疫苗，将在未来的疾病免疫中发挥作用。

（一）流感病毒疫苗

西班牙型流行性感冒发生于 1918—1919 年间，曾经造成全世界约 10 亿人感染，是人类历史上第二致命的传染病。当时人们还未意识到这场流行疾病是病毒所致，更不用说什么有效的预防办法。随着免疫学的发展，人类对流感病毒的认识更加深入，流感病毒疫苗的出现更是有效地预防了流感的发生。流感病毒疫苗的诞生要从 1933 年说起，科学家们先后分离出了人甲型流感病毒，这是流感疫苗研发的重要基石。通过科学家们的不断努力，于 20 世纪 30 年代开始使用流感病毒疫苗。

流感相关住院和死亡患者主要发生在 65 岁及以上老人、5 岁以下（尤其是 2 岁以下）儿童，以及具有慢性基础疾病的患者。研究显示，我国流感门诊病例的直接医疗成本为 156 元 ~ 595 元 / 人，间接成本为 198 元 ~ 366 元 / 人，流感住院病例的经济负担约为其 10 倍。每年接种流感疫苗是预防流感最有效的手段，可以显著降低流感患病率和发生严重并发症的风险，节约医疗花费。

表 6-1　流感疫苗生产时间表示例

步骤	1月	2月	3月	4月	5月	6月	7月	8月	9月	10月	11月	12月
监测	■	■	■	■	■	■	■	■				
选择疫苗株	■	■	■									
制备重配株	■	■	■									
抗原标化 / 检测	■	■	■	■	■							
疫苗生产	■	■	■	■	■	■	■	■	■			
疫苗批签发					■	■	■	■	■	■		
疫苗销售							■	■	■	■	■	
疫苗接种									■	■	■	■

流感病毒的两种表面抗原容易发生变异，导致新型变异株不断出现，加上流感疫苗的免疫维持时间不足 1 年，因此需要每年接种流感疫苗。世界卫生组织（WHO）根据全球监测系统的监测结果，针对新近流行株每年更新推荐。目前国际上通用的流感疫苗有灭活流感疫苗（IIV）、减毒活疫苗（LAIV）和重组疫苗（RIV）。其中孕妇能接种的为灭活流感疫苗。根据疫苗成分，分为三价疫苗和四价两种类型。我国批准上市的流感疫苗均为三价灭活流感疫苗和四价灭活流感疫苗，包括裂解疫苗和亚单位疫苗。

对于季节性流感，风险人群包括 6 个月至 18 岁的未成年人、50 岁以上的成年人、居住在长期医疗机构的人群、免疫系统较弱的人、经常接触公众的人（医护人员，急救人员等）、孕妇、任何患有慢性疾病的人，以及其家庭成员与高风险人士密切接触的人群等。

流感疫苗通常在上臂或大腿（儿童）部位注射，也可作为鼻喷雾疫苗使用，但吸入的形式不适用于 2 岁以下儿童、49 岁以上成人、免疫系统较弱的人或哮喘患者。基于近年来鼻喷雾疫苗在预防流感方面的效果远远低于注射疫苗的证据，目前不建议在流感季节使用鼻喷雾流感疫苗，我国也尚未有鼻喷雾流感疫苗的剂型。但随着研究的不断发展，鼻喷雾剂型是流感疫苗的一大方向。目前有多家国内外研究机构正在研制通用型流感疫苗，未来流感疫苗很有可能不需要每年接种。

（二）乙型肝炎疫苗

乙型肝炎病毒（HBV）感染是全球性的公共卫生问题，接种乙型肝炎疫苗是预防乙型肝炎病毒感染的最好办法。安全有效的乙肝疫苗在 1982 年才开始上市，最早是通过从慢性 HBV 感染者的血浆中分离出的乙肝表面抗原（HBsAg）制备的，继而发展出通过 DNA 重组技术提升疫苗量产的能力，目前大多数国家使用的疫苗是 DNA 重组疫苗。乙肝疫苗的接种对象主要是新生儿、婴幼儿、15 岁以下未免疫人群和高危人群，采用三针免疫程序。在完成免疫接种程序后，抗体滴度会逐渐衰减，予免疫加强后，约 70% 的人抗体滴度重新升高。部分研究认为乙肝疫苗具有持久的免疫记忆反应，因此部分国家地区不推荐乙肝疫苗的加强免疫，我国的乙肝防治指南中也尚未有明确的推荐。

（三）结核疫苗

近年来，结核病发病率有上升势头。卡介苗（BCG）是用于预防结核病和其他分枝杆菌感染的减毒活疫苗，是全球使用时间最长的疫苗。卡介苗于 1908 年由内科医生卡尔梅特和一名兽医开始研究，经各国科学家的不断改进，产生了不同菌株的制剂。由于结核多发于发展中国家，发达国家对其疫苗的研究投入较少，结核疫苗的技术更新缓慢，目前卡介苗仍是预防结核病的唯一疫苗。可喜的是，当前有一批新型结核疫苗正在研制，部分疫苗已完成 2b 期疫苗试验，期待未来有令人振奋的消息。

（四）带状疱疹疫苗

带状疱疹疫苗是一种活疫苗，目前获准用于 60 岁以上成人预防带状疱疹和带状疱疹后神经痛。目前我国大陆地区尚未批准该疫苗的应用，但在港澳台地区可以获得带状疱疹疫苗的接种。

（五）肺炎链球菌疫苗

肺炎球菌疫苗包括肺炎球菌多糖疫苗（PPV）和肺炎球菌多糖结合疫苗（PCV）。多项临床试验观察，PVC7、PVC13 和 PPV23 疫苗的单独接种、与其他疫苗同时接种和复种的安全性良好，常见反应为接种部位疼痛和红肿，全身反应中发热比较常见，但症状轻微具有自限性，总体安全性良好。目前，肺炎球菌疫苗在我国属于第二类疫苗，需要自费接种。我国正在加强疾病监测、成本预测等相应研究，为将肺炎球菌疫苗纳入免疫规划提供有力证据。

三、疫苗与肿瘤预防

疫苗不仅能够预防传染性疾病，也在肿瘤预防事业中发挥了一定作用。肿瘤疫苗也是近年研究的热点之一，其原理将肿瘤抗原以肿瘤细胞、肿瘤相关蛋白或多肽、表达肿瘤抗原的基因等多种形式导入患者体内，克服肿瘤引起的免疫抑制状态，增强免疫原性，激活患者自身的免疫系统，诱导机体细胞免疫和体液免疫应答，从而达到控制或清除肿瘤的目的。获得批准上市的肿瘤疫苗有人类乳头状瘤病毒疫苗，还有一些肿瘤疫苗正在研发当中。

（一）人乳头状瘤病毒疫苗

人乳头状瘤病毒家族中有 100 多个成员，其中部分和恶性肿瘤关系密切，被称为高危型人乳头状瘤病毒。有性生活的妇女一生中感染过一种人乳头状瘤病毒的可能性高达 40% ~ 80%，但是超过 80% 的感染会在八个月内会自然清除，只有少数持续高危型感染两年以上才有可能致癌。因为宫颈癌的发病率高，且与人乳头状瘤病毒感染的关联十分明确，人乳头状瘤病毒疫苗被认为是可以预防恶性肿瘤的疫苗。20 世纪 80 年代的研究表明，用灭活纯化的牛乳头瘤病毒接种小牛后，小牛可不发生宫颈癌，葛兰素史克公司和默克公司根据多项临床试验数据进行了疫苗的商业研发。

大部分研究和回顾性分析表明，人乳头状瘤病毒疫苗的运用降低了宫颈癌的发生率，但仍有部分人担忧人乳头状瘤病毒疫苗潜在的危害，如流产率的增高、自闭症的发生等。从美国、澳大利亚、日本等国的数据看来，疫苗仍是安全有效的，世界卫生组织也推荐运用 HPV 疫苗进行宫颈癌的预防。未来还会有第二代预防性人乳头状瘤病毒疫苗研制成功，可以期待新疫苗具有更高的安全性和有效性。

（二）幽门螺旋杆菌疫苗

幽门螺旋杆菌（HP）是一种螺旋形寄居于人胃黏膜上的一种革兰氏阴性微需氧菌，对生长条件要求十分苛刻。幽门螺旋杆菌不依赖组织入侵的方式定植于胃上皮黏膜，这在很大程度上有利于逃避宿主免疫机制，同时幽门螺旋杆菌有整合环境的能力，这种能力增加了其在变化的环境中得以生存的机会。多项研究表明，幽门螺旋杆菌是慢性胃炎、十二指肠溃疡等的主要致病菌，且与胃癌、胃黏膜相关淋巴组织恶性淋巴瘤的发生有密切联系。在幽门螺旋杆菌疫苗的研究过程中，围绕全菌体抗原进行的攻毒试验获得了较为理想的免疫保护率，但因其成分复杂、安全性差等缺点，将其作为疫苗应用于人体，还需进一步研究。因此，研制一种经济、高效、安全的治疗性疫苗是防治 HP 感染的有效途径，而筛选高效抗原又是疫苗研制工作的重中之重。

幽门螺旋杆菌疫苗仍处于实验阶段，现阶段的研究成果尚不能完全清除体内感染和阻断幽门螺旋杆菌传播，且保护率不高的问题在国内外一直没有突破。到目前为止，尚没有幽门螺旋杆菌疫苗进入临床的相关报道，因此现阶段的治疗方式仍以抗生素治疗为主，但抗生素（克拉霉素）耐药性成为应用抗生素治疗失败的主因。基于目前理论研究成果，推荐使用益生菌和中药制剂作为辅助治疗。现如今，大部分的临床研究已经运用重组尿素酶作为抗原，或许研究不同抗原组合的多价疫苗、筛选高效抗原并增加抗原的表达、探索幽门螺旋杆菌表位疫苗中表位结合的新型方式是未来的发展方向。随着生物学、信息技术的不断发展和完善，幽门螺旋杆菌疫苗的研制必将取得成功。

（三）其他肿瘤疫苗的进展

由于大部分肿瘤的发病机制尚未研究清楚，肿瘤细胞逃避免疫监视的难题尚未解决，目前针对肿瘤研制的疫苗仍留有大片空白。目前，世界唯一批准用于晚期癌症的疫苗是治疗性前列腺疫苗，但该疫苗是用于治疗而非预防。其他肿瘤疫苗的试验结果也不太可观，或许对于肿瘤这一复杂且难以治疗的疾病，人类还有许多路要走。

第二节　基因工程

基因工程是生物工程的一个重要分支，又称基因拼接技术或 DNA 重组技术，它和细胞工程、酶工程、蛋白质工程和微生物工程共同组成了生物工程。所谓基因工程是在分子水平上对基因进行操作的复杂技术，它是以分子遗传学为理论基础，以分子生物学和微生物学的现代方法为手段，将不同来源的基因按预先设计的蓝图，在体外构建杂种 DNA 分子，然后导入活细胞，以改变生物原有的遗传特性，获得新品种，生产新产品。基因工程技术为基因的结构和功能研究提供了有力的手段，人类可按照自身的需要和愿望，用类似工程设计的方式人为地、有目的地、有计划地通过基因克隆、转移及表达等方式，形成人们所需要的新生物种或类型。由于基因工程打破了不同物种之间的界限，定向创造出生物新品种，近年来得到了快速发展，广泛应用于医药、食品工业、农业等诸多领域。

一、基因工程的起步和诞生

基因工程从起步到发展经历了40多年的时间，大概可分为三个阶段：第一个阶段为理论准备阶段，此阶段科学家发现了遗传物质DNA，对DNA的结构有了新的认知，并进行了遗传密码的破译；第二个阶段为对基因重组进行不断地试验；第三个阶段被称为是基因工程技术的诞生阶段。1972年，美国学者伯格（Berg）和杰克逊（Jackson）等人将猿猴病毒SV40基因组DNA、大肠杆菌λ噬菌体基因以及大肠杆菌乳糖操纵子在体外重组获得成功。翌年，美国斯坦福大学的科恩（Cohen）和博耶（Boyer）等人在体外构建出含有四环素和链霉素两个抗性基因的重组质粒分子，将之导入大肠杆菌后，该重组质粒得以稳定复制，并赋予受体细胞相应的抗生素特性，由此宣告了基因工程的诞生。1973年被称为是基因工程诞生元年。

二、基因工程的基本定义

基因工程原称遗传工程，有狭义和广义之分。从狭义上讲，基因工程是将一种或多种生物（供体）的基因与载体在体外进行拼接重组，然后转入另一种生物（受体）内，使之按照人们的意愿遗传并表达出新的性状。因此，供体、受体、载体称为基因工程的三大要素，其中相对于受体而言，来自供体的基因属于外源基因。除了RNA病毒外，几乎所有生物的基因都存在于DNA序列中，而用于外源基因重组拼接的载体也都是DNA分子，因此基因工程亦称为DNA重组技术。另外，DNA重组分子大都需在受体细胞中复制扩增，故还可将基因工程表述为分子克隆技术。

广义的基因工程定义为DNA重组技术的产业化设计与应用，包括上游技术和下游技术两大组成部分。上游技术指的是外源基因重组、克隆、表达的设计与构建（即狭义的基因工程），而下游技术则涉及外源基因型重组生物细胞（基因工程菌或细胞）的大规模培养以及外源基因表达产物的分离纯化过程。因此，广义的基因工程概念更倾向于工程学的范畴。值得注意的是，广义的基因工程是一个高度统一的整体，上游DNA重组的设计必须以简化下游操作工艺和装备为指导，而下游过程则是上游基因重组蓝图的体现与保证，这是基因产业化的基本原则。

三、基因工程的基本过程

依据定义，基因工程的整个过程由工程菌（细胞）的设计构建和基因产物的生产两大部分组成，前者主要在实验室里进行，其基本单元操作过程如下：

从供体细胞中分离出基因组 DNA，用限制性核酸内切酶分别将外源 DNA（包括外源基因或目的基因）和载体分子切开（简称“切”）；用 DNA 连接酶将含有外源基因的 DNA 片段接到载体分子上，形成 DNA 重组分子（简称“接”）；借助于细胞转化手段，将 DNA 重组分子导入受体细胞中（简称“转”）；短时间培养转化细胞，以扩增 DNA 分子或使其整合到受体细胞的基因组中（简称“增”）；筛选和鉴定经转化处理的细胞，获得外源基因高效稳定表达的基因工程菌或细胞（简称“检”）。由此可见，基因工程的上游操作过程可简称为“切、接、转、增、检”五步。

四、基因工程的基本原理

作为现代生物工程的主导性技术，基因工程的核心是外源基因的稳定高效表达。为达到此目的，可以从以下四个方面考虑：

利用载体 DNA 在受体细胞中独立于染色体 DNA 而自主复制的特性，将外源基因与载体分子重组，通过载体分子的扩增提高外源基因在受体细胞中的剂量（即拷贝数），借此提高其宏观表达水平。这里涉及 DNA 分子高拷贝复制以及稳定遗传的分子遗传学原理。

筛选、修饰和重组启动子、增强子、操作子、终止子等基因的转录调控元件，并将这些元件与外源基因精确拼接，通过强化外源基因的转录而提高其表达水平。

选择、修饰、重组核糖体结合位点和密码子等 mRNA 的翻译调控元件，强化受体细胞中目标蛋白质的生物合成过程。上述两点均涉及基因表达调控的分子生物学原理。

基因工程菌（细胞）是现代生物工程中的微型生物反应器，在强化并维持其最佳生产效能的基础上，从工程菌（细胞）大规模培养的工程和工艺角度切入，合理控制微型生物反应器的增殖速度和最终数量，也是提高外源基因表达产物产量的重要环节，这里涉及的是生化工程学的基本理论体系。因此，分子遗传学、分子生物学和生物化验工程学是基因工程原理的三大基石。

五、基因工程的医学应用范围

基因工程技术对人类生存发展起到了积极的影响，对人类疾病和健康起到的预防作用主要体现在医疗、农业及环保领域。基因工程在医学领域当中的应用是通过基因工程技术对有生物活性的蛋白质与肽类进行制备，如重组药物、基因工程疫苗，并且基因工程已发展成为基因治疗与基因诊断的重要手段。在基因工程不断发展的过程中，通过科学技术的应用，可以对人体当中具有的生理功能、药用功能的生物物质进行一定的制备，由于在人体当中其含量比较少，所以通过科学的方法可以将传统方式中费时、资金使用多等问题有效解决。通过基因工程技术所生产的生物制品与天然物料相较而言具有经济优势，并能取得较好的社会效益。

（一）重组药物

重组药物又称重组蛋白药物，是利用已知的针对某疾病的抗体蛋白或者蛋白药物，根据中心法则，寻找到控制基因，并利用基因工程技术进行大规模生产的蛋白质（基本过程如图 6–1）。

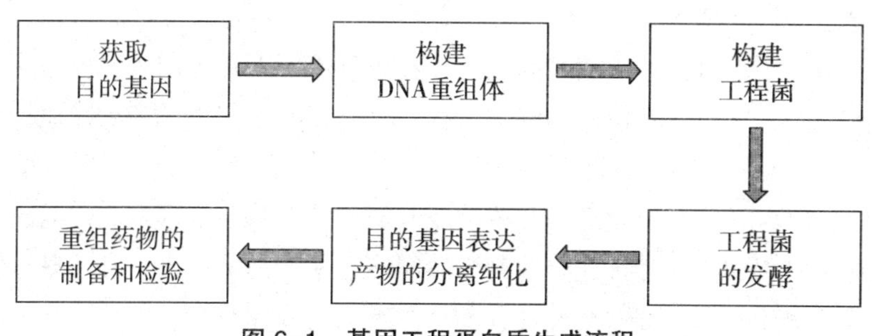

图 6–1　基因工程蛋白质生成流程

目前，应用较多的有重组人胰岛素、重组人生长激素、重组人干扰素、重组促红细胞生成素、粒细胞集落刺激因子、巨噬细胞集落刺激因子、重组人白细胞介素 –2 和重组人组织纤溶酶元激活剂等重组蛋白药物。

1. 重组人胰岛素

胰岛素是一种由胰岛 β 细胞分泌的蛋白质激素，由 A、B 两条肽链共 51 个氨基酸组成，主要参与糖代谢的调节。非自体分泌胰岛素到目前为止共发展了三代，第一代胰岛素是动物胰岛素，主要是猪胰岛素，因其抗原性较强，容易发生免疫反应，而且有反复发生高血糖和低血糖及出现胰岛素耐药等缺点。第二代胰岛素是重组人胰岛素，其结构与自身分泌的胰岛素相同，免疫反应较低，但其不能模拟生理性人胰岛素分泌模式，需要在餐前 30 分钟注射，夜间低血糖风险较高。第三代胰岛素是胰岛素类似物，其与天然胰岛素结构和功能相似，有些甚至还表现出比天然人胰岛素更具优越的性质，能更好地模拟生理性人胰岛素分泌模式，极大地降低了夜间低血糖的风险。胰岛素类似物是利用基因工程对胰岛素 A 链或 B 链进行加工、改造或修饰，形成的新型胰岛素，目前主要有三大类：速效胰岛素类似物、预混胰岛素类似物、长效胰岛素类似物。

2. 重组人生长激素

生长激素是一种由脑垂体前叶嗜酸细胞分泌的蛋白质，由191个氨基酸残基组成，主要作用是促进物质代谢和生长发育。早期的生长激素主要来源于尸体脑垂体，因而数量非常有限。重组人生长激素因基因工程技术的出现而得以大量生产，并在治疗特纳综合征、慢性肾病并发生长迟缓、充血性心力衰竭、慢性阻塞性肺病、症急性胰腺炎和严重烧伤等方面有很好的疗效。

3. 重组人干扰素

干扰素是一类由机体免疫细胞产生的细胞因子，包括I型干扰素、II型干扰素和III型干扰素，主要作用有干扰病毒繁殖、抑制肿瘤细胞生长和免疫调节等。20世纪90年代，研发出干扰素聚乙二醇修饰，开发了长效干扰素。

4. 重组溶栓类药物

血栓病是严重危害人类健康的疾病，自普莱德等人提出尿激酶可用于静脉血栓的治疗开始，人们就开始了溶栓类药物的研究，溶栓疗法成为治疗血栓病的重要方法之一。目前，溶栓药物已经开发了三代，第一代以链激酶及尿激酶为代表，第二代以组织型纤溶酶原激活剂和单链尿激酶型纤溶酶原激活剂为代表，第三代是通过基因工程和单克隆抗体改造的新的纤溶酶原激活剂产品。利用基因工程技术研制的纤溶酶原激活剂的突变体、嵌合体及双特异单克隆抗体结合体，由于有迅速、高效和特异的溶解动静脉血栓，不引起出血危险等优势，并有可能实现导向溶栓，已经成为主要研究和发展方向。

5. 白细胞介素 –2（IL–2）

白细胞介素 –2 是机体免疫调节网络中的核心物质，能激活免疫杀伤细胞，能促使T淋巴细胞和NK细胞产生干扰素和肿瘤坏死因子等。在临床中被广泛用于抗肿瘤、抗病毒和抗感染性疾病等的治疗，但目前依然没有采用基因工程技术生产重组人白细胞介素 –2 药物，仅仅处于临床试验阶段。

（二）基因工程疫苗

在传统的疫苗研究中发现，有时候合成专一性病毒抗体的应答反应不仅仅限于整个病毒颗粒，对于病毒的独立组分也能发生同样的应答。利用这一发现，可以应用基因工程技术生产基因工程疫苗，基因工程疫苗主要包括：基因工程亚单位疫苗、基因工程活载体疫苗、DNA疫苗和转基因植物口服疫苗。

1. 基因工程亚单位疫苗

又称为生物合成亚单位疫苗或重组单位疫苗，其特点是只含有病原体的一种或者几种抗原，而不含病原体的其他物质，安全性较好，比如乙型肝炎疫苗、狂犬病疫苗。

2. 基因工程活载体疫苗

通过基因工程，使非致病微生物表达特定抗原决定簇基因，从而具有抗原性；或者通过基因工程，修饰或者去掉致病性微生物的毒性基因，而保留抗原性。基因工程活载体疫苗的优势在于毒力不足以引起临床疾病，但仍能感染宿主并诱发保护性免疫力，兼有死疫苗和活疫苗的优点，比如大肠杆菌活载体疫苗和卡介苗活载体疫苗等。

3. DNA 疫苗

又称为核酸疫苗，是将重组质粒注入机体，激活机体免疫系统产生免疫反应。DNA 疫苗引起机体免疫反应的过程和自然感染十分相似，而且抗原比较单一，且易于构建和制备。但其可能存在潜在危险性，如外源性 DNA 有可能整合到宿主染色体引起插入突变，机体长期表达会有可能导致机体的免疫病理反应以及表达的抗原可引起意外的生物活性等，但众多研究未出现插入突变的现象。DNA 疫苗被称为继灭活疫苗和弱毒疫苗、亚单位疫苗之后的“第三代疫苗”，具有广阔的发展前景。

4. 转基因植物口服疫苗

通过基因工程技术，将特定的抗原簇基因导入植物，并在植物中表达，产生活性蛋白质。转基因植物口服疫苗主要用于激发肠道免疫系统，从而产生对肠道病原微生物的免疫能力。其优势是可食用、生产成本低廉、使用安全，并且有因转基因植物加工修饰而更加趋于自然状态的抗原，有基于肠道免疫体系的免疫效果等。因此，转基因植物口服疫苗是未来的研究热点。

六、基因工程的优点和缺点

由于微生物个体小、结构简单、繁殖速度快、个数多，所以微生物转基因工程生产量大且效率高、成本低，是工业化生产的一大优势条件。植物转基因工程生产疫苗时对环境要求较低，生产较简便，表达产物大多无毒性和副作用。动物转基因工程的遗传较稳定，可大批量获取目标药物产品。

基因工程在造福人类的同时不可避免地也暴露了一定缺点。微生物基因工程、植物基因工程、动物基因工程因应用技术的不同，操作过程中有各自不同的缺点。主要可归纳为：成本高，存在一定卫生不安全性，对环境、设备要求高，另外基因工程也可能给人类带来严重的社会、伦理问题。基因工程技术最为突出的特征就是它紧密地和人类生命健康与生命质量联系在一起，这种相关性是其他科技所无法比拟的。而它的作用也如同一把双刃剑，它可以为人类创造巨大的经济利益和社会效益，解决人类面临的人口、粮食、健康等难题，同时也带来了如伦理方面的严峻问题。总的来说，基因工程的伦理负面影响问题主要包括：基因资源收集问题、基因隐私问题、基因歧视问题、生命价值问题、转基因技术人体安全性问题和环境安全性问题。在这些问题当中，有的属于基因工程本身所带来的负面效应，有的则属于基因工程对人类现有价值与道德观念体系的强烈冲击带来的负面效应。无论是属于何种伦理问题，这使得基因工程的两面性在众多高科技领域中尤为突出。

七、基因工程的普及程度及前景

20 世纪 80 年代中期以来，我国生物技术蓬勃发展、成绩喜人。由于国家高技术研究计划、攻关计划和国家自然科学基金会都将生物技术作为优先发展领域予以重点支持，中国生物技术整体研究水平迅速提高，取得了一批高水平的研究成果，为我国新兴生物技术产业的建立和发展提供了技术源泉。

科学界预言，21 世纪将是基因工程世纪。科学研究证明，一些困扰人类健康的主要疾病，例如心脑血管疾病、糖尿病、肝病、癌症等都与基因有关。依据已经破译的基因序列和功能，找出这些基因并针对相应的病变区位进行药物筛选，甚至基于已有的基因知识来设计新药，就能“有的放矢”地修补或替换这些病变的基因，从而根治顽症。基因研究不仅能够为筛选和研制新药提供基础数据，也为利用基因进行检测、预防和治疗疾病提供了可能。有同样生活习惯和生活环境的人，由于具有不同基因序列，对同一种病的易感性就大不一样，比如同为吸烟人群，有人就易患肺癌，有人则不然。医生会根据各人不同的基因序列给予因人而异的指导，使其养成科学合理的生活习惯，最大可能地预防疾病。

第三节 营养科学新理念和方法

营养学是研究机体营养规律以及改善措施的科学，即研究食物中对人体有益的成分及人体摄取和利用这些成分以维持、促进健康的规律和机制，在此基础上采取具体的、宏观的、社会性措施改善人类健康，提高生命质量。

随着经济的发展和人民生活水平的不断提高，营养学的发展速度很快，从而出现了“新营养学”的概念，第十七届中国科协年会中提到，新营养学不仅是一门生物学，而且是一门社会学和环境科学，是三位一体的综合型学科。它不仅关注现代营养问题，更加关注未来营养学持续发展的问题。在这样的时代背景下，过去存在的一些错误的营养理念，如“饮食决定论”“食物里有足够的营养，均衡搭配膳食就足够了”“营养补充应该对症下药，缺什么补什么，缺多少补多少”需得到更正，营养学理念与方法也得到了更新，营养产品日趋功能化与休闲化。

一、平衡膳食

平衡膳食是指满足机体合理营养需求的膳食，从食物中摄入的能量和营养素处于一个动态过程中，能提供一个合适的量，避免出现某些营养素的缺乏或过多而引起的机体对营养素需要和利用的不平衡。这种膳食要求选择多种食物，经过适当搭配，能满足人们对能量及各种营养素的需求。

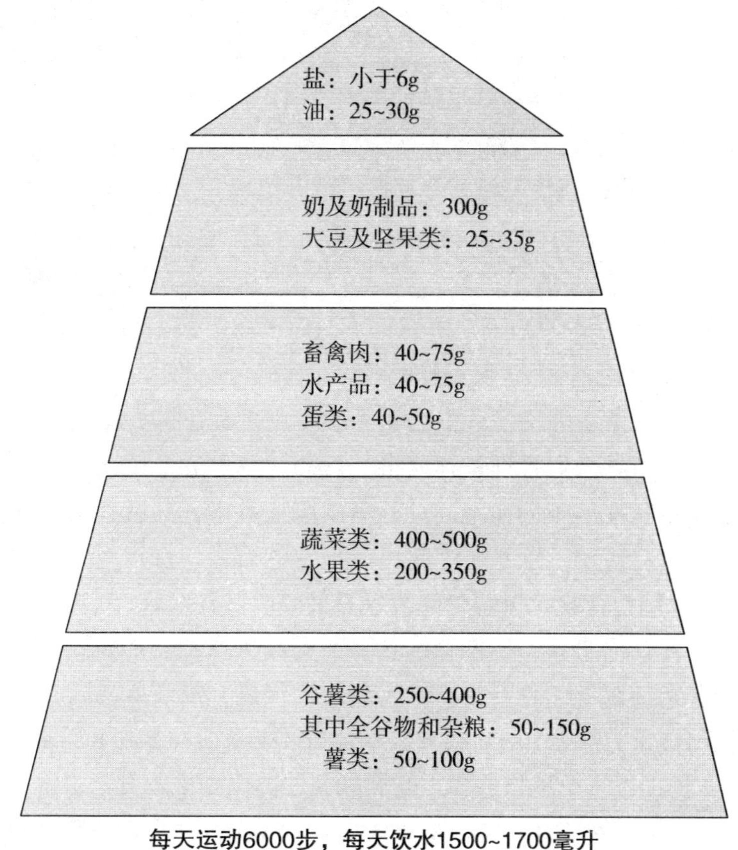

图 6-2　中国营养学会推荐的居民平衡膳食宝塔

我们日常膳食中的食物构成应尽量多样化，各种营养素应品种齐全，膳食中首先应包括供能食物，即蛋白质、脂肪及碳水化合物等。由于不同种类食物所含的营养素不同，例如动物性食物、豆类富含优质蛋白质；蔬菜、水果是维生素、矿物质及微量元素的主要来源；谷类、薯类和糖类主要以碳水化合物为主；脂肪主要来源于食用油；维生素 A 主要来源于肝、奶、蛋；铁主要来源于肝、瘦肉和动物血等，所以荤素混食，合理搭配，才能供给机体必需的热能和各种营养素。

平衡膳食应满足以下几点要求：1. 食物种类齐全、数量充足、比例合适；2. 保证食物安全；3. 科学的加工烹调；4. 合理的用餐制度和良好的饮食习惯；5. 遵循《中国居民膳食指南》的原则。

为了适应居民营养与健康的需要，帮助居民合理选择食物，1989 年我国首次发布了《中国居民膳食指南》，2016 年的《中国居民膳食指南》以理想膳食结构为导向，汇集了近年来国内外最新研究成果以及近 10 年我国居民的膳食营养结构及疾病谱变化新资料。在参考国际组织及其他国家膳食指南制定依据的同时，论述分析了目前在营养需要及膳食中，我国居民存在的主要问题，并提出实现平衡膳食、获取合理营养的行动方案和建议。它主要由一般人群膳食指南、特定人群膳食指南和中国居民平衡膳食实践三部分组成。

一般人群的膳食指南包括食物多样，谷类为主；吃动平衡，健康体重；多吃蔬果、奶类、大豆；适量吃鱼、禽、蛋、瘦肉；少盐少油，控糖限酒；杜绝浪费，倡导新“食尚”。新的膳食指南将 10 条推荐精简至六条，提高可操作性和实用性，且注重饮食文化传承发扬，达到了兼顾科学性和科普性的目的。

由于膳食指南是营养工作者根据营养学原则，提出的一组以食物为基础的建议性陈述，以指导人们合理选择与搭配食物，故世界各国膳食指南的特点也会随着国民营养状况的不同而不同。亚洲国家如日本，其膳食指南中建议人体需要均衡的饮食、运动、饮水，才能保持正常的运行，且指南中的食物都用个数来计算；韩国则把食物、烹调少放盐成为重要的饮食建议；新加坡的膳食指南不仅考虑了营养的需求量，还推荐了食物种类和选择食物的模式。美洲国家如美国，其膳食指南每五年更新一次，不断与时俱进，最新版的膳食指南包含平衡能量，控制体重；需减少的食物和食物成分；应增加的食物和营养素；养成健康饮食习惯；辅助进行个性化选择。欧洲国家如英国则推荐日常多吃鱼，强调早餐的重要性；法国则对酒和盐的限量比较高。大洋洲的澳大利亚膳食指南关注焦点在健康食物的选择，而不是指导方针，并且反映了澳大利亚的食品供应和消费模式。非洲国家的膳食指南从 2001 年至今没有更新，其特点是推荐和家人朋友共同用餐，享受健康的生活方式，各种香料、传统酱料是饮食中的重要组成部分。

二、新型营养饮食模式

（一）高蛋白饮食

高蛋白饮食指日常饮食中食入含蛋白质较多食品的饮食模式。高蛋白饮食具有减肥效果的理念一直被一些流行饮食者支持，然而近几年才有研究真正表明，与蛋白质含量较低的饮食相比，较高的蛋白质摄入量会增加热量和饱腹感，能够减少随后的能量摄入，进而实现体重减少和脂肪减少。虽然高蛋白饮食具有更大的热效应，但是食物热效应指的是消耗后能量消耗高于基线的增加，也就是消化、吸收和处理摄入营养后所需的能量，这种热效应似乎受到食物成分的影响，并且即使证实蛋白质含量高的食物比蛋白质含量低的食物对能量消耗的影响更大，但是这个差异能否足以影响体重，还有待更深入的研究。另外，虽然持续饱腹感是诱发负能量平衡和促进减肥的关键因素，一个理想的减肥策略便是能够促进饱腹感和维持基础代谢率，但是饱腹感是多因素控制的结果，其中包括内分泌系统、认知和神经系统以及胃肠系统。高蛋白质仅仅能够影响某些系统，不同类型的蛋白质对食欲激素的饱腹感和反应也有不同的影响，同样需要更深入的研究来阐明高蛋白质饮食最终是否有利于减肥的假设。

高蛋白饮食对机体同样存在不利影响。在免疫系统方面，高蛋白饮食会导致体内蛋白质代谢紊乱，且相对于正常蛋白饮食，过量的蛋白质会降低生物体内的白细胞吞噬率和溶菌酶、补体活性，从而降低免疫力。在血糖方面，以大鼠为研究对象的研究，在去除了肥胖因素的影响之后，结果高蛋白饮食与正常饮食相比没有出现显著性差异，虽然实验过程中出现了胰岛素反应峰值的延迟，但对胰岛素的耐受和敏感性没有明显的作用。或许很多人通过高蛋白饮食模式来达到减肥的目的，短时间内取得了比较显著得效果，但是如果长期坚持不合理的高蛋白摄入，是否会引起“蛋白毒性”值得我们探讨。此外，高蛋白饮食有可能增加尿路中钙结石形成的风险，目前认为，蛋白质通过促进影响草酸、钙和尿酸的生成、排泄以及结晶，促进肾结石的形成。

因此建议采用高蛋白饮食的人应该谨慎地选择高质量的蛋白质来源，即植物的蛋白质来源，因为大部分动物食品（如红肉、鸡蛋和乳制品）不仅含有丰富的蛋白质，而且饱和脂肪和胆固醇含量也很高。这可能会增加高动物蛋白饮食者患心脏病、高脂血症和高胆固醇血症的风险，建议选择来自蔬菜、大豆、海藻、坚果或鱼类等更健康的蛋白质作为替代方案。所有多余的蛋白质最终将转化为葡萄糖（通过糖异生）或酮体，这也可能解释了高蛋白饮食引起的糖异生作用的增加。

在能量需求低的情况下，这些代谢产物将被储存为糖原和脂肪，如果想要达到减肥得目的，采用高蛋白饮食并不是一种理想的方式。因此，在日常膳食中，仍需要以碳水化合物为主要能源，蛋白质、脂肪作为其补充，三者之间保持合理比例，均衡营养才是科学的选择。

（二）低 AGEs 饮食

晚期糖基化终末产物（AGEs）是一组在蛋白质、脂肪酸或核酸的氨基基团与还原糖的醛基之间发生非酶性糖基化反应（又称 Maillard 反应）所形成的一系列具有高度活性终产物的总称，也可以通过脂肪过氧化和葡萄糖氧化产生，其结构具有高度异质性。低 AGEs 饮食是针对晚期糖基化终末产物对人体健康的危害而提出的具有针对性的饮食模式。

晚期糖基化终末产物是公认的糖尿病血管病变（包括大血管和微血管病变）的致病因子，其直接参与了糖尿病形成的病理过程，众多学者研究发现糖尿病患者的血清和组织中晚期糖基化终末产物含量的水平明显高于健康人群。晚期糖基化终末产物在糖尿病的致病机理中起着重要作用，而在患者体内高糖环境下又更容易产生，晚期糖基化终末产物与其受体的结合会产生大量自由基，这又促进其形成。晚期糖基化终末产物还可能通过一种间接机制改变胰岛素敏感性，这种机制涉及脂肪细胞内脂肪因子和细胞因子、巨噬细胞、内皮细胞的失调。这些因素使其成为胰岛素抵抗的主要原因，而胰岛素抵抗又是绝经期妇女心血管疾病的一种介质。

大量医学研究还证明，晚期糖基化终末产物在体内的积累与一些疾病如糖尿病、动脉粥样硬化、肾病、多囊卵巢综合征的发病机理有密切关系，主要通过与蛋白质交联直接引起蛋白结构改变，或者靠与细胞表面的相应受体结合，将信号传递到细胞内，引起细胞效应这两种方式发生生物学效应。

机体内的糖基化反应会使蛋白质的交联性受到破坏，反应发生在氨基酸残基（尤其是赖氨酸、精氨酸）上，使正常的蛋白质结构趋于老年化，同时还会影响到功能酶的活性下降、代谢功能紊乱、所供能量减少、免疫功能降低等一系列的机体老化的过程。AGEs 在体内的形成过程相对缓慢，所以一般首先影响的是半衰期较长的长寿蛋白，而且糖基化产物形成后比较难以降解，因此体内 AGEs 水平与衰老关系密切。

鉴于晚期糖基化终末产物对人体的严重危害，通过饮食摄入是体内晚期糖基化终末产物的重要来源，低 AGEs 饮食模式便成为降低人类慢性病危害的新思路。有研究测定了超过 500 种食物及其在烹饪过程中产生的晚期糖基化终末产物的水平，从而构建成大型晚期糖基化终末产物含量的数据库，可以利用该数据库来评估每日膳食摄入的晚期糖基化终末产物含量，同时可以用来指导每日膳食结构。从这个数据库可以看出，富含蛋白质及脂质的食物，尤其是动物性食物，在高温和干热下加工，如烤、煎炸和烘焙，往往是晚期糖基化终末产物最丰富的饮食来源；而低脂肪、富含碳水化合物的食物的晚期糖基化终末产物含量往往相对较低。

在日常生活中，我们要尽可能地通过低 AGEs 饮食模式来减少摄入，一是要注意食物的选择，我们可以增加摄入鱼类、豆类、低脂牛奶及其制品、蔬菜类、水果类、全谷物食品，同时减少摄入固体脂肪、肥肉、全脂牛奶及其制品以及深加工的食物。二是对食物进行加工处理的方式也应该引起重视，可以改善食品的加工工艺条件，如食物烹调的方式，选择用低温、短时间的加工方式（水煮、蒸、炖等）来替代高温、长时间的加工方式（煎、炸、炒、烧烤等）。除此之外，烹饪之前在食材中加入酸性调味汁浸泡，比如柠檬汁或者醋，都可以有效地降低 AGEs 生成的数量。

（三）抗炎饮食

抗炎饮食是指能够起到预防或者治疗炎症作用的食物或者饮食模式。由于现代饮食中的不良因素、环境污染和精神压力，氧化应激已经渐渐超出了身体能够承受的负荷，在多种炎症因子的作用下，身体渐渐处于一种低强度的慢性炎症状态。炎症的存在会以一些非常具体的方式造成一系列不幸的后果，其直接导致的首先是肥胖、动脉粥样硬化、心脏病、脑卒中、胰岛素抵抗和Ⅱ型糖尿病，而一些自身免疫性疾病（如红斑狼疮和肌纤维痛）也涉及炎症。特伦斯博士曾说炎症是一种化学物质，会引发一系列对血管和免疫系统都非常有害的事件，故减轻体内的炎症水平有助于降低人们患上这些疾病的风险。

饮食中的一些因素被认为有可能增加炎症因子的产生，而另外一些则对抗炎症，起到平衡的作用，通过摄取合理的食物就能起到抗炎作用。某些食物如红肉、全脂乳制品、加工食品及饱和和反式脂肪酸等会引发炎症。其中，常见的精制糖、反式脂肪在饮食工业中的应用，被认为是最强的饮食中致炎症因素，水果、蔬菜和富含 ω-3 脂肪酸的鱼类是抗炎饮食的重要组成部分。由于慢性炎症与超重和肥胖有关，抗炎饮食也有利于减轻体重。

具体的抗炎饮食包括关节炎基金会和哈佛医学院建议的饮食、区域饮食法、裴礼康饮食、安德鲁·韦尔博士（Dr. Andrew Weil）抗炎饮食和地中海饮食。

（四）生机饮食

生机饮食是 2010 年顾奎琴在《生机饮食》一文中提出的，指的是在三餐中生吃不使用化学肥料和农药所栽种出来的水果、蔬菜、芽菜、坚果等食物，使人体最大程度地摄取果蔬中的酵素、维生素、抗氧化剂、纤维素、植物蛋白质等养分，促进人体环保和健康，是能为人体提供生命能量、促进身心健康、回归自然的一种饮食和生活方式。

生机饮食有广义和狭义之分，广义的生机饮食包括无激素、无抗生素污染的肉类、奶、蛋，而狭义上的生机饮食则不包含任何动物性食物，属生食和纯素食范畴。生机饮食可用于多种疾病，包括癌症的辅助治疗，但需要专业人员指导进行。生机饮食倡导食用新鲜的天然食材，减少加工程序；在烹饪方法上讲究健康与环保，提倡蔬菜能生吃就尽量生吃，以最大程度保留蔬菜中的营养成分。主要的建议内容包括多吃食物，少吃食品；注重清淡，减少煎炸；多吃碱性食物，少吃酸性食物；每天最少一餐或部分生机饮食；坚持“多果蔬、少肉”的原则；完全素食者应注意补充维生素 B_{12}。

随着人们生活水平的提高，现代人由于不合理的饮食习惯所引发的“富贵病”逐年增加。从膳食营养的角度看，水果、蔬菜、杂粮富含多种维生素、矿物质和膳食纤维，特别是含有丰富的维生素 A 和维生素 C，对改善体质，提高机体免疫力有非常重要的作用。植物性食物经过加热、烹调之后，其中的酶类、酵类等生物活性物质便失去活性，故多吃有活性的生机食物，能够帮助排出体内聚集多年的毒素，达到调理身体的目的。

对于尝试生机饮食的人，建议采用“循序渐进”原则，不要过于急躁，急于求成，以免造成压力。建议开始可以尝试从每日中选一餐，或者每餐中优先选用生机食品作为“开场序曲”，然后逐步增加早餐中的水果，平时可以多饮用含有纤维的蔬果汁，逐渐帮助自己习惯生机饮食的膳食模式。另外，要注意生机饮食中“生吃”与“熟食”的取长补短。

还需要注意的是，并非所有人都适合生机饮食，例如肾脏病人，由于蔬果中含有钾离子成分，所以要避免摄入大量蔬果，防止因摄取过量钾离子而导致肌无力，患有糖尿病、心肺疾病、免疫功能不佳者同样不适合吃生机饮食，以免引起胃胀气。故患有慢性疾病者和特殊人群，都需要遵循医生的建议。同时，生机饮食也存在不足之处，首先，某些含有大量草酸、植酸的蔬菜，生吃容易与矿物质离子结合，影响矿物质的吸收；其次，大量的膳食纤维也会阻碍蛋白质、脂肪和矿物质的吸收，可能导致营养不均衡。另外，食物虽然经过烹调会造成某些营养物质的流失，但却有抑菌、软化纤维等作用，减小对肠胃的刺激，增加食物的色香味，所以应该遵循均衡营养的理念，多样化摄取食物，保证各营养素的均衡摄入，达到营养平衡。

（五）全谷物饮食

全谷物饮食是指食用全谷物食品的饮食方式。美国谷物化学家协会将全谷物食品定义为完整、碾碎、破碎或压片的颖果，基本的组成包括淀粉质胚乳、胚芽与麸皮，各组成部分的相对比例与完整颖果一样。

现代社会中，人们对食物的口感要求越加苛刻，粮食加工越加精细，导致在谷物加工过程中，谷物皮层的大部分被丢弃，大量营养素不断流失，不断摄入这些精细食品带来的健康问题让人们意识到了全谷物食品的重要性。

全谷物食品中含有对人体健康最重要的营养健康因子，包括维生素、矿物质、植酸、烷基间苯二酚、木酚素、类胡萝卜素酚酸、植物甾醇、生物碱，具有高蛋白、低脂肪等特点。全谷物中的不可溶性膳食纤维可激活参与调节食物摄入的胃肠激素的释放，全谷物是谷类纤维、植物化学物质、维生素和矿物质的重要来源，进食全谷类食物具有诸多有益健康的作用。已有研究证明，全谷类食物的高摄入量与胰岛素敏感性和空腹胰岛素浓度的降低有关，另外还能控制体重、降低多种疾病发生风险的趋势，对降低某些疾病的死亡风险有一定的帮助，以及有益于消化道健康等。

以影响代谢和控制血糖为例，全谷类已被证明会影响肠道微生物群的组成，且被认为是饮食和代谢健康之间相互作用的一个主要决定因素。在一些研究中显示，长期摄入全谷类食物会引起结肠细菌种类减少，产生能够触发内毒素血症（即脂多糖和肽聚糖）、促进慢性低度炎症（通过肿瘤坏死因子 -α）和胰岛素抵抗的分子。由于全谷类较低的能量密度，对减少能量摄入有显著作用，且全谷类淀粉颗粒的尺寸较大，结构完整，对咀嚼速率要求较高，从而增加了饱腹感。它们的纤维能增加胃扩张，延缓肠道转运时间，刺激饱腹感信号，增加参与能量稳态和血糖控制的激素，较低的能量摄入导致身体脂肪的减少和胰岛素敏感性的改善。此外，全麦纤维在肠道水平延迟了营养物质的吸收（如葡萄糖、游离脂肪酸等），从而减少了胰岛素的需求，刺激了脂肪的氧化，减少了脂肪的储存。

很多人会误认为全谷物就是粗粮，而真正的全谷物主要是指谷类的种子，即完整谷粒或者把谷粒压扁、磨碎、磨成粉，当全谷物原料占总谷物原料 51% 以上时，可称为全谷物食品。全谷食品的种类很多，在我国可分为禾谷类（包括稻类，如籼稻、粳稻、糯稻）和麦类（小麦、大麦、燕麦、黑麦、玉米、高粱、粟、黍、荞麦）等。

全谷物有营养，但摄入要适量。原食药监总局曾指出，一是由于大多数全谷物富含膳食纤维，故身体虚弱或肠胃术后患者不宜过多食用；二是有些全谷物中含有抗营养因子，如高粱中的单宁酸，吃多了会影响人体对蛋白质与矿物元素的吸收。因此，建议全谷物与精米白面搭配食用，在制作过程中按照个人需求酌情添加，既可改善营养素的摄入，又能保证良好的食用品质。

三、特医食品

特医食品，全称为特殊医学用途配方食品（FSMP），它是一种特殊配方和加工的产品（而非天然产品），用于病人的膳食管理。当病人因为治疗、慢性医疗需求或其他特殊的医学营养需求，在摄取能力受损或有限的情况下，无法消化、吸收、代谢普通食品或某些营养物质，在医生或临床营养师指导下使用的提供特殊营养支持的配方食品，必须要在医疗监督下使用，仅适用于接受积极和持续的医疗监督的患者。

当目标人群无法进食普通膳食或无法用日常膳食满足其营养需求时，特殊医学用途配方食品可以作为一种营养补充途径，起到营养支持作用，这是介于普通食品、保健品与药品之间的一类新型产品。目前科学论证充分、应用成熟的全营养配方食品主要涉及糖尿病、慢性阻塞性肺疾病、肾病、恶性肿瘤（恶病质状态）、难治性癫痫、肥胖、减重手术、肝病、肌肉衰减综合症、创伤、感染、手术及其他应激状态、胃肠道吸收障碍等。

各国都已为特医食品制定了一系列的标准和规定，对于上市前的批准，各国也在标准的基础上制定了符合自身国情的相应规定。在我国，为满足糖尿病、肾病等临床患者对特殊医学用途配方食品的需求，降低使用者的经济负担，在大力发展特殊医学用途配方食品的同时，积极建立与国际接轨的相关配套的国家标准体系。2010 年 12 月 21 日，我国发布 GB 25596-2010《食品安全国家标准特殊医学用途婴儿配方食品通则》，对 1 岁以内婴幼儿的特医食品做出规定。2012 年 8 月 27 日，卫生部根据《食品安全法》及其实施条例的规定，组织制定《食品安全国家标准特殊医学用途配方食品通则（征求意见稿）》，该标准编制与国际通行标准接轨，注重标准的可操作性，严格按食品安全国家标准要求编写。起草工作组收集国内相关标准，同时也参考欧盟、美国、澳大利亚等国家和地区的相关标准。2013 年 2 月 16 日，卫生部根据 GB 17405-1998《保健食品良好生产规范》《药品生产质量管理规范》等实施条例，组织制定了《特殊医学用途配方食品良好生产规范（征求意见稿）》。

按照 GB 29923-2013《食品安全国家标准特殊医学用途配方食品通则》，特医食品可分为：

全营养配方食品，可作为单一营养来源满足目标人群营养需求的特殊医学用途配方食品。其包含人体所需的各类营养素（蛋白质、脂肪、碳水化合物、矿物质、维生素等），且搭配均衡，当其作为长期单一营养来源时，能够满足目标人群每日的营养需求，可以维持并促进人体健康。

特定全营养配方食品，可作为单一营养来源能够满足目标人群在特定疾病或医学状况下营养需求的特殊医学用途配方食品。其主要针对脏器功能不全或衰竭、代谢障碍、机体对某营养素的需求增加或受到限制等具有特殊营养代谢状况的患者而设计。

非全营养配方食品，可满足目标人群部分营养需求的特殊医学用途配方食品，不适用于作为单一营养来源。其能满足目标人群由于特定疾病或医学状况而产生的对能量或营养素的特殊要求，如含蛋白质组件、脂肪组件、碳水化合物组件等专用于提供某一营养素的食品，但长期使用会造成营养不良。

四、新型营养改善理念

（一）抗氧化网络

抗氧化网络主要指重要的抗氧化剂之间存在着一种动态的相互作用，相互作用关系称作“抗氧化剂网络”，把这种抗氧化剂之间的相互影响的化学物则称作“网络抗氧化剂”，在对抗疾病中共同发挥着作用。抗氧化剂是能帮助捕获并中和自由基，从而祛除自由基对人体损害的一类物质，它能防止或延缓食品氧化，是提高食品的稳定性和延长贮存期的食品添加剂。抗氧化剂的正确使用不仅可以延长食品的贮存期、货架期，给生产者、消费者带来良好的经济效益，而且给消费者带来更好的食品安全。抗氧化网络最初由美国加州大学的分子生物学教授佩克博士提出，他通过研究发现：水溶性维生素 C 和谷胱甘肽、脂溶性维生素 E 和辅酶 Q10，以及水脂兼溶的 α 硫辛酸构成了一个抗氧化物的核心网络，发挥着抗氧化协同作用，比单独使用抗氧化物的功效强几十倍到几百倍。

自由基作为慢性病发生的根源，受外在环境因素、不良生活方式、内在生理因素、新陈代谢、疾病入侵的反应等多种因素的影响，给人们的健康带来了极大的危害，而抗氧化剂能够输送电子给自由基，使其稳定丧失破坏力，而在完备的抗氧化网络抵抗下，过量自由基的破坏性更会大大减少，使退化性疾病以及衰老的过程得到减缓和抑制。

在我们的日常生活中，可以适量多摄入一些含抗氧化剂多的蔬菜、水果和坚果等，同时结合不饱餐、合理锻炼身体、戒烟限酒、心态平和等良好的生活行为方式，来减少人体自由基的产生，提高自身的健康素质。

（二）精准营养

精准营养是指以营养基因组学、分子营养学、分子生物学等为理论基础，整合药物动力学、临床营养学、中医学、现代医学等先进理念和技术，从基因组层面解决营养素对基因表达的调节，精准利用营养学原理改善人体健康，并研发精准、安全、高效、稳定的个体化营养干预产品。它是在2015年美国提出的“精准医学”的基础上产生的现代营养学研究的新领域。

人体的大多数疾病都是由基因引起的，基因序列的差异通过人体内组成成分的功能差异得以表现，从而引起疾病的发生。研究证明，通过基因解码解读个体基因信息的差异，根据基因信息调节来改善人体的生命状态，可以实现预防疾病、治疗疾病的目的。“精准营养”基于一个人一生中内外环境中不断变化、相互作用的参数，制定更全面、更动态的营养建议。为此，除遗传学外，精准的营养方法还包括其他因素，如饮食习惯、食物行为、体力活动、微生物群和代谢物，更强调疾病的预测和预防，通过整合传统流行病学和多组学相关新观念和新技术，希望对特定群体和个体进行量身定制的膳食和生活方式的干预和指导，以便更为有效地促进健康和防控疾病。它改变了原本以器官系统功能受损为中心的“局部观”的治疗模式，从系统化、网络化的角度认识疾病，通过精准营养进行防病、治病，可以从根本上消除病根，减少并发症、后遗症。

在肥胖和相关代谢紊乱的疾病中，如Ⅱ型糖尿病和心血管疾病，个性化的营养治疗方法是控制疾病的有效方式，我们可以根据个体基因、生活方式、体育运动习惯、代谢与肠道微生物因素等多方面因素的作用，有效调整饮食，从而达到全方位系统的改善目标。未来，有望通过全球标准化医学相关数据的收集、分析和共享，基于证据的精确医学将逐步从治疗转向预防，从而最终改善临床医生与病人的沟通，建立以公民为中心的医疗保健以及持续的福祉。

（三）智能营养

智能营养是以营养学和疾病营养学为理论基础，结合互联网和物联网应用技术、数学等多门学科协作实现的膳食配餐智能系统。由于人们已经利用营养学理论对营养膳食做过了大量而细致的研究，但并未把不同人群对营养素的标准需求量同食物有机联系在一起，也没有对营养素的实际摄入量与理想供给量进行数值上的分析，故在理论的基础之上，还需要利用计算机相关技术和算法、数学公式等，对营养学、疾病营养学数据做海量的分析与处理，把理论中的复杂问题转化为具体的营养配餐系统，可以将理论知识应用于现代生活，真正更有效地造福于广大人民群众。

目前，智能营养理念主要应用于营养配餐方面，医院可以通过建立一个以居民膳食营养素为基础的智能营养膳食分析系统，整合医嘱数据、食材营养成分表、膳食营养素参考摄入量和膳食平衡原则的内容，针对不同人群、不同病症，动态分析适合患者的整体饮食结构，并提出相关的膳食意见。在给出患者每日需摄入标准营养值的同时，还根据患者的相关医嘱及病因，列出饮食禁忌，减少由于患者饮食不当造成的病情反复，以架起营养医师与患者的交流平台，同时有利于患者在院期间的身体快速恢复。

健康居民同样可以根据智能营养的理念，利用配餐系统，从食物的个性化选取、配平营养素和反馈调节三个主要部分对自身的饮食进行科学配比，从而达到营养均衡。

总之，作为保险工作者，在掌握专业保险知识的同时，能够尽可能多地了解与投保人员息息相关的生活知识，如营养膳食知识等，并针对投保人员的特点进行不同程度和不同方面的营养知识普及，能够有效增加保险的影响力，同时降低理赔率，实现保险企业利益的最大化。

第四节　生活方式矫正

世界卫生组织在2014年的慢性病状况报告中指出：2012年全球68%的人死于慢性非传染性疾病。在中国，因慢性病而死亡者占全国总死亡人数的85%，所导致的疾病负担占全国总疾病负担的70%，并日益显现出低龄化趋势，给社会养老、医疗保障及家庭经济带来巨大压力。

传统医学对于慢性病的治疗事倍功半，2016年，美国18%的GDP被用于医疗，但人均寿命并未显著提升，仅在心血管疾病领域，美国就投入了2300亿美元，平均每一位心血管病人要花费20万美元，如果中国走美国治理慢性病的老路，不仅个人难以承担，更重要的是国家医保将难以为继。

拉夫堡大学的体育、训练与健康科学学院院长尼姆教授表示：在现代环境中，生活方式是诱发慢性病的主要原因之一，这一点已经得到了普遍的认可，所以开发科学有效的生活方式是成功解决这个紧迫健康需要的根本。20世纪人们就已经开始认识到健康生活方式对慢性病的重要影响，并逐渐发展、形成了一系列系统的生活方式矫正新技术。

一、生活方式医学

1999 年，詹姆斯编写的教科书上第一次出现了“生活方式医学”这一专有名词，并以此希望能开创一门新的医学分支。

詹姆斯将生活方式医学定义为：将生活方式实践融入现代医学实践中，以降低慢性病的风险因素，如果疾病已经存在，则将生活方式实践作为其治疗的辅助手段。生活方式医学在各种健康相关领域汇集了合理的科学证据，以帮助临床医生治疗疾病、促进健康。从更广泛的意义上讲，生活方式医学的实践需要获得解决多种个人生活方式的技能和能力，包括饮食、身体活动、行为改变、体重控制、治疗计划依从性、压力和应对、灵性、身心技术和烟草及药物滥用。

（一）应用范围

生活方式医学的特点是不仅可以预防疾病，而且可治疗大部分慢性疾病，如Ⅱ型糖尿病、冠心病、高血压、肥胖、胰岛素抵抗综合征、骨质疏松症和某些类型的癌症。美国疾病和预防控制中心数据表示，心血管疾病（CVD）、癌症和糖尿病是导致死亡的主要原因，这些疾病在很大程度上是可以预防的。2009 年美国多个医学学会联合出版了《生活方式医学：证据回顾》，对 24 种慢性病进行了综述，强调了健康生活方式对改善疾病根源的影响。最近，多篇系统综述和分析证明了生活方式干预对降低糖耐量异常患者的糖尿病发病率、高胆固醇血症和代谢综合征有积极影响。

（二）技术原理

尽管生活方式医学的实施需要结合许多公共卫生部门的举措，但本质上来说，它属于临床学科。对慢性病患者的长久治疗和生活方式干预主要在门诊进行，尤其是一些严重的或难以处理的患者，在医疗环境下实施深入细致的生活方式干预显得尤为必要。

作为最受认可的生活方式医学的先驱，迪安·欧尼斯指出，生活方式医学是由营养、身体活动、减压和休息以及社会支持系统组成，具体包括食物和膳食模式、特定食物来源的生物活性物质、液体和水合作用、膳食补充剂、医疗食品、功能性食品、身体活动（有氧或无氧）、心理健康、情绪调节、压力调节的心身医学模式、社交网络和支持团体、休息和睡眠、环境暴露（空气、食物、水或辐射）。其核心是以患者为中心，在医疗保健专业人员的陪伴下，使患者能够密切参与其健康发展轨迹。

（三）优点与缺陷

欧洲癌症和营养前瞻性调查（EPIC）研究发现，坚持不吸烟、每周锻炼 3.5 小时，保持健康饮食和体重指数（BMI）< 30，可以降低 78% 患慢性病的风险，其中糖尿病 93%、心肌梗死 81%、中风 50%、癌症 36%。生活方式医学通过饮食、运动、心理辅导和社会家庭支持，倡导以生活方式的改变来应对疾病威胁，而非单纯的药物及手术治疗，阻断疾病的高危因素，减少疾病的发生，逆转部分慢性病，这种方式不仅效果突出，而且比传统医学更为经济便宜。

尽管生活方式医学在预防及治疗慢性病中非常重要，但生活方式医学尚未被正式定为一门专门学科，目前所有医生仅在学习其他课程时掌握了生活方式干预方面的技能，还没有生活方式医学专科及专门的培训方案和机构，也没有系统性规划。生活方式医学需要将多学科知识融会贯通到某一病人治疗的全过程，熟知循证医学原理，不断从临床实践中总结经验，熟悉和掌握健康评估方法，了解饮食改变和体育锻炼所产生的效果，在患者治疗过程中实施生理、心理、精神、社会和文化的整体医疗。

（四）普及程度及发展前景

2004 年，美国成立了美国生活方式医学协会（ACLM），欧洲、大洋洲、亚洲等生活方式医学会相继成立，协会致力于更好地定义、诠释生活方式医学，提供生活方式医学指南，组织专业机构评估和纠正不正确的做法。在美国，医生资格和培训要求由美国生活方式医学委员会（ABLM）发布。截至 2017 年，亚洲已有九个国家加入了亚洲生活方式医学会，然而中国并未包括在内。

有美国的前车之鉴，中国已经意识到了传统医学对于治疗慢性病的局限性，以及健康生活方式的重要性。2017 年，原国家卫计委发布《全民健康生活方式行动方案（2017–2025）》，大力提倡“三减三健”（减盐、减油、减糖、健康口腔、健康体重、健康骨骼）、适量运动、控烟限酒和心理健康四个专项行动，推动了疾病治疗向健康管理转变。

二、生活方式矫正与运动

慢性疾病已成为全球公共健康领域的焦点问题，体力活动不足和静坐少动的生活方式成为当今慢性疾病发生的第一独立危险因素，也是 21 世纪最大的公共卫生问题。每年全球 1400 万人发生癌症，其中 900 万人死于癌症，在美国，每 10 个人中会有 4 个人患有恶性肿瘤。研究表明，多数的一般癌症可以通过改变生活方式来预防。在过去的几十年中，对数百万人的流行病学研究结果表明，高水平的体力活动可以降低许多癌症的发病风险，且可以改善已经确诊癌症患者的预后。将体力活动和运动作为疾病预防和健康促进的手段可使心血管疾病、Ⅱ型糖尿病、肥胖和癌症的发病率明显下降。

（一）静坐少动对健康的危害

美国运动医学会（ACSM）对静坐少动生活方式的定义为：未参加每周至少三天、每天不少于 30 分钟的中等强度体力活动，且持续三个月以上。美国运动医学会对静坐少动生活方式的定义可等同于缺乏运动。在过去的几十年中，人们能量消耗减少、静坐少动行为增加的情况尤其显著。在 1970 年，20% 的美国人从事低强度体力活动的工作（即主要坐着办公的工作），30% 的美国人从事能量消耗很高的工作（如建筑业、工业和农业等）。到了 2000 年，超过 40% 的美国人从事低强度体力活动的工作，而只有 20% 的美国人从事高强度体力活动的工作。对 2010 年中国慢性疾病检测数据进行分析发现，我国 18 岁以上的成年人中，只有 11.9% 的成年人每周三天在休闲时间进行过至少 10 分钟的中等强度到较大强度体力活动。男性每天的业余时间中有 2.9 ± 2.1 小时用于静坐少动行为，如看电视、玩电脑等，而女性每天的业余时间中有 2.6 ± 1.9 小时用于静坐少动行为。

流行病学研究显示，静坐少动总时间会增加心血管疾病的发生风险和死亡风险。女性健康研究发现，每天久坐超过 10 小时的女性与久坐少于 5 小时的女性相比，其心血管风险增加 18%；每周体力活动最少且每天久坐时间超过 10 小时的女性发生心血管疾病的风险最高。有研究曾对 68497 名女性平均追踪六年，发现看电视、工作、乘坐交通工具和其他在家处于坐位的时间均与Ⅱ型糖尿病发生风险呈正相关，每天看电视超过两小时的成年女性发生糖尿病的风险增加 14%。在不同人群中，过多的静坐少动行为均会增加肥胖的发生率。《柳叶刀》体力活动系列工作组于 2012 年发表的一项系统综述，总结了全世界范围内多项大样本研究，发现静坐少动生活方式导致了约 6% 的冠心病、7% 的Ⅱ型糖尿病、10% 的乳腺癌、10% 的结肠癌以及 9% 的过早死亡。2008 年，在全球范围内的 5700 万例死亡中，有 530 万例是由于静坐少动所导致的。

（二）运动与疾病预防

体力活动和运动不仅能在疾病一级预防中带来健康获益，在疾病的二级预防中也能带来类似的益处。日常体力活动和运动可减少心血管疾病（CVD）的风险，缓解 CVD 的症状和体征，并提高运动能力。提高 CVD 病人的体力活动水平可得到许多益处，包括运动能力提高、肌肉力量提高（当在康复计划中加入力量训练的内容时）、最大心率下降、血压下降、心率血压比下降、炎症因子减少、心绞痛症状减轻、体重下降，最终降低心血管事件的发生率。增加体力活动和运动，可以显著提高糖尿病人的心肺耐力，甚至能降低早期死亡率和发病率。有氧运动是Ⅱ型糖尿病二级预防的基础，中等到较大强度有氧体力活动或运动可以改善身体的胰岛素敏感性，而胰岛素敏感性的增加可以直接加强部分受体的表达，进而增加糖的利用。体力活动能帮助肥胖者控制体重，适当运动可以有效地预防肥胖、降低体重和预防减重后体重反弹，运动还可以有效地提高肥胖人群的心肺耐力，并且独立于体重下降。已经发现某些癌症与缺乏体力活动密切相关，而且流行病学研究显示，增加体力活动可以降低乳腺癌、结肠癌和前列腺癌的发病风险。

（三）运动管理与指南

体力活动和运动会带来许多健康获益，因此可以将其看成是一个“良医”。日常体力活动和规律运动作为疾病初级预防策略的重要性使得许多国家都制定了自己的体力活动指南。世界卫生组织“关于身体活动有益健康的全球建议”推荐每周至少完成 150 分钟中等强度有氧运动，或每周至少累计 75 分钟较大强度运动。应循序渐进地延长运动时间、增加运动频率和运动强度，直至每周 300 分钟中等强度或每周 150 分钟较大强度。应该使用多种运动方式和器械设备，针对每一个主要肌群，每周进行 3 ~ 4 次抗阻练习；为了改善关节活动度，每周应该进行 3 ~ 5 次柔韧性练习。已经患有慢性疾病人群应由专业人员针对常见慢性疾病中的不同类型制订出个体化运动干预方案。为预防和延缓慢性疾病，应适当增加生活中的体力活动。表 6–2 是美国运动医学会和美国疾控中心联合发布的体力活动指南，对指导不同人群的运动具有很大的帮助。

表 6–2 《美国体力活动指南》对四类人群的体力活动指导策略

人群	体力活动指导策略
青少年 （6 ~ 17 岁）	➢ 青少年每天不少于 60 分钟的体力活动，包括强健骨骼活动（要体现在一天的体力活动中，每周至少三次）、强健肌肉活动（要体现在一天的体力活动中，每周至少三次）、有氧运动（在一天 60 分钟的体力活动中要有中等和大强度有氧运动，其中大强度运动每周至少三次）。 ➢ 鼓励青少年参与适合其年龄段的各类有趣的体力活动

续表

人群	体力活动指导策略
成年人（18 ~ 64 岁）	➢ 成年人要避免处于静止状态，只要从事体力活动就可以改善健康状态，从事体力活动就比什么不做更好。 ➢ 要提高健康状态就要做到：保证一周不少于 150 分钟的中等强度，或不少于 75 分钟的大强度有氧活动；也可从事中等强度和大强度有氧运动的组合练习，但要保持 10 分钟以上持续性，最好把有氧运动贯穿于一周活动之中。 ➢ 从事一些肌肉力量练习，内容以中等或大强度活动为主，每周至少保证两天以上，身体的主要肌肉群要得到锻炼。 ➢ 要获得更积极健康的效果，成人应从事一周大于 300 分钟的中等强度有氧活动，或一周 150 分钟以上的大强度活动，或两者的组合练习。健康效果将随着时间的增加变得更加明显
老年人（65 岁及以上）	➢ 因慢性疾病无法保证一周 150 分钟中等有氧活动时，要依据身体实际情况选择性地完成其他身体活动。 ➢ 要依据自身体能水平确定适合自己身体活动的努力程度。 ➢ 要做一些有助于改善身体平衡能力的活动，更好地应对跌倒风险。 ➢ 要清楚慢性病对自身能力的影响，从而能够安全地从事有规律的身体活动
特殊人群（残障人士、慢性病患者及孕期妇女等）	➢ 对于能活动的残障者要保证不少于 150 分钟中等强度或 75 分钟大强度有氧运动，或者两者的组合，但要保持 10 分钟以上的持续性；对于无法完成身体活动者要根据自身情况安排一些活动，要向卫生保健人员征询符合自身状况的锻炼类型和负荷，避免长时间静坐。 ➢ 慢性病患者在卫生保健人员的协助下进行身体活动，要向保健人员咨询适宜的锻炼类型和负荷；慢性病患者要依据自身能力进行身体活动，保障安全，利用有规律的身体活动得到最大程度的健康改善。 ➢ 对于不经常从事身体活动的健康女性，孕期或产后要从事不少于 150 分钟一周的中等强度有氧活动，此类活动尽量贯彻一周；对于经常从事身体活动的女性，孕期和产后可继续保持这类活动，要向保健人员咨询何时调整活动

三、“互联网 +”条件下的生活方式管理

传统的生活方式管理技术相对滞后，有关信息的获取、处理和应用范围非常有限，患者或有疾病风险的人一旦离开医院，其健康就处于无人监管的状况，非常被动。但近年来网络技术、传感技术、移动互联网以及可穿戴设备、大数据等高科技迅猛的发展，在生活方式管理中不断得到扩展应用，为生活方式矫正带来了新的可能。

（一）应用范围

随着中国经济的快速发展，人们的生活方式随之改变，慢性病逐渐变成威胁人健康的第一大疾病，传统医疗模型向疾病预防、健康促进模式改变。基于“互联网 +”的生活方式矫正技术通过系统检测和评估可发现与生活方式相关的健康危险因素，提供个性化干预，大大降低疾病的发生风险，从而成功阻断、延缓甚至逆转疾病的发生发展进程，实现维护健康的目的。

（二）“互联网 + 生活方式管理”的主要技术

1. 生活方式管理中智能手机的应用

随着智能手机的普及，各类 App 应用程序如雨后春笋般出现，其中不乏帮助人们管理健康、监测及干预生活方式的 App。如苹果手机自带的健康软件能自动记录使用者步行与跑步的距离和步数，并制作成方便查阅的图表。健身爱好者常用的软件里有丰富的健身教程，根据使用者自身状况帮其打造合适的健身项目，并能够记录用户的运动时间、消耗热量等。Sleepace 能够对睡眠中的心跳、呼吸、翻身、呼吸暂停等各类生理指标进行全面检测。智能手机的普及性和易携带性让生活方式管理和干预更易在大范围内进行，然而大部分 App 由于缺乏长时间的医学检验，不能当做医学诊断的参考数据，也不能取代传统的医疗。

2. 生活方式管理中的可穿戴医疗设备

目前市场上主要的可穿戴医疗设备形态各异，主要包括智能眼镜、智能手表、智能腕带、智能跑鞋、智能戒指、智能臂环、智能腰带、智能头盔、智能纽扣等。可穿戴医疗设备能够为用户提供实时监控检测数据，让用户实时了解个人身体健康状况。可穿戴医疗健康设备节省用户去医院检查和测量的费用，同时也降低了用户的使用成本和时间成本。可穿戴医疗健康设备的进一步应用，将实现对用户健康数据大量级别的采集，为后序医疗大数据应用分析提供了重要支撑。医疗大数据不仅将为医药产业链上的相关企业和国家卫生部门的科学决策提供依据，为保险等行业同样提供可靠数据源，同时支撑用户更加个性化的医疗服务。

虽然当前大部分可穿戴医疗健康设备仅仅提供数据监测功能，但在未来，可穿戴医疗健康设备的治疗功能将被更普遍地应用。可穿戴医疗健康设备将可实现为用户提供诊断、监测、干预一体化服务，为用户提供最便捷和切实的移动医疗健康福利。

3. 生活方式管理中的云计算和大数据技术

云计算可有效解决我国医疗资源不足、分布不均，以及亚健康和慢性病、老龄化医疗看护、公共卫生资源利用率低等问题。建立个人健康档案，将云计算和智能移动终端（如智能手机等）相结合，建立数据库，依据用户病症与体征，实时监控患者健康状况，并结合大数据分析技术，提前给用户提出可能患病发病的预测预报，对用户进行个性化生活方式干预，解决一些农村偏远地区因就医难、贫困、卫生知识缺乏等原因造成的对一些疾病和不良生活习惯的忽视，以及城市中大量亚健康人群因工作繁忙等无暇顾及个人健康的潜在问题。

（三）“互联网 + 生活方式管理”技术的发展趋势

近年来，政府一直在推动“互联网 + 医疗健康产业”的发展。2015 年 3 月，李克强总理在政府工作报告中首次提出“互联网 +”行动计划，推动移动互联网、大数据、物联网等与医疗健康等传统产业相结合。2016 年 5 月，《“互联网 + 人工智能”三年行动实施方案》发布，指出要加快满足个人消费、家庭生活、医疗健康等需求的智能终端产品创新发展。伴随数字健康和人工智能的出现，一系列健康手环、健康手表等各种智能终端也纷纷涌现，加快数字健康发展。

未来，“互联网 + 生活方式管理”将云计算、物联网、大数据等高新科技与现代预防医学系统有机结合，充分发挥互联网在预防保健中的优化和集成作用，针对需求者实现个性化生活方式管理，消除传统医疗护理服务受时间和空间等因素限制的问题，可以形成更加广泛的以互联网为基础设施和服务设备的先进医疗健康保障和管理，为全面实现健康保障服务信息化提供必要支撑。引入“互联网 +”的生活方式矫正技术可以为健康人群和亚健康人群给予更专业、系统、个性化的健康教育和指导，提供全面科学的管理服务模式。通过定期健康评估、实时监控和数据分析，给出所需的各种信息和干预措施，消除和减少健康风险，真正改变传统的生活方式管理模式。

四、精准公共卫生下的生活方式矫正

传统医疗方法是结合患者的临床体征，以及患者的性别、年龄、身高、体重、家族及病史、实验室和影响评估等数据确定治疗方法及药物使用量，这是一种被动处理方式，在已经出现症状和体征后才开始治疗。而精准医学是根据患者不同基因类型、代谢状态、生活方式及环境，为其制订最合理的治疗和预防方案。哈佛大学的胡丙长教授将精准医疗的范围衍生到了公共卫生领域，提出精准公共卫生需要超越针对患者个体临床干预的范畴，着眼于改善人群的行为生活方式、社会环境及政策、教育等社会经济因素。

精准公共卫生下的生活方式矫正就是运用精准公共卫生的理念与技术，重点对个人或人群的健康危险因素及基因组进行更精准地检测、更科学地评估，达到对其生活方式干预更准确、帮助更具体的目的，把治疗疾病转移到以预防疾病为主，避免盲目干预和无效管理，实现减少无用检查、获得最佳干预时效的作用。

（一）组学与个性化生活方式矫正

随着科学研究的进展，人们发现单纯研究某一方向（基因组、蛋白质组、转录组等）无法解释全部生物医学问题，转而从整体角度出发研究人类组织细胞结构、基因、蛋白及其分子间互相作用，通过整体分析反映人体组织器官功能和代谢的状态。以基因组为例，“除外伤以外，一切疾病与基因有关”，每个人都天生具有某些疾病的易感基因，但这并不意味着疾病一定发生。这些疾病是由于先天基因与某些不适应的外因（如生活方式、环境等）互相作用后才会发生。如果及时了解自己的基因，做到有针对性地避开这些外部危险因素，那么疾病发生的可能性会大大降低。

（二）贯穿生命全程的个性化健康档案

根据世界卫生组织的解释，健康不只是身体没有患病，而是一个人生理上、心理上和社会上的良好状态。现代意义的健康概念已经多元化，因此基于健康管理的个人信息收集应该从生理信息、心理信息和社会适应性信息三个方面入手。

生理信息除了传统的身高、体重、血压、血脂等，还包括基因组、蛋白组等各种组学信息；心理信息指人的基本心理活动，包括感知、情感、意志、行为、人格等因素；社会适应性信息主要包括饮食、工作、睡眠、运动、文化娱乐、社交等诸多因素。以上信息除了通过传统的医疗机构、体检机构和问卷调查等方式收集之外，上文提到的可穿戴设备、智能手机等更能够使用户得到 24 小时实时监测，并立刻通过大数据和云计算获得远程指导，做到个性化和及时性，不过准确性还需要长久的科学研究佐证。

（三）建立个性化自我管理系统

在建立了完备的健康档案之后，还需要重视使用者的自我管理能力，正确引导使用者参与到自我生活方式管理的过程中，包括定期评估问题、设置目标、上传数据。保健医生可以根据不同用户的实际生活情况进行指标监测、表格设计和数据采集，提高数据记录的有效性和依从性。确定干预的目标值和生活方式干预的具体措施，并设置“打卡”等小的奖励系统，激发自我管理的积极性，让使用者在自己的生活方式矫正中获得成就感，做到真正的个性化、精准健康管理。

（四）发展前景与面临的问题

精准医学有降低医疗和健康管理费用的潜力，促进医疗费用被更有效地利用。尽管从短期、个体层面看来，组学检测和可穿戴设备的成本会增加，但从早发现、早诊断、早治疗的长远角度看，基于精准医学的生活方式矫正可以起到有效的预防效果，从而减少社会总体的医疗开支。

随着基因测序价格的降低，基因筛查和检测的应用会越来越广泛。美国好莱坞著名女星安吉丽娜·朱莉接受基因筛查，发现自己携带罕见的BRCAI基因，这一基因携带者通常有极高的乳腺癌发病风险，安吉丽娜·朱莉因此接受预防性乳腺切除手术。这一举动使全美接受基因检测的人数增长二至三倍，所以被时代周刊称为“安吉丽娜效应”。这一例子说明现今社会对基因检测技术的接受程度越来越高，然而目前此类服务仍面临伦理学问题，如何帮助基因检测对象解读数据而不造成对自身疾病风险不必要的焦虑和恐慌，依然是亟待解决的挑战。

随着科技的飞速发展，大数据时代来临，数据资源占有是一种实力的标志，构建贯穿全生命的健康档案和个性化管理方案使得疾病管理更加方便和准确，利用大数据进行专业性分析，能找出更多可能对健康造成风险的不良生活习惯，从而做到早发现、早诊断、早治疗。然而这对保健人员的专业技能提出了更高的要求，怎样提高保健团队的科学研究能力，从而设计更好、更方便、易于接受的监测方式？面对复杂的生活数据，如何记录、分析、处理和挖掘数据的潜在价值？都是我们需要思考问题。

第五节　心理调适

随着社会的发展，人们的生命健康观念不断在加强，对生命质量的要求也在不断提高。同时，随着社会心理应激因素剧增，人们无疑会遇到心理、思想和行为方面的问题，我国心理卫生问题和精神疾病呈现明显增长势头。这些现实状况使得心理健康服务工作在现代社会生活中的作用日益突出，并越来越受到人们的重视。原卫生部印发的《全国精神卫生工作体系发展指导纲要（2008—2015年）》中指出：精神卫生工作关系到广大人民群众身心健康和社会稳定，对保障社会经济发展、构建社会主义和谐社会具有重要意义。《中共中央关于构建社会主义和谐社会若干重大问题的决定》又指出，注重促进人的心理和谐，加强人文关怀和心理疏导，引导人们正确对待自己、他人和社会，正确对待困难、挫折和荣誉。

加强心理健康教育和保健，健全心理咨询网络，塑造自尊自信、理性平和、积极向上的社会心态。

据调查，我国 13 亿人口中有各种精神障碍和心理障碍患者达 1600 多万人，有 1.9 亿人一生中需要心理健康服务和心理治疗，在 1.5 亿青少年人群中，受情绪和压力困扰的约 3000 万人。这些现实问题使得心理健康服务工作在现代社会生活中的作用日益突出，越来越受到人们的重视，日渐形成了一些心理调适技术。

一、互联网心理卫生干预

互联网心理卫生干预，又称互联网心理治疗、计算机辅助心理治疗，它是一种能够通过患者的信息输入从而给出心理调适相关决策的计算机技术系统。该系统能够提供用于心理调适的决策覆盖健康教育、心理测评、问题反馈与检测、行动计划、行为激活、行为事件及认知重建等方面。这种心理调适技术囊括了文字、音频、图片、视频、游戏等多种多媒体元素，能够与使用者建立起互动。

互联网心理卫生干预诞生在 20 世纪末期的西方发达国家，在 21 世纪初得到较大发展。它是将计算机与互联网作为一种媒介加入心理干预之中，其具体流程、形式等可能不尽相同，应用也较为广泛。20 世纪末，随着互联网在西方发达国家的普及，很多西方学者在这一时期内都开始了对互联网在心理干预中应用的探索。在 2006 年，英国国家卫生与临床评价研究所（NICE）提出并定义了计算机认知行为疗法（CCBT），且使用这种方法建立起了 Beating the Blues 和 Fear Fighter 两套系统，分别用于中度抑郁症及恐慌和恐惧症的管理，这是互联网心理卫生干预最早的临床应用。

（一）技术原理

这种技术可以理解为借助计算机及互联网实现传统的心理调适技术，因此其技术原理仍然基于传统的心理治疗理论，即当代心理治疗四大流派——精神分析疗法、行为疗法、人本疗法以及认知疗法。NICE 认为其所建立的 CCBT 系统，与传统的认知行为疗法（CBT）一致，均是以一种结构性心理教育模式为基础，结合尽可能低程度的专业人员干预，心理调适进程分为几个循序渐进的序列，且强调家庭作业的作用。但是这样一种技术不仅能够成为使用者及心理咨询师之间的桥梁，还能辅助心理咨询师甚至独立依据相关系统设定给出相应的决策，也可以对使用者的心理状况及相关信息进行管理。

（二）医学应用范围

目前，互联网心理卫生干预已成功应用于行为医学及精神病学领域，部分国家已经将其纳入常规治疗方案之中。NICE 在 2006 年的研究中发现，心理治疗师通过 CCBT 和 CBT 分别干预焦虑症患者，结果疗效一致，随后澳大利亚的大样本研究也印证了同样的结论，而且没有治疗师支持的 CCBT 同样对焦虑症有效。塞尔米等人开发的用于治疗抑郁症的 CCBT 程序则证明了该系统在治疗患者时的表现也与传统方法一致。目前，有关互联网心理卫生干预的研究已经越来越广泛，逐渐开始涉及失眠、疼痛、赌博、疲乏及创伤后应激障碍等健康问题的调适。比如荷兰的 Interapy 就是一项针对创伤后应激障碍（PTSD）的互联网心理卫生干预程序，它已被证实能明显改善相关症状。

（三）优点与缺陷

从已有的相关研究与应用来看，互联网心理卫生干预的优势十分明显。首先，使用它进行心理调适干预几乎不受时间和空间的限制，且该系统信息更新速度较快，可缓解心理调适干预资源不足的压力，甚至推动医院社区之间连续性医疗工作的展开和信息化医疗管理。借助互联网的强大吸引力，对青少年受众格外有效。其次，互联网干预较传统的面对面干预，能够有效缩短心理治疗师或咨询师的支持时间，甚至在一些情况下都无须医生的支持即可完成决策，提高了心理健康资源的利用率，而且这样的特性使得一些非专业心理健康从业人员也能够利用该系统帮助有需求者解决其心理健康问题。第三，互联网心理卫生干预的方案不会受到目前治疗手册的限制，自由度较高，能够让心理专家同临床医师交流商定得出最佳干预方案，而且能够保证实时监测，确保干预效果。最后，使用该系统能够有效避免常规干预时干预者的一些负面因素，如疲劳、注意力不集中及非治疗目的的反移情现象等，使得用户可以得到高质量干预，能够提高用户依从性。

目前，互联网心理卫生干预仍然存在很多不足。有心理调适需求的人不一定适用于该系统，比如 NICE 就曾指出它不适用于严重抑郁症和非受教育群体，另外有自杀意念、严重精神障碍、分裂症患者及痴呆、过度酒精或药物依赖等群体都应排除在外。对于这些人群，互联网干预不足以起到充分的作用。虽然借助互联网心理干预系统，网络治疗师或咨询师的标准可以适当降低，准入条件适当放宽，但这对心理从业人员的整体质量也提出了考验，即便要求有所降低，仍然要确保对该系统提供支持的人具备相应的资质和能力。相比于传统干预，有时互联网干预会显得比较复杂，而使用者没有充足的时间完成所有模块，对于一些不熟悉计算机及互联网的人士则更是一种挑战。另外，部分体验过互联网心理卫生干预系统的人也明确表示，该系统没有与治疗师面对面交流的亲切感，而在心理咨询的过程中，潜在的非语言交流及聆听等要素也十分重要，此类系统目前还不能根据用户的细微不同提供具有针对性、个性化的服务。

（四）普及程度及发展前景

互联网心理卫生干预在抑郁症及恐慌症上的应用已进入循证实践的阶段，而对自杀、性功能障碍及人格障碍等其他心理问题的效果还处于试验阶段。在发达国家，互联网心理卫生干预已较为普遍，立法机构、政府、医疗机构、专业组织等都能够提供。而在我国，它尚处于起步阶段，有关测量工具、系统等均待开发，相关从业人员需要培训，且资质也需要认定等，这些都是我国在发展及应用互联网心理卫生干预时所面临的问题。

互联网心理卫生干预在面对部分心理健康问题时所展现的效果，足见其具有出色的心理调适能力，随着科技的进步，其部分不足之处也能够被逐渐解决，即使无法替代传统干预方式，也能够凭借其低成本、高效率、不易受限等优势，在心理调适中扮演重要的角色，它必将是未来心理调适领域重点发展的技术之一。

二、虚拟现实技术在心理调适中的应用

虚拟现实（VR）是一项近年来迅速发展的技术，也是一种可以创建并体验的计算机系统，通过诸如头盔式显示器等人机传感器，用信息技术生成一个逼真的虚拟世界，使用者可以通过传感器与虚拟环境产生交互作用，帮助医院改变虚拟环境，其感觉与真实世界几近相同，具有“亲临其境”的感受体验。

该技术最早应用于军事及航空航天领域，1965 年，萨瑟兰首次提出了虚拟现实系统的基本思想，美国及前苏联迅速意识到了其巨大价值。1970 年，诞生了第一个功能较齐全的头盔式显示系统，20 世纪 80 年代，美国在航空航天及军事领域的研究使虚拟现实技术得到巨大进步。1989 年，拉尼尔正式提出了 VR 这一概念。90 年代后，随着该技术的发展，它已经被广泛应用在娱乐、设计、制造等领域。1990 年，有心理学家提出虚拟现实能够对当时的心理诊断、治疗等提供支持和补充，心理学界广泛认为 VR 在心理治疗领域的应用始于 1993 年的美国。短短几年间，随着资本的进入，该领域的 VR 研究发展迅速，欧洲在 2000 年就成立了现代虚拟环境心理学会，专注于研制开发适用于个人电脑的虚拟现实模块，将其应用于临床心理评估与治疗。

（一）医学应用范围

虚拟现实在心理调适上的应用仍然是基于传统的心理学理论，通过该系统营造出虚拟环境，让使用者能够不仅以视觉和思维介入其中，更能够以完整的生物个体融入环境之中。通过这样的过程，使使用者的各种感知活动，如视觉、听觉和触觉，以及喜怒哀乐等情绪反应得到充分表达。通过各种现代技术让使用者和虚拟现实融为一体，使用者完全沉浸在虚拟世界中，营造出逼真的感觉、自然的交互作用和独特的想象性。治疗者可以根据使用者的需求为其营造针对性的虚拟环境，让其在该环境中自然流露出所面对的心理问题，也可以在该环境中通过各种刺激，完成相应治疗。

截至目前，虚拟现实技术已经广泛应用在各种心理问题的调适之中，早在20世纪90年代前中期，就有学者尝试运用虚拟现实对恐怖症进行了治疗。拉黑等人通过乘坐上升电梯、步行经过天桥、站在房顶等虚拟情境改善了众多试验对象的恐高症状；拉姆森等人则通过VR将30名恐高症患者置于模拟的高空中，90%的患者疗效显著。除此之外，20世纪90年代的一系列试验，将VR逐步应用于飞行恐怖、幽闭恐怖及广场恐怖等焦虑障碍上，均取得了良好的治疗效果。1999年，罗特鲍姆通过虚拟现实重现越战情境，来治疗越战创伤后应激障碍，治疗师通过控制视听效果，模拟丛林和直升机的情境，使患者逐步唤醒对越南的创伤性记忆，治疗后症状显著减轻。迪匪德和霍夫曼则运用VR重现了世贸中心爆炸的场面，对一个传统暴露疗法失败的患者进行干预，使其再次置身于爆炸现场，最终该患者被成功治愈。瑞瓦等人于1997年将VR和认知－行为技术结合起来，治疗进食障碍与肥胖，患者通过治疗均能够对自己的体像产生合理认识，贪食行为及厌食行为都得到改善，产生的社会问题也大大降低。欧泰勒的团队在1997年尝试使用VR治疗男性性功能障碍，通过虚拟现实将患者带回到童年到青少年时期，唤醒了患者的雄性角色认同，对心理性勃起功能障碍和早泄均有良好效果，VR已经被认为是治疗各类性功能障碍的最佳辅助手段。目前，VR广泛应用于其他心理问题的调适，如儿童注意缺陷障碍、疼痛、精神分裂等，均取得了一定成效。对于日常生活中一些较轻微的心理波动的调适，则更为有效。

（二）优点与缺陷

虚拟现实系统能够根据使用者的需求为其创造出相应的具有强烈沉浸感的情境，使其处于相对“自然”的状态，避免了患者因紧张、掩饰等因素而无法暴露出心理问题，使治疗者能够全面深入地考察了解个体的行为。虚拟现实系统通过具体生动的环境与情节，让使用者有效参与其中，不会产生乏味感。虚拟现实技术可以在因素的数量、速度、刺激呈现顺序等方面依据需求灵活变化，刺激可以由弱到强反复呈现，还能根据患者的反应变化及时调整干预方案。它可以提供十分个性化的训练环境，干预过程对地点也无挑剔。另外，VR 技术拥有无与伦比的安全性，在依据传统心理学观点需要对患者或咨询者进行某种刺激时，现实中由于安全因素的制约，无法提供这样的刺激，而 VR 技术则能够保证使用者安全的前提下，营造出危险或具备挑战性的虚拟环境，让其体验并探索，完成相应的心理调适。这种环境既不是患者受到完全保护的咨询室环境，也不同于患者感到威胁的现实环境，虚拟环境能够让患者感受到挑战和压力，但可以通过体验错误不断尝试，而不会受到任何实际伤害。在治疗师的支持下，借助 VR 营造的虚拟环境，直面自己的心理障碍。此外，VR 技术还能够为使用者提供完美的角色扮演体验，通过虚拟环境带来真实的体验，让个体跳出自身限制，通过角色扮演，在专业人士的指导下，学会正确的行为方式，唤醒积极的情绪体验。最重要的是，虚拟现实技术突破了既往心理调适技术的局限性，能让使用者不再受限于时间与空间，为其营造出现实中无法出现的情境或重现已经发生的场景，患者真实地感受到这些在传统干预中无法体验的情境，完成心理调适及治疗。

从目前的效果来说，VR 应用与心理调适相比于传统手段，有许多巨大优势，它几乎能完全实现传统手段的干预效果，还有许多传统干预手段无法媲美的优势。然而，VR 心理治疗的普及所面对的最大的问题就是其高昂的成本。首先，VR 心理治疗应用的开发需要投入大量精力，但针对性极强，适用对象相对单一，无法大规模应用。其次，文化差异在 VR 心理治疗中仍然存在，一些虚拟环境中的非语言线索也可能让不同文化的人产生误解，影响干预效果。第三，目前 VR 技术设备及应用尚缺乏标准化，尤其是 VR 心理调适。最后，VR 心理调适仍然依赖于相关专业人士的专业技能，咨询师及治疗师的临床技能始终是应用 VR 干预心理全过程中的关键之处，对于心理调适及治疗，VR 也只是一种技术或方法，是一种工具，无法替代专业人员。

（三）普及程度及发展前景

尽管面对着人才紧缺、成本高昂等问题，考虑到其出色的效果，VR 在心理调适上的应用其前景还是十分乐观。它是一项发展中的、具有深远潜在应用价值的心理调适技术。经过前期研究打下基础后，VR 心理调适将会在保证有效性的同时变得更加经济，它将能够大规模应用于心理干预领域，促进和提高心理治疗的整体水平，逐渐成为心理干预的常规技术之一。

三、脑象图技术

脑象图技术（EEQG）是在脑电图基础上，依据混沌动力学原理和脑电图学临床判读规则，通过数据编码分析，将脑电波转化为具有物理性质和示意功能的流体几何图像。它又被称为“生物活动参量的处理方法”，能够显示人类大脑的智慧特征、智力特征、情绪特征、个性特征、思维品质特征及能力潜在优势。1993年，北京体育大学博士生导师、脑电图专家王德堃女士经过多年研究和大规模临床试验验证发明了该技术，于同年获得国家专利。

（一）技术原理

人脑有140 ~ 160亿个神经细胞组成，每个神经细胞都有1000 ~ 30000个突触，因此，脑电活动是十分复杂的。脑电活动在生理学上被分为四种常见类型，α 波频率为8到13赫兹，表示大脑处于安静平和状态，β 波频率为18到30赫兹，表示大脑处在警觉兴奋状态， θ 波频率在4到7赫兹，表示大脑处于深层思维和灵感思维状态， δ 波频率最低，表示大脑处在无梦深睡眠状态。脑电图技术面世以来，α 波一直被认为是正常成人在安静状态下的正常波形，随着临床经验的积累，人们经常发现在先天性愚型患者的脑电图中也存在良好的 α 波活动，还有部分人群在昏迷状态，脑部活动仍以 α 波为主。而一般人群中，阿尔茨海默症患者竟然也有更多更好的 α 波。这些困惑使得人们对 α 波所代表的意义产生了疑惑，因此学者们开始来对脑电活动进一步探索，提出新认识、引入新思想、建构新理论，脑象图技术的诞生则解决了这一问题。依据混沌动力学原理去建立网络数学模型，然后将实时获取的脑电信号进行相应数学运算，从而使实时、突变的脑部电信号的运动轨迹呈现演化的动力学特征。脑象图技术将运动轨迹记录下来，单一数字变换曲线变成了具体的图形，相比于传统脑电图，脑象图则能够区分先天性愚型的 α 波和正常人的 α 波。脑象图所表述的不仅仅是大脑的病历，还展现了大脑内的精神与思维特征，有利于认知大脑的高级功能，它能够实现人的大脑高级功能如思维能力、组织能力、表达能力等的物理学表述。

（二）医学应用范围

脑象图的应用范围十分广泛，目前最为主要的应用领域是社会测评体系和临床精神卫生。在社会测评体系中，脑象图能够应用于人力资源领域进行人才选拔，如山西经济管理干部学院曾采用该技术为山西众多企业筛选出相应人才进行培训，还根据脑象图测试结果进行岗位调整，促进了公司内部的人岗匹配。它还能够为判定儿童优势脑区及兴趣选择提供帮助，有利于学生的特长培养、文理分科、报考择业等。对于某些特定的体育项目，脑象图技术也能够用于人才筛选，如国家排球队、击剑队都曾利用该技术辅助进行人才选拔。另外，脑象图在精神卫生即心理调控中也应用广泛。研究证实，脑象图能够用于精神卫生疾病的诊断，相比于传统诊断措施，它有效提高了抑郁症的识别率，依据该技术研制的抑郁症诊断医疗设备已经通过原食药监总局的检测，进入了临床应用。脑象图对抑郁症的诊断十分具体，分为正常、轻度异常和异常三个标准，轻度异常还分为三种具体状态：抑郁状态（非抑郁症）、抑郁症间歇期和抑郁症治疗期间。脑象图还可以应用于儿童注意力障碍、孤独症、成人焦虑等疾病的诊断。此外，由于脑象图能够诊断人类大脑的各项能力，因此可以依据脑象图的结果，进行个性化心理调控。2008 年备战北京奥运会期间，国家击剑队就对重点队员借助脑象图技术诊断分析大脑处理信息的优势脑区，依据结果为他们提供个性化心理调控对策，为下一步实施心理巡礼提供脑生物反馈的参考指标。由于效果较好，在备战伦敦奥运会期间，脑象图技术仍被国家击剑队所采用。另外的一些研究证实，借助脑象图技术对射箭运动员、飞行员等进行个性化心理调控也有着十分良好的效果。需要注意的是，虽然脑象图是一项新技术，但其诞生已经超过 20 年，但该技术的应用基本集中在我国，国外罕有该技术的引进及使用，不过脑象图技术对于儿童优势脑区的判断这一功能曾得到过部分国外学者的认可，其他应用则未见国外研究人员给予评价。

（三）优点与缺陷

脑象图技术的最大优势在于其解决了脑电图中 α 波指代意义不明的巨大问题，并实现了人脑高级功能的具象化，能够让人们更清晰、直观、具体地认识大脑的各种功能，从而依据脑象图诊断结果实现人才选拔、心理调控等功能。脑象图技术也存在很多不足，首先，该技术应用领域看似广泛，但在经常应用的领域中只是几个相对固定的方面，脑象图技术可能并不是一项能够推广普及的技术。其次，脑象图技术的应用案例虽然较多，但高质量的研究相对较少，其诸多效果都体现于应用中得到的不严谨结论，还有待大量高质量研究的证实。最后，脑象图的诊断图像复杂，而且存在较强的主观性判断，实际应用时需要对该技术有专门研究的人士进行指导和诊断，并不易于推广。

（四）发展前景

尽管如此，脑象图仍然是一项值得期待的新技术。经过技术和理论的不断创新发展，在脑象图技术上开展更多的研究，严谨地证实其在人才选拔、心理调控上的可靠效果，将能够大大推动该技术的普及，提高该技术的国际认可度。尤其是使之能够在未来成为一项常规的心理检测手段，通过脑象图诊断结果，对职业人士和一般人提供良好的心理调适策略。

（本章作者：曹素艳、张召锋、张晏、方静、杨明）

参考文献

[1] 中国疾病预防控制中心国家免疫规划技术工作组流感疫苗工作组．中国流感疫苗预防接种技术指南（2018–2019）[S]. 2019.

[2] 曹雪涛．医学免疫学[M]．北京：人民卫生出版社，2015.218–220.

[3] 中华医学会肝病学分会．慢性乙型肝炎防治指南（2015 更新版）[J]．中华肝脏病杂志，2015，33（12）：321–340.

[4] 世界卫生组织 .2017 年全球结核病报告[R] .2018.

[5] 陈珍，陈文莉，朱诚．幽门螺杆菌疫苗的研究进展[J]．中华医学杂志，2006，86（06）：72–75.

[6] 赵翠，赵福广，黄利亚．幽门螺旋杆菌候选疫苗抗原的研究进展[J]．中国免疫学杂志，2018，（06）：957–961.

[7] 李丙生，周曾芬．幽门螺旋杆菌疫苗的研究现状[J]．胃肠病学和肝病学杂志，2004，（02）：203–206.

[8] 赵晓斌．肿瘤疫苗的研究进展[J]．现代免疫学，2016，（01）：81–85.

[9] 李建会．人类基因组研究的价值和社会伦理问题闭[J]．自然辩证法研究，2001，（1）：20–21.

[10] 郭甜，尹晓峰，杨圣韬. 2008 美国体力活动指南简介[J]. 体育科研，2011，32（01）：10–15.

[11] 王正珍，罗曦娟，王娟．运动是良医：从理论到实践，第 62 届美国运动医学会年会综述[J]. 北京体育大学学报，2015，38（08）：42–49.

[12] 周誉，王正珍．静坐少动与心血管风险因素中国运动医学杂志[J]. 2015，（08）：804–809.

[13] 孙长颢．营养与食品卫生学（第八版）[M]．北京：人民卫生出版社，2017.234–236.

［14］高婷婷，李勇，张家国等 . 蛋白质在鱼虾免疫能力中的作用［J］. 动物营养学报，2011，23（09）：1459–1465.

［15］宋焕英，许秀举 . 泌尿系结石与高蛋白饮食的相关性［J］. 中外医学研究，2010，26（08）：1–3.

［16］李梅 . 食品中晚期糖基化终末产物的生物毒性评价［D］. 江南大学博士研究生论文，2016.

［17］周娟，张悦，陆海英等 . 晚期糖基化终末产物在糖尿病肾病中的病理作用［J］. 生理科学进展，2009，40（04）：372–375.

［18］胡徽祥，房红娟，张双凤等 . 食品天然抗氧化剂抑制晚期糖基化末端产物的研究［J］. 中国食品学报，2013，13（03）：15–20.

［19］GB 29922–2013 食品安全国家标准：特殊医学用途配方食品通则［S］. 中华人民共和国国家卫生和计划生育委员会 .2014.

［20］寇文心 . 智能营养配餐系统及其核心算法的研究［D］. 北京工业大学硕士研究生论文 . 2015.

［21］刘晓东，田丽丽 . 医院智能营养膳食分析系统的建立与应用［J］. 医疗卫生装备，2017，38（04）：65–67.

［22］曾新颖，李镒冲，刘世炜等 . 1990–2015 年中国四类慢性病早死概率与“健康中国 2030”下降目标分析［J］. 中华预防医学杂志，2017，51（03）：209–214.

［23］陈轶愔，刘虹 . 中国老年人健康促进研究进展［J］. 中国老年学，2017，37（19）.4927–4929.

［24］陆远强 . 生活方式医学的兴起及其发展［J］. 全科医学临床与教育，2008，6（01）：1–2.

［25］李琴兰 .“互联网 + 健康管理”模式探讨及其应用［J］. 中国社会医学杂志，2018，（01）：4–6.

［26］王冬，Frank B.Hu. 从精准医学到精准公共卫生［J］. 中华内分泌代谢杂志，2016，32（09）：711–715.

［27］付艳芬 . 中国心理健康服务理论现状及对策研究［D］. 西南大学，博士研究生论文，2011.

［28］廖全明 . 中国人心理健康现状研究进展［J］. 中国公共卫生，2007，（05）：556–558.

［29］姚斌，彭绪坤 . 虚拟现实技术在心理医学中的应用初探［J］. 中国医药导报，2006，3（32）：143–144.

［30］段文敏，阎宝云．脑象图技术临床研究与应用［J］．现代电生理学杂志，2013，20（03）：177–180.

［31］洪悦，邱勇．脑象图技术在精神医疗诊断领域中的创新．中国医学创新，2012，9（30）：159–161.

第七章
健康管理概念、发展与展望

第一节　健康管理和疾病预防思想的溯源

一、西方的健康管理思想

医学家希波克拉底指出，能理解生命的人同样理解健康对人来说具有最高的价值。罗马大百科全书记载：医学实践由三部分组成，通过生活方式治疗、通过药物治疗和通过手术治疗。生活方式治疗就是在营养、穿着和对身体的护理、进行锻炼、按摩和洗澡、睡眠、合理限度内的性生活方面提供健康方式的处方和建议。希波克拉底医学主张体液理论，喜欢温和简单的疗法，实现身体自然痊愈。神庙医学认为治愈疾病或改进身体是综合治疗的结果，如休息、新鲜空气、营养的饮食以及精神安慰的力量。拉丁语中的“保健指南”是获得健康和维持健康的实践指导，在医生的指导下，正确认识养生之道，管理“六种非自然因素”（空气和环境、活动和休息、食物和饮酒、睡眠和觉醒、排泄和充实、精神的影响）。

二、中国健康管理的思想

中国《黄帝内经》中有专门记载，“圣人不治已病治未病，不治已乱治未乱，此之谓也。夫指人病已成而后药之，乱已成而后治之，譬犹渴而穿井，斗而铸锥，不亦晚乎”，其已经孕育着“预防为主”的健康管理思想。《吕氏春秋》中所载“流水不腐，户枢不蠹，动也”，就含有生命在于运动的哲理。中医养生十分重视饮食补益和锻炼健身防病，如《黄帝内经》指出的“毒药攻邪，五谷为养，五果为助，五菜为充，气味合而服之，以补精益气”。1800 多年前的医学家华佗说：“动摇则骨气得消，血脉流通，病不得生，譬犹户枢，终不朽也。”而“上医治未病，中医治欲病，下医治已病”，则与健康风险评估和控制的思路不谋而合。

中医脉象可以诊断出早期疾病，以便医师提出预防方法。据《黄帝内经》记载，符合五行和谐的平衡饮食有利于保持健康、促进长寿、增强体质和抵抗疾病。

第二节　健康管理的发展

一、西方健康管理的发展

健康管理源自美国“健康管理”模式，美国有记录的健康管理研究只有 20 多年的历史，但健康管理的思路和实践却可追溯到 70 多年前，美国蓝十字和蓝盾保险公司在 1929 年进行了健康管理的实践探索。1978 年，美国密歇根大学成立了健康管理研究中心。20 世纪 60 年代，美国保险业较早提出了健康管理的概念，医生通过健康评价来指导病人进行自我保健，力求降低医疗费用，控制保险公司风险。1969 年，美国联邦政府出台了将健康管理纳入国家医疗保健计划的政策。尼克松政府降低了医疗保健中的政府职能，将健康管理服务推向市场，并且使原来单一的健康保险赔付保障转变为较全面的健康保障体系，并于 1971 年为健康维护组织提供了立法。

健康风险评估是健康管理的基础工具、前提条件和关键技术。美国等发达国家早在 20 世纪 70 年代就出现医疗费用过快增长问题，健康风险评估方法的研究已比较深入，其应用也非常广泛。随着计算机技术的发展，美国和加拿大总结了 10 年来健康风险研究的成果，研发了第一代美国成年人健康风险评估软件，第一代健康风险评估方法可用于识别健康风险高危人群。80 年代，美国推出了用于个人电脑的第二代健康风险评估软件，对第一代软件进行了修改和升级，风险评估的疾病种类上升到 44 种。伴随着美国第一、二代健康风险评估软件的研究和推广，发达国家（如美国、加拿大）造就了一批以健康风险评估为基础，开展健康管理、健康促进活动的公司和研究机构，如美国密歇根大学健康管理研究中心。20 世纪 80 年代，美国大部分健康风险评估机构、健康管理公司，都为企业提供服务，以企业员工健康风险评估为基础，以健康教育、健康促进为手段，以遏制企业医疗卫生费用飞速上涨和提高企业员工生产力为目的，健康管理事业蓬勃发展。以美国密歇根大学健康管理研究中心的健康风险评估系统为例，其问卷涉及的健康问题更加广泛，风险因素问题更加深入。

在美国中等以上规模的企业，都接受了健康管理服务公司的专业化服务，体检数据也被公司用来建立数据库，进行风险评估，帮助个人控制疾病的危险因素，改善健康状况。如美国太平洋联合铁路公司实施了“健康轨道”项目，该项目根据对体检数据进行分析，找出高血压、高血脂、超重、糖尿病、疲劳状态等健康危险因素，对员工的健康状况进行评估和干预，开展周期性随访。健康管理服务实施后，除人群健康指标有很大改善外，经济收益也很明显。

日本许多企业的健康管理实现了数据信息化，包括职工健康体检结果的计算机管理、病史的计算机管理等。企业逐渐引入了工作场所健康管理策略，企业的管理者认为该策略能明显降低职工的病假率，提高企业生产率，增加职工对企业的归属感。同样，日本也设有专门的机构对企业开展健康管理，健康体检后，企业会根据体检结果对职工进行不同的指导。

二、中国健康管理的发展

健康管理作为固定名词在我国出现于 2001 年。1994 年，在中国科学技术出版社出版的《健康医学》一书中指出：健康管理是运用管理科学的理论和方法，通过有目的、有计划、有组织的管理手段，调动全社会各个组织和每个成员的积极性，对群体和个体健康进行有效干预，达到维护、巩固、促进群体和个体健康的目的。韩启德教授在 2004 年将健康管理定义为：对个人及人群的各种健康危险因素进行全面监测、分析、评估、预测以及预防的全过程。2006 年《健康管理师》培训教材中关于健康管理的定义是：对个体或群体的健康进行监测、分析、评估，提供健康咨询和指导，以及对健康风险因素进行干预的全面过程。健康管理的宗旨是调动个体和群体及整个社会的积极性，有效地利用有限的资源来达到最大的健康效果。健康管理的具体做法就是为个体和群体提供有针对性的健康科学信息，并创造条件采取行动来改善健康。《亚健康学》中关于健康管理的概念是：按照现代健康理念与医学模式要求，采用先进的医学科学技术和经验，结合运用现代管理科学的理论和方法，借助有目的、有计划、有组织的管理手段，调动全社会各个组织和每个成员的积极性，通过对群体和个体的整体健康状况、健康素质、身心状态、健康危险因素进行全面检测、监测、分析、评估、预测、预警和跟踪干预管理，以达到维护、改善、促进群体和个体健康，提高生活生命质量，延长健康寿命之目的。2016 年《中华健康管理学》上发表的文章对健康管理的概念与内涵进行了明确，健康管理学是一门集生命科学、管理科学和信息科学为一体的综合学科，它源于和依赖于现代医学科学技术的发展，但并不同于传统的预防医学和临床医学，其更加注重人的健康素质的提高，改善不良生活方式及行为，是预防为主、中西医并重卫生工作方针实实在在的体现。健康管理走过10年的征程，健康管理概念也需要与时俱进，不断更新。

健康管理被引入中国后，短短的几年时间，健康管理的理论研究和实践已在全国各地逐步展开。健康管理的第一步是了解个人的健康，只有了解个人的健康状况才能有效地维护个人的健康。第二步是进行健康及疾病风险性评估，即根据所采集的个人健康信息，对个人的健康状况及未来患病或死亡的风险进行量化评估，目的是帮助人们认识健康风险，制定个性化的健康改善措施并进行效果评价。第三步是进行健康干预，在前两部分的基础上，以多种形式来采取行动，纠正不良的生活方式和习惯，控制健康危险因素，实现健康管理计划的目标。健康管理的这几个步骤可以通过互联网的服务平台和计算机系统来帮助实施。应该强调的是，健康管理是一个长期的、连续不断的、周而复始的过程，即在实施健康干预措施一定时间后，需要评价效果、调整计划和干预措施。只有周而复始、长期坚持，才能达到健康管理的预期效果。近年来，通过政府的积极引导和新医改政策的激励，健康管理取得了较大的进步，通过综合考虑健康体检数据指标和健康调查问卷，对员工进行健康风险评估，探讨影响健康的相关因素，为制订健康管理方案提供依据，切实做到关口前移，形成由被动治病到主动防病的观念转变。

健康风险评估是健康管理中的难点，健康风险评估是在概率论的基础上，对未来患病或死亡危险的预测，评估未来患病或死亡风险的关键是确认引起疾病发生的危险因素并进行量化评估。其基本思想都是将健康危险度的计算结果通过一定的方法转化为一个数值型的评分，对于某些特定疾病，可以用危险分数评价。通过危险分数，可以将各项危险因素转化为数量指标，对于具有多种危险因素的慢性疾病，可以通过计算组合危险分数进行评价，危险分数较高的人群比一般人群具有较高的发病危险，已经发病的人群在发病前具有较高的危险分数。危险度评估最重要的意义并不在于精确地预测未来，而是作为预防疾病的手段，通过对个体目前的发病危险和一般人群的发病危险相比较，能够帮助个体及时识别目前存在的危险因素，改变不良的生活方式，达到增进健康的目的。

健康风险评估是健康管理的基本要素，依据个人健康信息，了解潜在的健康风险，认清个人健康状况以及经过健康干预后的成效，激发个人健康改善的动力。完整填写评估问卷后，系统可计算出五大常见疾病（缺血性心血管病、肺癌、糖尿病、高血压、代谢综合征）的患病风险，并对员工的生活方式进行总体评估，告诉员工患病风险原因，以及如何降低这些疾病的患病风险。通过填写评估问卷，了解三个月以内的健康信息，并能够满足风险评估的需求信息量，补足其他必需信息。如查看缺血性心血管病风险评估报告，能详细分析个体未来 10 年内出现冠心病及缺血性脑卒中的患病风险，与同年龄、同性别人群比较的相对患病风险，及个体在经过必要的健康干预或自我健康改善后可以达到的理想患病风险。此外，还可以详细了解与缺血性心血管病发病相关的危险因素，及需要着力改善的危险因素。查看肺癌风险评估报告，可详细了解未来 10 年内出现肺癌的绝对患病风险和相对患病风险，以及与人群平均风险水平相比所处的风险等级。此外，还可以详细了解与肺癌发病相关的危险因素，以及需要着力改善的危险因素。查看糖尿病风险评估报告，可以了解糖尿病相关危险因素的情况及危险等级，了解未来五年内糖尿病的绝对、相对和理想患病风险，并知道当前可以控制哪些危险因素，从而有效控制或降低患病风险。查看高血压风险评估报告，可以了解高血压相关危险因素的情况及危险等级。同样，你可以了解未来四年内高血压的绝对、相对和理想患病风险，并知道当前可以控制哪些危险因素，来有效控制或降低患病风险。查看代谢综合征风险评估报告，了解个体中多种代谢异常集结的情况，代谢异常多为动脉硬化性心、脑及周围血管病的危险因素。查看健康生活方式评估报告，了解目前的生活方式评分，得分越高，说明生活方式越健康。另外，还可以了解当前的健康风险可能带来的寿命损失，及“评价健康年龄”“理想健康年龄”“寿命延长空间”情况。

第三节　健康管理新技术

互联网技术的发展推动了健康管理信息化的变革，积极应用移动互联网、物联网、可穿戴设备等新技术，推动全民健康信息服务和智慧医疗服务，逐步转变服务模式。全国各地开展了“健康管理适宜技术”的研发工作，开发了疾病风险评估模块、综合信息模块、心理测评模块、饮食调理模块以及运动指导模块。健康终端平台结合健康 App 应用，围绕健康管理业务领域探索商业模式的创新。运用智能移动终端、社交媒体网络、云计算、内存数据和大数据分析技术，实现智能健康监测与预警、远程健康咨询与远程诊疗、运动及营养个性化服务，搭建健康管理资源行业平台，整合中医、西医、营养咨询、运动健身机构、心理健康咨询等医疗和健康服务资源，提供从初诊到健康维护的一站式完整健康管理服务。通过 O2O 模式，创建从线上延伸到线下的实体健康管理机构。健康管理平台的建成可使受众和健康管理师免于奔波，节约时间和费用，受众可以通过网络做到足不出户了解自己的健康状况，接受健康管理中心提供的健康管理服务。通过健康管理平台，可以实现对企事业单位员工群体健康的监控；对中高危员工的健康危险因素进行追踪干预；对低危员工提供健康促进资源，防止疾病发生，降低缺勤率和医疗费，减少劳动力下降导致的企业经济损失。此外，健康管理技术的的发展，还可以为疾病诊断提供科学的参考依据，而计算机技术对量化数据的处理，又具有无与伦比的优势。通过二者结合，可以形成直观的发展趋势图，让人一目了然，更直观地看到自己与疾病的距离，从而引起高度重视。精准健康管理应用更加精准的测量方法和评价体系，结合疾病易感基因检测、药物基因组学和营养基因组学检测，让健康管理专业人士可以更准确地评估健康人、病人的个体化需求，更精准更有效地帮助他们解决健康和疾病问题。

第四节　国外健康管理和保险资源配置的特点

国外医疗卫生管理体制、医疗保险制度、健康管理发展、卫生筹资等方面都有很多可借鉴之处，他们的经验，特别是“由政府提出总体规划，制定措施和目标，协调政府相关部门的资源，推进健康管理工作；由企业经营者负责组织，由专业机构和人员（健康管理公司、医院、诊所、社区工作者）为企业员工和居民提供健康管理服务，由保险公司解决费用支付”的思路和做法，对于做好我国区域卫生规划工作，提高卫生资源的利用效率，具有很大的启发和借鉴意义。

一、政府在健康管理中发挥的宏观管理作用

国外采用公立和私立混合的卫生市场体系，政府具有强有力的宏观管理手段。在日本，中央财政与地方财政之间、政府行为与商业保险行为之间、公立医院与私立医院之间、医院与诊所之间、医疗服务的供求双方之间，都设定了明确的权、责、利关系，有严密准确的法律和行业准则。政府有关部门通过满意程度、等候时间、成本、主要慢病的干预效果等一系列指标评价，定期对健康管理机构进行考核和监督，并在一定程度上与政府拨款挂钩。

美国是健康管理的发源地，政府在健康管理的推动方面也发挥着决定性的作用。医疗负担的快速增长，使美国政府认识到，健康管理和健康促进是关系国家经济、政治和社会稳定的大事情。把通过健康管理提升公众的健康水平作为一项战略要求来统一部署，从 1980 年开始，每 10 年一次，由联邦卫生和社会福利部牵头，与地方政府、社区和民间及专业组织合作，制订和

推行全国“健康人民十年计划”，目前在执行的是第四个十年计划。该计划在上一个十年计划的基础上又增加了14个优先推进的健康管理领域，使优先领域总数增加到42个，相应的健康指标从467个增长到600多个，每一个指标都有具体的当前值和2020年的目标值，为全美推进健康管理工作提供了可衡量的工作目标。

二、政府投入和市场资源相协调，共同推进健康管理

日本和澳大利亚都是市场经济比较发达的国家，但是在健康管理上，充分发挥了政府和市场两方面的作用。两国的预防保健机构基本上是由政府财政提供支持的，发展私营机构和私人保险作为补充。除了独立设置的私营医院外，在公立医院中大量聘用私人执业医师，实现卫生资源共享，保证卫生服务的质量，又可以有效地管理和规范私人医生的行为。

英国虽然实行的是国家卫生服务保障模式，由政府的举办的三级卫生健康服务体系（NHS）为全体国民提供免费的医疗和健康服务，但私营的医疗机构和商业保险公司也发挥了重要的补充作用。

三、商业保险公司在健康管理领域扮演举足轻重的角色

在不少发达国家，商业保险公司在整个国家的健康管理和健康促进工作中发挥着生力军的作用。

美国除了政府出资为老年人和贫困人口提供医疗保障外，大部分人口的医疗保障都由商业健康保险公司提供。由于健康管理可以减少诊疗行为的发生，有效控制赔付率，因此得到商业健康保险公司的重视，它们通过自建健康管理公司或与第三方健康管理公司合作，为其客户提供健康管理服务。例如，美国最大的健康保险公司——联合健康的主要业务就有健康保险和健康管理产业链两个板块。早在2013年，联合健康就利用可穿戴心脏检测医疗设备对用户的心脏健康状况进行情况监测与数据分析。2016年，联合健康推出健康管理项目，这个项目为参保人员免费提供可穿戴设备，然后根据用户的运动量、运动频率和运动强度分别给予不同的奖励。

德国的保险公司主要通过收购或建立合作关系，整合医疗、健康管理和养老护理资源，建立“医疗保障＋医疗服务＋健康管理＋长期照护”的产业生态和平台，为客户提供医疗服务和医疗保障之外的健康管理服务，如健康咨询和教育、医疗协助、慢病管理、口腔健康、家庭照护等。

四、调整卫生资源配置，应对老龄化挑战

在日本，老龄化造成的医疗费用负担是十分严重的。日本一方面推行介护保险，扩大筹资规模；另一方面改革老龄医疗保险，增加老年人医疗个人自付部分，并从定额补偿改为按比率补偿。在进行医疗保险制度改革的同时，对卫生服务体系也进行相应的调整，采取鼓励政策支持私人护理院建设，将家庭护理纳入保险支出范围等。

五、大力扶持农村医疗和健康事业

美国联邦政府通过立法，建立专项资金，保证对农村卫生的投入；政府与全科医生合作，确立提供基本卫生服务的包干制度；设立专门机构，具体运作医生去农村工作、培训的有关事宜；采取多种经济激励手段，鼓励医生去农村工作，如设立安家费、初建诊所设施补助费、农村卫生奖学金等。

第五节　国外经验对我国健康管理工作的启示

一、进一步明确政府在健康管理发展中的职责和作用

政府的工作应着眼于预防保健、重大疾病控制、大众健康教育、基本医疗服务以及医学科研、教育等公共领域服务上。对于其他方面的卫生服务领域，特别是少量人群受益的医疗和健康服务，政府应加强对市场的执法监督，这些领域的正常运营应主要通过市场进行调节。开展区域卫生规划工作，创新医疗卫生模式，引进市场机制，鼓励私人办医，尤其应鼓励有合格资质的医生开办诊所，使医疗卫生资源的供给结构和布局最大限度地满足广大人民群众的多样性需求。

二、建立分级负责的医疗卫生和健康管理体制

澳大利亚两级筹资、三级负责的卫生保健体制值得我们借鉴，联邦政府负责提供全民健康保险，筹资来自各州上缴的所得税，解决卫生保健服务的可及性、公平性问题，但不直接提供医院服务，按区域设置医疗机构，其经费一部分来源于联邦财政，一部分来源于州财政，都通过州政府拨到医院。为了使国民有更多选择，商业保险负责提供更快捷、高档的卫生保健服务，以满足不同层次的需求。同时，全科医生、专科医生服务也主要由私人医生提供；地区政府只负责初级保

健，经费来源于联邦和州，三级政府职责分明，各就其位，各负其责。我国应建立起分级负责的管理体制，明确各级政府和机构的职责，采取国家、社会、家庭和个人共同承担的办法开展健康管理工作。

三、确定健康管理规划的重点

日本政府在卫生规划中设定了三级健康管理保健医疗圈：一级保健圈为市、町、村一级，主要是诊疗所；二级保健圈为都、道、府、县一级医院，接受一级圈的转诊；三级保健圈主要与精神卫生、结核病和公共卫生有关。日本的健康管理计划并不是针对整体的三级圈，二级圈是健康管理计划的重点，对其病床和新建医院进行严格控制，其他则采取注册备案的形式。日本的经验提示我们，在制定和实施区域卫生规划中要抓住重点，分出规划的层次。

四、重视老龄化问题

与日本、澳大利亚不同的是，我国的人口老龄化是先于经济现代化和社会保障体系的完善到来的。在制定国民经济、社会发展规划和远景目标中，应把老龄化作为一个中长期的重要问题，要研究和探索适应社会主义市场经济的，既能保障老年人基本生活水平，又能减轻社会经济压力的安老、养老保障制度。

五、筹资多元化

日本政府成立了民间组织“社会福利医疗事业团”，专门负责从财政和其他渠道融资用于医疗卫生事业。事业团主要的业务是：（1）通过发放长期低息贷款，为私人医疗和福利机构建设融资，以贷款年份长短和利息高低来体现政府对不同机构的支持政策；（2）建立用于资助为高龄人、残疾人提供服务设施的基金；（3）推动建立医疗福利事业的信息系统；（4）建立私人医院、福利机构工作人员的退休金制度等。这些业务可以改进政府资金的使用方式，提高资金的使用效率和质量，发挥事业团的长期低息贷款在扶持私人社会福利和医疗机构建立方面起的重要的作用。

六、建立监督和评价制度

日本、澳大利亚都坚持对卫生服务全过程进行管理，特别重视对卫生服务效果的监督评价。他们通过一些定性、定量指标对医疗卫生机构进行考核，有些指标通过新闻媒体向社会公开，既促使机构改进服务质量，形成竞争压力，又使政府有关部门掌握安排经费的重要依据。

另外，发端于美国的管理式医疗保险在降低医疗费用支出的同时，维持和提高了医疗质量和健康水平，近年来得到其他一些国家的认同和效仿。该模式就是事先明确医生以一笔约定的金额，负责某个签约被管理者的全部医疗保健，医生相应地承担了一定的风险，医生就会努力抑制医疗资源的过度浪费，在权衡医疗资源的利用与费用控制方面，作出对被管理者进行健康管理的选择。首先，健康管理师会收集被管理者的信息，了解其家族疾病史等进行疾病风险预测；其次，健康管理师会在健康评估的基础上为病人提供针对性建议，改善其健康状况。保险者与医疗提供者形成了利益共同体，从源头上减少了医疗费用。由此，保险者可以将事后的被动赔偿转化为事前的主动预防，有效地控制医疗费用的支出，抑制了医疗资源的过度浪费现象。同时，保险公司作为付费方，会制定一套服务消费者的满意度考核指标，对签约的医疗服务提供者进行考核，考核结果会与其收入挂钩，并会影响来年的签约合同。

第六节　我国健康管理的未来展望

在我国，健康管理走过了10年的历程，无论在理论研究与实践探索等方面均取得了巨大的成就。中国特色健康管理创新理论的形成，实现了由健康体检向健康管理的逐渐转变，《健康体检基本项目目录专家共识》等指导文件的出台，说明健康管理朝着更加规范的方向发展。健康管理学科进入复旦版“医院专科排名”，健康管理专家荣膺“国之名医”，担任国家“十三五”高等学校规划教材主编；解放军总医院健康管理研究院、杭州师范大学健康管理学院等61个学院的成立以及健康管理师职业技能培训的设立，开启了健康管理学这一现代医学发展的新学科；全国健康管理示范基地的建设、母婴和儿童健康管理、医养结合健康养老、中医健康养生、体育锻炼与体育消费服务、心理健康管理、健康旅游、特色健康小镇的建立等是我国健康服务业发展的新业态。

虽然健康管理在国际上出现已有30余年，但健康管理学在国际上还没有形成完整的学科体系，各国研究的重点领域及方向也不尽相同。首先，我们要以习近平新时代中国特色社会主义思想为指导，围绕“健康中国”建设目标和人民日益增长的健康需求，抓住健康管理建设的新机遇。其次，要创建国际化高水平健康管理创新平台，强化学科建设与专业建设两大支撑，以深化国际合作、强化学科平台为主要抓手，进一步深化改革。再次，在新的医疗体制改革方案的总体框架下，紧紧围绕我国政府建设高水平小康社会的总体要求，创立现代健康管理学科，建设创新体系，创新服务模式，使慢性非传染性疾病得到有效控制，提高国民健康素质，推动我国“防大病、管慢病、促健康”学科体系的发展。最后，加强人才培养，大力培养具有国际化视野和跨专业能力的复合型创新人才。

（本章作者：谢朝辉）

参考文献

[1] 高启胜，陈定湾，刘盼盼 . 美国健康人民 2020 概述 [J]. 中国健康教育，2012，28（07）：579–580.

[2] 邵刚，徐爱军，肖月等 . 国外健康产业发展的研究进展 [J]. 中国医药导报，2015，12（17）：147–150.

[3] 张筱辉 . 国内外健康管理现状 [J]. 天津护理，2013，（21）：5–7.

第八章

医疗物联网、大数据和医学人工智能

谈及新技术推动医学发展，笔者认为既要关注某一垂直领域的新发明和技术进步带来的业务突破，也应审视一系列新技术与新模式集成后推动的行业变革。前者更加微观、更加精密，带来的医学进步集中于某一个细分领域，例如纤维光学技术发展产生了医学内窥镜技术，推动了外科微创手术的发展；分子生物技术中对细胞通道的研究，产生了肿瘤靶向治疗技术，为肿瘤治疗提供了更丰富的手段。垂直领域的医学新技术，改变的是某一种、某一类疾病诊断和治疗效果，影响与人身保险相关的医学指标，如发生率、死亡率、治愈率、伤残率等。

推动行业变革的新技术集成，已不限于单一的技术领域，而是由多领域技术进步共同创造出新的行业模式，例如从 20 世纪末到 21 世纪初，基于计算机技术、电子工程技术、通讯技术发展进步而诞生的互联网、物联网、人工智能等，这些新技术集成应用于医学行业，带来的不是某一个垂直领域的诊断技术或治疗技术创新，而是对固有医学模式的冲击，进而会给人身保险行业带来广泛影响。本章论述的重点就聚焦于这一类型“新技术”对医学模式的改变和对保险运营的影响。

第一节　医疗物联网技术

一、医疗物联网的概念、起源、发展和基本原理

（一）物联网和医疗物联网

物联网（IoT），顾名思义就是物物相连的互联网。物联网的核心和基础仍然是互联网，是在互联网基础上的延伸，但是其用户端扩展到物品与物品之间进行信息交换和通信，称为“物物相息”。1990 年，施乐公司制造出网络可乐贩售机，

被认为是最早的物联网应用实例，而物联网作为技术概念最先被提出，是1999年在美国召开的移动计算和网络国际会议，当时有专家预言“传感网是下一个世纪人类面临的又一个发展机遇”。2005年，国际电信联盟正式发布了《互联网报告2005：物联网》，正式提出了“物联网”的概念。

物联网是信息技术高度集成和综合运用的成果，因此被称为继计算机、互联网之后，世界信息产业发展的第三次浪潮，其应用规模与水平不断提升，目前在安全生产、能源管理、物流追溯、智能交通、车联网等领域已形成一批成熟的运营服务平台和商业模式，部分物联网应用达到了千万级用户规模。据著名咨询公司Gartner预测，至2020年全球联网设备数量将达到250亿台，物联网市场规模将超过1.9万亿美元。

将物联网应用于医疗服务，被认为是物联网最具潜力的应用领域。因为在该领域，可连接的设备密集，数据记录与分析需求及价值都非常明确，这就构成了物联网应用的基础条件。更主要的是，随着人口增加和人口老龄化，目前世界各国都面临着医疗服务资源匮乏的问题，专业技术人员缺口大，既不能满足服务需求，成本又非常昂贵。而物联网技术带来了解决这一供需矛盾的金钥匙——设备智能化和服务远程化。

智慧家庭：为居家慢病管理、居家老人护理提供专业医学指导，降低服务成本，增加服务可及性。

智慧医院：医疗设备接入物联网后，提高了医院信息化程度，节省监护与记录工作量，提升医疗工作效率。

远程医疗：物联网设备与技术应用使远程诊疗更加立体化与实用化，催生了新的服务模式，实现医疗资源再分配。

未来，随着构成物联网基础的传感器技术、数据传输技术与数据分析技术的进步，将会有更多医疗智能终端和中央数据平台被接入网络，物联网将成为医疗服务体系中不可或缺的广泛的基础网络。

（二）从管理物品到管理医疗

医疗是设备密集行业，而设备管理是物联网在医疗行业中最早出现的、价值最直观的用途。在医院或者一个医疗体系内，随着医疗设备越来越多，管理上遇到诸多难题，包括设备位置和状态难以追踪，设备维修维护不及时，设备使用效率无法统计等。物联网技术可以使上述难题迎刃而解，利用物联网技术设计的医疗设备管理系统，包括网、中心和设备三个层级。其中“网”串联并管理各种资源中心，提供包含信息服务在内的线上服务；“设备中心”是物联网设备管理的核心，是物联网管理“中间层”，对下提供医疗设备的注册、接入、管理、维护，对上传输设备基本数据，用户通过程序，对设备进行搜索、查询和数据调取；“设备”包括医疗设备、传感器设备等，其本身存储了使用标准框架描述的自身信息，以及同中心和用户进行交互的程序。

除了医疗设备，这一物联网管理系统还可以用于医疗物资的管理，包括药品、医疗耗材、医疗废弃物等。例如，在药品管理方面，通过对每个药品配备射频识别（RFID）标签，无论是医生还是患者，均能通过扫码，迅速读取药品相关信息。当药品出现问题时，厂家也可根据药品标签迅速召回。有些药品对存放环境要求较高，通过传感设备，可对库房温度、湿度等环境因素进行采集并发送到服务器进行处理，判断该环境是否适合药品存放。在器材管理方面，通过对器材上RFID标签的识别，管理人员能够跟踪和管理器材制作、存储、使用以及销毁整个链条。

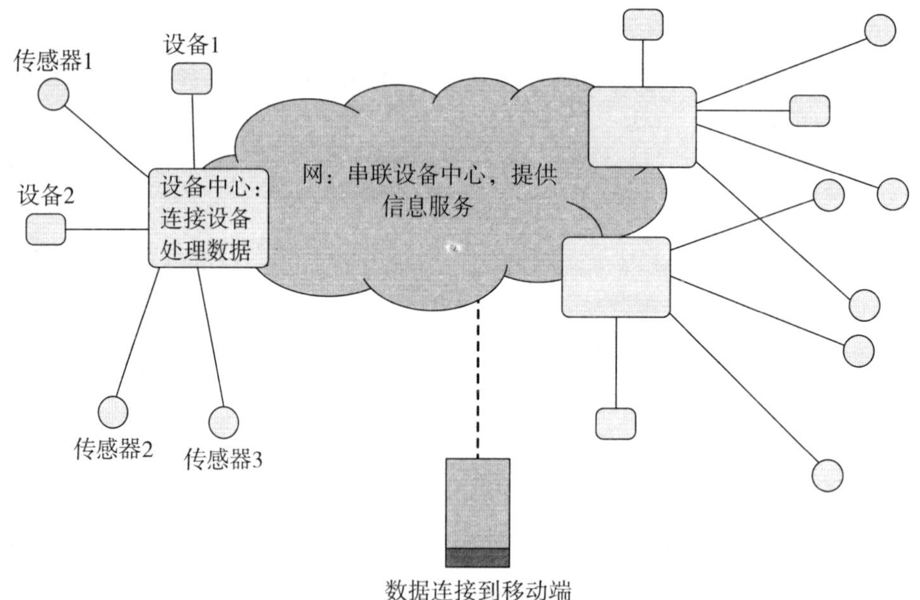

图 8-1 物联网管理设备的三个层级

如果说对物品的追踪管理是物联网智慧医疗 1.0，那么借助物联网管理医疗服务可以称为物联网智慧医疗 2.0。物联网管理医疗服务是通过对医疗相关过程的智能化管理而实现的，包括实现对医疗对象的智能化感知，实现对医疗流程的标准化处理，将医疗对象和医疗流程进行有效融合和标准化管理。最终带来的结果是进一步推动了医疗服务的智能化和远程化，提高资源使用效率，减少对专业人力的需求。无论是病人、保险支付方，还是医疗服务者、设备制造商、药品器械供药商，都能受惠于医疗物联网，这就提高了整个行业对物联网的接受度。当前，在物联网市场中，医疗物联网已经成长为第二大应用领域，仅次于工业物联网。预计 2015 年至 2020 年间，医疗物联网市场复合年增长率为 38.1%，到 2020 年市场价值将达到 1630 亿美元。

（三）医疗物联网结构和连接元件

按照在物联系统中的功能作用，有研究者将医疗物联网的结构分为三层：感知层、网络层、应用层。感知层是数据采集与数据接入，前者感知人与物的信息，例如扫描识别人的身份信息、药品信息，传感器识别人的生物信息、环境信息等。后者是指接入网络的方式，当前主要使用移动网络。网络层包含网络传输和数据加工，网络传输可以使用内部网络或互联网，实时、无障碍、高可靠性地传输由感知层获取的信息；数据加工是在数据平台上整合各种数据，并以此为基础构建一个服务平台，为应用层的各种服务提供开放接口。应用层是分析使用这些数据的用户。

一个医疗设备接入物联网，从数据传输与利用流程上，连接到物联网的元件包括收集数据的传感器、对数据初步分析与处理的微控制器、与外界交换信息执行指令的微处理器。以上三部分一般都被安装在医疗设备内，在医疗设备之外，需要医疗专用网关，网关存储数据，并进一步加工处理医疗数据，上传云计算中心。而无数网关对局部数据的分析计算与处理，构成了物联网数据处理中分散的“雾计算”能力。

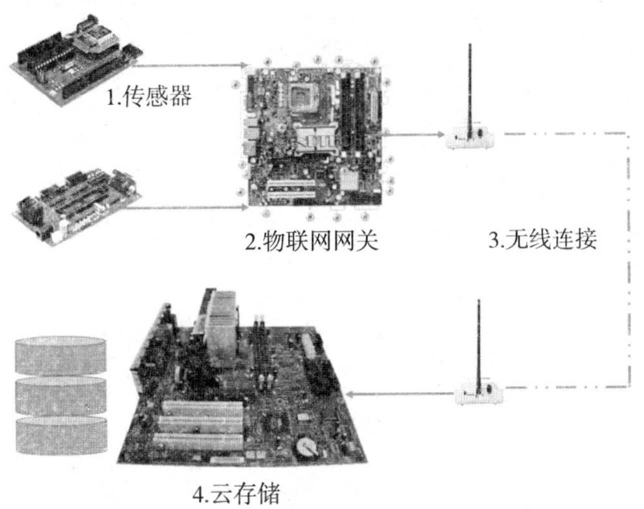

图 8-2　医疗物联网网关储存、分析、处理局部数据

在“雾计算”之上，物联网“云数据平台”也是非中心化的，包含不同的计算机网络、不同的技术中心和各种网络拓扑结构，云平台不仅是数据的最终存储区，也是客户需求的接入点和数据计算中心，承担连接管理（CMP）、应用开发（AEP）、设备管理（DMP）和业务分析（BAP）四大功能。其中业务分析功能包含了大数据服务和机器学习，可以将汇集在云平台的数据进行分析、处理，并进行机器训练，形成具有认知力的、预测性的、复杂的业务分析逻辑，将数据分析向人工智能过渡。目前主要的云系统平台都是由电信运营商、电气设备公司、IT与互联网公司开发和提供。

（四）物联网中的新技术

物联网是基于多种技术集成的应用网络。在医学物联网中，接入网络的医学智能设备、医疗网关、医疗云平台等元件，均内置有能完成其在医疗物联网上作用的特有专业技术。而物联网通用技术，主要有以下四个方面：

射频识别技术（RFID），通过电磁波获取信息并传输信息。射频识别技术由三部分构成，分别是电子标签、天线、阅读器，射频识别技术主要体现在接收和发送两个过程中。电子标签被扫描后，芯片启动逻辑运算，并向阅读器发送信号；天线用于发送射频信号给阅读器；阅读器收到信号后传送数据给计算机系统进行解析，然后再由阅读器和天线交互，通过天线发送射频信号将具体信息发送给电子标签接收。

传感器技术，先进的传感器是医疗物联网实现其应用价值的关键技术。传感器就如同物联网的感官系统，能将收到的信号进行处理，并发送给计算机大脑。传感器布置在需要监测数据的环境中，它们之间会形成自组织的无线网络，将共同的信号传输到集结点（医疗网关）上，再传送到计算机进行处理。传感器技术本身就是多学科技术的结合，包括物理、化学、生物、统计、光热、电信号等学科。而医学物联网使用的传感器，更趋向于集成化、智能化、微型化和信息化，并正在逐步迈向更智能的生物传感阶段，即把生物活性表达的信号转换为电信号的物理或化学换能器。

表 8–1　云平台系统计算机与网关雾计算机功能对比

功能要求	云计算机	雾计算机
时间延迟	会	不会
时延抖动	会	不会
服务器位置	在互联网中	在局部网络中

续表

功能要求	云计算机	雾计算机
服务器与客户的距离	经过多级转接	一级连接
安全性	无法限定	可以限定
数据传输中被攻击	很可能	不太可能
位置	不容易定位	明确定位
地域分布	中心的	分散的
服务器节点数量	没有	很多
服务器是否可移动	不好移动	容易移动
实时交互	支持	支持
连接线路	租用专线	无线连接
大数据处理速度	需要中心处理，速度慢	分散处理，速度快
带宽需求	要求高，因为大量数据传输	要求低，数据由本地处理
反应速度	慢	快
延展性	差	好

网络通信技术，包括互联网应用技术、无线传感技术，以及 2G、3G、4G、5G 网络通信技术等，其中为物联网赋能的非常关键的技术是 M2M 技术。M2M（Machine-To-Machine）实现机器与机器之间的数据传输，更重要的是，它能实现机器和机器之间智能化、交互式通信沟通，而无须人为干预。M2M 技术为机器赋予了“思想”和“智慧”。目前地球上机器数量是人的数量的 4 倍，当上千亿台机器取代人力操作，实现设备智能管理和服务后，带来的市场潜力巨大，例如自动驾驶的全面实现，同时医疗服务也是 M2M 技术最能产生价值的领域之一。

大数据技术与云（雾）计算。从传感器收集的数据数量庞大，种类复杂，难以使用传统数据管理系统来处理，因此物联网后台需要采用大数据系统，才能有效存储和处理从传感器获取的数据。同时，后端平台也可以运用传统数据中心和云计算设施，用于数据的永久存储，并开放给用户使用。但是，云服务器与终端用户相距较远，数据传输占用大量网络带宽，并带来传输延时，而像医疗服务这样的应用情景，对数据使用实时性要求较高，因此雾计算的方法被采用。“雾”是“云”和终端设备之间的中间计算层，通过为物联网上的需求提供补充数据分析计算，来弥补云计算的欠缺，雾计算架构极大地降低了存储需求和数据库维护成本。

二、医疗物联网改变传统医疗服务模式

（一）医疗物联网对医疗质量、服务可及性和成本的影响

医疗物联网应用始于射频识别技术识别设备数据信息，但目前医疗物联网应用已经渗入医疗服务的每一个“物”的环节，实现了对“物”的信息读取、识别、定位、处理和操控，使得医生、病人、设备，以及其他医疗环节连接在一个共同网络中，并产生各种维度的、实时的机器与机器、机器与人之间的沟通交流和智慧服务。在这样的网络中，医生可以及时获得准确的数据用于诊断和治疗，减少了因信息不全而产生的差错。物联网能记录和统计与治疗效果相关的信息，为医生提供循证医学指导，提高了诊断与治疗的精准性。

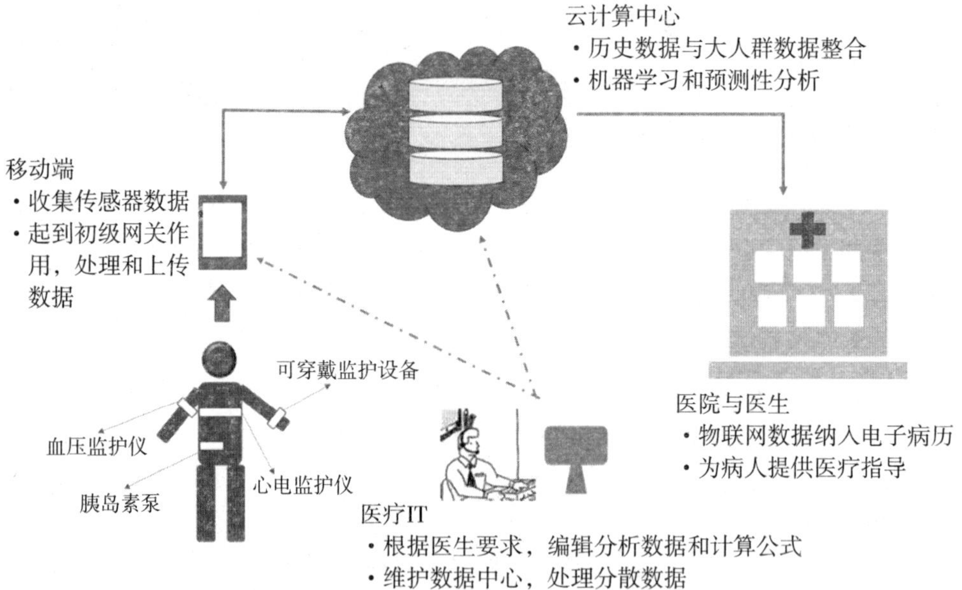

图 8-3 医疗物联网应用后的远程医疗监护模式

在提升医疗质量的同时，物联网通过智能设备与传感器，远程获取病人生物信息和健康数据。这些数据传输到云平台后，医生通过计算机或移动端进入医疗云平台，调取和查看病人数据记录。当数据出现异常，医生也能通过物联网治疗设备给予干预，而无须病人住院接受类似监护和治疗。这样的

远程医疗服务模式可用于慢病管理、老人照护等，大大增加了医疗服务可及性，减少了病人住院监护的时间和对专业人员的依赖，从而降低了医疗成本。物联网通过机器智能分析医疗数据、自动完成反馈操作，这就带来更多的专业人力资源节约和服务成本下降。

据医疗设备龙头企业通用电气（GE）公司2012年的预测，采用医疗物联网技术后，医疗服务效率可以提升1%，每年就能节省630亿美元的医疗成本。不过目前医疗物联网对医疗质量和医疗费用影响的确切量化证据还未见诸报告，可能是因为医疗物联网仍处于“起步阶段”，大规模应用还需要一些时间。此外，医疗物联网技术带来的是一系列技术上和服务模式上的转变，涉及环节非常多，也难以用简单的对比研究去探究其使用前后带来的变化。相信随着时间推移与数据量积累，将能更准确地衡量医疗物联网技术的医学价值和经济学价值。

（二）医疗物联网与远程医疗

在医疗物联网中，病人健康数据收集、信息传输和医生基于数据分析结果做出判断并给予反馈，构成了一个远程诊疗的完整场景，但医疗物联网与远程医疗并不是同一个领域概念。医疗物联网是一组设备、技术与应用的集成，而远程医疗是服务模式。远程医疗模式需要技术作为支撑，医疗物联网提供了丰富远程医疗手段的重要技术，包括将心电监护、血压监护、生化指标监测等设备接入物联网，医生能够对危重患者提供持续监护和远程会诊，而这部分患者之前的监护只能在医疗机构完成。通过可佩戴设备纵向记录患者的健康信息，由云计算中心整理分析数据，医生进入数据中心查看结果，并给予针对性健康指导，实现慢病管理的远程化。在物联网技术中，医疗智能机器人与其他网络设备和云平台之间共享程序数据，医生指导和监控智能机器人完成医学操作，例如侵入性医学检查和外科手术，还可以利用物联网设备、数据实现远程急救等。

使用传感器网络和其他物联网设备构建远程医疗系统，改变了数据需要手动填写和录入的问题，使得采集到的数据更加丰富和真实。由穿戴式医疗设备、远程监护设备检测和处理生理信号，同步传输数据，具有无创、无地域限制等优点，可以替代很多过去需要在医疗机构内进行的诊断和监测。医疗物联网技术的应用，极大拓展了远程医疗开展的深度和广度。

（三）医疗物联网与医疗过程管理

在医疗服务中，除了对医疗设备的管理外，物联网技术也被广泛用于医院医疗过程的管理中。

患者管理：通过让患者佩戴射频识别（RFID）腕带标签，实现对患者的识别和动态追踪，可以随时对患者进行定位，并通过与医院的门禁系统相结合，防止患者住院期间擅自外出发生意外。当出现紧急情况时，患者可利用腕带上的紧急按钮呼救。

母婴管理：利用物联网技术在病区出入口设置读写装置，对佩戴识别卡或腕带的医护人员或妇婴身份进行识别，通过身份认证后才能够打开房门。同时，所有的婴儿信息都存储在后台数据库中，可有效防止婴儿抱错事件发生。

血液及标本管理：通过对化验标本的标签进行识别，可追踪标本的流转过程，避免错漏，并有效降低血液和标本污染。在志愿者献血后，对血液添加RFID 标签，可以全程监控血液的流向和使用过程，及时发现和预防血源性传染病。

（四）医疗物联网与健康大数据

医疗设备与传感器接入网络，最大的价值是健康数据源源不断产生和传输，成为健康大数据的重要来源。我们常说的健康大数据，不仅要求数据量巨大，而且要满足种类多样、利用迅速两个要求。物联网来源的健康数据，有可穿戴设备、远程监护设备、医院检查诊疗设备的数据，有整合健康档案、医疗记录的数据，还有自动识别的病人身份信息，数据量庞大。数据还包含了多个维度，包括影像学记录，如数字 X 光片、照片、CT 与核磁影像、病理切片、心电记录、声学资料、视频信息、文字信息、疾病诊断代码、位置地图等，非常适合用大数据综合分析的方法来处理数据。而物联网数据共享技术、雾分散计算、云计算中心等，又便于数据实时利用，医疗物联网既是健康大数据的重要来源，又是健康大数据的处理平台。

对物联网来源的健康数据，微软公司、飞利浦公司等都设计了专门的电子医疗档案系统，用于记录和存储患者的健康数据，并可由患者授权给医疗服务者使用，提高医疗服务的质量与效率。例如，医生利用患者哮喘药物雾化吸入装置的使用数据或胰岛素注射装置的使用数据，结合对病人的生理指标记录，为不同的病人制订个性化治疗方案；制药企业使用人群医疗物联网数据，追踪药物使用后的效果，确定药物对哪一类病人更有效，同时也为新药的研发提供临床数据支持；保险公司使用物联网数据，可以界定高疾病风险的人群，通过分析历史数据，确定哪些人住院的可能性更大等。

通过物联网获取健康大数据，对医学人工智能的形成也至关重要。可佩戴设备收集的数据与医院数据、生理生化数据、医疗 App 数据汇总后，通过分析和加工，可产生供机器学习的数据模型，并提供实时的数据练习。

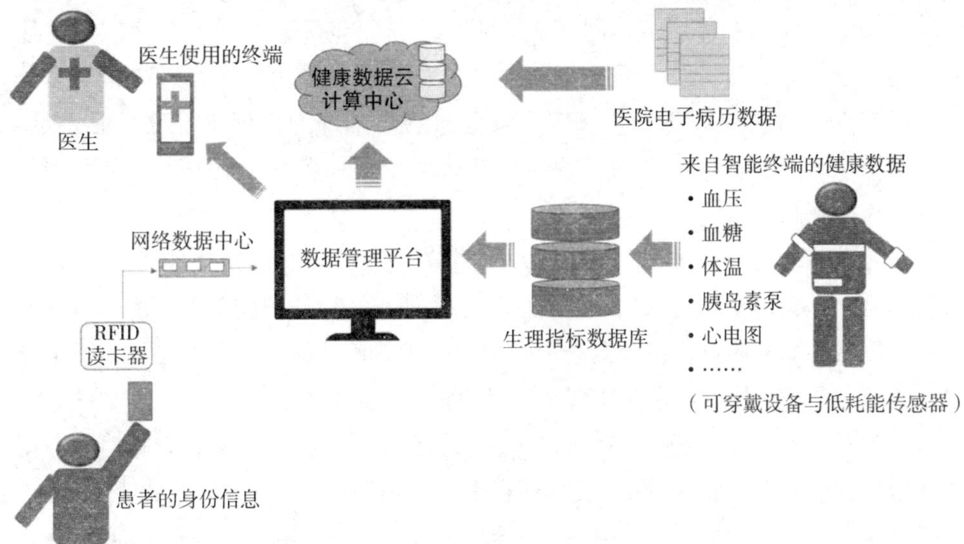

图 8-4 医疗物联网产生与处理健康大数据

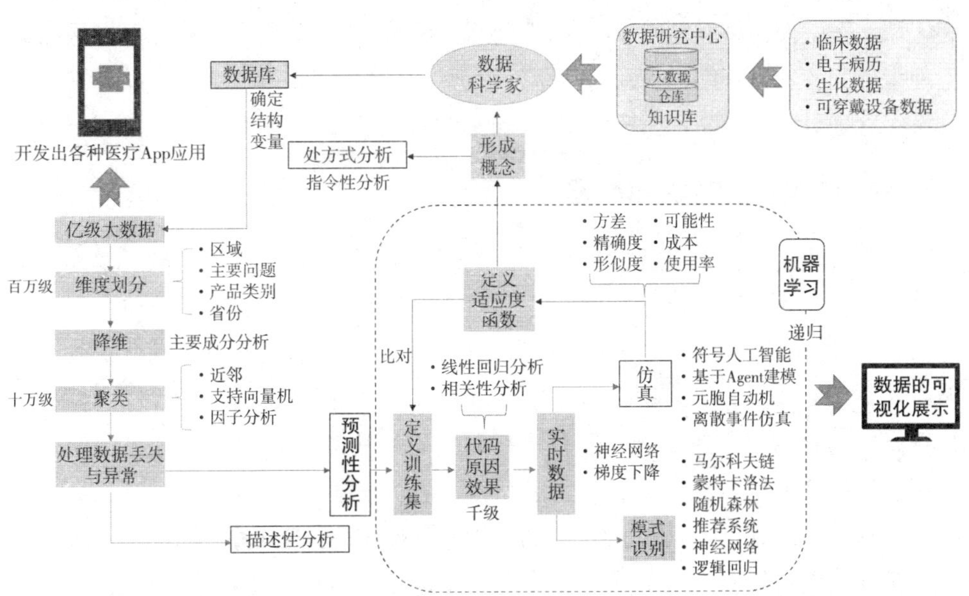

图 8-5 医疗物联网数据汇入健康大数据供机器学习

（五）基于医疗物联网的智慧医疗系统

使用物联网技术建立智慧家庭医疗系统，可以通过传感设备，监测用户的血压、血糖、血氧、体脂、体温等人体指标，再将生理数据通过医疗网关发送和存储到云平台数据库中，数据通过专业软件在平台展示，在经过数据处理分析后，将分析报告反馈给用户。医生、健康管理师等用户健康管理专业人员，能通过登录云平台，实时了解用户身体状况与变化趋势，并根据用户情况制订相应治疗措施。

除此之外，在对老年人、慢性病人的照护中，可以通过物联网系统，设计各种自动监护算法，减少对人工照护的依赖。例如，在地毯中放置压力传感器，通过分析传感器触发数目，结合老人短时历史行走轨迹特征、行走加速度和行走方向，建立一个跌倒报警模型，实现老人跌倒的实时监控。

一个完整的智慧家庭医疗系统，可以集智能监护、智能康复、睡眠追踪、用药提醒、智能呼叫、救援服务、慢病管理、医师咨询、慢病监护等功能于一体，可以使居住者更加清楚地了解自身的生理状况，管理自身健康，同时接通外部专业服务资源，对患者进行个性化指导。

医院是病人接受诊断与治疗的中心，是人员密集场所，同时也是医疗设备密集区域。医院使用物联网技术，实现了信息实时共享，帮助医生动态掌握病人的生理指标和各项检查结果，及时调整治疗方案。物联网技术还可以帮助识别患者身份，管理设备和药品，监控医院环境，并替代人工完成床旁监护工作。

（六）医疗物联网的发展前景

医学仪器设备通过传感器采集数据是物联网得以运行的基础。虽然越来越多的医疗设备接入网络，智慧家庭、智慧医院正从概念走向现实，但总体上看，医疗物联网设备接入与数据采集目前仍处起步阶段，更多智能设备正等待被设计和接入。在未来 3 ～ 5 年，物联网医疗设备中可穿戴设备的发展空间最值得期待，特别是能通过智能手机中的应用程序控制传感器功能的设备，例如含有 GPS 和加速感知功能的防跌倒传感器，能追踪人的活动、睡眠、心脏功能的智能设备，能测量脉搏、血氧、体温的手环，能持续自动监测血压的设备，能记录焦虑、抑郁情绪变化的传感器，能准确测量呼吸功能、心电图和计算能量消耗的设备等。这些可穿戴设备和应用程序都已研制成功，并正逐步投入市场，可以预见，这些新设备将带来海量健康数据，以及由此而衍生出更多的医疗健康算法，这将推动健康服务进一步自动化、低成本和更加可及。

表 8-2 著名科技公司医疗物联网设备与数据平台布局

科技公司	医疗物联网布局
思科	拟为各类非相关的医疗物联网提供系统支持，解决数据拥堵问题，并提供智能解决方案，同时不影响数据安全。已与领先的健康机构合作，设计医疗级物联网系统
微软	致力于开发智能系统，为医疗物联网客户提供解决方案。该智能系统可以协助抓取医疗物联网上的健康数据，并基于数据做出智能分析
谷歌	开发医疗物联网标准代码，力求简化设备之间的沟通
三星	与加州大学合作，设立数字医疗实验室，开发智能医疗系统。与 IMEC 合作设计平台，为传感器的模块设计提供参考。三星的目标是为大众提供触手可及的、无缝隙的健康服务
高通	设计第二代平台，提供无线健康解决方案，能捕捉全网数据，提供给数据库和平台，并保证数据安全性
英特尔	主要致力于数据安全和医生与病人之间的互操作设计，开发实时传输系统，减少传输延误，提升数据使用质量和便捷度。英特尔的目标是让医疗物联网的应用更加容易
IBM	与多家著名企业合作，开发物联网设备，物联网解决方案包括家庭智慧医疗和健康数据分析应用等
苹果	苹果手表是健康追踪装置，并能监测心率，苹果公司为很多健康系统提供安全、有效的解决方案
Wind River	设计物联网云计算和商业逻辑，设计特殊网关、数据中心和数据集成系统、设备和传感器控制系统
德国电信	承担安全的数据桥梁作用，逐步帮助医疗服务去中心化
GSMA	基于人工智能和物联网，为医疗机构与移动运营商设计协同解决方案
Thingworx	为医疗设备的连接提供解决方案
纳姆热斯	提供医疗物联网技术与移动连接技术
Machina 研究	设计医疗物联网连接方案，包括远程医疗、远程监护、临床试验等
Aeris	为病人、医生、设备制造商提供远程医疗方案
Eurotech	帮助完成医疗设备连接，并作为一个整体并入网络

与医疗物联网设备的快速研发一样，物联网数据平台也在不断被设计和完善，医疗设备、装置之间预计将在 10 年内完成数据格式的标准化，从而彻底解决互操作性问题。同时，健康大数据技术、人工智能技术的成熟，会使健康数据

产生更大价值。物联网带动智慧城市发展，也会推动医疗物联网向社区渗透，医疗物联网的未来值得期待。如果更大规模的医疗物联网投入应用，也将对现有医疗服务方式带来深刻变革，过去病人围绕医院、医生和设备才能接受治疗，未来治疗与护理方式可以突破空间限制，病人从被动转向主动，实现以病人为中心的医疗健康服务模式。

（七）医疗物联网发展的限制

和其他新技术一样，医疗物联网发展与应用也存在一些制约因素。主要是物联网普遍面临的障碍——网络稳定性问题、可穿戴设备能量持续供给问题、数据传输与存储的速度与容量问题，以及数据安全性问题等。以上任何一个问题不能妥善解决，都会给物联网应用前景蒙上一层阴影。

就医疗物联网来说，在推向普遍的医疗级应用时，会面临特殊的行业政策限制。例如，各个国家之间、一个国家中各个地区和机构之间，不同医疗设备制造商之间，健康数据的标准都可能会不统一，这阻碍了医疗物联网数据采集与使用的广度。各个国家对医疗健康数据的采集、存储和使用，也都有严格的法规要求，医疗物联网需要在这一框架下完成数据收集使用，基于物联网的数据所有权分配、隐私保护、数据安全设置，在很多时候还不能匹配这些规定，因此也限制了物联网数据的利用。还有服务支付问题，医疗服务的重要支付方，例如美国的 Medicare、中国的医保等，目前都不能支付“智慧家庭”这一类型的物联网医疗服务费用，这就让医疗物联网远程医疗服务不能更大范围地推广。

虽然上述限制条件客观存在，但随着科技不断进步，相信会有新的解决方案帮助克服物联网技术瓶颈。对医疗物联网遇到的政策环境限制，各国政府也正在积极协调，平衡设备制造商、信息科技公司、医疗服务机构、保险机构等各方的利益诉求，出台新政策标准，鼓励物联网发展。医疗物联网发展前景依然被看好，智慧医疗和万物互联会在不久将来成为现实。

三、医疗物联网对人群健康的影响

（一）医疗物联网提高医疗服务可及性

医疗物联网技术进步和应用普及，将从三个方面提升医疗服务可及性：一是物联网提升医疗机构运行效率，从而服务更多的患者；二是通过远程医疗模式和医学人工智能技术，将很多需要在大医院、由顶级专家完成的诊断治疗，分散到下级医院、社区卫生机构甚至在家庭中完成，使专业服务更可及；三是健康大数据技术的应用提高了医疗与健康服务的精准度，避免资源的滥用和浪费。

服务可及性提升，可以为服务市场引入质量与价格竞争，催生性价比更高的产品。这对作为医疗健康服务支付者的保险公司来说，物联网技术带来更多可选择的服务模式和服务网络，可以为保险客户设计更灵活、性价比更高的医疗健康服务产品。

（二）医疗物联网改善疾病治疗效果

无论是在医院，还是在社区，医疗物联网技术都帮助医生实现了对病人健康数据的实时查阅，包括生理生化数据、影像学数据等。医疗物联网网关的雾计算、云平台的计算都能自动分析和处理健康数据，不仅节省了医生的时间，也提高了数据处理的准确性。医生根据数据变化，及时调整或改变药物治疗方案，确保治疗的有效性。

当物联网数据与其他医疗健康数据汇合，通过大数据技术，可以为医生提供医学人工智能诊疗辅助工具，减少医疗误判和差错。我们知道，疾病治疗常包括院内治疗和院外治疗两个阶段，院外治疗质量不可控，往往是疾病治疗失败的一个重要原因。医疗物联网技术增加了远程监护和远程医疗深度，使院外治疗与院内治疗衔接更紧密。以上这些因素，都有助于改善疾病治疗的最终效果。

（三）医疗物联网推动向预防型医疗模式转型

传统医疗模式以疾病治疗为中心，而预防型医疗模式，更关注通过消除环境致病因素、改进不良生活方式，提前预防疾病发生。我们通常说的“三级预防”即属于预防型医疗模式，具体包括初级预防（一级预防），是针对致病因子采取的措施；“三早”预防（二级预防），是对疾病的早发现、早诊断、早治疗；三级预防，主要目的是减少疾病不良作用，防止复发转移，促进身心康复等。虽然预防型医疗模式的理念已经被广泛接受，但实践中疾病治疗模式仍然是医疗服务的主流形式。限制医疗服务模式转向预防为主的重要原因包括：缺乏有效的疾病预防干预方法和网络，干预效果难以衡量影响支付方对预防性医疗服务支付的意愿。

通过医疗物联网，可以建立基于家庭和社区的智慧医疗和健康系统，能为三级预防提供有效手段，比如实时风险监测、个性化健康管理方案，以及远程健康指导。而这些干预，可以在低人力成本的前提下，通过可穿戴设备、医疗物联网数据平台、医学人工智技术实现，并提供自我管理的途径，这就极大地提高了疾病预防与慢病管理的可及性。同时，医疗物联网对健康数据的持续收集与分析，能准确衡量预防性医疗的效果，通过将干预目标与经济指标结合，使保险支付转向预防性医疗服务，引导医疗模式转型，降低疾病发生率、死亡率、伤残率，延长人口寿命，提升人群的整体健康状况。

第二节　远程医疗与互联网医院

一、远程医疗

（一）远程医疗的概念

与医疗物联网不同，远程医疗不是一个医学新技术，而是一种医疗服务方式，指使用通信与信息手段，远距离提供医疗服务，这是医疗服务为追求效率而使用信息技术手段投递服务。这些信息技术手段，可以是“新”技术，如最近10年才逐步发展起来的医疗物联网技术；也可以是“老”技术，例如电话，现在仍是世界各地远程医疗服务的重要工具。

远程医疗的概念最早出现于1924年，美国一家广播电台创造了一个“收音机医生”的形象，能通过语音与病人交流，但仅限于新闻节目，并未走进现实医疗服务中。到20世纪50年代，随着电视技术的普及，医生开始尝试借助双向视频，为病人进行远程健康筛查、疑难病例会诊、病历讨论等。这种视频远程诊疗方式，最先被居住在边远地区和医疗服务资源稀缺地区的人们所接受，远程医疗开始成为一种医疗服务补充，政府部门、医疗机构也开始重视并愿意推广这种服务模式。20世纪末，电视技术飞速进步，降低了视频交流成本，远程医疗迎来快速发展期。进入21世纪，计算机与互联网技术的发展，进一步推动远程医疗发展普及，使之成为一种重要医疗模式，全球市场规模达到百亿美元级别。

（二）远程医疗缓解“看病难”

作为一种新服务模式，远程医疗最大的价值就是缓解医生资源短缺问题，即“看病难”问题。“看病难”是医疗服务面临的世界性难题，以医疗服务体系较发达的美国为例，预约看病平均需要22天，每次就诊在医院等候两小时以上，而得到的诊疗时间不足 20 分钟。在国内，虽然预约挂号不需要等待如此之长，但每次就诊等待时间很长，能分配到的诊室时间很短，“看病难”问题同样突出。借助远程通信技术，为医患双方提供不受地域限制的服务平台和快速通道。对患者来说，可以自由选择适合自己情况的医生，并能直接联系到大医院的专家，还节省了路途时间和等候时间；在另一端，远程医疗也为医生提供了灵活、高效的诊疗安排，方便医生远程接诊和利用业余时间接诊，既增加了服务能力，也增加了医生收入。

（三）远程医疗解决“看病贵”

医疗服务的另一个症结是“看病贵”，每次就诊除了要支付高昂的诊费，还要支付检查化验费用。而采用远程医疗的方式，诊费低于去医院就诊的诊费，并减少了很多不必要的检查化验费用，药费经常还可以获得折扣，能显著降低单次医疗费用。

医保机构和保险公司曾经担心，远程医疗广泛推行后，由于预约便捷，可能会导致诊疗资源被滥用。有权威机构对采取远程医疗后服务使用情况做了连续几年的观察和统计，发现与很多人的想象不同，远程医疗并不会导致就诊频率增高。由于很多轻症和慢病复查都通过远程医疗实现，反而会减少门急诊资源的滥用，节约医疗费用。因为认识到远程医疗具有解决“看病贵”问题的潜力，这一服务模式很快获得医疗保险侧的认可和推崇。在美国，商业医疗保险早已开始支付远程医疗费用报销，社会医疗保险系统（CMS）也于 2019 年全面放开对远程医生视频诊疗和远程会诊的费用报销，我国也开始推动医保报销与远程医疗的对接。预计远程医疗模式在支付上很快将获得与传统医疗模式相同的对待，甚至能获得保险公司的更多青睐。

采取远程医疗模式，还有一个潜在的经济学价值，就是能减少企业员工缺勤，提高生产力。例如，一个员工，过去因为感冒、鼻炎经常去医院就诊，又因为高血压定期到医院复查，每年会有很多天病假；有孩子的员工，还要经常陪同孩子去看病，造成更多的缺勤。采取远程医疗方式后，员工可以在企业接受对轻症、慢病的诊疗和复查，药物直接配送到办公室，员工不用请病假。同时，儿童的诊疗、复查也可以通过远程医疗居家完成，员工不用请假陪伴。这样一来，员工总缺勤天数能显著减少，生产效率将大幅度提高。

（四）远程医疗使用技术与服务方式介绍

远程医疗服务目前主要采用三类技术：远程会议技术，提供医患之间实时声音与视频咨询沟通，可以用于远程诊疗、疾病随访、心理咨询等；异步存储转发技术，即医生可以把病人的信息提交给另一个医生，用于远程会诊、远程诊断等；远程监护技术，采用传感器和医疗物联网，远程采集、存贮和分析病人的生理生化信息，可用于远程监护和慢病管理。

在远程诊疗上，电话服务仍然是目前最主要的方式。近些年随着计算机、平板电脑、智能手机的普及和互联网接入越来越方便，视频沟通被越来越多地采用。在欧美国家，专业远程诊疗设备也开始被使用，像梅奥公司（Mayo）的 Kiosk，还有 Healthsopt 等，都是经特殊设计的远程医疗视频小屋。小屋安置在社区医院、急诊、药店等场所，除配备与医生视频通话的电视系统，还安装了听诊器、脉氧仪、血压袖带、耳镜、皮肤检查放大镜、供病人使用的触屏等，方便医生为病人进行远程检查，而一次就诊费用只有正常门诊挂号费用的三分之一。在其他远程诊疗活动中，医生还使用远程监护设备与医疗物联网，用于病人监护，或者开展远程慢病管理服务。而远程诊断和远程会诊一般在医疗机构之间进行，通过专业会诊设备传输和审阅病人电子病历、化验结果、影像检查结果、病理切片等。

（五）远程医疗应用现状

无论是发达国家，还是发展中国家，远程医疗市场都发展迅速。特别是最近 10 年，互联网与移动通信技术进步帮助解决了过去制约远程医疗发展的接入通路问题；而医疗物联网设备的使用，使远程医疗摆脱了单纯的图文咨询的局限，深度诊疗成为可能；信息技术还帮助实现了电子病历、数字影像和其他病历资料的准确传输，使得远程会诊的质量与效率都得到极大提升。

据统计，2018 年全球远程医疗市场规模 250 亿美元，比 2015 年增长 50%，预计在未来五年内，远程医疗市场还将继续高速增长。专业级远程医疗设备的使用在过去 10 年中增长更为迅速，2018 年全球大约有 45 亿美元投入专业远程医疗设备购买，有 700 万人使用了专业远程医疗设备。无论是普通的电话诊疗和视频诊疗，还是使用专业远程医疗设备完成的远程诊疗，美国在市场规模和服务人数上都全球领先，大约占全球市场份额的 50%。我国远程医疗起步较晚，但借助近几年对互联网服务模式鼓励政策和互联网经济爆发式发展势头，以“互联网医院”为特征的中国式远程医疗也显示出自身活力，这一远程医疗新模式甚至引起了全世界的瞩目。

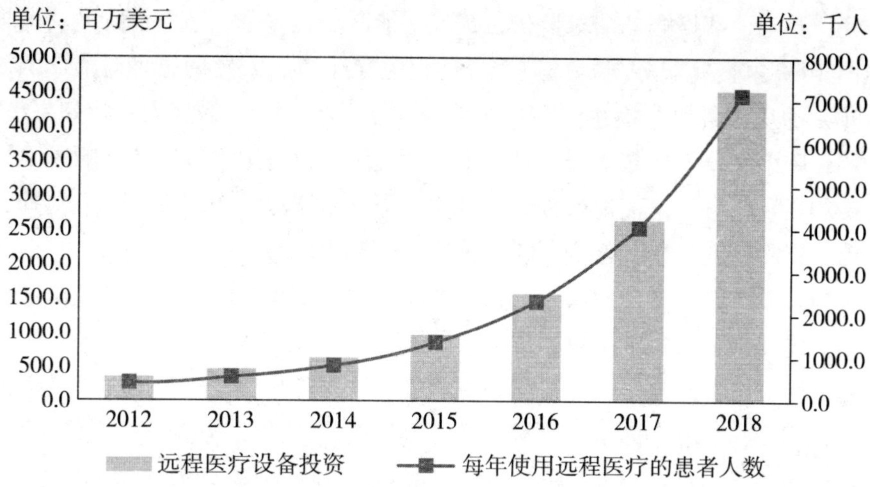

图 8-6　2012 年到 2018 年专业远程医疗设备及服务的增长迅速

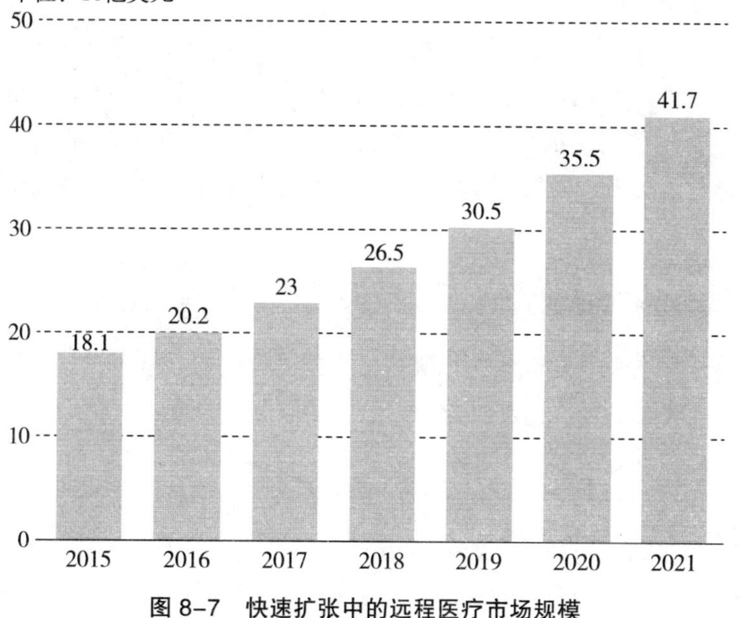

图 8-7　快速扩张中的远程医疗市场规模

（六）远程医疗对医疗费用和人群健康的影响

远程诊疗除了能降低单次就诊费用之外，将远程监护技术用于病人症状监测，能及时发现指标变化，通知医生进行治疗，避免再次住院，减少住院费用。研究证实，在美国，对慢性肾衰病人采用远程监护后，一年能节省住院费用 100

亿美元。其他一些慢病的居家监护也被证明能减少住院率，节省医疗费。另根据对美国 1000 家慢病服务机构的调查，远程医疗还增加了慢病患者对治疗的依从性，80% 的病人自我照护意识和自我护理技能提高，90% 的病人治疗效果更好，病人的住院率和急诊次数下降非常显著。远程医疗对费用和健康的影响还包括：

- 对突发脑卒中，通过远程诊疗方式，指导基层医疗单位完成溶栓治疗，提高生存率，降低残疾率，降低医疗与长期护理费用。
- 为高危产妇提供远程医疗与远程监护，降低出生死亡率和出生缺陷率，减少新生儿需要加强监护的天数，降低医疗费用。
- 糖尿病患者在基层医疗机构检查眼底后，图像传输给糖尿病治疗中心的专家进行远程会诊，能预防糖尿病视网膜病变发生。
- 对血压、血糖、体重的远程监测，有助于更好地管理慢病，预防高血压、糖尿病、心衰和慢性阻塞性肺部疾病的发生。
- 远程筛查技术能早期发现乳腺癌、宫颈癌，提高 5 年生存率。
- 远程心理咨询能有效避免不良事件的发生。

据美国一家权威机构的预测，由于远程医疗的普及，在未来 10 年美国的医疗费用将降低 2000 亿美元。其中对慢病群体的远程医疗服务，无论是对疾病预后，还是对费用控制，都会产生显著效果，其中心脏病患者医疗费用降低 1000 亿美元，糖尿病患者、慢性阻塞性肺病患者医疗费用降低超过 500 亿美元，外伤康复治疗费用降低 100 亿美元。

（七）远程医疗的发展限制

在发展中国家，开展远程医疗服务最大的障碍仍然是缺少设备和网络连接困难；而对发达国家来说，远程医疗发展最大的限制来自政策。比如如何厘定远程医疗方式与传统医疗方式之间的界限，各国虽对远程医疗出台了一些规定，但实际医疗服务中情况复杂，服务界限难以准确区分，而边界模糊实际上使得远程医疗行为更容易受到法规和政策的限制。

此外，各国对医疗服务的安全性、私密性、健康信息使用权限等都有严格规定。在远程医疗中，许多诊疗行为发生在医疗机构之外，像消毒隔离、检查操作等很难像医院内一样严格监控，存在医疗安全隐患。远程医疗需要通过公共网络传输病人的资料信息，数据传输中的安全性也存在隐忧。

为规范远程医疗服务，促进其发展，各国政府已纷纷开始制定远程医疗服务的标准。全世界大约 30% 的国家都设立了专门机构，单独管理远程医疗服务。各大保险公司也积极参与对远程医疗服务的规范管理，通过保险产品的支付设计来调控远程医疗服务市场。远程医疗也可以借助健康大数据、人工智能等新技术提升服务安全性。相信随着政策进一步完善和技术不断进步，远程医疗的市场前景将更加广阔。

二、互联网医院

（一）互联网医院是我国特有的远程医疗模式

互联网医院本质上仍是远程医疗，其基本特征符合远程医疗“使用通信与信息技术远距离提供医疗服务”的范畴。建立互联网医院的目的也是为了解决传统医疗模式下“看病难”和“看病贵”问题。互联网医院又具有特殊性，首先是运营逻辑不同，远程医疗是以医疗服务为主体，以通信、互联网技术为手段，帮助医疗服务实现“远程化”；而互联网医院从出现之日起，就有鲜明“互联网”特色，是依照互联网逻辑，设计和组织医疗服务，医疗资源在互联网医院中只作为互联网服务的内容供应商（CP）或服务供应商（SP）出现。其次是服务内容不同，互联网医院不是仅提供远程医疗服务，而是以互联网为载体与传统医疗健康服务深度融合而形成的新型医疗健康服务业态的总称，是医院服务的互联网形式展现。

互联网医院的服务形式几乎只存在于中国，造成这一现象的原因，一是我国初级医疗保健体系不够完善，医改“去中心化”又陷入僵局，而恰逢此时远程医疗快速发展，因此也就在改善医疗服务可及性上被寄予更多期望和更多承载，希望互联网能承载“基层医疗网络”的功能，不仅要提供点对点的远程诊疗和远程监护，最好能作为一个完整的服务体存在；二是国内“互联网 +”成为经济和社会热点后，互联网被认为能变革其他行业，也包括医疗行业，按互联网逻辑设计医疗服务符合这一潮流；三是国家对“互联网模式”的政策环境比较宽松，允许打破常规和有限度地突破监管限制，这就使原本很难“互联网化”的医疗服务出现在互联网市场上，并迅速形成了一定规模。

（二）互联网医院的发展历程

中国互联网医院的发展历程虽短，但也经历了蓬勃兴起、遭遇寒冬和全面复苏三个阶段，这一行业的起伏反应出国家在互联网医疗方面的探索和尝试。2011年，春雨“掌上医生 App”开启中国最早的互联网医疗服务，医生和患者可以通过 App 平台非常便捷地完成轻问诊服务，改变了医疗服务挂号难、看病难、医患沟通不畅的沉疴。这一新模式迅速被消费者接纳，也受到资本热捧，业内争相效仿。此后几年间，几十亿美元资本涌入，互联网医疗平台遍地开花。到2015年，市场上已出现了好大夫、微医、平安好医生等投资上亿（美元）、注册用户上亿人、注册医生上万名的大型互联网医疗平台，提供的服务有远程诊疗、健康管理和家庭医生服务等。在这一时期，国家对互联网医疗持观望态度。

2015年，国家出台了《关于推进分级诊疗制度的指导意见》，对互联网医疗的新服务业态积极鼓励，允许通过电子处方等方式将线上诊疗与线下药品配送相结合，拓展了互联网医疗的服务深度。在这一年，微医“乌镇医院”诞生了，这是“互联网医院”概念第一次提出。“乌镇医院”服务集在线问诊、电子处方、线上复诊、远程会诊于一体，并与连锁药店合作，这标志着互联网医疗由“轻问诊”迈入“在线诊疗”。

2016年，因为市场过度和无序发展，国家开始收紧互联网医疗政策，要求“互联网医院”必须由实体医疗机构承办，并将服务范围限制在医疗机构间远程会诊和基层医疗机构向居民提供慢性管理签约服务两种类型，极大地限制了互联网医院的业务空间。就互联网医疗自身来说，当业务发展到一定规模后，开始遇到缺少保险支付、缺少医院数据分享等诸多深层次的瓶颈问题，导致服务无法深化，逐渐失去活力。与此同时，随着业务的扩大，互联网医疗也遇到互联网经济模式的共性问题——为吸引流量对客户和服务提供方两面补贴，导致没有合理与稳定的盈利。多重因素使互联网医疗发展遭遇“寒冬”，2016年约有38家互联网医疗企业因资金链断裂而退出市场，坚持运行的也持续亏损，出现资金紧张，业务架构动荡。

图8-8 “乌镇医院”的远程会诊中心

沉寂两年之后，2018年，互联网医院再次迎来政策利好。经过几年的观察，国家开始主动引导互联网医疗发展方向，推动公立医院入局互联网医院阵营。希望通过“互联网+医疗”，解决医疗服务资源不足的问题。随着一系列新政策出台，大规模处方流转、医保支付、健康信息分享等互联网医院发展的难题被逐步解开。预计互联网医院将再次站上新风口，迎来又一轮爆发式增长。

（三）互联网医院发展现状

截至2018年3月，我国互联网医院数量已达到95家，用户规模2.53亿人，年问诊量2340万人次，互联网医疗市场规模325亿元。预计到2020年，互联网医院问诊量将达到4.8亿人次，大约占到全部就医量的6%，互联网医疗市场规模将达到900亿元，互联网医疗将成为医疗服务中的重要组成部分。

在服务内容上，互联网医院与挂号平台、健康咨询平台、轻问诊平台拉开层次，开始更多地触及医疗服务的核心。

在线问诊：这医生通过视频、图文或电话问诊的方式直接与患者进行沟通。患者在线填写病情并提交检查检验报告，还可通过可穿戴医疗设备，实时上传体温、血压数据、血糖数据等个人基础医疗数据。医生在线查看患者的病历资料及就医记录，进行线上诊断。

远程会诊：这属于医疗机构间的诊疗活动，接入互联网医疗服务平台的大型医院通过远程会诊系统，与基层医疗机构实现上下级诊疗联动。专家通过电子病历共享系统、远程高清视频通信系统等，对患者进行会诊并出具会诊报告，包括必要的远程医学检验，基层医生根据专家提供的诊断治疗意见对患者实施下一步的治疗方案。

电子处方：参与问诊的医生在视频问诊结束后，可根据患者情况开具电子医嘱，并传递到合作的连锁药店或社区卫生服务网络，由后者完成药物配送。

（四）互联网医院的发展前景预测

笔者认为，互联网医院的发展前景很大程度上取决于我国医疗服务改革能否突破困境，建立起高效的基层医疗服务网络和三级转诊制度，改变目前大医院在医疗服务中“通吃市场”的现状。如基层医疗服务网络得以健全，则互联网医院将“逐渐失去中国特色”，运营形式与服务内容会与国外远程医疗模式趋同。如果有效的基层服务网络仍迟迟不能建立，则互联网医院作为便捷就医通道，将继续承载“导流大医院医疗资源”的功能，在服务形式和内容上，预计会有以下发展变化：

医疗服务平台开放化。随着医生多点执业、医保在线支付的放开，互联网医院的服务注册和业务合作将更加开放，更多资源被导入平台，而多方参与的互联网医院更能吸引用户的持久关注和高频率访问。

重视医疗服务品牌。互联网医院之间的竞争将加剧，“大众式”缺乏自身服务特色的互联网医院会失去用户。互联网医院将尝试提供优质的、专科化的医疗服务吸引客户，并将专科实力转为医疗服务品牌。此外，互联网医院医生个人品牌价值的建设也有助于医院特色服务品牌的建立。

提升医疗服务连续性。当前互联网医院还没有建成完整医疗服务链，患者医疗服务存在碎片化问题，未有效衔接诊前、诊中和诊后服务资源，线上医疗与线下实体医院、社区康复、居家护理等存在断层。未来互联网医院会充分利用平台优势，打通全链条服务，并实现线上医生与线下机构有效联系，为患者提供优质、连续性医疗服务。

合理盈利。随着品牌树立、更多资源接入和服务连续性增强，特别是新政策下医保的接入，以及互联网医疗平台与公立大医院结合更为紧密，互联网医院将逐步摆脱“靠烧钱获客”的窘境，实现合理盈利与可持续发展。

（五）互联网医院对医疗费用和人群健康的影响

作为远程医疗的一种特殊形式，互联网医院同样可以在提高医疗服务可及性、降低单次医疗费用与医疗服务总费用上发挥积极作用，并实现疾病的早诊断和早治疗，改善患者预后。同时，互联网强大的信息处理能力和传播效果，可以在疾病预防、健康教育、健康管理上发挥重要作用，提升群体健康水平。

目前，我国分级诊疗制度不健全，患者缺乏引导往往会“一窝蜂”涌向大医院。互联网可以使患者和各级医院建立直接联系，医院通过互联网把自己的服务展示给患者，使患者做出更准确的选择，提高医疗资源的使用效率。互联网医疗平台还能充分发挥诊断辅助系统、治疗辅助系统以及其他人工智能工具的作用，帮助患者更准确和便捷地寻找医疗服务，帮助医生更准确高效地诊断和治疗疾病，提高医疗质量，降低医疗成本。互联网医院搭建的平台还可以让更多专业人才，例如营养师、健康管理师、康复师、中医师等加入到医疗机构的疾病诊疗过程中，形成以病人为中心的综合性医疗健康服务新模式，当然这些服务也需要医保、商业健康险等给予支付方面的支持。

第三节　健康大数据与医学人工智能

一、大数据技术与人工智能

（一）数据与大数据

数据包括三种类型：结构化数据，即固定格式和有限长度的数据，不定长、无固定格式的非结构化数据，以及XML或HTML格式的半结构化数据。无论那种数据，都需要经过一定的处理才能使用，杂乱数据经过梳理和清洗后成为信息，信息中包含规律，从信息中将规律总结出来称为知识，而利用知识解决问题，则上升为智慧。从数据转化为信息、知识、智慧的过程，就是数据应用基本过程，该过程从技术上又分为收集、传输、存储、处理和分析、检索和挖掘等具体步骤。

大数据的数据类型和处理过程与普通数据并无区别，不同之处在于其具有“大”的特征，即量大、种类多、运转速度快。因为量大，大数据的收集需要众多计算机同时采集，需要分布式队列传输和分布式文件系统存储，需要部署在云平台上由多台计算机同时计算。大数据技术就是适应大数据特征的数据处理过程。

（二）大数据技术介绍

大数据处理过程包括能迅速高效地将大数据采集到数据仓库中；用分布式技术框架对非关系型数据进行异质性处理；通过数据挖掘与分析，从大量、多类别的数据中提取价值。大数据处理包含以下关键技术：基础架构支持、数据采集、数据存储、数据分析及挖掘、数据展示与交互。

基础架构技术：是指大数据云计算平台，通过虚拟化技术支持异构的底层硬件及操作系统，为大数据存储、管理、处理和分析提供基础平台，为应用提供安全、高性能、高可靠性和高伸缩性的云资源管理解决方案。

数据采集技术：通过互联网、物联网等方式获得的结构化、半结构化和非结构化海量数据，数据采集过程中的“抽取—转换—装载”工具负责将分布的、异构数据源中不同种类和结构的数据进行抽取、转换、分类和集成，最后加载到对应的数据储存系统中，供分析处理、数据挖掘所用。其中，数据抽取包括全量抽取和增量抽取。

数据存储技术：主要采用分布式数据库的存储方式，存储方案有关系型数据库、非关系型数据库、实时数据库和列式数据库等。

数据处理技术：根据数据结构特征，大数据处理技术分为结构化或半结构化数据处理与非结构化数据处理；根据数据获取方式，大数据可分为批处理和流处理；根据数据处理响应性能，大数据处理可分为实时、准实时和离线处理。流处理通常属于实时计算，批处理和复杂数据挖掘通常属于非实时或离线处理。大数据处理技术与传统的统计学数据处理技术有联系也有区别。

数据挖掘技术：从大量的数据中自动搜索隐藏于其中的具有特殊关系的信息的过程，是数据库知识发现的核心步骤，采用的方法包括分类和聚类、回归和预测、关联和序列。

数据展示与交互技术：将计算结果以简单直观的方式展示给用户，进而形成有效的统计、分析、预测和决策。

（三）大数据技术的发展过程

一般认为，真正的大数据技术诞生于 2005 年左右，即互联网开始进入“2.0 时代”（Web 2.0），来自互联网平台的用户，特别是像 Facebook、YouTube 等平台用户，产生了各式各样的数据。而同时期，物联网开始兴起，机器加入到产生数据的行列中。而这些数据，用传统技术已无法处理。

为了充分利用这些数据的价值，云存储和云计算技术应运而生，“云”具有充分的可拓展性，能加速数据处理，并灵活地分析各个子集的数据，使大数据提供大信息，解决各个行业中一些之前无法解决的问题。2006 年，亚马逊 AWS 以 Web 服务的形式向企业提供 IT 基础设施服务，是首个云计算服务，其后谷歌、微软都推出各自的商业云计算服务，同时像 Hadoop、OpenNebula、Eucalyptus、Nimbus、CloudStack 等一些开源的云计算平台相继出现，由云平台提供大数据所需基础设施服务和数据库服务。在数据采集、传输、存储和数据处理、数据挖掘、数据展示等环节上，一系列的解决方案与工具被设计和研发出来，各个领域都开始进入大数据时代。例如，产品制造商开始利用客户大数据改进产品设计，设备维护部门通过分析历史数据监控设备状况和预防设备事故，零售商利用消费数据为消费者提供最适宜商品，金融系统利用大数据预防金融欺诈等，大数据技术还为许多商业决策和管理变革提供了准确的依据，各行业运行效率大幅度提升。

（四）人工智能拥抱大数据

数据的价值是能产生智能，人工智能是大数据产生的最有价值的输出。人工智能的基础是机器学习，是计算机模拟人类的学习行为，不断获取新的知识或技能，并重新组织已有的知识结构，不断改善自身的性能。在大数据概念被提出之前，科学家已开始探索由信息理论和深度学习算法发展出的计算机智能，其中脑科学与认知科学是人工智能发展的主要参照学科，例如人工神经网络的数学理论雏形就是在心理学家的参与下产生的。但直到大数据技术的发展提供了前所未有的丰富数据后，各类机器学习算法才真正能获得充足的学习资源，而设备计算性能的提升也保证了其数据学习潜力的充分发挥。

人工智能核心技术，大致可以划分为基础算法、人工智能芯片和系统平台三个部分。其中算法是人工智能的基础，如人工神经网络算法、深度学习算法等；人工智能芯片是硬件，可以根据基础算法的特点和需求而开发；系统平台是基础算法的集成，是由算法构成的较完备的工具软件包。由于人工智能系统算法依赖于大量数据才能运转，而这些数据需要进行长期积累，所以人工智能系统很难像基础设施服务（IaaS）和数据库服务（PaaS）一样，将“软件包”直接安装给某个客户，因为客户不具备相关的数据去训练机器。只有云计算服务商自己积累的大量数据才能保证系统算法的有效性，于是算法服务一般只在云计算平台上安装一套，为客户提供的是服务接口，这种服务称为软件即服务（SaaS），是人工智能系统与云计算平台的输出方式。

在三大核心技术的基础上，人工智能应用技术包括感知领域的智能传感器和模式识别，例如语音、图像智能识别；智能决策分析，例如机器人、无人机、自动驾驶汽车的智能控制技术；感知、决策、执行的集成化技术等。

通过大数据供给机器学习，并结合了云计算的强大数据处理能力，人工智能完成任务时，可以比人类速度更快、准确度更好，人工智能在很多领域都展现出无比光明的应用前景。

二、大数据技术在医疗健康领域的应用

（一）健康大数据

从理论上说，医疗健康服务是容易产生大数据的行业，也应该是大数据技术最具有应用价值的领域之一。在医疗服务、健康保健和卫生管理过程中，会产生海量数据，格式可以是文字、符号、影像；内容可以是生物数据，如身高、体重、基因等，也可以是临床数据，包括电子健康病历、电子处方、药物服用记录等，还可以是生活中的饮食、运动、睡眠等数据。医疗健康数据具备规模庞大、类型多样、运算速度快的大数据特征。

但在过去很长一段时间，大数据技术在医疗健康领域的发展和应用要明显滞

后于其他行业。主要是由于受政策法规和行业特点的制约，医疗健康信息量虽大，“孤岛”问题也格外突出，数据交互与共享远远滞后于其他行业，造成大数据技术“无的放矢”。另外还有一个隐形的阻碍因素，由于在医疗领域中，知识掌握在医生手中，医生是医疗健康服务的核心。以前，医生都是基于专业经验独立做出医疗决策，很多医生不希望“大数据和算法”进入医疗决策，担心这样的应用会让自己失去核心位置。

虽然在应用上滞后，但健康大数据蕴含的巨大价值不容忽视。各国政府部门、保险机构、医药公司等共同致力于建立健康数据的中心平台，打破信息壁垒，实现数据互联互通，并已经取得了一定的进展。从20世纪末开始，医学模式由经验医学向循证医学转变，这从理念上推动了医学界自身对大数据技术的接纳。在这样的背景下，很多信息科技公司与健康管理公司纷纷开始建立开源的大数据云平台，研发和提供针对健康数据的云计算服务，多源的医疗健康数据逐步汇集，医疗健康服务开启了大数据时代。不过由于健康数据属于一个国家基本战略信息，因此采集自医疗网络和居民的综合性健康数据大部分需要储存于政府建立或由政府监管的数据平台。信息科技企业如Oracle、IBM、SAS等，根据授权使用数据，并专注于某一个领域开发健康数据挖掘和应用软件。而一些垂直领域的健康数据，如医疗物联网数据，也会存贮在非政府所有的云系统中，并由数据所有者为用户提供云计算服务。

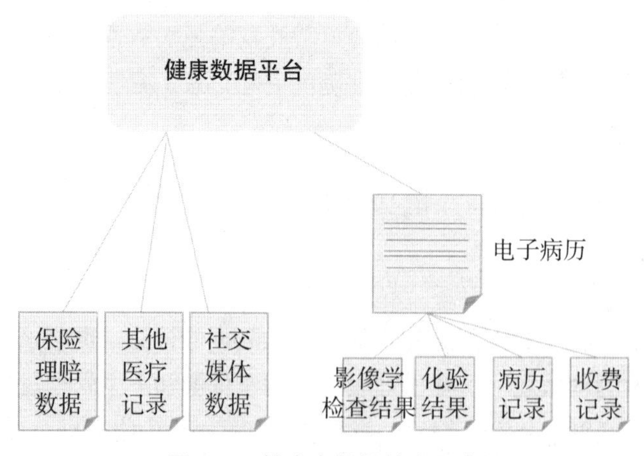

图8-9 健康大数据的主要来源

现在各个国家的数据平台采集和存储的健康大数据，主要来自以下五个源头：医疗健康服务网的电子病历和电子健康档案（国内是医院信息系统HIS数据），为了便于采集和使用，很多国家已经统一了医院数据的格式；保险公司理赔数据，特别是有关费用支付的数据；临床研究、药品研发的数据；收集自居民的行为健康数据和心理健康数据；来自医疗物联网的数据。健康大数据有一个显著特点，就是数据结构化程度低，大约 80% 是非结构化的，不仅医生记录和书写的内容都是非结构化的，很多医疗监护设备数据、检查检验数据、医保数据等，也有很多非结构化的成分。想要利用健康大数据的价值，就需要有非结构化数据处理能力。

（二）健康大数据的应用

目前，在医疗健康服务信息化程度高、数据使用条件较好的欧美国家，利用大数据技术对健康数据加以处理和利用，在很多领域显示出了巨大的价值。

疾病的预测性分析。通过分析历史数据，发现预示疾病预后不良或发生严重并发症的先兆性信息，然后通过系统对病人进行远程监护，一旦预警，立即由医生给予治疗，这样能提早干预，避免病情恶化，预防严重并发症的发生，改善疾病预后，降低需再次住院的几率，节省医疗费用。这也是大数据技术、健康大数据与医疗物联网相结合产生的价值。

在基于健康大数据的疾病预测性分析过程中，起到关键性作用的是机器学习与人工智能，而不是医生的经验。通过阅读大量电子病历，机器可以在数据中发现医生尚未发现的规律，并形成新模式去识别所监护的病人发生风险的可能。这种预测性分析模型，积累数据资料越多，能发现的规律性特征也就越多，临床应用价值就更大。目前一些模型已经汇集了几千万份电子病历供机器学习，具有强大的疾病预后预测功能，能为医生的诊疗提供极具价值的帮助。

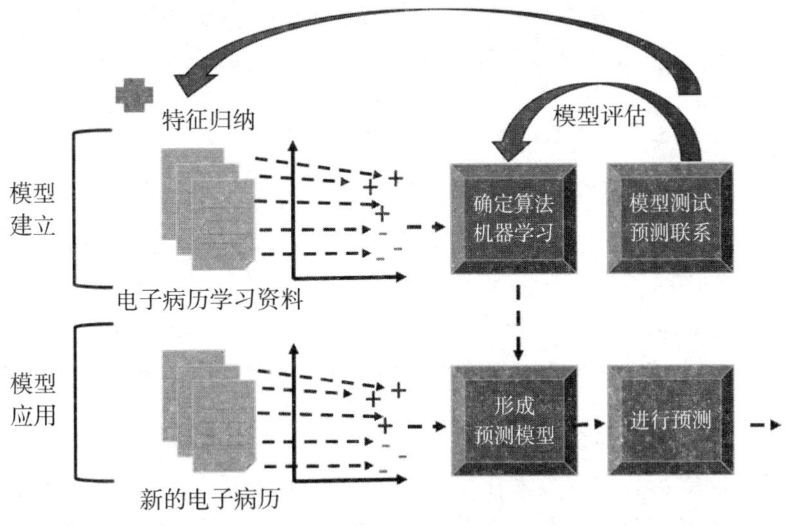

图 8-10　通过对电子病历的学习而形成预测性分析能力的过程

减少医疗服务中的浪费与滥用。在对医疗费用的支付管理中，如何识别与减少服务的浪费和滥用是一个非常棘手的问题，而健康大数据能为减少浪费和滥用助一臂之力。机器通过学习理赔历史数据，建立理赔异常侦测模型，如短期内反复住院、同时在多地就诊、不合理处方、医生与病人之间异常关联等，然后将模型用于理算系统，筛出问题案例提交调查。在美国，采用了大数据技术审核医药费用报销后，每年能发现超过 2 亿美元的费用欺诈。美国最大的商业健康险公司联合健康租用 Hadoop 健康大数据平台进行报销费用审核，所节省的费用达到投入租金的 2200%。

健康大数据用于治疗方法优化。研究者在 Hortonworks 建立人群基因数据库，并存储人口学数据、医疗服务数据、临床试验数据，通过大数据技术，分析出不同人群对不同药物治疗的反应。医生使用这一数据平台，可以了解哪种治疗药物对目标病人的效果最好，并据此为其制订最优治疗方案。目前 Hortonworks 用于指导肿瘤治疗，可以使药物有效率从 40% 提高到接近 100%。

健康大数据用于精神卫生。传统的精神疾患容易被忽视，且诊断过程也比较复杂，专业诊断资源稀缺。哈佛大学医学院开发出基于行为数据的精神疾病诊断模式，通过使用来自家庭、社交网络和医疗机构的数据训练机器后，能在短短几分钟内识别出类似“自闭症”一类的精神疾患，不仅速度快，而且准确度很高。

图 8-11 健康大数据的来源、存储与应用

以上是健康大数据在部分医疗健康服务领域的应用举例。随着数据的持续积累和不断挖掘，大数据技术在临床医疗、药物治疗、医学研发、健康管理等诸多方面的作用将愈发凸显，成为提升医疗健康服务质量和效率的强大引擎。

三、医学人工智能应用概述

（一）医学人工智能应用实例

与其他领域通过数据产生智能的过程一样，机器通过对健康大数据的挖掘和学习发现规律，并据此处理更多数据，形成医学人工智能应用。过去医学人工智能的开发受到健康数据获取困难的限制，随着近些年健康大数据平台不断搭建，人工智能应用已广泛出现在诊断和治疗的多个细分领域，并逐步从实验性技术转变为实际应用，着力于解决医疗中存在的医生资源缺乏、优质资源分配不均、医生经验欠缺导致误诊漏诊以及医疗费用过高等问题。健康大数据与医学人工智能技术也被用在人群健康风险评估和管理、人口健康政策制定、商业健康保险控费、新药研发等领域。随着人工智能应用场景越发丰富，人工智能技术逐渐成为影响医疗健康行业发展和提升医疗健康服务水平的重要因素。

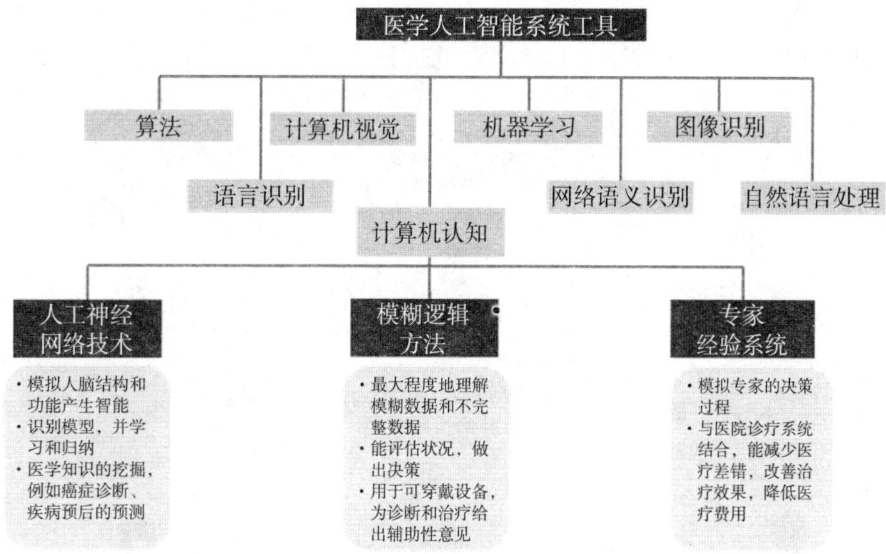

图 8-12　由大数据技术产生的医学人工智能应用

目前，医学界进入临床应用的医学智能系统主要有以下几种：

IBM 沃森（Watson）系统的医疗解决方案。“沃森”是 IBM 开发的认知计算平台，包含信息分析、自然语言处理和机器学习等技术，能够助力决策者从大量非结构化数据中揭示规律。医疗领域是沃森系统首先进入的应用领域，2014 年，人工智能超级医生“沃森”开始在医院、诊所“执业”，主打“肿瘤治疗”。“沃森”对大数据的处理速度快，能在 17 秒内阅读 3469 本医学专著、24.8 万篇论文、

61540 次试验数据，以及 10.6 万份临床报告。通过汲取海量医学知识，以及数据挖掘和学习，“沃森”迅速成为肿瘤诊断和治疗专家。“沃森”还具备自然语言处理能力，能模仿医生听取病人对疾病的叙述，然后针对病人情况，做出诊断，开出药方。在 2015 年的一次公开试验中，“沃森”仅用了 10 分钟时间就为一名患者准确诊断出白血病，并提出适当康复方案。目前，“沃森”系统被美国大部分医疗中心采纳为肿瘤治疗辅助系统；在中国，也有 21 家医院采购了“沃森”系统的服务，用于支持肿瘤诊疗。

除了肿瘤治疗，IBM“沃森”系统也被用于分析和解读基因检测数据，产生肿瘤个性化治疗方案；“沃森”还能通过挖掘健康数据，支持新药的研发，以及产生个体和团体的健康管理方案等。

医疗影像辅助诊断。医疗影像辅助诊断是医学人工智能应用有望获得突破的领域。在临床数据中，90% 以上都是影像数据，其中数字影像数据比例越来越高，这为机器学习提供了便利。从需求上看，目前全球医学影像数据的产生数量年增长率为 63%，而影像诊断医生数量年增长率仅为 2%，供给缺口很大，为大数据与人工智能技术的应用留下了充分的空间。

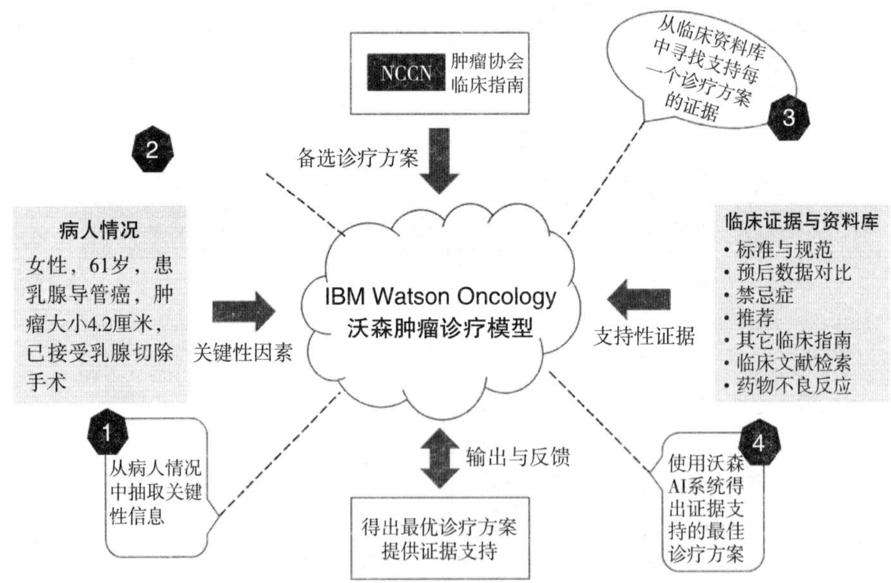

图 8-13 “沃森”通过人工智能算法和健康大数据导出肿瘤诊疗方案

人工智能医学影像辅助诊断过程分为两部分，一是数据感知，即通过图像识别技术，对医学影像进行分析，获取有效信息；二是数据学习、训练环节，通过深度学习海量影像数据和临床诊断数据，不断对模型进行训练，促使其掌握诊断能力。目前，人工智能医疗影像诊断肺癌、糖尿病眼底病、食管癌，以及部分疾病的核医学影像诊断和病理诊断，已经开始在国外、国内的医院走进临床，还有更多的人工智能医学影像诊断模型在实验室训练中。有学者预测人工智能在医疗影像诊断领域的应用，很快将迎来全面爆发。

AI 手术机器人。手术机器人由来已久，如著名的“达芬奇手术机器人”，就是用微创方法实施复杂外科手术的精密机械系统，仍需要由医生全程操作和控制。2015 年，谷歌宣布与强生公司合作开发人工智能外科手术辅助平台，将谷歌 AI 技术用于机器人手术过程，为手术操作系统安装影像识别工具和传感器，再使用海量手术资料，如手术路径、手术图片等训练机器，使机器学会识别血管、神经、肿瘤组织、正常组织，辅助医生完成手术操作。动物试验显示，与外科医生独立操作相比，使用 AI 机器人辅助手术出血少、损伤小、术后并发症少。谷歌人工智能手术机器人还在实验阶段，其他一些人工智能手术技术已用于关节置换、近视眼激光治疗、毛发种植手术，并显示出不错的效果。

我国在医学人工智能领域起步略晚，但发展迅速，特别是近两年，智能医疗的概念受到热捧。除了使用国外人工智能系统外，一些我国自主研发的人工智能模型也备受关注，例如浙江大学训练的“DE- 超声机器人”，借助计算机视觉技术，运用现代数学算法，深度学习处理超声影像，该机器人已可以对甲状腺 B 超影像快速分析诊断。2017 年，中山大学联合西安电子科技大学，利用深度学习算法建立“CC-Cruiser 先天性白内障人工智能诊断平台”，辅助基层医师进行白内障诊断。在医学影像人工智能诊断领域，国内也有很多模型正在被训练中。

说到国内医学人工智能应用，不能不提某保险集团建设中的“智能医疗平台”。该平台由基于医疗服务链诊前—诊中—诊后服务平台和基于医疗网络管理的医疗机构——家庭医生管理平台组成，使用的 AI 技术包括智能疾病预测、智能分诊或导诊、多模态智能影像辅助诊疗、智能疾病辅助诊疗与治疗推荐、智能 ICU 管理、智能患者教育随访、智能医疗质量控制、智能服务管理等，是一个综合的、完整的医学人工智能技术应用集成。该集团在健康大数据积累与使用上布局已久，医疗保险业务体量庞大，能否凭借人工智能技术实现效率大提升、产业大协同、业务大发展，值得高度关注。

表 8–3 某保险公司医学人工智能技术应用规划表

领域和用户	主要人工智能技术（服务患者、医护人员、卫生部门）
AI 疾病预测	个人风险预测、精准预防建议、城市健康指数、群体趋势预测
AI 影像筛查	疾病筛查、辅助影像诊断、远程会诊、智能报告

续表

领域和用户	主要人工智能技术（服务患者、医护人员、卫生部门）
AI 辅助诊断	辅助诊断、用药推荐、风险评估
AI 医疗质控	线上转诊会诊、专家疑难阅片、放射质控、病理质控
AI 随访宣教	智能问答、自动随访

目前基于健康大数据的人工智能应用在医疗过程管理、人群健康管理、基因测序、新药研发、临床研究、药品管理、保险理赔等诸多领域，都在积极探索，未来的应用范围将更加广阔。而世界各国政府对医学人工智能发展和应用积极鼓励，在重点方向上给予政策扶持；卫生管理部门也在努力搭建医疗健康大数据平台，为医疗行业的机器训练提供更好的资源库和标准集，进一步改善医学人工智能发展环境；信息科技公司重点开发大数据技术，为医学人工智能供给更多的基础工具和算法。未来，医学人工智在构建医疗服务的辅助系统过程中，可以结合患者基本信息、临床表现、影像学特征、病理检验结果、随访情况等多种因素，研发出拟态诊疗全过程管理的人工智能系统，加速推进医学人工智能产品走进实际应用。

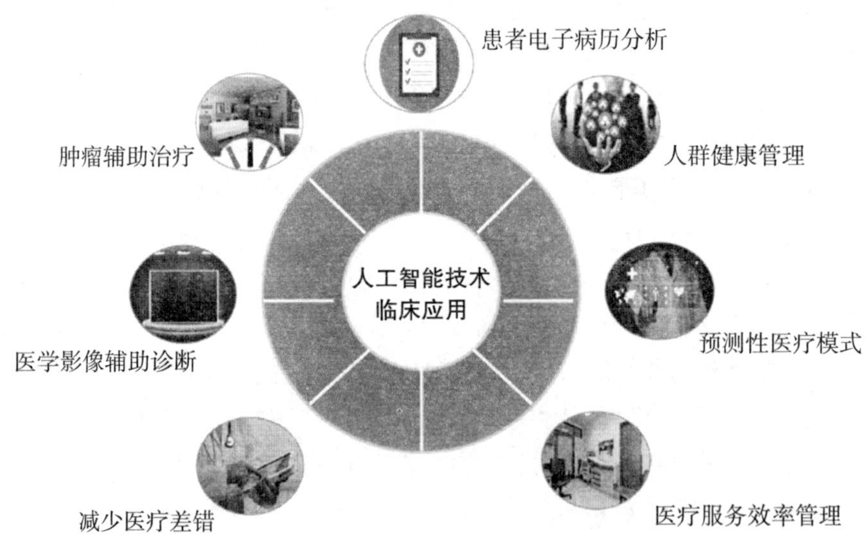

图 8-14　医学人工智能技术应用的领域

（二）人工智能技术的“不智能”问题

与许多其他新技术一样，医学人工智能技术快速发展的同时，也伴随着质疑。公众曾经对“人工智能”期待很高，权威人士曾预言“未来50%医生将会被人工智能所取代”，而当医学人工智系统揭开神秘面纱，走入实际应用后，人们发现医学人工智能远远没有达到像“阿尔法狗”（AlphaGo）”那样的震撼效果。即使训练最多的人工智能系统，如IBM沃森医生，或影像智诊系统，也经常会给出“不准确的建议”，不仅无法像开发者所宣称的“达到行业最顶尖专家水平”，与普通医生相比也没有优势。而预期的计算机通过学习大量临床资料而产生创新性治疗方法更显得不着边际，甚至传出“沃森”智能诊断系统的背后，可以由一组专家调整和更改机器计算的结果，使医学人工智能的说服力大打折扣。

除了“不智能”，医学人工智能系统想要真正大面积用于临床，还存在另外一个障碍，就是应当由谁对病人诊疗结果负责。任何机器深度学习，都难以达到100%准确率。一旦医生采纳机器的建议，最终却导致了误诊或漏诊，被追责的是医生而不是机器（所有者），这对医生是否公平？这需要医疗服务从立法上有所突破，赋予机器权力与责任，才能让人工智能像真的医生一样工作。否则只能处于辅助地位，虽有一定帮助，但无法真正发挥人工智能的潜力。

此外，机器深度学习需要海量健康数据支持，而医疗健康数据使用需要授权，对数据安全要求严格，一定程度上限制了健康大数据使用的自由度，制约医学人工智能的开发。医疗健康服务是技术问题，也是人文关怀问题。医生和患者之间的互动是人类智慧的最坚固堡垒，这恐怕是人工智能技术短时间内无法攻克的障碍。

（三）医学人工智能技术对人群健康的影响

虽然医学人工智能技术在弥补医疗服务资源不足、提高服务准确度、提升服务效率等方面显示出价值，但从整体上看其实际应用还处在探索和试验阶段，对医疗健康服务市场形成的影响有限。未来随着应用的推广，医学人工智能可以在提高医疗诊断准确率与效率、改善疾病预后、降低医疗服务费用上发挥作用，并可以提高新药研发效率，降低制药时间与成本。

如果医学人工智能被广泛使用，也可能会对现有医疗服务模式带来重构。目前的医疗服务是疾病治疗模式，围绕实体医疗机构开展，包括诊疗服务、药品供应、患者信息存储等，都在其中特定区域完成，医疗机构和医务人员根据患者的疾病情况而开展诊疗行为。而随着医疗人工智能技术的发展，预测性医疗服务模式会成为主导，即人们可能还没有感觉到问题严重性时，通过智能的疾病风险管理系统，人们会接收到预警，并提前干预。对于患者来说，医疗服务首先不是到某个医疗机构去就诊，而是通过移动端访问医疗人工智能系统，与医疗人工智能系统互动，对自己的健康状况进行预评估，并根据预评估结果自助开展相关检查，再决定到哪个医疗机构治疗。同时，患者还可能和相关疾病的社会组织和病人群体取得联系，了解相关信息，获得他们在信息、技术和心理层面的支持。在这种预防式服务模式下，医疗服务对实体性医疗机构的依赖程度大大降低，对虚拟的医疗人工智能系统医疗依赖程度会越来越高。

第四节　区块链技术的医疗健康应用

一、区块链技术介绍

（一）区块链的概念和技术演进

2008 年“中本聪”发表了题为《比特币：一种点对点电子现金系统》的论文，文中第一次提及区块链。此后 10 年间，区块链技术迅速发展，并被认为是继蒸汽机、电力、信息和互联网科技之后的最具潜力触发第五轮颠覆性革命浪潮的核心技术。

严格来说，区块链与区块链技术是两个概念，区块链是指利用数学和技术手段记录数据信息，对达到指定大小的数据进行打包形成区块，然后链接进入既有区块形成统一数据链的数据记录方式。区块链技术则是指不依赖第三方、通过自身分布式节点进行数据交互、验证、存储的一种技术方案。一般情况下提到的区块链均指区块链技术，通过去中心化和去信任的方式集体维护一个可靠数据库的技术方案，其核心是所有当前参与的节点共同维护交易及数据库，它使交易基于密码学原理而不是基于信任，使得任何达成一致的双方，能够直接进行支付交易或者其他行为，而不需要第三方参与。

区块链的技术演进和应用大致可以分为三个阶段：区块链 1.0 是以比特币为代表的数字货币应用，其场景包括支付、流通等货币职能；区块链 2.0 是数字货币与智能合约相结合，对金融领域更广泛的场景和流程进行优化的应用；区块链 3.0 则超出金融领域，为各行业提供去中心化解决方案。

（二）区块链的分类

从应用角度来讲，区块链分为三类：公有区块链、私有区块链和行业区块链。公有区块链是指任何个体或者团体都共用一条区块链，只要接入此链都可以在上面发送交易，并且交易能够获得该区块链的有效确认，任何团体或个人都可以参与其共识过程。公有区块链是最先出现的区块链，也是目前应用最为广泛的区块链，这类区块链被认为是“完全去中心化”的。

行业区块链（也称联盟链）指共识过程受到某些预选节点控制的区块链。由该行业集体内部首先指定多个预选节点为记账人，每个区块的生成是由所有的预选节点共同决定的，其他节点只能接入区块链负责交易，但不参与共识过程。任何人都可以通过此区块链对外开放的应用程序接口进行有限查询，这类区块链被认为是“部分去中心化”的。

私有区块链指仅仅使用区块链这一技术进行记账操作，但不对外公开。它的对象可以是一个公司也可以是个人，单独拥有此区块链的写入权限，或许会对外开放有高度限制的读取权限。私有链的应用场景一般是企业内部的应用，如数据库管理、审计等。在政府部门也会有一些应用，比如政府的预算和执行，或者政府的行业统计数据，这些一般来说由政府登记，但公众有权力监督。目前金融巨头都在探索自己的私有区块链，既应用到区块链的技术，又能保证安全。相比公有链，私有链具有规则更便于修改、验证者公开、交易成本低、交易速度更快等优点。相对传统数据库而言，私有链的价值主要是提供安全、可追溯、不可篡改、自动执行的运算平台，可以同时防范来自内部和外部对数据的安全攻击。

私有链和行业链又都被归类为许可链，许可链是指参与到区块链系统中的每个节点都是经过许可的，未经许可的节点不可接入系统中。以上各种类型的区块链各有场景，需结合实际情况开展应用。

（三）区块链技术的必要性

区块链是先进的技术，正确地应用先进技术才可提高其价值，在争取创新的同时也不能盲目应用。区块链适合为满足如下条件的场景提供解决方案，即参与各方缺乏信任基础，并且也缺乏一个共同信任的第三方；解决方案公开透明，并得到各方认可；对处理速度要求不高。由于需要逐级解开区块而导致数据处理速度慢，区块链的效率，特别是公有链的效率，可能不会让人满意，但私有链可根据自身情况进行优化，使用技术手段用来加速（10 分钟解决一个区块），提升效率与客户的包容性。

二、区块链技术在健康管理中的应用

（一）区块链健康管理应用设想

区块链3.0会超出金融领域，从而应用到更广阔的领域中去，而健康管理涉及客户、医疗机构、供应商、保险公司多个环节，因信息安全性和互操作性的需要，使得区块链在其中显得有必要。

2016年美国卫生及公共服务部（HHS）的医疗IT协调办公室（ONC）举办了一场区块链技术用于医疗保健的白皮书大赛。比赛吸引了大量的关注，政府共收到论文70余份，这也表明了区块链在健康领域的创新应用潜力。随后，美国的健康管理咨询公司Freed Associates也发布了区块链健康管理应用白皮书，文章回顾了白皮书大赛的部分作品，并归纳了区块链在健康管理领域的可能应用场景。

病历纵向记录。利用区块链安全地将多个医疗机构进行连接，通过向家庭医生、患者提供安全密钥，使他们能访问纵向病历记录。未来的电子健康档案系统（EHR），会有集成的区块链个人健康记录（PHR）功能，可以让医疗服务者和患者共同使用包含任意数量诊疗事件的纵向病历记录，且不用顾及医院系统的不同条件设置。例如，当一个客户在路上突发急症时，急救人员通过扫描客户腕带获得其PHR区块链身份信息，查看疾病史，指导现场急救。随后，本次诊疗过程将写入区块链，客户的家庭医生及专科医院，可通过区块链安全密钥获得诊疗的详细信息。

健康险理赔自动审核。智能合约可以使区块链上每个节点按照既定规则完成交易，如果利用快速医疗互操作性资源（FHIR）及应用程序（APIs），对理赔审核信息进行存储，并作为一个统一资源定位符（URL）与区块链上的其他可用区块相连接，由程序控制区块链上信息的传递，通知他们要采取的行动或步骤，来自动完成理赔审核，可以让保险公司付费给医院，也可以让客户使用自己的银行账户或健康储蓄账户付费给医生。当政府、保险公司、医院、客户之间建立一个基于健康管理智能合约的联盟链后，通过限制区块链的访问权限来确保信息安全，利用智能合约实现交易去中介化和去信任化。

收集多维客户健康数据，助力人口健康计划。使用区块链技术，能解决目前涉及健康数据互操作的一系列难题，包括数据的安全性、隐私性、身份的恒定表达及高度可靠的审计追踪等。区块链安全性及分布式记账的特点，使得其能够克服医疗服务者、保险公司及客户之间医疗信息的互通障碍，帮助人口健康计划收集更多维度的健康数据。

	链上数据	链下数据
数据类型	· 文本形式的包含概括性信息的标准化字段（如年龄、性别）	· 详细的医疗记录（如病例信息）或抽象数据类型（如MRI影像、人类基因组信息）
优点	· 数据对所有连接组织立即可见并可获取，区块链为其唯一信任来源	· 可存储任何形式、任意大小的数据
缺点	· 数据存储受形式和大小的限制	· 需要访问每个医疗机构源系统的每条记录，所以数据不能立即可见并获取 · 需要链下微服务及其他集成层 · 可能造成区块链数据延迟

图 8-15　链上链下的数据特征对比

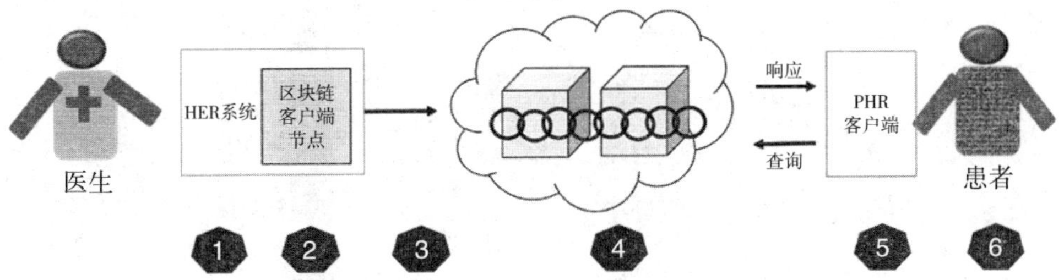

1. 诊疗完成后，HER在本地存储数据，形成C-CDA文本的诊疗数据，并将其传输给内置的区块链客户端。
2. 内置的区块链客户端使用患者的公钥加密文档，并与区块链相连接，传输文档。
3. C-CDA文档以及有关文档来源和主题的元数据将作为交易提交给区块链，区块链网络的节点使用共识算法来确定交易的有效性，当法定数量的节点同意该变更时，它将会永久性地写入公共分类账本。
4. 区块链会存储所有患者的所有文档。
5. PHR客户端可以连接到区块链并为患者下载所有文档，使用患者的私钥即可解密文档。
6. 患者可以查看文档并与区块链中其它节点用户共享。

图 8-16　内置区块链客户端的 EHR 体系结构和数据流

区块链用于医药供应链合同管理能显著降低成本。区块链技术使保险公司与药品供应商的合同实现执行自动化，并可向消费者提供所购药物的成分、质量、来源等信息；而供应商合同自动执行和相关商品、服务的应用分析可以提高运营效率，并促进对供应链的质量控制，达到降低成本及提高医疗质量的目的。由区块链支持的供应链管理，可以为个人、组织，甚至商品分配身份，以保证商品流向的透明化追踪及买卖双方公平交易支付。智能合约避免了第三方的介入，在减少成本的同时，也可以加强买卖双方的业务联系。

（二）医疗行业对区块链技术应用的展望

2016 年，IBM 商业价值研究院对医疗行业 200 位高管进行了调研，其中 16% 的受访者希望大规模采用商用区块链解决方案。这些管理者预计 2017 年区块链技术会给医疗行业带来创新变革，但是因受制于监管法规，他们认为这种变革并不会特别巨大。在 IBM 商业价值研究院列举的 9 个可能发生变革的领域种，70% 的管理者认为区块链会在以下三个领域带来最高收益：临床试验记录、医疗健康记录和医疗保险费用管理，并在六个领域（临床试验记录、医疗设备数据集成、合规性监管、不良事件安全性监测、合同管理、计费和理赔管理）会出现大量的业务模式创新。90% 的受访者计划在 2018 年前推动公司投资区块链业务领域。

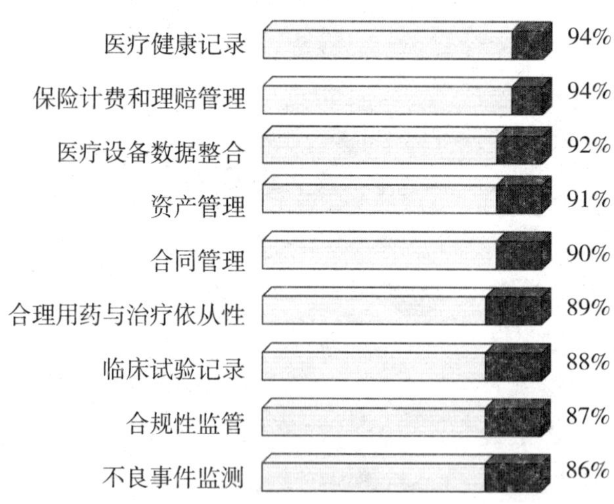

图 8-17 医疗行业 2018 年拟投资区块链的意愿

目前，大量医疗数据已经实现数字化，但是由于使用权限和数据安全的因素，未能得到共享。医疗行业管理者们认为，区块链对消除健康信息壁垒意义重大，包括信息不完善、信息无法访问、信息泄露风险、信息交易成本、数据的高分离度、信息无法进入市场、适用度差、行业惯性，以及其他隐形壁垒。有 60%

的行业管理者希望利用区块链穿透信息壁垒，开拓新的市场，并希望能超越地域、行业限制提供服务。

（三）区块链在健康管理中的应用现状

目前有多家科技公司部署了实际的区块链健康管理应用，如IBM、Healthcoin、Gem Health、Philips等，下面逐一介绍这些公司开发的区块链应用系统。

IBM健康数据交换平台：2017年，IBM沃森系统与美国食品药物管理局（FDA）签署了一项研究计划，旨在利用区块链技术建立一个安全、高效、可扩展的健康数据交换平台。IBM和FDA将多个领域的数据所有者引入平台，引导他们进行数据交换，涉及的数据包括电子病历记录、临床试验记录、基因组数据以及来自移动互联设备、可穿戴设备和物联网的数据。该区块链建立之初，重点放在了肿瘤预防、肿瘤治疗和肿瘤研究相关数据上，目的是使肿瘤医疗数据可以在患者、研究机构及医院之间安全共享。2017年年末，美国疾病控制和预防中心（CDC）也受邀加入这项计划，进一步拓宽了区块链的数据来源。

海丝币（Healthcoin）糖尿病预防区块链系统：Healthcoin是全球首个用于糖尿病预防的区块链平台，Healthcoin吸引企业、保险公司、政府部门进入区块链，建立基于生物标记物的奖励模式。通过区块链，可以追踪一个人的生活方式，客户的生物标记物（如心率、体重、血糖水平等）也会被提交到区块链数据库中。Healthcoin计算个人健康状况变化与健康改善情况，当客户坚持健康生活方式，并带来健康状况改善时，会获取一定数量“海丝币”，海丝币可以用于个人购买保险，也可以用于企业或保险公司表彰个人的健康成就。海丝币还可以通过区块链系统，支付医疗服务，或转赠给朋友家人。Healthcoin利用区块链技术特征设计的健康管理系统，为健康管理带来了创新和变革，鼓励和促进生活方式改变，降低糖尿病发病率，缓解糖尿病患者症状。

1. 区块链技术的智能协议和开放性、数字化、可访问性、加密性、安全性、不变性简化健康管理交易验证和处理过程，并减少涉及医疗、保险支付时的争议和欺诈。

2. 提高了医疗服务的透明度，包括服务价格的公开透明。

3. 省略了第三方利用和分发数据的环节，节省了时间。

4. 海丝币作为一种新的健康计量货币，完善的健康治疗与健康管理为其赋予实际兑换价值，目前已经可以在证券交易市场与美元进行交易。

5. 帮助区块链的参与者投资医药研发，帮助患者降低药品价格，也可投资各种创新疗法，如干细胞、再生细胞、基因疗法，获得优先使用的权力。

Gem Health 的区块链全球医疗保健系统：2017 年，Gem Health 宣布与 Philips 联手利用区块链技术共同搭建一个全球一体化医疗保健系统，其创始人表示："区块链技术会创造一个将整个医疗行业连接起来的新结构，会将医疗过程各个阶段的重要数据编织在一起。"患者信息和医疗记录对于医疗保健系统来说是至关重要的数据，然而病历记录往往是碎片化的和封闭的，始终无法形成一个完整的记录链，这一直是医疗行业和健康保险行业的一个痛点。

区块链解决了数据可用性和数据安全性之间的平衡问题，使得医院、保险公司和实验室之间能够实现实时连接，并可以即时无缝地共享信息，而不用担心数据被窃取或伪造。依靠区块链技术，Gem HeaCth 寻求建立一个以患者为中心，医疗数据能够自由流通的医疗保健系统。

在美国，他们与 CDC 合作，研究如何通过区块链收集分析数据，管理人口健康及灾难响应；在欧洲，他们与一家正在搭建覆盖北欧地区的医疗保健系统的科技公司 Tieto 进行合作，共同建立一个基于区块链技术的患者记录系统，系统为用户提供广阔的数据上传空间，并由用户决定与谁共享这些数据。该系统还将存储于北欧生物银行的遗传数据、医院的个人医疗记录和个人健康数据联系起来，以创建个性化的医疗记录链，支持更加个性化的医疗服务方案。

Philips 医疗区块链实验室：2016 年，Philips 区块链医疗实验室建成，研究区块链技术在医疗服务中的应用。2017 年，Philips 区块链实验室与 Gem Health 合作，共同创建新型的医疗保健系统。

从上述应用趋势中，我们能看到，区块链作为一项炙手可热的技术，目前主要是以健康数据共享为目标，在医疗和健康管理应用领域开始了实验性部署。区块链技术对未来医疗健康服务形式的影响，曾有人形象地称为"改写游戏规则"，即具备彻底颠覆传统服务模式的潜力。当然目前仍处于初期应用阶段，距离其广泛应用仍有一段距离。

（四）区块链技术应用于健康管理的瓶颈问题

区块链技术使用的分布式架构存在"CAP 原理"，即一致性、可用性以及分区容错性，但只能满足其二，三者不可兼得。也就是说，区块链技术在高效率、低能耗、去中心化三个方面，只能选其二，存在"不可能三角"悖论。区块链技术的安全性与去中心化需要参与节点数量庞大，但节点越多，运算能力压力就会越大，海量数据传输可能造成网络瘫痪。

另一个技术瓶颈是设备存储容量问题。区块链协议的设计方式要求每个节点都保留区块链的相同副本，区块链应该包含从创建伊始的每一笔交易。在区块链上，每个设备都应该持有一份区块链，以便成为网络的一部分，而一个简单的物联网设备可能无法提供所需的存储容量。

在医疗健康领域，区块链技术以及智能合同的使用，会涉及大量的法律法规问题。技术应用越广泛，涉及的法律以及监管问题就越复杂。区块链技术的本质特征是去中心化，目的是为了去除交易过程中的中介特权和过度行政监管，但去中心化挑战了政府对医疗行业、保险行业的管理，可能会触碰红线。区块链带来了业务跨界，造成管理复杂性与多变性，又很容易出现监管真空。目前无论国内还是国外，都未建立起严格且经过验证的区块链技术应用标准。

（本章作者：严琪、孟海东、戴为东）

参考文献

［1］吴艾竞 . 保险医学基础 . 北京：中国金融出版社 .2009.89–99.

［2］熊芳，吴继冰，黄玉成等 . 基于物联网的医疗设备管理体系架构研究［J］. 中国数字医学，2013，（08）：104–107.

［3］董玉华，王梅，邹本昊 . 物联网技术在智慧医疗领域的应用［J］. 物流技术与应用，2017，（07）：107–109.

［4］Sowmya Srinath. 医疗物联网的现况与未来趋势［R］. 台北：医疗电子与器材产业国际高峰论坛 .2017.

［5］申展 . 简述医疗物联网技术和构架［J］. 智能建筑电气技术，2018，（02）：13–16.

［6］宋姗姗 . 物联网的关键技术及其应用［J］. 信息与电脑（理论版），2017，（18）：154–155.

［7］江梦 . 基于物联网的远程医疗监护系统研究［J］. 软件，2017，（38）：126–128.

［8］汪悦，管弋铭，李梦蓉等 . 基于物联网的智慧家庭健康医疗系统［J］. 光通信研究，2018，（01）：56–60.

［9］古彦珏，魏东海，曹晓雯等 . 互联网医院产生在中国的原因探析 . 中国卫生事业管理，2017，（06）：401–403.

［10］国际数据公司（IDC）. 中国互联网医疗市场预测 2017–2021［R］.2016.

［11］常朝娣，陈敏 . 互联网医院医疗服务模式及趋势分析［J］. 中国卫生信

息管理杂志，2016,（12）: 557–560.

［12］于广军，杨佳泓. 医疗大数据［M］. 上海：上海科学技术出版社 .2015.7–93.

［13］赵勇，林辉，沈寓实等 . 大数据革命——理论、模式与技术创新［M］. 北京：电子工业出版社 .2014.2–13.

［14］沈应龙 . 人工智能整体技术体系和国内外发展情况［J］. 科技中国，2018,（07）: 59–62.

［15］汪冬，秦利，魏洪河等 . 健康医疗大数据发展现状与应用［J］. 电子技术与软件工程，2018,（11）: 209–210.

［16］赵阳光 . 医疗人工智能技术与应用研究［J］. 通讯信息技术，2018,（03）: 32–36.

［17］吉浩，曾凡荣，赵亚妮等 . 人工智能在医疗影像诊断领域的研究进展［J］. 大医生，2017,（08）: 127–128.

［18］杨灵运，张昌福，王飞飞 . 区块链技术研究与应用综述［J］. 当代经济，2018（04）: 126–128.

［19］骆慧勇 . 区块链技术原理与应用价值［J］. 金融纵横，2016,（07）: 33–37.

［20］林小驰，胡叶倩雯 . 关于区块链技术的研究综述［J］. 金融市场研究，2016,（02）: 97–109.

［21］何蒲，于戈，张岩峰等 . 区块链技术与应用前瞻综述［J］. 计算机科学，2017,（04）: 15–17.

［22］刘文杰，刘保汛，刘亚军 . 区块链现状与未来发展趋势［J］. 电子世界，2018,（04）: 161–163.

第九章
人身保险产品开发与医学新技术

第一节　人身保险产品开发概述

一、人身保险的概念和分类

（一）人身保险的概念

人身保险是以人的寿命和身体为保险标的的保险。投保人按照保险合同的约定，向保险人支付保险费，当被保险人死亡、伤残、患病、年老或生存到合同约定的年龄或期限时，保险人按照保险合同的规定向被保险人或受益人给付保险金。

（二）人身保险产品的分类

人身保险按照保障范围划分，可以分为人寿保险、健康保险和意外伤害保险。人寿保险又可分为定期寿险、终身寿险、两全保险、年金保险等，健康保险又可分为疾病保险、医疗保险、护理保险、失能收入损失保险等。

定期寿险是以被保险人在确定的保险期限内死亡作为保险金给付条件的人寿保险。终身寿险是指提供终身身故保障的人寿保险。两全保险是指在保险期间内以死亡或生存为给付保险金条件的人寿保险，除了提供满期给付之外，有的两全保险产品还在保障期间内提供生存给付。年金保险是指在一定保险期间内或被保险人生存期间内给付一系列保险金的人寿保险。

疾病保险是指以保险合同约定的疾病的发生为给付保险金条件的健康保险。在当前的国内健康保险市场上，重大疾病保险是最主要的疾病保险产品。重大疾病保险是指当被保险人患有保单列明的某一类严重疾病时，保险人按照合同约定给付保险金的健康保险。

医疗保险是指以保险合同约定的医疗行为的发生为给付保险金的条件，为被保险人接受诊疗期间的医疗费用支出提供保障的健康保险。

护理保险是指以保险合同约定的日常生活能力障碍引发护理需要为给付保险金条件，为被保险人的护理支出提供保障的健康保险。

失能收入损失保险是指因保险合同约定的疾病或者意外伤害导致工作能力丧失为给付保险金条件，为被保险人在一定时期内收入减少或中断提供保障的健康保险。

二、人身保险产品开发的基本原则、定价原理及开发流程

（一）人身保险产品开发的基本原则

1. 充足性原则

费率的充足性原则是指当前及未来可能收取的保费和由此产生的可投资资产的投资收益，应该足以支付当前及未来的保险利益和相关的营运成本。费率不足可能导致严重的财务问题，甚至导致偿付能力不足。由于人寿保险和许多健康保险的费率、保险利益和续保条件等在保费交纳期内是保证不变的，即保险公司不能根据实际经验的变化及时调整费率，因此确保费率的充足性就尤为重要。

2. 公平性原则

费率的公平性原则是指产品费率对于每个被保险人都应当是公平的，必须与产品提供的保障利益和每类被保险人的风险程度相匹配。一般来说，影响费率的因素包括保障利益和被保险人的年龄、性别、职业类别、吸烟情况及健康状况等。

3. 合理性原则

费率的合理性原则是指产品费率不应高于保险公司的成本加适度水平的利润，即保险公司不能收取超额的不合理的保费。如果说费率的充足性原则规定了费率的底线，那么费率的合理性原则则规定了费率的上限。事实上，在市场竞争的情况下，保险公司的产品要被客户接受，其费率水平必须合理，因此一般来说保险公司不会收取超额的保费。

除了上述充足性、公平性和合理性三项基本原则外，人身保险产品的定价还要考虑营销可行性、费率平稳性和费率的弹性。营销可行性是指产品的价格应该与消费者经济承受能力相匹配；费率的平稳性则要求费率在一定时期内是稳定的，并在消费者可预期的范围内；费率的弹性指随着经济、社会、人口、科技的

发展变化，产品价格应该随之调整。

（二）人身保险产品的定价方法和考虑因素

1. 人身保险产品的定价方法

（1）成本加成法

一是净保费加成法。保费由净保费即保障成本加上附加费用和一定的利润构成，即以发生率和预定利率为基础，按照精算等价原理即净保费的精算现值等于保险给付的精算现值计算得出净保费，再加上营业费用和佣金等附加费用及合理的利润得到毛保费。

二是毛保费法。毛保费法是在净保费加成法基础加以改进，计算的基础也是基于精算等价原理，即以发生率、预定利率、附加费用率为基础，按照毛保费的精算现值等于未来的保险给付的精算现值和附加费用的精算现值之和得到毛保费。

（2）资产份额法

资产份额等于一定期间内的毛保费加上投资收益，扣除各种费用、佣金和保险给付之后的金额的期望累计值。资产份额定价法通过模拟一组保单的资产、负债及盈余等随保单年度的变化情况，并通过调整毛保费改变资产份额，使得保单达到期望的利润目标。

2. 人身保险产品定价的考虑因素

人身保险产品定价的考虑因素主要包括定价目标、产品成本、预期销量、客户特点、市场竞争、法律法规及产品策略等。

（1）定价目标

保险公司在对人身保险产品进行定价时往往采用多重定价目标，包括销售导向的定价目标、市场竞争导向的定价目标、公司利润导向的定价目标等。利润导向的定价目标指产品定价水平需满足公司对该类产品或产品线的利润要求；销售导向的定价目标强调产品需达到公司期望的销售量，有时公司为了提升销售量或增强竞争力，宁愿在短期内放弃利润要求；竞争导向的定价目标是指财力雄厚的保险公司为了维持或者增加市场份额，以低价阻止新的竞争对手进入该市场，或者是通过低价策略打击现有的竞争对手。

（2）产品成本

成本是产品价格的底线。人身保险产品的成本包括保险利益支付、红利支出、保单获取成本及维持成本、公司一般管理成本、佣金、再保险成本、产品开发成本等。

（3）预期销量

产品的预期销量决定产品价格的上限。产品的预期销量一般随着价格的上升而降低，也随着社会经济状况、消费者需求以及是否存在替代产品等环境因素的变化而变化。

（4）客户特点

产品特点必须考虑客户购买力、客户对价格的敏感性及客户对价格灵活性的需求等。

其中，客户购买力一般受宏观经济形势的影响，如通货膨胀率、失业率、税收政策等，产品价格应当适应客户的购买力水平。

不同客户群体一般表现出不同的价格敏感性。如刚参加工作、收入较低的年轻人一般对产品价格的敏感性较高，他们倾向于支付较低的保费购买保障额度较高的产品，如短期医疗险、短期意外险等；而对于收入水平较高的客户群体来说，价格敏感度相对较低，价格不是影响他们购买的主要因素，保障和服务的内容才是他们最关心的，定价就可以有更多的自由度。

（5）市场竞争

人身保险产品定价时需要研究竞争对手的情况，包括竞争对手的产品数量、定价策略、销售策略等。

（6）法律法规的影响

法律法规中对于定价假设的要求、最低现金价值的计算规定、偿付能力准备金的计提要求等会对人身保险产品的定价造成不能忽视的影响。

（7）产品策略的选择

例如，当市场中缺少竞争对手或产品需求大而出现产品短缺时，可以采取利润最大化定价策略；当市场上人身保险产品价格竞争较弱，客户更加注重企业形象和服务质量时，可以采用适应性定价策略，即尝试给新产品制定一个略高于行业平均水平的价格；除此之外，还有渗透性定价策略，即通过制定一个较低的价格，以获得较高的销售量，扩大市场占有率；还可以采取中立定价策略，即接近行业的平均价格等。

（三）人身保险产品的开发流程

人身保险产品的开发流程一般包括产品需求收集或调研、产品开发可行性分析、产品定价及利润测试、产品系统定义、产品上市及跟踪管理等。

人身保险产品的开发和创新需要经过充分的市场调查和研究，从客户的需求出发，结合市场环境和保险公司的自身情况，同时需要考虑有关法律法规的限制，形成最初的产品创意。这一阶段的主要工作包括客户需求分析、市场信息搜集和分析、同业竞争产品分析等。

产品创意产生之后，由产品开发人员对保险利益、保障期限、交费方式等作进一步细化，并通过产品定价给出相应的试算费率，形成产品设计的雏形。产品雏形完成后就进入产品开发可行性分析阶段，公司销售渠道、运营、IT、精算、投资等相关职能部门从各自的专业角度对该产品开发的可行性提出意见，并帮助对产品的设计进行优化。例如，销售部门从产品利益设计和费率的市场竞争力角度，对产品的市场定位是否明确、卖点是否突出、是否有利于客户理解等方面进行评判；运营部门从保单的签发流程、核保时对于可接受风险和不可接受风险的判别标准及核赔时的风险控制等方面进行初步判断；精算部门则从产品的利润水平出发，考察该产品可带来的新业务价值水平、对公司偿付能力及内含价值的可能影响等；投资部门还可能会对产品的资产负债匹配等问题做出评估。在产品可行性论证阶段可能会出现不同部门意见相左的情况，这时就需要不同部门之间的协调，通过修改产品设计等方式，最终形成一个兼顾各方面意见的产品形态。通常保险公司会成立产品开发委员会，由公司的高级管理层和与产品有关的主要职能部门负责人组成，负责讨论产品开发环节中不同部门之间的意见并做出最终决定。

在产品可行性分析通过之后，即进入了正式的产品开发阶段，包括基于最终确定的产品形态的定价（包括确定定价假设、建立定价模型、确定再保安排等）、利润测试、产品材料报送监管机构报备或审批等。随后产品进入系统定义阶段，主要工作包括制定产品配套的销售政策、费用政策、承保保全及理赔政策、相应的 IT 系统准备和培训工作等。

产品上市后，保险公司应对产品进行持续的评估，并根据评估结果改进产品设计，调整营销策略。产品评估的内容包括衡量销售状况，比较预期经验与实际状况的差异，检验销售渠道的接受程度，评估营销成本及管理效率等。除此之外，保险公司还可以通过定期的赔付率报告、死亡率或疾病率分析报告、费用分析报告、保单持续率分析报告和投资资产报告等获得与产品经验相关的数据。通过分析这些经验数据，可以为产品开发、准备金评估、内含价值评估和资产负债管理等提供必要经验。

三、不同人身保险产品的运行机理

（一）人寿保险的运行机理

人寿保险包括定期寿险、终身寿险和两全保险。

对比其他人寿保险产品，定期寿险只提供死亡保障，没有生存或满期给付。

因此定期寿险的单位价格较低，即以较低的保险费提供较高的保障，但是定期寿险的单位价格会随着被保险人投保年龄的增长和保险期间的增长而迅速增加。由于其仅提供死亡保障，对于消费者而言产品形态比较简单，易于比较，所以定期寿险产品的价格竞争比较激烈。

定期寿险定价考虑的因素主要包括：

（1）死亡率

死亡率是定期寿险定价中最为重要的因素。定期寿险的死亡率一般具有以下特点，一是由于定期寿险一般保额较高，核保较为严格，因此死亡率经验比终身寿险等一般保单要好；二是在保单的前几个年度通常会使用选择因子，以反映核保选择效应；三是对于产品续保年度的死亡率假设，需要考虑选择性退保对死亡率的影响。

目前市场上出现了不少优选定期寿险产品，即在普通定期寿险主要依据年龄、性别作为区分死亡率的基础上，增加了是否吸烟因素，再按照健康情况，为身体条件更好的客户提供更便宜的费率。目前市场上的优选定期寿险产品多分为5～6个级别，分别为非吸烟类别下的超优体、优选体和标准体，吸烟类别下的超优体、优选体和标准体，其中最贵的吸烟标准体的费率大约是最便宜的非吸烟超优体的三倍。

（2）费用假设

由于定期寿险的费率比较低，因此对于以保险金额为单位的核保或其他费用及以保单为单位的固定费用都较为敏感，此外通货膨胀会导致续保费用逐年增加，在定价时也需要充分考虑。

（3）续保率

续保率假设在定期寿险的定价中也较为重要。前期较高的退保率会导致出单成本、核保成本和销售费用等获取成本难以充分摊销。如定期寿险为附加险，其续保率会与其所附加的主合同较为相似。还有一些与抵押贷款相联系的递减型定期寿险，由于保险需求明确，其续保率相对较好，但在利率环境变化导致客户倾向于提前还贷时，退保率也会大幅上升。

2. 终身寿险和两全保险

终身寿险是指为被保险人提供终身身故保障的人寿保险，可理解为被保险人在任何年龄不幸身故都可获得保险合同约定赔偿的保险产品。两全保险是指在保险期间内以死亡或生存为给付保险金条件的人寿保险。终身寿险具有一定的储蓄性，保单具有较高的现金价值。与定期寿险产品相比，保额相同时终身寿险产品需要支付更高的保费，其保障杠杆率没有定期寿险高，但具有较高的现金价值。

目前国内购买终身寿险的消费者主要以高净值人群为主，购买目的多为身故保障、储蓄投资和财富传承。

终身寿险和两全保险定价考虑的因素主要包括：

（1）死亡率

对于两全保险，由于死亡给付和生存给付的作用相互抵消，所以产品利润对死亡率假设的敏感度大大降低。对于生存利益占比较高的两全产品，死亡率增加反而会提升产品的利润水平。因此，部分公司会将此类保险设计为简单核保或无核保要求的产品。对于终身寿险和两全保险，仍需关注前几个保单年度可能存在的死亡率逆选择风险。

（2）退保率

两全保险的退保率受经济环境尤其是市场利率的变化影响较大，当市场利率比产品定价利率高出很多时，保单持有人可能会考虑终止旧的保险合同而重新购买。此外，两全保险本身的设计也会对产品退保率产生影响，如若产品现金价值比较高，在较早的保单年度就接近或超过所交纳的保险费，由于保单退出成本较低，保单的退保率会相对较高。如产品现金价值比较低，两全保险就可能变成“失效支持”型产品，即退保率越高，产品的利润边际越高。

（二）年金保险的运行机理

年金保险是有储蓄投资功能的人寿保险，指投保人一次或按期交纳保险费，保险公司在被保险人生存期间或一定的保证期间内，按约定的时间和方式给付一系列保险金的保险合同。年金保险产品的功能有强制储蓄、教育规划、养老规划和现金流管理等。年金保险定价考虑的因素主要包括：

1. 死亡率

为了确定年金给付的现金流，需要选取合适的生命表。同时由于死亡率的改善可能会大大增加未来年金支付的成本，出于谨慎考虑，可以在目前合理的死亡率假设基础上附加一定的边际，同时也可以根据公司的核保标准和行业最新的死亡率统计经验，适当修正死亡率假设。

2. 死亡率改善因子

未来医疗水平的提高将改善死亡率，因此在年金产品定价中也常会考虑加入死亡率改善因子。例如当前 X 岁的死亡率是 0.002，假设死亡率改善因子为 1%，则 10 年后 X 岁的死亡率为 $0.002\times(1-1\%)^{10}=0.0018$。不同年龄的死亡率改善因子不同，一般低年龄的改善因子较大，年龄较高时改善因子相对较低。

（三）重大疾病保险的运行机理

重大疾病保险是当被保险人在保险期间内发生保险合同约定的疾病、达到约定的疾病状态或实施了约定的手术时，给付保险金的健康保险产品。重大疾病保险金主要有两方面的用途：一是为被保险人支付因疾病或手术治疗所花费的高额医疗费用，二是为被保险人患病后提供经济保障，尽可能避免因被保险人无法工作失去收入而让家庭在经济上陷入困境。重大疾病保险通常采取确诊定额给付的方式，产品运营风险主要来源于疾病发生率的长期波动。由于我国保险业经营疾病保险时间相对人寿保险较短，保险业积累的疾病发生率经验数据较少，尤其是在高年龄段更加缺少理赔数据。长期重大疾病保险由于产品的保障期限较长甚至保障至被保险人终身，在如此长的保障期间内如何合理预测疾病发生率是重大疾病保险开发的关键。

个人重大疾病保险大多是长期或终身保障，团体业务和少数个人业务中也有短期重大疾病保险产品，大部分人身保险公司经营的健康保险业务以长期重大疾病保险为主。长期重大疾病保险产品虽然较寿险产品更加复杂，但也有很多相似之处。一是产品定价方法相似。重大疾病保险通常采取确诊后一次性给付保险金的方式，给付完毕后保险合同终止，定价时用疾病发生率代替生命表死亡率，并考虑被保险人的疾病或死亡退出因素，其他定价过程与寿险产品基本相同。二是盈利来源相似。长期重大疾病保险利润主要来自于疾病差、利差和费差贡献，寿险产品利润来自于死差、利差和费差，利差通常是两类产品利润的主要来源，在产品利润构成中占比较高。三是精算核算相似。在现金价值计算、准备金评估方法和监管要求上，长期健康险均参照寿险产品执行。此外，在寿险产品与健康保险产品组合销售时，健康保险通常以附加险形式促进寿险主力产品销售，此类健康保险产品的核保和风险管理目前大多参照寿险产品执行。

为方便消费者比较和选择重大疾病保险产品，中国保险行业协会与中国医师协会根据重大疾病保险的起源、发展和特点，结合我国重大疾病保险发展及现代医学进展并借鉴国际经验，于 2007 年颁布了《重大疾病保险的疾病定义使用规范》。其中规定了成人重大疾病保险产品的保险责任必须包含恶性肿瘤、急性心肌梗塞、脑中风后遗症、冠状动脉搭桥术、重大器官移植术或造血干细胞移植术、终末期肾病六种疾病。目前市场上的重大疾病保险产品的承保病种数目不断增多，部分公司的产品已达 100 种以上，但是从保险业理赔经验来看，出险疾病主要集中在恶性肿瘤、急性心梗、脑中风、尿毒症、爆发性肝炎或肝衰竭等若干种疾病，出险率前五种疾病占总出险率的近 95%，集中度较高。癌症是目前重疾保险主要的理赔病种，从癌症发生率的变化趋势来看，我国大陆地区癌症发病率正处于快速增长时期，除癌症之外，其他如急性心梗、脑中风等疾病虽然在目前的重疾理赔中占比不高，但这主要是因为国内重疾保险上市仅十几年时间，被保险人人群目前大多尚未达到心梗、脑中风的高发年龄。随着保单年度的增加，这两类疾病的发病率和在重疾保险中的赔付占比预计会有较大提高。另外随着社会人口老龄化的加剧，帕金森症、阿尔茨海默症等目前发病率较低的疾病将出现发病率快速上升的趋势。总之，目前我国疾病发生率正处在上升期，将对长期重大疾病保险的经营带来不容忽视的风险。

目前市场上的重大疾病保险产品形态大致分为三种：一是重大疾病确诊一次定额给付型。这类产品保障多种疾病（疾病个数可达上百种），被保险人确诊合同约定的重大疾病后，保险公司按照保险金额一次性给付保险金，合同终止。二是重大疾病分组多次给付型。通常将重大疾病的病种分为 4 ~ 5 组，被保险人确诊某一组中的某个重大疾病后获得保险金，保险公司对该组的其他重大疾病不再承担保险责任，但是仍然对其他组别的重大疾病继续承担保险责任。从理论上说，被保险人可以获得各组重大疾病的各一次赔付，但是由于目前保险公司对重大疾病的定义比较严格，再加上被保险人罹患两种重大疾病的概率极小，被保险人获得两次及以上赔付的可能性很小。不过，随着医疗技术的进步，重大疾病治愈率和生存期会延长，被保险人罹患多次重大疾病并获得多次赔付的可能性会提高。三是重大疾病分阶段给付型。根据重大疾病的严重程度分期给付保险金，被保险人在疾病早期阶段可先行获得部分保险金用于治疗，如果之后再被确诊为重大疾病，可以获得约定更多金额的赔付。早期阶段赔付可以占用重大疾病保额，也可以不占用重大疾病保额。近年来保险公司通过在重大疾病保险产品中加入轻症给付，作为重大疾病保险产品创新升级的主要方式之一，轻症病种数通常少于重大疾病病种数。

（四）医疗保险的运行机理

医疗保险是提供医疗费用保障的健康保险。当被保险人因疾病或意外事故发生医疗费用支出时可以得到经济上的帮助，保险金的给付通常是补偿被保险人由于住院、门诊治疗或享受其他医疗服务所发生的费用，一般包括门诊费用、住院费用、药品费用、手术费用、护理费用和各种检查费用等。

从精算角度看，医疗保险具有以下特征：

一是医疗保险金的给付具有补偿性，补偿是对被保险人因疾病或意外事故导致的伤残医治所发生的医疗费用支出和所发生的其他费用损失给予经济上的补偿；

二是由于医疗保险的补偿性，保险公司预期赔付是不确定的，所以医疗保险保费的计算与责任准备金的提取依赖于对将来医疗保险损失的准确预测；

三是医疗保险索赔率的预测难度较大，每人每次的医疗费用支出也存在较大差距，因此医疗保险相对于其他保险产品来说，其风险预测和费用控制尤为重要。

医疗保险面临的主要风险包括：

一是被保险人因疾病发生医疗行为的不确定性风险。包括两层含义，一是疾病发生的不确定性，这里的疾病一般泛指任何疾病，投保时可能会出现逆向选择；二是患病后医疗行为的不确定性，即不同医疗机构的不同医生、不同被保险人对治疗疾病的措施和偏好不同，对于同一病症，不同的被保险人、不同的医疗机构、不同的医生所选择治疗措施可能大相径庭，较难进行界定，易发生道德风险。

二是指定医疗机构范围的风险。在设计医疗保险产品时一般会约定保险公司仅对被保险人在指定医疗机构发生的医疗费用或医疗行为承担保险责任，对于指定医疗机构之外发生的费用或医疗行为不承担保险责任。一般来说公立医院绝大部分是非营利性医院，医生行为受到社会基本医疗保险管理机构、卫生主管部门的监督，医疗收费相对规范统一；民营医院一般为营利性医院，就医环境优于公立非营利性医院，但是医疗费用相对昂贵。医疗保险产品在责任设计时必须考虑定价基础数据对应的医疗机构范围，否则可能会带来赔付超过定价假设的风险。

三是医疗费用范围风险。随着医疗技术的进步，更多的先进科技应用于医疗领域，推动了医疗费用的上涨。医疗保险中如果对医疗费用范围不加限制，可能会导致被保险人在医疗支出上完全无节制，最终导致保险产品亏损退出市场。

四是过度医疗风险。在传统医疗保险的运行模式下，保险公司既不是医疗服务的提供者，又不是医疗服务的使用者，但却是医疗服务费用的支付者。这种第三方付费的方式，使得医疗服务提供方和使用方在经济利益的驱使下，出现小病大治、挂床住院、重复检查、扩大住院和手术指证、不合理地使用昂贵诊断和治疗方法等不合理不必要的医疗手段，导致保险公司的医疗赔付大大超出预测的水平。

五是保证续保风险。医疗保险产品以一年期为主，在实务中，保险公司为了提高产品的市场竞争力和对客户的吸引力，在一些保险产品中加入保证续保条款。保证续保条款通常规定被保险人续保时具有免核保权利，保证续保条款的引入主要带来两方面风险：一方面，是将一年短期风险转化为长期风险，使产品后续保险期间的赔付风险加大；另一方面，如果保险公司在续保时因为赔付状况变差而提高续保费率，很可能导致健康被保险人加速退出，非健康体继续投保的恶性循环。

对于以上风险，保险公司在设计医疗保险产品时应采取方法降低赔付风险，较为有效的方式是设置医疗费用分摊来降低赔付风险。例如设置免赔额，被保险人发生的医疗费用在免赔额以下的部分由其自己承担，超额部分由保险公司补偿。再如设置比例赔付，即保险公司对超过免赔额的部分按照约定的比例给予补偿，剩余部分仍由被保险人自己承担。又如设置给付限额，即保险公司仅对限额内的医疗费用进行补偿，实际医疗费用超过限额的部分不予补偿。该限额可以是总费用限额，也可是各类医疗服务项目的分项限额；可以是终身限额，也可以是年度限额等。

（五）长期护理保险的运行机理

长期护理保险是指为被保险人因年老、疾病或意外伤害的影响失去日常生活能力，而需要在家中或在设施齐备的护理机构接受长期护理而提供服务或费用给付的保险。长期护理保险主要分为两种形态：一是一次定额给付型护理保险，即当被保险人被认定达到护理条件的，保险公司一次性给付约定额度的保险金，同时合同终止。该种形态的护理产品简单易管理，有利于保险公司控制风险，但是保障持续性相对较差，难以真正对被保险人发挥护理保障的作用。二是持续多次给付型护理保险，即被保险人被认定达到需要护理条件的，保险公司持续给付护理保险金（通常是按月）。当被保险人恢复日常生活能力、不再满足护理条件时终止给付，或者累计给付额度达到保险金额时终止给付。保险公司为了方便理赔操作和控制风险，通常采用后者处理方式。

护理保险的主要风险包括：一是随着居民慢性病发病率提高，老年人口中完全失能、半失能人数占比持续增加，如中风后遗症、帕金森病等患者不断增多，这将导致护理需求不断增长，未来护理发生率相比重大疾病的发生率有更大不确定性，给护理保险产品定价带来困难。二是被保险人的寿命延长风险，长寿风险不仅会导致养老金业务经营风险，对长期护理保险也会产生较大的经营风险，随着居民预期寿命的延长，护理保险金支付频率和额度会不断上涨，如果定价不足，将导致产品亏损。对于长期护理保险，定价时如何选择合适的生命表，以及如何在产品定价中规避长寿风险，将是需要重点考虑的风险因素。

由于我国目前尚未全面实施政府主导的社会护理保障制度，保险行业协会也未出台护理等级评定的相关行业标准，护理保险金给付标准一直以来广为争议。目前国内保险公司对于护理给付标准主要有两种定义方式，一种是用国际通用的生活自理能力量表（ADL）进行定义，当被保险人被鉴定不能独立完成六项基本日常生活活动（包括穿衣、移动、行动、如厕、进食、洗澡）中的三项或三项以上，且该状态已持续 180 天以上，可认定达到护理条件。另一种定义方式是根据被保险人认知功能作为护理判定标准，一般在保险合同中约定“当被保险人因患阿尔茨海默病性痴呆、血管性痴呆、帕金森病性痴呆或非由酒精和其他精神活性物质所致的器质性遗忘综合症导致器质性认知功能障碍，且在意识清醒的情形下有分辨上的障碍，达到中度或中度以上痴呆状态，其日常生活必须持续受到他人监护的，视为达到护理条件”。以上两种护理标准均存在一定的理赔操作障碍，如严格执行可能会与客户发生较多纠纷，而如果通融赔付则可能导致产品赔付高于定价预期。

除此之外，由于护理保险金是向达到护理条件的被保险人支付，如果在给付护理保险金期间被保险人身体状况有所好转，不再符合给付护理保险金条件，保险公司应终止给付。但是在产品定价中，由符合护理条件向不符合护理条件转化的概率，以及再次转化为符合护理条件的概率，保险业缺乏相应的经验数据。而且即使有一定的经验数据，在产品管理中也由于过于复杂而缺乏可操作性。因此，在定价中对于护理状态之间的相互转化的简化处理，是护理保险产品设计的风险之一。

第二节　医学诊疗新技术对产品开发的影响及典型案例

一、影响分析

重大疾病保险是健康保险的一个重要门类，是目前最受客户欢迎的保险产品之一，也是较容易产生理赔纠纷的保险产品之一，其中消费者和保险公司纠纷最多、分歧最大的就是关于重大疾病的定义。保险中的“重大疾病”和临床疾病名称一致，但只有当满足约定的疾病严重程度或采用了约定的治疗手段时才给予赔付，如急性心肌梗塞（因冠状动脉阻塞导致的相应区域供血不足，造成部分心肌坏死）能得到保险公司赔付时须满足下列至少四项条件：①典型临床表现，例如急性胸痛等；②新近的心电图改变提示急性心肌梗塞；③心肌酶或肌钙蛋白有诊断意义的升高，或呈符合急性心肌梗塞的动态性变化；④发病 90 天后，经检查证实左心室功能降低，如左心室射血分数低于 50%。如实施冠状动脉搭桥术（或称冠状动脉旁路移植术），要求必须实际实施了开胸进行的冠状动脉血管旁路移植的手术才可获得理赔，冠状动脉支架植入术、心导管球囊扩张术、激光射频技术及其他非开胸的介入手术、腔镜手术不在保障范围内。除了医学上的重疾概念和保险里的重疾定义存在差异以外，2007 年以前各家保险公司对重大疾病保险中所保障的病种范围并没有统一的标准，“疾病”定义标准也不尽相同，更是重疾保险一直以来为社会诟病的主要原因。2007 年由中国保险协会和中国医师协会合作发布《重大疾病保险的疾病定义规范》(以下简称《规范》) 前，对重大疾病保险中“疾病”的定义标准进行规范，上述情况得到了一定程度的改善，但医学诊断和治疗新技术产生的影响还是保险业不能回避的重要课题。

（一）医学诊断新技术的发展使重大疾病保险的发生率偏离预期，定价受到挑战，但也带来产品创新的新机遇

过去某些疾病被诊断出来时已经发展到中晚期，随着医疗技术的发展，新的诊断技术不断出现，许多重大疾病可以在早期发现，特别是一些重大疾病在症状还比较轻微时就能得到提前诊断。诊断技术的进步对于患者来说可以减少病痛折磨并提高治愈可能性，且可以节省治疗费用，但对于保险公司来说，诊断的提前意味着赔付的提前，在赔付金额固定的情况下，会对产品的利润情况（如利差益、费差益）造成不利影响。以癌症早筛为例，其对于癌症的影响可能是复杂的。不同的癌症在推广早筛后，有的表现为发病率下降和生存率提高，有的表现为发病率增加和生存率提高，还有的表现为发病率增加和生存率无明显改善。如随着早筛的推广，美国的结直肠癌整体发病率在 2001 年到 2010 年的 10 年间平均每年下降 3.4%；而根据德国乳腺癌的发病率数据，推广早筛后 50 ~ 59 岁和 60 ~ 69 岁两个年龄段乳腺癌发病率均有明显的上升。医疗诊断技术的发展是一把双刃剑，一方面，越来越多的疾病在早期得到发现，意味着重疾保险赔付的提前，疾病发生率偏离定价假设，道德风险可能会增加，业务经验恶化；另一方面，新技术的发展也意味着创新性产品及业务的机会，早期做出调整的公司有望减少技术进步所带来的冲击影响，获取新技术时代下发展的先机。

（二）医学治疗新技术的产生使得重疾保险的理赔纠纷增多，保险公司将面临声誉损失或亏损的两难选择

《规范》是 2007 年发布的，10 多年来，随着医学治疗新技术的迅速发展，很多疾病的治疗方法都有不同程度的更新，甚至出现更加好的治疗方法，这使得重疾保险条款中的对治疗方法的约定与日益发展的临床医学知识体系存在的差异逐渐加大。如对重大器官移植术或造血干细胞移植术，《规范》中要求必须实施了“肾脏、肝脏、心脏或肺脏的异体移植手术”或实施了“造血干细胞（包括骨

髓造血干细胞、外周血造血干细胞和脐血造血干细胞）的异体移植手术"，按这个要求，自体造血干细胞移植术就不能享受理赔。再如前面例子提到的冠状动脉搭桥术，"开胸"是得到赔付的必要条件，而使用介入手术、腔镜手术等治疗冠状动脉堵塞的患者会因不符合保险条款中的约定得不到任何赔款。这一方面会使消费者对保险公司产生不信任，增加理赔纠纷，而《健康保险管理办法》第 21 条第 1 款中的规定也会加重保险公司这一困境，"保险公司在健康保险产品条款中约定的疾病诊断标准应当符合通行的医学诊断标准，并考虑到医疗技术条件发展的趋势。健康保险合同生效后，被保险人根据通行的医学诊断标准被确认疾病的，保险公司不得以该诊断标准与保险合同约定不符为理由拒绝给付保险金"；另一方面如果保险公司按照新的医疗技术修改自身的理赔标准，则理赔人数可能会上升，如实施"开胸"手术患者的疾病严重程度会高于使用介入手术、腔镜手术等治疗方案的患者，重大疾病产品原有的定价基础将不复存在，保险公司会面临较大的经营风险。

（三）医学治疗新技术的发展将使很多现在的"重大疾病"变为普通疾病，现有重大疾病产品的开发基础或不复存在

重大疾病保险产品设计的本意旨在补偿高额的医疗费用和收入损失，产品中约定的重大疾病现阶段对于患者的生命威胁较大、劳动能力破坏严重、治疗费用较高，但是随着治疗技术的进步，一些疾病可以通过较低的成本治愈，而且对被保险人的劳动能力影响很小。这样一方面违背了重大疾病保险产品设计的初衷，另一方面可能会引发道德风险，例如被保险人主动寻求患病获得高额保险金，之后通过支付少许医疗费用治愈。今后随着医疗技术的发展，尤其是克隆技术在疾病治疗中的应用，"重大疾病"的范围可能产生颠覆性的改变，现有重大疾病产品的开发基础或不复存在。

二、未来展望

尽管医疗诊断和治疗新技术的快速发展目前还没有直接对保险业的经营产生显著影响，但行业及保险公司要从改进风险管理手段，挖掘新的客户需求，开发新的产品等方面未雨绸缪，积极探索，以更好地适应医学新技术的发展、医疗水平的提高和疾病的变化。

（一）建立重大疾病定义定期修订制度。

围绕"重大疾病"保障的实质，根据医学的发展情况，适时修改疾病定义，

有助于平衡消费者和保险公司的利益，解决焦点问题，减少偿付风险和理赔争议，提高市场对保险产品的信心。在已经开展重大疾病定义标准化的九个市场中，除澳大利亚是近期发布定义外，中国是唯一一个未进行修订的国家（具体见表9-1），英国保险协会每三年就会修订一次《重大疾病保险最佳操作指引》，以适应法律、医疗、保险市场的变化，确保与医学的发展保持一致。我国也应该借鉴国外的做法，根据疾病和医疗技术的发展，建立重大疾病定义定期修订制度，定期修改《重大疾病保险的疾病定义使用规范》。

表 9-1　世界部分国家重大疾病标准定义的修订和发布年份

国家	标准定义发布及修订年份
中国	2007
英国	1999、2002、2004、2006、2011、2014、2018
加拿大	2007、2013
新加坡	2003、2014
马来西亚	2002、2010、2016
南非	2009、2014
印度	2013、2016
澳大利亚	2017

（二）改进产品形态，探索在产品中增加疾病病种调整条款

随着医学技术的发展，很多现在的“重大疾病”将不再“重大”，但也会有许多新的疾病产生，现在市场的个人重疾保险保障期间至少为20年，长的可以保障终身，“重大疾病”病种的变化未来一方面会使重疾产品的设计初衷发偏离，另一方面在新的病种出现时，客户又得不到需要的保障。未来保险公司在产品开发时可探索引入“重疾病种调整条款”，适时加入新增的疾病，取消那些变得不再严重的疾病。

第三节　健康管理对产品开发的影响及典型案例

一、影响分析

健康管理是指通过对个体或群体健康状态和危险因素的监测、分析、评估、

干预，从而防止或延缓疾病的发生发展，提高健康管理对象的健康状况和生活质量，降低医疗成本。保险公司可以通过对被保险人开展健康管理，以降低其患病概率和医疗花费，从而减少医疗保险的赔付水平。健康管理的核心是对健康危险因素的识别和管理。健康管理的主要内容包括收集健康服务对象的健康信息，包括个人基本情况、当前的健康状况和生活方式等；进行健康评价和疾病风险评估，包括该个体未来可能罹患疾病的类型和概率大小；开展针对性健康指导和干预，包括纠正不良生活方式和习惯，控制和远离危险因素，降低服务对象罹患疾病的概率，或延缓患病时间等；进行就医协助与指导，包括为其推荐合适的医疗机构、专科医生及诊室，预估可能的治疗方案和医疗费用等；对就医完毕或出院的患者进行康复指导，包括指导其按时服药、恢复训练、按时复查等。一方面，健康管理可从源头上降低被保险人的患病概率和医疗行为发生概率，从而降低保险产品的赔付风险，是保险公司的一项重要风险控制手段；另一方面，健康保险公司拥有大量的客户资源，是健康管理服务的重要运用渠道和主要促进力量。国内保险公司虽然很早就开始“健康保险＋健康管理”的探索，但健康管理多作为保险产品的一项附加值服务，还停留在建立健康档案、开展健康讲座、发送健康短信、进行健康评估等方面，慢性病管理只是根据定期发放和回收被保险人填写的监控记录提供相关的健康指导而已，干预管理几乎处于空白。

因为保险公司的健康管理大多还停留在初级阶段，尚未和保险产品进行深度结合，但随着健康管理理念的深入和广泛推广，随着国家对健康管理支持政策的日益增强，未来健康管理将对健康保险产品的开发产带来较大的影响。

（一）可保人群范围的扩大

传统商业健康保险产品的可保范围多局限在健康的个体，风险管理的要求使得其核保较为严格，需求最旺盛的患病人群反而买不到想要的产品，社会上对健康险产品开发的诟病也多集中于此。认为保险公司的产品有效供给不足，满足不了人民群众日益增长的健康保障需求。健康管理的引入可推动将患病人群纳入保障范围，如可以开发针对糖尿病、高血压等慢性病人群，针对亚健康人群的健康保险产品等，这对促进保险产品创新，解决目前健康保险产品供需不平衡的问题，对扩大客户覆盖面，增加公司新的利润点等都有较为积极的作用。

（二）产品定价将面临较大的挑战

国内外的研究表明，健康管理对延缓和降低疾病发生率有积极作用，从理论上讲，通过长期的健康管理服务，重大疾病发生率、护理发生率、住院率等都会得到不同程度的改善，但改善效果如何，目前还缺少可信权威的定量评估结果，这给保险产品的定价带来较大的挑战。以针对糖尿病人的疾病保险为例，因为缺少可靠的基础数据，尽管知道健康管理使得糖尿病并发症的发生率有所下降，但具体下降多少，还没有相应的数据可以用于产品定价，也就无法设计更有针对性的保障责任，还是以提供服务为主，客户也感受不到因为健康管理带来的保障利益的不同。如何在基础数据缺乏的情况下将健康管理带来的发生率下降体现在产品价格中，体现在责任设计中，将是产品开发人员未来面临的一个较大挑战。同时，承保人群对健康管理服务的依从性，也会对健康管理效果带来巨大的不同，这些因素如何体现在产品开发和定价中，也是影响“健康保险 + 健康管理”模式成功的关键。

（三）健康管理费用对保险产品价格的影响

健康管理对保险公司控制风险、提高盈利水平是一个长期的过程，需要几年甚至十几年才能显现，这意味着保险公司为健康管理前期投入的资金不会很快获得回报，具体的回报效果很难在早期进行评估。同时，保险业目前的竞争主要是产品的费率竞争，保险公司的可用费用都很紧张，客户习惯免费享有服务，对花钱购买健康管理服务是否接受等都要求在产品开发时能找到一个平衡点。

二、典型案例

健康管理对慢性病人群减少用药量，降低并发症的发生几率都有显著作用，同时慢性病患者对健康管理手段的依从性也最好，因此近年来，保险公司在健康管理和健康保险产品深度融合的探索方面，多是从糖尿病、高血压等慢性病人群着手。但受限于基础数据的匮乏、管理经验的欠缺等，目前国内市场上的该类产品提供的保障范围还十分有限，整体保费规模也不大，下面以国内市场和泰国市场的两款糖尿病产品为例进行介绍。

（一）某财产保险公司的《糖尿病并发症手术津贴保险》

被保险人：正在进行糖尿病血糖健康控制管理的糖尿病患者（I 型、II 型糖尿病患者）

保险责任：糖尿病并发眼部病变导致的玻璃体切除手术津贴、糖尿病并发足部病变导致的足部截肢手术津贴、糖尿病并发肾脏病变导致的肾脏移植手术津贴、糖尿病并发症保险金（包括终末期肾病、截肢、失明、酮症酸中毒深度昏迷、急性心肌梗塞）。

健康管理服务：

1. 智能血糖监测。提供智能血糖监测管理服务，包括血糖数据的实时记录、查询和预警。血糖仪能通过无线网或者自带流量卡，向微信推送数据，在微信端形成系统报告，并在患者血糖过高时第一时间提示预警，让子女通过微信随时随地查看父母的血糖情况。

2. 专业医疗团队主动跟踪服务。若发现客户血糖异常，专业医疗平台团队会及时电话跟进，跟踪患者档案，提供用药、护理、营养等指导意见。客户可以电话咨询专业医疗平台，寻求专业帮助。

该产品采用浮动保额激励机制，基本保险金额为 5 万元，增加保额的方式是获得保额奖励，即餐前空腹血糖在 4.3 ~ 7.2mmol/L 之间，可获赠 200 元保额奖励，不达标则会扣减 200 元，保险金额最高可达 10 万元。通过浮动保额激励患者进行日常血糖监测和主动管理，达到降糖效果。

（二）泰国的糖尿病保险

泰国 II 型糖尿病人专属疾病保险为 21 ~ 70 岁的 II 型糖尿病患者提供为期两年的保障责任，具体包括严重的糖尿病并发症保险金（并发症包括失明、终末期肾衰竭、急性心肌梗塞、冠状动脉旁路移植术、中风）、早期糖尿病的并发症保险金（并发症包括截肢、糖尿病足部溃疡、需要激光治疗的糖尿病视网膜病变、糖尿病昏迷症）、医疗保险金（涵盖住院治疗、肾透析、肾移植、门诊治疗）、身故金。该产品采用简化的承保规则，即通过简短的问卷调查实现快速核保和承保。另外，还根据被保险人每六个月提交的糖化血红蛋白（HbA1c）指标情况进行费率动态调整。

该产品在运营模式上，采用多方合作参与，即直保和再保公司一同参与产品开发设计和产品定价，由一家致力于精准医疗的创新型生物科技公司提供疾病管理和跟踪服务，由一家健康医疗公司提供血糖监测，合作医院的医生提供产品支持等，形成一个完整的风险管控过程。在产品的风险管控上，一方面，在保险期间内要求被保险人每六个月提交糖化血红蛋白的体检报告，若被保险人未提交体检报告，则直接适用最高保费，当被保险人累计两次未提交体检报告，则保险合同终止。另一方面，由再保险公司按照成数再保险方式共担风险。

在产品客户端接触和承保流程上，消费者可以通过多种渠道（如保险公司网站、社交媒体、医院相关消息）等了解和咨询产品，并提供在线承保服务，消费者提供一份最新血液测试报告作为糖化血红蛋白指标证据后，即可在线支付，保险合同成立后，消费者可下载公司提供的 App，之后被保险人每半年可通过该 App 提交检查报告，保险公司根据被保险人糖化血红蛋白指标水平确定调整保费。

表 9-2　泰国 II 型糖尿病人专属疾病保险条款

<table>
<tr><th>产品名称</th><th>II 型糖尿病人专属疾病保险</th></tr>
<tr><td>产品亮点</td><td>为 II 型糖尿病患者提供的疾病专属保险产品；
费率动态调整，每六个月根据被保险人提交的 HbA1c 指标情况进行费率动态调整；
简化的承保规则（仅采用短期问卷调查的方式）</td></tr>
<tr><td>投保年龄</td><td>21 ~ 70 岁</td></tr>
<tr><td>保险期间</td><td>两年</td></tr>
<tr><td>保险责任</td><td>一、严重的糖尿病并发症保险金
1.　失明
2.　终末期肾衰竭
3.　急性心肌梗塞
4.　冠状动脉旁路移植术
5.　中风
二、早期糖尿病的并发症保险金
1.　截肢
2.　糖尿病足部溃疡
3.　需要激光治疗的糖尿病视网膜病变
4.　糖尿病昏迷症
三、　医疗保险金
1.　住院治疗
2.　肾透析
3.　肾移植
4.　门诊
四、身故金</td></tr>
<tr><td>等待期</td><td>医疗保险金责任对应等待期为 30 天；
糖尿病并发症责任对应等待期为 90 天</td></tr>
<tr><td>责任计划</td><td>该产品有四个保险计划，分别对应不同责任金额，具体如下（单位：泰珠）：
<table>
<tr><th>项　　目</th><th>计划一</th><th>计划二</th><th>计划三</th><th>计划四</th></tr>
<tr><td>严重的糖尿病并发症保险金</td><td>50 万</td><td>100 万</td><td>200 万</td><td>300 万</td></tr>
<tr><td>早期糖尿病的并发症保险金</td><td>5 万</td><td>10 万</td><td>20 万</td><td>30 万</td></tr>
<tr><td>医疗保险金的限额</td><td>5 万</td><td>10 万</td><td>20 万</td><td>30 万</td></tr>
<tr><td>身故金</td><td>5 万</td><td>5 万</td><td>5 万</td><td>5 万</td></tr>
<tr><td>最高给付金额（不含身故金）</td><td>75 万</td><td>150 万</td><td>300 万</td><td>450 万</td></tr>
</table></td></tr>
</table>

续表

<table>
<tr><th>产品名称</th><th>II 型糖尿病人专属疾病保险</th></tr>
<tr><td>承保要求</td><td>投保时以及承保后每六个月被保险人需要提交 HbA1c 的体检报告。在保险期间内，若被保险人未提交 HbA1c 的体检报告，则直接适用最高保费，当被保险人累计两次未提交 HbA1c 的体检报告，则保险合同终止</td></tr>
<tr><td>健康告知
（或承保条件，即简短问卷调查）</td><td>年龄要求：21 ～ 70 岁；
BMI 指数 <33；
非吸烟人群；
II 型糖尿病患者；
投保时 HbA1c<10；
罹患过以下疾病的拒保：肾脏疾病、视网膜病变或视力模糊，以及四肢麻木、刺痛、坏疽或溃疡、截肢</td></tr>
<tr><td>费率动态调整规则</td><td>每六个月根据被保险人提交的 HbA1c 指标情况，调整产品附加费用率。
<table>
<tr><th>水平</th><th>调整</th><th>水平</th><th>调整</th></tr>
<tr><td>6.5–7</td><td>–XX%</td><td>8.6–9</td><td>XX%</td></tr>
<tr><td>7.1–7.5</td><td>–XX%</td><td>9.1–9.5</td><td>XX%</td></tr>
<tr><td>7.6–8</td><td>–XX%</td><td>9.6–10</td><td>XX%</td></tr>
<tr><td>8.1–8.5</td><td>XX%</td><td>>10</td><td>XX%</td></tr>
</table></td></tr>
<tr><td>责任免除</td><td>同一般健康险产品的责任免除；
由于产品针对患病人群，虽然也除外既往症，但并不将糖尿病、高血压和高血脂排除在外</td></tr>
</table>

第四节　健康大数据对产品开发的影响及典型案例

一、健康大数据对产品开发的影响分析

大数据，又称巨量资料，指的是传统数据处理应用软件不足以处理的巨大或复杂的数据聚集，而需要新的处理模式才能将海量、多样化的信息整合成更优化、更有价值的资产。

近年来，我国大数据新技术不断发展，越来越多的大数据技术应用于实体行业和虚拟经济。随着大数据在各行各业的应用和扩展，健康领域大数据及其分析技术也正引起人们广泛关注。健康大数据所涉及的信息类型广泛，信息量规模巨大，数据类型包括行政数据、临床数据、体征数据、个人及偏好数据等，这些数

据具有数量大、速度快、种类多、价值高等特征。将这些不同类型不同来源的数据有序链接，从而为深度数据挖掘奠定基础，达到事半功倍的效果。保险公司可以利用健康大数据将客户进行细分，精准化客户需求，实现定价和产品差异化。

（一）健康大数据提供个性化保险定价服务，实现精准定价

长期以来，保险产品开发的数据来源通常基于行业内的数据，一部分是基于承保的风险数据，另一部分是基于历史理赔数据。通常运用数理统计分析方法，对这些基准数据进行统计建模，并以此研究保险产品的定价问题。大数据将改变传统保险定价对经验数据的依赖，数据基础由样本数据扩展为全量数据，由历史数据扩展为实时数据。此外，作为一种新的定价理念和风险管理工具，大数据可以有效支持行业细分风险，为实现个性化保险定价服务提供可能。通过大健康数据，可以有效准确地掌握市场规律，掌握客户动态的消费需求。通过各类平台上人们的上网痕迹、生活、消费和运动习惯，找寻内在的规律及需求，并总结分析，进而有针对性地进行广告信息推送，实现精准营销。

（二）健康大数据可以倒逼消费者降低出险率，促使产品定价更科学

过去，保障型产品费率的高低决定了保险消费者的投保意向和程度，在互联网快速发展的今天，消费者有了更多的可选择性和对比渠道。目前保障型产品定价仅考虑了年龄、性别、发生率等标准化因素，未对消费者的风险偏好、日常行为习惯等加以考虑。大部分风险意识较强，注意日常防范的客户风险发生的概览大幅低于风险意识较弱、缺乏日常防范的客户，但是面对的风险差异，保费却没有任何差异，长此以往，优质客户的产品定价将表现出不公平性和不合理性。目前由于定价技术的不断完善和发展，一些产品开发时对是否为吸烟群体进行了区分，进行差别化定价，但是绝大部分产品仍是大一统模式。随着物联网、大数据技术的发展，保险产品在产品开发定价方面将更为科学。通过采集客户各类健康领域数据并进行分析，将其转化为与出险概览相关的消费者行为分析，以此来判断出险概览，进一步用于产品开发。通过运用大健康数据技术，保险产品的精准定价能力进一步提升，增强了保险公司与客户的沟通，可对参保人进行生活行为的干预和健康管理，帮助客户改变不良习惯，从预防做起，降低出险率和赔付支出，促使定价更加科学合理。

（三）健康大数据可以强化对过度医疗行为的监控，通过更加有效的医疗控费降低保险产品的医疗成本赔付

健康大数据技术、区块链技术的发展，能够防止健康保险的欺诈行为，进行

有效的医疗控费，防止过度医疗，实现有效的医疗控费，降低健康保险的赔付支出，健康大数据将成为医疗控费的利器。例如，保险公司可以通过大数据分析参保人的医疗电子档案、治疗方案、结算单据等数据，最大限度地控制道德风险，防止医院对参保人员的过度医疗，有效控制医疗费用。

二、典型案例

（一）通过分析挖掘肿瘤类疾病理赔数据为健康险产品开发提供新的定价基础和设计思路

目前商业保险公司重大疾病保险产品开发定价一般基于行业重疾发生率或再保险公司提供的发生率，缺乏对实际出险概率和医疗费用的估算把控能力，在产品设计和定价方面无据可依，从而限制了产品创新，产品同质化现象严重，而健康大数据技术的广泛发展与应用为产品设计和精算定价提供了可能。通过分析挖掘肿瘤类疾病理赔数据，为健康险产品开发提供新的定价基础和设计思路。

以乳腺癌为例，通过对北京、上海和成都三个城市的医保理赔数据库中抽取的乳腺癌病例的深度分析，辅以病人及医生的调研信息，发现乳腺癌的治疗方案和相关费用与其癌症类型紧密相关。其中，原位癌以手术为主，住院时间短，费用相对较低；I–III 期患者的治疗除手术外还需必要的化疗，费用明显增高；IV 期患者的治疗方案以化疗为主，费用更高。

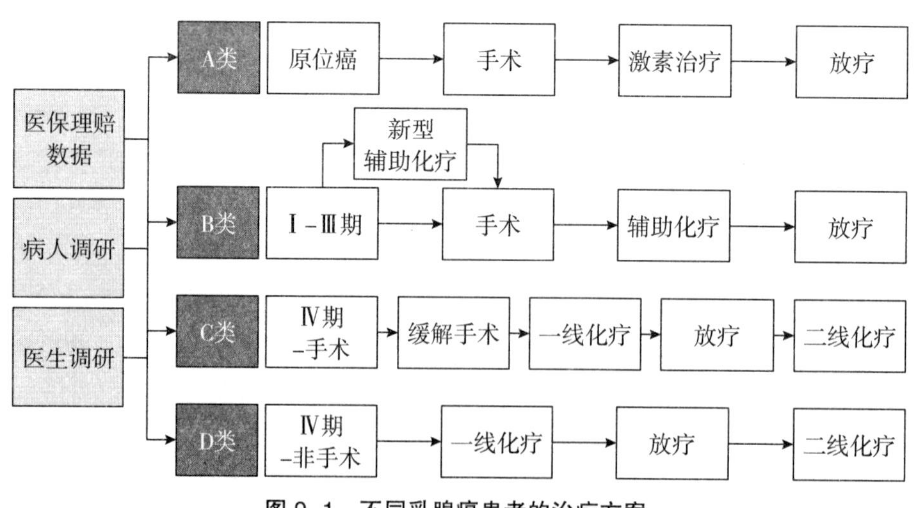

图 9–1 不同乳腺癌患者的治疗方案

此外，患者家庭经济情况也是影响治疗费用的一大因素，家境富裕的患者多选用靶向型生物制剂，其治疗费用大大增高（图 9-2）。由于不同城市消费水平及具体医保政策的不同，也导致城市间的差异性，但与由癌症类型及治疗方案导致的费用差异相比，地域性影响相对较小。

通过对肿瘤费用的深度分析结果，结合不同年龄群体的发病率及疾病演变信息，可为报销型健康保险保障设计及相关精算定价提供有力支持，促进医疗保险产品的创新并提升产品竞争力。

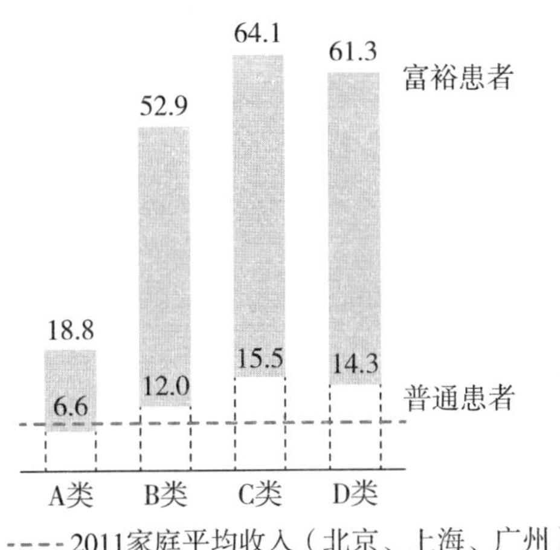

图 9-2　不同乳腺癌患者的费用分布（单位：万元）

（二）某互联网保险公司利用健康大数据开发“步步保”等创新产品

“步步保”由某互联网保险公司推出，是我国首款与可穿戴设备及运动大数据结合的健康管理计划，合作方包括小米运动和乐动力 App。该产品不仅以用户的真实运动量作为定价依据，用户的运动步数还可以抵扣保费。如果你是一位持之以恒的“跑者”，就很有可能用你的运动量免费换取一份保额高达 20 万元的重大疾病险，真正实现为健康而跑。“步步保”通过在小米运动、乐动力 App 中开设入口，用户投保时，系统会根据用户的历史运动情况以及预期目标，推荐不同保额档位的重大疾病保险保障，用户历史平均步数越多，推荐保额就越高。比如每天 10000 步，推荐保额就是 15 万元。保单生效后，用户每天运动的步数越多，下个月需要缴纳的保费就越少。

该产品是为健身族“定制”的保险，以用户运动量作为保费、保额的定价依据，实施动态定价机制，正向激励用户持续运动。该产品让智能运动大数据首入保险业，“步步保”基于运动数据可以更精准地筛选用户，并根据数据为用户打造适合的产品，用户通过健康管理降低了疾病风险，保险公司也降低了赔付率，因而能够实现双赢。

参加“步步保”活动项目、身体健康（需健康告知，免体检）、年龄 18 ~ 40 周岁的自然人都可以参加“步步保健康管理计划”。

（本章作者：乔利剑）

第十章
人身保险市场营销与医学新技术

市场营销是人身保险相对比较有特色的领域，从全球范围来看，在不同地区和时期均有其鲜明的特点。人身保险市场营销还可以按照多个不同维度进行细化区分：从渠道角度可以分为保险公司自有专业代理人（个险）、兼业代理（如银行）、第三方销售中介（代理人公司、经纪人公司）、公司直销（团险）、电销、网销等，从产品角度可以分为长期险、短期险、寿险、健康险、意外险、分红险、万能险等，从客户角度可以分为企业法人客户、家庭客户和个人客户。不同客户、产品、渠道的市场营销均有一定差异，但又有相通之处，无法一一进行讨论。本章内容主要围绕与客户接洽较多、保障型业务占比较高、受医学新技术影响较大的个险和团险营销进行讨论。

第一节　人身保险市场营销的现状和问题

一、人身保险市场营销与普通商品市场营销的异同

人身保险的市场营销与普通商品的市场营销在模式、流程步骤、核算等方面有很多共通之处，但因产品和客户需求存在差异，导致在发展过程中出现了较大的不同。

普通商品的市场营销先后经历了供不应求卖方市场的产品驱动阶段、竞争激烈的促销推销阶段、以细分市场为基础的市场驱动阶段和以客户为中心的客户驱动阶段。而人身保险的市场营销，因为其专业性较强，且客户所从事的行业又较为分散，往往不具备相关专业知识，主动购买的意愿不强，导致人身保险的市场营销快速进入了市场驱动和客户驱动的阶段，需要对市场和客户进行细分，并建

立专属销售队伍，开发生产对应的保险产品，市场营销模式与普通商品的批发零售、定向购销等模式出现了巨大的差异。

但随着传统营销的互联网化、碎片化，人身保险的营销行为也开始借鉴传统营销的发展路径，在原有渠道销售为主的基础上，逐步向平台推广发展。一些形态简单、专业性较低、客户易于理解和市场需求较大的保险产品，如航空意外保险、交通工具意外保险、住院费用报销型医疗保险和重大疾病保险都通过网络平台推广，取得了较好的市场表现。全新的科学技术和商业模式已经对人身保险的市场营销体系构成了巨大的冲击和影响。

二、现阶段人身保险市场营销存在的问题

现阶段，人身保险的市场营销行为主要通过三个方面实施，一是各保险公司自有的销售队伍，包括个险代理人、团险直销人员、电话销售坐席等；二是通过培训支持体系推动第三方销售，如银行保险、中介渠道；三是自建或与第三方网络平台合作，开展互联网线上销售保险，如各家保险公司的官网、淘宝、微信、携程等。

其中，人身保险市场营销最突出的问题是销售队伍的专业能力和学历水平偏低，各大保险公司仍采用较为粗犷的“人海战术”作为发展业务的基础，在大量招募新人的同时，缺乏有效的育人留人手段，导致虽然在市场营销体系中投入了海量的培训资源，但因销售队伍的客户风险识别能力较差、接受理解能力不足、普遍有较强的短期逐利倾向，造成销售误导现象持续存在，保险公司只能采取严进宽出的核保核赔管理体系，这是制约人身保险行业发展的主要因素之一。

与此同时，虽然人身保险在市场营销方面已经开始进行互联网平台推广，但与普通商品领域的客户画像、精准营销、流量导入等相较，仔细分析人身保险的线上销售本质，绝大部分线上销售行为仍然停留在传统的市场驱动阶段，并没有将新兴的科技，特别是医学新技术充分应用于人身保险的市场营销行为。

另外，绝大部分人身保险的市场营销行为还存在较大的误区，大部分保险公司仍以商品到达购买者作为市场营销的终点，将售后的客户服务职能全部归集至运营板块。虽然在21世纪初，在人身保险销售人员的培训体系中，曾提出保险签单只是开始，但如何开始，如何继续进行后续的市场营销，并没有清晰明确的实施路径，以及相应的技术和资源支持，也没有相应的运作体系和模式，导致“签单只是开始”一直停留在理念阶段。

以上问题，如果能够充分利用医疗健康大数据、疾病预防新技术、诊疗新技术等医学新技术，将可以有效得到改善。

第二节　医疗健康大数据对市场营销的影响

随着大数据、区块链等新技术在各个数据领域的应用，特别是跨领域的复合使用，给我们的日常生活带来了全新的变化，例如依托交通大数据的导航技术，就能够让我们躲避拥堵，极大地方便了我们的出行。在医疗健康领域，我们也可以看到诸如智能医疗机器人、城市智慧医疗等课题，正在如火如荼的研发之中。在人身险市场营销方面，我们也已经看到医疗健康大数据对人身保险市场营销行为的深刻影响。

一、目标客户群健康状态的识别提升营销效率

传统人身保险的市场营销之所以使用“人海战术”作为主要的市场营销手段，是因为从客户角度考虑，保险产品相对较为专业，绝大部分客户缺乏自行理解产品内容和保险条款的能力，也缺乏主动购买产品的意愿。而从保险公司角度出发，在客户确定投保前，既无法有效识别客户风险，也无法确定客户的个性化需求。保险公司采取“人海战术”扩大客户接触面，并按照市场驱动的营销理念，开发大多数人需要的保险产品进行销售，是投入产出比最优的营销方式。

而当医疗健康大数据技术得到广泛应用后，保险公司不了解目标客户的需求和健康风险的问题得到了一定程度的解决，市场营销模式也自然而然地随之发生了改变。其中较为突出的是互联网线上人身险销售模式得到了发展，数据信息量较大的平台主体，如社交平台、体检平台，可以通过对用户身体状况的医疗健康大数据识别，在剔除已患有慢性病和患病概率较高的人群后，才开始实施保险的销售。这样的销售流程在两个方面改变了目前的保险销售模式，一是保险产品由向大人群盲目投放，转变为向细分客户精确投放；二是由客户先投保，保险公司后进行风险评估，转变为保险公司先进行风险评估，客户后投保，大大提高人身保险的销售效率和承保效率。

健康大数据技术和智能风险评估技术的运用，使得保险公司将承保客户按健康风险自动细分为优选体、次优体、标准体和次标体，并给予相应的不同费率。一方面，可以使产品价格对于健康人群，特别是年轻人有更大的吸引力，改变目前健康年轻群体不愿投保的现状；另一方面，让保险产品的定价更加趋于公平。

目前，已有保险公司已经开始在医疗健康大数据的基础上，尝试将金融消费、行为轨迹、社交网络、征信等多个领域的数据进行跨域整合，对高危客户和高端客户进行识别，并将识别成果用于核保核赔和精准营销，如电话销售领域为减少扰民投诉，直接向确实有购买保险意愿也有购买能力的客户推送保险信息，将电话目标清单锁定于符合以下条件的客户：

按照国际疾病分类 ICD-10 代码近三年无慢性病的诊疗（含体检异常）、购药记录；

高端车主、年度车险保费万元以上、月信用卡消费超过万元且持续半年以上；

个人医保账户累计余额在 3000 元以上（部分地区）

月龄 3 ~ 12 个月的新生儿父母、直系亲属罹患重病半年至一年、同事罹患重病半年至一年、邻居（县镇以下街道或村）罹患重病半年至一年；

一个月内接受过赠险并留下身份信息和联系方式。

经访谈相关保险公司管理人员、技术人员、销售人员进一步了解到，以上五条中，第一条和第五条属于必要条件，其他条件中，任意具有其中之一，即可提升 20% 左右的销售效率。

二、医疗健康大数据有助于扩大目标客户群

在传统的人身保险市场营销中存在一种“怪现象”，即身体健康状况变差想买保险的人买不了，身体健康状况良好的又不想买，销售人员经常需要列举大量的死亡数据、疾病数据和案例来进行推销说服，营销行为中有较高比例有“恐吓营销”之嫌。

深究其原因，主要是因为传统的人身险产品缺乏数据支持，产品开发依赖于死亡率、疾病发生率和疾病费用等公开数据，涉及疾病诊疗的病程数据，因医疗数据孤岛和个人隐私保护等，无法获得足够的样本量，也就只能开发针对健康人的人身保险产品。但随着各地对医疗健康大数据的整合，特别是“打标签”技术的应用，为开发针对不同病程和并发症的保险产品提供了必不可少的数据支持。随着时间推移、数据积累，高血压和糖尿病继发症保险、手术意外和并发症保险等针对常见病、慢性病不同病程的碎片化保险产品也陆续问世，并将逐步扩大培育相关市场，从而扩大被保险人群的覆盖范围，摆脱“只保健康不保疾病”的尴尬处境。例如，我国的糖尿病和慢性肾病患者分别都超过了 1 亿人，高血压患者就更多，而这些慢性病的并发症或终末期状态对人体的健康和生命影响极大，医疗费用极高，是巨大的人身保险潜在市场，而这一市场并没有得到很好的开发。被保险人群范围的扩大，将带来巨大的增量市场。一方面，身体处于健康状态的

人群对于保险需求相对偏弱，销售难度较大、销售成本较高，而已患病人群更关注保险保障问题，有较强的需求，如能将人身保险目标客户群扩大至已患病人群，则客户主动购买保险的行为将大幅度提升，人身保险的市场营销模式也将发生根本性转变。原本难以发展做大的门店体系也将随之提升发展空间，各公司的官网官微直营业务也有做大的可能，相关市场营销的投入也必将随之提升。另一方面，保险公司在经营已患病人群的碎片化保险产品时，还可以进一步利用医疗健康大数据，关注并提前识别病程转化较快的部分被保险人，通过健康管理服务延缓病程，减轻疾病严重程度，最终降低碎片化产品的赔付率。相关工作的开展实施，在降低赔付率、赚取健康管理服务利润、创造直接价值的同时，还能够提升客户黏性，真正达到“签单只是开始”的理想营销状态。

第三节 疾病预防新技术对市场营销的影响

疾病预防新技术在对人身保险市场营销体系的影响是最为深远的，疾病预防新技术将有可能是最快对人身保险市场营销模式进行改造的领域。

疾病预防虽然古已有之，最早在先秦时期的《庄子》中就有熊经鸟伸的二禽戏，对养生和疾病预防有所记载。但在20世纪以前，甚至21世纪初，疾病预防技术仍然是医学领域的边缘学科。医疗行为主要以患者产生不适感作为行为触发点，是一种被动行为。主动发起的疾病预防行为较常见的是疫苗接种和单病种筛查。无论是从服务的人次还是花费的金额来看，疾病预防在医疗行为中均占比极低，对人身保险行业的作为也微乎其微。特别是我国大陆地区，基本没有保险公司将疾病预防技术应用在市场营销领域，产品也只有疫苗险一种，保障内容是疫苗接种造成的不良事件。

近年来，随着健康人群的常规体检量快速增加和医学诊断技术的高速发展，越来越多的病种有了清晰的“先兆”和“临界点”定义，可以通过常规体检提前发现高危人群，并可以进一步提前实施干预，降低疾病发生率。

以人类疾病死亡率排名第一的心脑血管疾病为例，其中缺血性心脑血管疾病已有一些相对较为成熟的疾病预防技术问世，其中比较典型的是远端缺血预适应（RIPC）技术。该技术是用血压计袖带或压力治疗仪，在四肢某部位施加一定压力，造成缺血处理后，诱导其机体内部产生一种强大的多器官保护机制，以避免、抵抗或缓解今后发生严重的，甚至致死的心脑血管缺血事件。临床实践已经证明，该技术可以有效预防缺血性心脑血管疾病，但尚无保险公司将其应用或推广至人身保险被保险人群。而随着科技和医学技术的进步，不同疾病分科、不同病种均不断有类似的疾病预防技术问世，未来还会有更多的此类技术得到临床验证。

对人身保险行业而言，完全可以围绕此类疾病预防技术打造全新升级的市场营销模式。

保险公司需要建立不同于传统市场营销模式的全新体系，这个新的市场营销体系将由健康管理服务、保险产品推销、大数据或区块链技术、商业模式嵌套四个部分构成。

其中，健康管理主要负责组建医疗专家团队，时刻关注和验证各类最新的类似远端缺血预适应技术的疾病预防新技术，并建立疾病预防技术数据库。

在疾病预防技术数据库相对丰富完善后，将精准信息推送服务加入保险产品责任或服务内容中，这样在推销环节就不需要再强调投资理财功能，也不需要再使用类似“恐吓营销”的推销手段，而是将重点放在购买保险产品后可以降低疾病发生率、延缓病程上，拿出有说服力的实际数据，令市场和客户认识到购买保险产品后可以更长时间地保持健康状态，进入疾病状态后还有保险保障。

在此基础上，依托医疗健康大数据，或通过区块链技术，对授权允许保险公司获取诊疗和体检信息的客户进行高危疾病识别，优先识别已有成熟疾病预防技术的高危人群，并持续对已出现“先兆”和达到“临界值”的目标客户进行个性化、精准的疾病预防技术推送。

信息推送后，还需要考虑商业模式嵌套问题，对于无法商业化运作的疾病预防技术，保险公司可以在精算基础上给予一定的费用贴补，对于可以商业化运作的技术，保险公司则需要预先打通客户获取相关技术的路径。仍以远端缺血预适应技术为例，出现高血脂症和血栓先兆的客户会有三种选择，一是前往医疗机构获取远端缺血预适应技术服务，二是自行选购远端缺血预适应仪进行预防和治疗，三是按照保险公司推荐的品牌购置远端缺血预适应仪进行预防和治疗。如果客户选择前两种，保险公司在精算测算的基础上可以给予一定额度的补贴，能够提高客户实施疾病预防措施的意愿即可。如果客户不具备相关的条件或者专业知识，则保险公司应提前完成商业模式嵌套，为客户选择好成熟的、性价比最高的产品，并协助客户完成采购。当然，如果相关的疾病预防技术成本较低，例如腰间盘突出、痛风等疾病预防技术，则保险公司完全可以免费提供。

在全流程中，无论是销售人员还是平台渠道，客户触点都需要多次与客户进行对接和评估，开展各类市场营销活动，与现阶段从类似“恐吓营销”开始，到签单结束的营销模式，会有本质上的差异。

第四节　诊疗新技术对市场营销的影响

一、诊疗新技术改变人身保险目标客户定位

在国内特别是大陆地区，社会基本医疗体系使用的是“白名单”制度，即只有进入社保报销范围的诊疗项目和药品才予以报销。只有相对比较成熟的，而且性价比相对较高的诊疗措施，才会纳入社保报销范围，而诊疗新技术一方面实施范围不大，另一方面价格也相对较高，所以无法在较短的时间内，将大量新研发的诊疗技术都纳入社保报销范围，存在以年为单位的滞后期。以生物免疫疗法为例，某直辖市就曾经将免疫疗法的某项诊疗技术纳入了社保报销范围约两年时间，主要用于肿瘤治疗，但在出现负面病案报道后，又将其剔除出社保报销范围。新的诊疗技术大量属于自费项目，这一现实情况将长期存在，并始终是中高端人群的保险需求和客户痛点。

与此同时，人身保险在目标客户开发过程中，医疗费用报销型医疗保险往往能起到敲门砖的作用，是人身保险市场和客户需求最为强烈的保险产品，可以带动其他人身保险产品的销售。在目标客户分层中，中高端人群一般均已有较为完善的社会医疗保障福利，而传统的医疗费用报销型产品保障范围与社保报销范围一致，无法报销自费诊疗项目，使中高端人群对传统的医疗费用报销型产品并不完全满意，这也是近年来，可以报销自费诊疗项目的“百万医疗”产品出现热卖的主要原因。

现阶段，虽然市场上可以报销自费诊疗项目的“百万医疗”类产品仍然存在起付线过高——免赔额一般在 1 万元左右，90% 以上的患者无法获得理赔的问题，但相关产品对数据的积累，有助于直保和再保公司建立数学模型，用于支持后续保险产品的开发。另外医疗健康大数据的逐步开放，也将加快这一进程。

综上所述，随着更多诊疗新技术的问世，中高端市场的需求和痛点也会随之放大，符合市场需求，类似税优健康险的自费诊疗项目费用报销型人身保险产品也将逐步拓展中高端人群的市场，带动其他人身保险产品的销售，为人身保险行业带来更多的优质客户群。而整个市场营销体系也需要对应进行调整，将更多的医疗新技术信息融入培训、行销辅助品、多媒体宣传材料中。

二、疾病诊疗新技术促进人身保险市场营销范畴的扩大

如本章第三节所述，疾病预防新技术的大部分适用人群是相对较为健康的客

户群体，那么疾病诊疗新技术的适用人群就是全部已经进入长期慢性疾病状态和急性发展期的客户群体，预防新技术可以打造全新的人身保险市场营销体系，诊疗新技术也可以起到类似的作用，侧重点略有不同。

在传统的人身保险市场营销体系中，客户的售后服务内容被严重削弱，甚至整体剥离至后援客服体系，不利于销售队伍的长期稳定发展。具体分析其成因，一方面是不具备必要性，在客户服务流程中，没有销售人员必不可少的服务环节，通过后援体系完全可以满足绝大部分客户的需求，不需要进行任何销售动作。另一方面是不具备吸引力，在客户服务过程中，不能产生足够多的直接销售利益，销售人员没有能力提供能够产生直接销售利益的服务动作，客观上削弱了销售人员为客户提供服务的动力。在承保签发保单后，有一部分客户在出险后乃至保险事故处理结束后才会寻找销售人员进行理赔。还有部分客户甚至是直接通过客服体系完成理赔服务，完全没有再接触过销售人员。虽然也有部分销售人员与客户接洽较多，但也是从客户深度开发和转介绍需求的角度与客户沟通接洽，真正的客户服务内容占比少之又少。

随着医疗健康大数据带来的精准营销、疾病预防新技术、疾病诊疗新技术的普及和应用，人身保险市场营销的定义和范畴也有很大可能性进行扩展，但这种扩展和预期收益的扩大是有先决条件的，即保险公司需要首先具备为其客户解决医疗信息不对称的能力，还有为其客户提供提高医疗服务体验和医疗服务质量的可实施路径。保险公司需要进一步研究如何加大相关领域的成本投入，诸如参与政府合作社保补充业务、投资自建医疗机构、协助政府进行医疗机构监管、组建医护服务团队、与各大医院科室开展合作等，以获取更多的医疗资源。

当保险公司具备了相关服务能力后，市场营销体系增加和强化客户服务职能也就成了有吸引力和有必要的事情。

从销售人员角度来看，做好客户的后续服务，增加客户拜访理由，无论是客户及家庭成员的直接加保还是转介绍，都将为销售人员带来丰厚的回报，而且建立在客户画像和精准营销基础上的诊疗新技术商业模式嵌套，还将产生额外的销售利益，进一步强化相关服务对销售人员的吸引力。当吸引力得到提升，而且市场营销体系确实可以通过医疗体验和医疗质量的提升服务获得更多销售利益后，通过销售队伍而不是后援客服人员提供相关服务，也就具备了必要性。协助客户获取诊疗新技术服务并提升服务体验，将成为市场营销体系中的必要环节，销售人员也有足够的动力做好此类服务工作。

第五节　未来营销模式展望

随着医学新技术的不断发展，与医疗、健康相关的医疗服务、健康产品也必将逐渐增多，医疗健康产业链也将随之延长，而受其影响，人身险市场的价值链条，也将随之延展，由目前死差、费差、利差的短链条盈利核算模式，向获客、高附加值服务、高价值周边产品销售等转变。

对于人身险公司而言，原有的产品、销售队伍、运营服务体系，也必须随之改变，单一的产品培训、企业文化培训、销售技能培训已不能满足市场和客户的诉求。各人身险的经营主体需要更深入地研究医学新技术，并将其充实入营销渠道知识体系，通过互联网在线学习技术和自主学习系统，以实时更新的方式，将最新的且经过权威学术机构和市场检验的医学新技术，定向提供给销售队伍、展业平台、合作渠道，以不断提升业务拓展能力。当然，这需要对应优化调整培训支持系统和营销管理系统，用于支持市场营销体系建设。

随着疾病预防、诊疗新技术和健康管理技术的发展，针对单一病种、已患病或亚健康人群的人身险产品会越来越多，甚至针对单一的疾病治疗新技术和新方法的保险保障需求也会陆续出现。这些新产品对保险销售提出了全新的要求，因为现有的所有保险销售方式，都只适合于大人群、大众产品的销售，很难将此类碎片化产品有针对性地投放给对应的细分目标客户群。因此，需要保险公司开辟新的销售通路，制定新的销售流程，创造新的销售场景。

未来的市场竞争，将呈现两极分化的态势。对于能够掌握医学新技术并将其应用于产品和服务的人身保险公司，其客户将逐步趋向高端人群，对服务体验要求较高，不再是单一购买保险产品，对保持健康状态和获取有效医疗服务的诉求更强，对价格不敏感。传统的保险公司将更倾向于提供基础的保障服务，其客户群体对产品保障内容和价格更敏感。

目前，人身险行业内尚无专门研究医疗新技术应用的相关人员和团队，本章内容也未能穷举所有医疗新技术对人身保险市场营销的影响，部分内容尚缺乏有力的实证和数据，相关方向的医疗新技术应用研究和思考谨供各位读者参考。

（本章作者：边异、邓建华）

参考文献

［1］丁青艾．远端缺血预适应的临床实践探索［J］．中国民康医学，2016，28（20）：43–46.

第十一章
人身保险核保与医学新技术

第一节　概述

一、核保概述

（一）概念与意义

核保又称风险选择或风险评估，是保险公司根据保险标的的不同风险水平进行审核、筛选、分类，以决定是否承保及承保条件的过程。在人身保险中，保险标的为人的生命或身体。

核保的主要目的与意义包括：公平性，维持差别费率的公平性，维护各被保险个体之间的公平，对客户实现公平待遇；预防性，防止逆选择风险，逆选择是指个人的一种倾向，即认为其损失可能性高于平均水平的人比那些认为其损失可能性低于或等于平均水平的人，会更积极投保的选择倾向；安全性，将实际死亡率控制在精算师假定的死亡率范围内，从而维持保险公司的健全经营。另外，通过核保工作，提供全方位和多层次的保险服务，满足客户的保险需求，帮助客户获得全面充分的保障。

（二）核保的原则

保险公司一般会遵循对被保险人公平、对保险公司公平、结论易于送达的原则来核保。

对被保险人公平。核保员收到投保申请后，必须对被保险人所反映的风险进行评估，然后针对被保险人的风险水平出具相应的核保结论或执行相应的费率。

针对风险水平相当的被保险人应出具相对一致的核保结论。

对保险公司公平。保险公司的业务是以合理的价格提供保险保障，被保险人应支付与其风险等级相符的保费，若有过多的高风险客户按一般承保条件被承保，势必动摇保险公司的经营基础。虽然核保没有直接参与公司产品定价，但为确保精算预测的死亡率、发病率与实际情况接近，并实现公司的财务稳健，核保员的决策至关重要。

核保结论易于送达。一个特定的核保结论是否被接受是由客户最终决定的，客户不接受核保结论的主要原因包括：客户认为保险公司的风险评估不合理、保费太高、限制了保险金额或减少了保险责任范围。核保人员面临的最大挑战就是说服销售人员接受核保人做出的核保结论，一个成功的核保员不仅能够做出合理的核保结论，还能够让保单销售人员接受该决定。

二、人身险核保评估的主要内容

（一）健康风险因素

健康风险评估是依据客户的健康信息资料，评估其潜在的健康风险与预期死亡率或发病率是否一致，并依此出具核保意见的过程。核保过程中主要关注的健康风险因素主要包括以下几个方面。

1. 年龄

年龄是影响死亡率的首要因素，也是影响发病率的重要因素。对于不同年龄段人群，疾病的预后也不同。风险评估过程中须重点关注被保险人年龄及各年龄段的好发疾病，通常每一种疾病都有其高发年龄，核保人员进行健康风险评估时需要关注疾病规律，并依此做出合理的判断。如冠心病多发生在中老年男性，如果年轻女性心电图表现为T波改变，则患冠心病的风险较低，如果是50岁的男性，则风险较高。另外，对于年轻的准被保险人，核保人员更多地关注意外死亡风险，而非疾病、身故风险；若准被保险人为中年人，情况就会相反。

年龄同样可以提示逆选择的存在。例如，一位年龄为60岁的、第一次购买寿险的男性，比另一个从成年时就购买寿险的60岁的男性有更高的逆选择概率。事实上，一个人在年老时才决定购买保险保障很可能是因为突然关注到健康状况每况愈下，这很可能是逆选择的信号。

2. 性别

性别是健康风险评估中仅次于年龄的一个重要因素，与疾病的发生、预后及死亡率关系密切，同时也是影响意外发生率的因素之一，因此性别会影响保险费率。一般而言，女性的平均预期寿命除在妊娠期间外总是高于男性，男性意外死亡率明显高于女性。某些疾病发病率与性别密切相关，如甲状腺疾病、风湿性疾病、红斑狼疮等多见于女性，而胃和食管疾病、肺癌及先天性、遗传性疾病（如血友病、色盲等）以男性为多。不同性别人群患同一种疾病，其预后可能不同，如慢性乙型肝炎，女性预后一般好于男性。

3. 健康状况

健康状况的评估须关注被保险人的体格、现病史和既往史。

体格通过身高、体重、腰围等因素体现，体格与死亡率有相关性，体格偏离正常范围越远，死亡率越高。目前对于 18 岁以上的人群，常用的体格评价指标是 BMI 指数，其计算公式为：体重（公斤）／身高的平方（米）。另外，腰围也是评价体格的一个重要指标。

BMI 过高或腰围过大，均会对心血管系统和呼吸系统造成严重影响，可大大增加死亡率和发病率。而体重不足需要评估 BMI 和体重不足持续的时间、直系亲属的体重情况、体重减轻的原因、伴随的疾病、精神状况、是否有主动节食等情况。无论体重高低，明显、快速的体重变化都可能预示着疾病风险的存在。

现病史是指客户目前健康状况和所患疾病情况，包括异常症状和疾病的发生、发展、演变和诊治经过。既往史是指客户既往的健康状况和过去曾经患过的疾病，如外科手术史、预防接种史、过敏史及各系统异常症状等，核保人员需要评估既往疾病是否影响死亡率及其他疾病的发病率。同时，核保人员还应了解新近的医疗发展或公众健康趋势，因为特定疾病所反映的相对风险会因医疗或科学研究的发展进步而发生变化。

家族史包括被保险人家族成员病史中所涉及的家族遗传病、有遗传倾向的疾病及家族成员平均寿命。具有阳性家族病史者，其相关疾病的发生率将明显高于无家族病史的人群。核保时应认真分析所告知疾病的特点、遗传规律，结合被保险人年龄、性别、体检结果审慎评点。如男性被保险人告知其母亲患有乳腺癌，则影响不大，但如果告知其父亲患有结肠癌，则风险显著增高。

评估家族病史时仅考虑直系血亲的病史即可，如父母、兄弟姐妹，如果是隔代遗传类疾病，需要考虑隔代血亲的病史，如甲型血友病就是一种“传男不传女”的隔代遗传性疾病。

（二）财务风险因素

财务风险是指由于被保险人不良的财务状况或不合理的保险需求而导致保险标的的保险事故发生率增加或保险合同中断而导致公司经营成本增加的风险。财务核保就是根据投保人、被保险人的保险需求、收入所得、资产状况等因素来综合考虑所需保障程度的适当性，及投保的保险金额是否与其收入、资产相匹配，投保人是否有足够的保费支付能力，从而排除超额投保、投机性风险、因经济问题引发的道德风险等。

财务风险评估的基础是基于保险的补偿原则，投保人购买保险的目的是为了弥补可能发生的损失，而不是使其获利。因此，核保人员在审核每一张投保单时无论保额高低，均需要通过财务核保以确定投保金额、险种与其所需保障程度是否相匹配，确保投保人、受益人不会因保险事故的发生而获得额外的经济利益。财务核保并不是只针对投保高保额的客户，而应该自始至终贯穿于核保的全过程，和医学核保具有同等重要的地位。

（三）个人风险因素

被保险人可以反映出与年龄、性别或疾病情况无关的多种风险，包括从事的职业风险、吸烟饮酒等不良嗜好、高风险的业余爱好、居住地或旅游地环境情况、犯罪信息等个人风险因素。

职业是指从业人员为获得主要生活来源所从事的社会工作，以获得现金或实物等报偿为目的，是一种在一定时期内比较稳定且符合国家法律和社会道德规范的活动形式。某些职业会带来一定的健康危害，某些职业的意外伤害发生率明显高于其他职业，甚至不同职业人群的生活习惯不同，由此带来的相关风险也不同。例如，从事爆破、矿石搬运等工作的人员，长期吸入大量能引起肺纤维病变的各种粉尘会增加患尘肺的风险；高空作业、爆破作业、特技演员等职业更容易发生意外。

吸烟、过度饮酒及药物滥用等不良生活习惯影响人的身心健康，增加死亡率或发病率。另外，某些无业人员生活糜烂，与社会不良人员及非法组织来往密切，也会增加保险事故的发生概率。吸烟是造成冠状动脉疾病、脑血管疾病、闭塞性动脉硬化（外周血管病）的主要危险因素，并且是各年龄段人群癌症死亡的最重要病因之一，同时它也是慢性阻塞性肺病的主要病因。如果吸烟指数（每日吸烟支数 × 吸烟年数）＞ 300，发生相关疾病的风险显著增加。

高风险的业余爱好，如潜水、登山、跳伞等，会对被保险人的意外风险产生影响。而被保险人所处的居住、工作、旅行地的环境对被保险人健康状况也有明显影响，尤其是当地的治安环境、医疗卫生条件、交通通信便利性等因素的影响力尤为明显。客户所在地的流行病、医疗卫生条件直接影响客户的患病风险，治安情况、社会政治经济的稳定与否、战争直接影响客户的意外身故或致残的风险。

第二节 医学诊疗新技术对核保的影响

一、医学诊断新技术对核保的影响

（一）基因检测技术

随着技术进步和成本的逐步下降，基因检测逐渐从实验室走向临床，走进大众生活。基因诊断就是在基因水平上对疾病或人体的状态进行诊断，是以遗传物质（如 DNA 或 RNA）为检查对象，利用分子生物学技术，通过检查基因的结构或表达量来诊断疾病的方法。目前基因诊断主要用于先天遗传性疾病诊断（如地中海贫血）、感染性疾病病原体诊断、基因突变型疾病（如肿瘤）诊断、产前诊断等。除了诊断疾病，基因检测还可以预测疾病风险，比如通过检测乳腺癌易感基因 BRCA1/BRCA2 预测未来罹患乳腺癌的风险。但因为基因诊断除了有提前预知疾病风险的积极意义，还涉及检测者心理负担及家庭伦理等社会问题，国家已经出台相关政策规范约束基因检测在临床上的应用。

目前基因诊断获取的信息能否应用在保险领域也还存在争议，既涉及伦理、隐私问题，也有政策法规方面的因素，而这恰恰在某种程度上决定了基因诊断技术对核保的影响程度。设想一下，如果一个人通过基因检测发现其未来罹患某种恶性肿瘤的可能性非常高，他完全可以到保险公司购买高保额的重疾险，如果保险公司核保时可掌握其基因信息，相当于直接帮助核保识别出被保险人的此种特定风险因素，如果风险程度过高，可采取责任除外、加费或拒保等方式进行风险控制。如果核保时不能使用基因信息，即使客户因为投保保额过高被要求体检，普通体检也无法查出其可能罹患某种恶性肿瘤的因素，加剧了高风险客户“逆选择”带来的风险，增加了保险公司被动赔付的风险。因此，核保方面需要密切关注此方面的法律监管规定。

当然，基因诊断技术的推广和普及造成的保险公司与客户双方信息的不对等，是否会增加客户的逆选择风险也值得探讨。曾有一些学者针对基因检测结果对逆选择的影响进行了经验分析。例如，2005 年有学者利用一个关于阿尔茨海默症的随机控制试验的结果来考察基因检测结果与保险购买行为之间的关系。他们将 148 名参试者分为三组：不了解自己的基因类型、知道自己的相关基因是阴性（低风险）以及知道自己的相关基因是阳性（高风险），在一年内追踪参试者的保险变动情况，然后运用相关模型来考察参试者掌握基因信息的不同对于其保险变动的影响。分析结果表明对于寿险、健康险和伤残险，没有发现三组参试者在保险变动方面存在显著差异。2000 年，兹克等研究者针对妇女乳腺癌基因的经验分析结论是，那些知道自己基因阳性的妇女并没有更多地购买寿险，而阿姆斯特朗等人在 2003 年同样针对乳腺癌基因的经验分析却得出了相反的结论，那些知道自己患乳腺癌风险高的妇女会增加她们的寿险保险金额。这些数据由于受限于样本量、试验时间、地区人群等因素，并不是最终的结论，未来还需要更多的分析和证据才能得出更具有说服力的结果。

面对基因诊断的普及有可能带来的逆选择风险增加，核保需要关注这方面的数据，甚至主动从公司的理赔数据入手，回顾分析本公司逆选择风险保单特征，更有效地指导核保风险选择工作。核保方面还需要考虑如何设计健康告知问卷，引导客户进行如实告知；如何优化体检项目，筛选发生率或检出率高的疾病；如何利用大数据获取更多的客户信息并进行有效地分析、处理。另外，可以考虑建立关联保单，将在本公司内投保的夫妻、子女关系、祖孙关系保单互相关联，通过健康告知、体检资料、理赔数据等间接了解客户家族疾病情况，识别一些具有明显遗传风险的疾病或是否存在遗传病家族史。

目前基因检测主要是针对单基因检测，但事实上，目前所知的由单基因决定的疾病非常少，基本上是致病基因非常明确的遗传病。而像高血压、糖尿病、癌症等大多数疾病，虽然有遗传层面的因素，但都是由复杂的多种遗传因素决定的，而且还与环境、饮食等多种因素有关，目前基因检测尚无法解决。另外，目前市场上的基因检测水平良莠不齐，更是有研究显示 40% 的消费级基因检测或涉嫌造假，其中大部分与癌症有关。此次研究虽然样本量小（49 例），但也在某种程度上揭示了消费级基因检测测试与实验室诊断性基因检测的巨大差异，如果核保收集到的是此类消费级基因检测结果，需要考虑如何应用才能更加客观地对待。核保还需要不断跟踪学习基因诊断技术，了解最新动态，当未来基因诊断结果可以应用在保险领域时，能更好地应对客户的基因诊断结果，识别基因诊断结果的准确性高低，对于基因检测呈阳性的客户出具更公平合理的核保结论。

（二）液体活检技术

液体活检由于具有无创、便捷、及时等优势成为近几年新宠，其中循环肿瘤细胞检查技术（CTC）和循环肿瘤 DNA（ct DNA）检查技术是研究最热门的两大液体活检手段，除此之外，越来越多的液体活检手段被广为研究，如外泌体、循环肿瘤 RNA 等。目前认为液体活检在癌症筛查、肿瘤复发预测、指导药物选择、耐药性检测、动态监测疗效等方面均具有应用价值。

虽然液体活检的开发前景很大，但目前尚处于科研探索与验证阶段，在临床实践中还存在一些问题，如缺乏统一的技术方案，不同的检测技术会导致不同的检测结果，数据处理可能存在人为误差等。约翰霍普金斯大学医学院的两位研究人员曾在《JAMA Oncology》杂志上发表文章指出，不同机构进行的检测所得到的结果差异非常大，在两家权威机构同时检测的40名患者样本中，除去6例检测结果被认为无效的外，其余34例中测序结果完全一致的只有12例。

液体活检目前在不同方向上的成熟度不同，但未来其在肿瘤早期筛查、精准治疗、疗效监测等方面的逐步成熟，都将对核保产生一定的影响。目前癌症客户投保寿险，核保一般均不予承保，但随着精准治疗的发展，意味着能更好地监测癌症患者的疗效、预后复发情况，提高患者的生存时间。未来对于患有癌症的客户投保寿险，或许也可以根据其液体活检结果的不同，对癌症客户进行风险高低的分类，对于治疗效果好、不易复发的癌症客户也能有条件承保，进一步促进精细化核保。液体活检在肿瘤早期筛查上的发展，也势必会增加相应癌症的发病率（检出率），这对重疾或者防癌险核保将产生更大的影响，核保需要重视对高检出率的癌症做高危人群的筛查，或者对于高保额保单将液体活检也纳入体检范围。随着技术的进步，检测费用肯定会逐步下降，应用也将更加广泛，目前无法治疗的客户或许会选择放弃治疗，未来有治疗的希望和方法的，客户的治疗费用也会在某种程度上会增加。从长远来看，疾病如果获得早诊断、早治疗、预后得到提升，那么个体综合医疗费用也有下降的可能。因此，对于医疗险来说，核保需要关注液体活检技术的发展可能带来的费用增加或下降，从而制定相对严格或宽松的核保政策，引导客户选择更合理的险种组合，获得充足的保险保障。

（三）其他诊断技术

除了基因检测、液体活检之外，CT、数字化超声技术、三维超声技术、超声造影成像技术等医学影像诊断技术，肿瘤标志物、特异性蛋白和酶检测等细胞生化学技术也在不断发展。近20年来，越来越多的分子肿瘤标志物被不断发现，在肿瘤的诊断和治疗方面起到积极作用。

任何医学诊断技术的发展，都需要经历不同的阶段，但最终目的都将是提高疾病的诊断率，在疾病的早期做出诊断，甚至可以预知疾病的发病率。新技术对疾病的检测既方便又快速，随着未来新技术诊断特异性和敏感性的提高、费用的降低，一旦被广泛应用，对保险公司尤其是人身保险中的寿险和重疾险具有较大的影响。一方面，疾病早诊断、早治疗，可以降低后续治疗的费用，降低死亡率，或者预知疾病的发生，从而提前预防、降低发病率，这无疑对于寿险和重疾险是较为有利的。但疾病诊断率（检出率）的提高，也需要引起核保的关注，必要时需要增加相关的体检项目对高危人群进行筛查。另一方面，客户很有可能通过选择便利的诊断技术获知自己患某种疾病的风险较高，再转过来进行选择性投保，逆选择风险增加。而对于风险比较低的人，则投保意愿低或不投保，那么保险的发病率、死亡率都会大大高于正常的人群，进而造成保险公司严重的经营亏损。目前保险公司对于客户健康状况的了解主要依赖于其主动告知，而且核保体检采用的是一些常规的体检，可能在疾病的早期是没有办法诊断出来的，因此逆选择的增加对核保的冲击较大。核保人员不仅需要考虑利用更多的渠道去获取更多的客户信息，而且需要优化现有的健康问卷引导客户告知，优化传统体检项目，分析逆选择风险保单特征等，更好地应对逆选择带来的冲击。当然由于不同医学诊断技术所处的阶段不同，核保人员需要了解其最新研究发展动态，从而能准确判断其可靠性及在核保中是否具有参考意义。

二、医学治疗新技术对核保的影响

（一）恶性肿瘤治疗新技术

国家癌症中心发布的《2018 年中国癌症报告》显示，平均每天有 1 万多人（380.4 万 /365 天）诊断新发癌症，每分钟约有 5 人死于癌症，癌症死亡率高于全球平均水平。女性乳腺癌发病仍居首位，甲状腺癌近年发病率上升快，肺癌在男性中发病率和死亡率均居首位，肝癌和胃癌是重要负担。面对如此高的发病率和死亡率，中国癌症防治水平亟待提高，国家为此也不断出台防癌抗癌措施，致力于提高癌症的五年生存率。

新兴的“靶向治疗”正在成为中国对抗癌症的一把利器，它通过基因检测分析癌症患者变异细胞的形态，然后施用针对不同癌变细胞的特定靶向药物，极大程度上减少了对正常组织细胞影响。相较于传统疗法，靶向治疗不仅副作用小，而且治疗效果更好。肿瘤免疫治疗药物 PD-1 抗体 Opdivo 和 Keytruda，以及 PD-L1 抗体 Tecentriq 也给中国广大的肝癌患者带来了希望，通过免疫调节，激活自身免疫系统，达到对抗肿瘤的作用。质子重离子治疗技术是国际公认的放疗尖端技术，能够对肿瘤进行集中爆破的同时，减少对健康组织的损害。随着国内第一家质子重离子医院在上海建成使用，国内诸多省份也在尝试或酝酿研发或引进质子重离子治疗设备。另外，还有诸多新型的肿瘤治疗技术，如肿瘤疫苗及生物治疗新技术、肿瘤热化疗、激光光动力疗法等也在不断研究、发展中，目的都是致力于最大程度地对抗肿瘤细胞，减少对正常组织细胞的影响，提高生存率和生存质量，降低复发率和死亡率。

恶性肿瘤治疗新技术将带来更高的生存率，对于寿险核保来说，核保人员除了要关注客户的健康状况、是否患有恶性肿瘤或其他癌症风险因素、特定恶性肿瘤的五年生存率外，还需要重视客户的财务因素，因为新技术的发展虽然意味着疾病能得到治疗，但越先进的技术费用也越高，只有客户的财务状况足够支撑他去获得新技术治疗，才能获得更高的生存率。新技术的治疗费用高，客户就会更加愿意去购买更高保额的重疾险或医疗险，同时伴随着疾病诊断技术的发展，核保的难度也会大幅度增加，核保人员需要学习、掌握最新医学动态，提高专业水平，进而提高风险识别能力。

（二）器官移植技术

目前以器官移植为代表的器官功能替代治疗取得显著成效，广泛应用于临床。器官移植技术的目的是用来自供体的好器官替代受体损坏的或功能丧失的器官，包括同种异体器官移植、异种器官移植和人工器官（3D 打印器官等）移植等。我国自 2015 年全面开启公民器官捐献以来，虽然器官严重短缺的问题依然存在，但中国公民逝后自愿器官捐献数量逐年增长，器官移植手术量也在不断提升。从质量上看，我国肾脏移植术后一年、三年肾存活率分别已经达到了 97.9% 和 92.65%，肝移植患者术后一年、三年、五年的生存率分别为 84%、75%、71%，达到国际水平。

由于长期应用免疫抑制药物，器官移植受者容易罹患移植术后新发肿瘤、移植术后新发糖尿病、高脂血症、高尿酸血症、心脑血管疾病等并发症。美国研究人员发现，接受了诸如肾脏、肝脏、心脏或肺等实体器官移植的病人，其总体罹患癌症风险是一般人群的两倍，其发生多种不同类型恶性肿瘤的风险也会增加。移植后糖尿病（PTDM）是实体器官移植后常见的并发症，增加移植物丢失、心血管疾病的发生率和死亡率。移植受者高脂血症的患病率高达 40% ~ 80% 不等，表现为总胆固醇、低密度脂蛋白胆固醇和甘油三酯均升高，是冠状动脉粥样硬化性心脏病（冠心病）、脑卒中的重要致病因素。

器官移植技术的发展也会提高生存率，延长寿命，尤其随着人工器官的发展，对于寿险核保来说，客户的财务因素、个人因素等对疾病预后的影响力增加，须引起关注，同时需要关注器官移植后带来的一系列并发症。器官移植手术属于重疾赔付范围，随着器官移植技术的发展，手术量不断提升，也意味着未来赔付的风险逐渐增加，因此核保方面须关注哪些器官移植最普遍，针对此类器官的结构或功能做相应的检查，如有异常，应更加引起重视。

（三）其他治疗技术

其他医学治疗新技术，包括 3D 打印技术、脑起搏器、干细胞技术等，也将影响某些疾病的治愈率或生存率，减少死亡率或致残率，过去无法治疗的疾病未来或许能得到治疗。对于寿险而言，这将会直接影响核保人员的评估结果（降低寿险评点），还会改变核保人员的评估思路（财务因素、个人因素对疾病预后的影响力增加，核保人员需要加强财务核保的能力）。新技术的治疗费用高，客户将需要更高保额的重疾险或医疗险，风险选择的难度也将大幅增加，核保人员需要思考治疗技术对核保的影响，重点关注对核保影响较大的治疗技术。对于重疾险或医疗险，核保人员最重要的仍是在承保前对被保险人的健康状况有充分了解，但在当前中国保险市场缺乏诚信、业务规范程度不够高的大环境下，作为风险选择之一的核保人员必须要紧密跟踪早期新型诊断技术、新型治疗技术，利用人工智能、大数据等新技术辅佐人工核保，不断学习、积累、创新，提升核保风险评估的能力。同时，还要加强对其他风险选择环节的管理，提高销售人员、体检医师、生调人员等风险选择的质量，让核保工作不断向精细化、专业化发展。

第三节　预防医学、健康管理和疾病康复技术对核保的影响

一、预防医学对核保的影响

预防医学以人群为研究对象，主要研究健康的影响因素及其作用规律，阐明环境因素与人群健康的相互关系，制定公共卫生策略与措施，以达到预防疾病、增进健康、延长寿命、提高生命质量的目的。核保人员需关注环境因素、职业因素等对特定疾病的发生、预后的影响。流行病学可以提示不同地区人群的寿命、不同疾病的发病率和死亡率等相关数据，可以帮助核保人员对不同地区的客户进行风险选择，对于特定疾病高发的地区实施差异化核保。随着人类活动的速度和范围不断提升，抗生素滥用现象普遍存在，大家还面临着新出现和易流行疾病疫情的爆发，核保人员需要时刻关注世界各地的新型疾病或疫情，做好相关疾病的风险识别与控制，对于前往有疫情国家或刚从有疫情国家返回的客户进行延期承保。此外，乙肝疫苗、丙肝疫苗可通过降低乙肝、丙肝的发病率，从而降低由肝炎导致的肝癌发病率。随着生物医学技术的发展，癌症疫苗、艾滋病疫苗等新的

预防性疫苗研究也取得突破，目前 HPV 疫苗已在市场上得到推广应用，预期可以预防 70% 的未感染 HPV 的女性发生宫颈癌，核保人员也需关注此类新型预防性疫苗的临床效果、应用情况等最新动态，做好不同人群的风险分类及选择。

二、健康管理技术对核保的影响

健康管理是对个人或人群的健康危险因素进行全面管理的过程，健康风险评估是健康管理过程中关键的专业技术部分，是慢性病预防的第一步，也称为危险预测模型，而核保是对每个个体的健康危险因素等风险因素进行筛选、分类的过程。两者均需要评估个体的健康风险因素，都需要通过收集个人健康信息，预测个人在一定时间内发生某种特定疾病或因为某种特定疾病导致死亡的可能性。以购买保险为目的的个体，与保险公司之间存在某种利益上的冲突，保险公司获取其健康信息的难度较大，导致巨大的信息不对称。而健康管理评估风险的目的是按人群的需求提供有针对性的控制与干预，符合评估对象自身的利益，因此更易获取其健康信息。如果这些健康数据能为核保所用，不仅能减少信息不对称的情况，降低投保人的道德风险，还能让核保人员细分客户，对个体风险进行更加准确的评估。

目前，有的保险公司成立了健康管理公司，也有保险公司提供用步数抵扣保费的产品，这无疑是激励被保险人保持健康生活方式的方法，也说明了保险公司逐渐从风险选择、被动理赔到“全流程管理”的角色转变。对健康危险因素进行全面管理可以降低个体的健康风险，在一定程度上改善疾病的预后、降低疾病的发生、降低医疗费用的支出，无论是对于寿险、重疾险，还是医疗险都是有利的，这也将在一定程度上影响核保人员的评估思路，增加对个体的财务因素等其他风险因素的关注，重点关注戒烟酒、适量运动、生活规律等个人因素对核保的影响。

三、疾病康复技术对核保的影响

在现代医疗理念中，以疾病的诊断和治疗为核心，而对于疾病预防和病后康复管理却关注甚少，如何实现从疾病的发现、诊断、治疗到后期的康复全流程管理，是迫切需要解决的现实问题，已逐渐受到社会和医学界的重视。康复医学主要面向慢性病人及伤残者，强调功能上的康复，使患者在身体上、心理上和精神上得到康复。它的着眼点不仅在于保存伤残者的生命，而且还要尽量恢复其功能，提高生活质量。除了伤残康复外，心脏康复、脑血管疾病康复、心理康复等均能改善疾病的预后。核保人员可以结合客户的财务因素、个人因素、是否接受康复治疗等因素综合判断疾病的预后，对于接受康复治疗的客户适当地降低寿险评点。而对于重疾险而言，疾病康复技术能在一定程度上降低疾病复发的风险或合并严重并发症的风险，糖尿病如能得到较好的控制，并进行饮食、生活习惯等管理，也可以降低冠心病的风险，因此核保人员在进行风险评估时也应将是否接受疾病康复治疗纳入考虑范围。疾病后期的康复管理能降低疾病的复发，也将降低后期的医疗费用，因此对于医疗险的核保也需考虑此方面因素，执行相对宽松的核保政策。

第四节　互联网、大数据和人工智能技术对核保的影响

一、互联网技术对核保的影响

“互联网 +”热风劲吹，传统医疗行业也站在了风口上。“互联网 + 医疗”是互联网在医疗行业的新应用，其包括了以互联网为载体和技术手段的健康教育、医疗信息查询、电子健康档案、疾病风险评估、在线疾病咨询、电子处方、远程会诊及远程治疗和康复等多种形式的健康医疗服务。原国家卫计委禁止医疗机构（医生）通过互联网对患者进行医疗诊治，目前远程医疗、互联网医院等软件主要集中在解决挂号、咨询等就医难题上，核保如能获取客户在这些软件平台上的挂号、咨询信息，也能在一定程度上减少信息不对称，降低逆选择，但目前此类软件众多，数据分散不易整合，质量参差不齐，同时也涉及隐私、信息安全等问题，需慎重对待。

互联网在医疗行业的应用不应仅限于挂号、咨询等问题。随着技术不断发展、政策不断完善、管理不断规范，未来还将推进智慧医院、全民健康信息平台建设，加快推动医疗机构之间实现诊疗信息共享、远程医疗服务、分时段预约诊疗、智能导医分诊、候诊提醒、检验检查结果查询等线上服务。当互联网将医疗行业的各个环节连成一个闭环，并将数据整合形成健康信息平台时，就可以优化资源配置，对疾病进行预防、治疗、康复和慢性病管理，以最少的费用支出获得最好的结果。未来“互联网 + 医疗”能在核保中得到应用，对于患有慢性病的客户核保可以更加细化其风险分类、核保流程，包括健康问卷、疾病问卷、病历资料等都可以考虑进行相应的简化。

二、健康大数据对核保的影响

健康大数据勾勒出一个理想化的状态：由“可穿戴设备”或其他终端持续收

集到人体健康数据，自动传入云端，进行数据分析与处理，云端数据库定期将结果发给专业人员，后者给出诊断或康复建议。这种模式可以使健康需求者足不出户就能获得健康管理服务，从而真正缩减医疗服务的人力和物力成本。健康大数据的意义不在于这些庞大的信息，而在于对这些健康数据进行专业化处理和再利用，健康大数据的整合再利用对于身体状况监测、疾病预防和健康趋势分析都具有积极的意义。

可穿戴设备及其他终端产生的数据存在数据量大、数据种类多、实时性强等特征，尚需要经过专业的处理、分析、归纳、总结，才能具有实际指导意义。因此，除了数据安全、隐私等问题外，核保还需要具备数据归纳总结以及判断客户的健康数据是否可靠的能力。目前核保一般根据被保险人年龄、机构等级、保额、健康告知等少量因素确定客户是否需要体检，未来核保能对健康大数据及其他保险公司历史数据进行分析，充分挖掘投保人、被保险人、代理人、机构的各类信息，识别高风险人群特征，建立风险预测模型，有效提高核保的风险识别能力，使核保决策定量化、精细化，也在一定程度上节省人工审核成本，提升运营效率。

通过可穿戴设备对慢性病进行远程健康管理，动态监控病情，对慢性病的治疗、预后等都有较为积极的作用。例如，WellDoc 提供手机和云端的糖尿病管理系统，在临床实验中证实了其效用和经济学价值，可以使糖尿病控制的主要指标——糖化血红蛋白平均下降 1.9%，而对照组仅下降 0.7%。核保可以主动借助此类健康管理数据，细分慢性病客户，逐渐解决健康险面临的风险定价问题。

三、人工智能技术对核保的影响

在医疗领域，患者永远是最核心的用户，对于医疗人工智能来说也不例外。目前，中国绝大多数医疗人工智能企业首选以患者为主要服务对象研发产品，医疗人工智能围绕患者提供的服务主要可以分为四部分，包括健康管理、智能诊断、智能治疗与智能康复。而无论是提供个性化健康管理方案，还是通过让计算机“学习”专家医生的医疗知识，模拟医生的思维和诊断推理，进而辅助疾病的诊疗，抑或是人工智能辅助器在智能康复方面的应用，人工智能技术只是一种手段，最终目的都是为了提高疾病的诊疗、管理及预后的水平。因此，从某方面来讲，医疗人工智能对于核保的影响也相当于健康管理、智能诊疗及康复对于核保的影响，已在前面各节分别阐述。另外，面对人工智能在医学领域的应用，核保也必须利用人工智能提高风险识别能力。利用人工智能学习医学、核保规则等核保知识，实现智能问答，让核保向“无纸化、自动化、智能化”方向发展，最终能够个性化评估风险，提高精算和实际风险水平的契合度，并使部分过去不可保、不愿保的风险转化成可保风险，提升运营效率，降低运营成本。

（本章作者：王锡安、黎星、贾彬彬）

参考文献

[1] 万学红，卢雪峰．诊断学（第八版）．北京：人民卫生出版社．2013. 471–474.

[2] 杨书香，刘群．基因检测技术的应用及国内行业发展现状[J]. 绿色科技，2015，(12)：281–283.

[3] 秦奕菲，李晓林．保险市场逆向选择问题研究新进展[J]．经济学动态，2008，(03)：84–89.

[4] 谢轲楠，陈劲松．移植后糖尿病[J]．肾脏病与透析肾移植杂志，2018，(03)：284–289.

[5] 马麟麟．中国器官移植受者血脂管理指南（2016 版）．器官移植，2016，(04)：243–254.

第十二章
人身保险客户服务与医学新技术

第一节　客户服务概述

客户服务是人身保险企业的重要职能，也是人身保险公司日常经营活动中的重要组成部分之一。客户服务活动既围绕产品而又独立于产品，在完成产品价值创造的同时，也不断创造出新的价值。客户服务的好坏直接关系到保险公司的公众形象和品牌影响力，关系到客户感知与客户体验，对于促进公司内部管理品质的提升，不断提高客户满意和客户忠诚度，推动人身保险公司长期经营有着积极意义。我国的人身保险市场竞争激烈，各个险企都在不断强化客户服务能力，花大力气、下足功夫，以带动整个保险业务的发展。

一、客户服务的意义和特点

（一）客户服务

客户服务是企业为了使客户满意所开展的各种活动的总称，包括研究客户的需求，以及为了确保客户的需求得到实现而采取的一切合理措施，这些活动能使客户保持与公司的业务关系并不断扩展公司品牌。简言之，客户服务就是基于客户需求的及时响应和有效满足，良好的过程体验和服务满意是服务优劣的评价标准，客户服务的实质在于与客户构建有深度的、高质量的一体化关系，让客户真正获得满足感。

如何理解客户服务呢？首先，客户服务可以理解为一种关系，即人身保险公司与客户之间的相互关系，良好的客户服务可以使这种关系不断得到深化。其次，客户服务是一种关键策略，只有在服务上多做文章，将服务作为竞争的重点和关键来对待，客户服务才能成为公司发展的核心竞争力。最后，客户服务是一种能力和水准，随着客户期望的不断提高，人身保险公司就必须不断提升服务品质，不断超越客户期待，在提高服务价值的同时促进客户满意。

德鲁克说过，企业的目的在于创造客户。对于现代人身保险企业而言，客户服务也理所当然承载着成为核心竞争优势的作用。人身保险公司客服管理所承载的使命主要体现在以下方面：一是使公司客服系统更有效率，二是使公司的客户更加满意，三是使公司的业务拓展更加轻松，四是使公司的员工更有成就感。

综上，对于人身保险公司而言，为了实现为企业使命贡献长期价值的客服管理的任务目标，需要时刻回答以下几个问题：谁是我们的客户？谁是我们的服务对象？服务的内容是什么？服务应该是什么样的状态？如何优化改进客户服务？高绩效的服务系统如何构建？如何发挥客户服务的价值创造？如何推动客户服务的创新发展？

优质的客户服务既应该符合客户期待，又能提升客户满意度，成功的客户服务应该让双方都有获益，客户服务的最终追求应该是一种双赢的局面，即客户体验到超值的服务，保险公司赢得了客户的忠诚。

（二）客户服务的意义

无论从事何种行业，企业无一例外地在客户方面投入大量精力，力争提高服务水平，吸引潜在的客户，巩固和留住现有的客户，不断挖掘客户价值，客服工作已经成为企业生存发展和有序经营的关键，对于人身保险公司而言，这一点就显得尤为重要了。

人身保险是一种无形的商品，它提供给客户的不是使用价值，而是一种权益保障。人身保险服务从始至终都是直接面对人的活动，从某种意义上讲，人身保险公司的服务比其产品本身更为重要。有经验表明，在一个初期的保险市场，投保人会基于保障项目、费率、收益等几项因素来决定投保与否，而当市场趋向成熟以后，更多的投保人会以一项决定性的因素即客户服务的好坏来确定选择投保与否。拥有优质的客服务，无疑比竞争对手多拥有了一项更为强大的竞争利器和优势。

良好的客户服务体系对于客户实现保障、满足期待，对于公司促进管理、改善经营、提升品牌等方面都有积极的促进意义。

1. 实现客户的保障需求

美国心理学家马斯洛把人的需要从低级到高级归纳为五个层次的需要，即生存需要、安全需要、社交需要、尊重需要、自我实现需要。马斯洛认为，低层次需要是高层次需要的基础，人们的需要一般是从低到高不断演进，越是低层次的需要越是基本的需要，也就越迫切。需求的迫切程度与需求层次的高低呈负相关，对满足需要的追求，表示个人的成长与发展。

人身保险作为一种特殊意义的商品，与人们的生存、发展需要具有天然密切的关系，可以满足人们从生存到安全、从尊重到发展等多个层次的需要。客户服务服务直接关系到保险保障功能的实现，涉及客户的切身利益，也是公司运行和发展的基础，高品质的客户服务是人身保险公司核心竞争力的重要构成。

2. 满足客户的服务期待

人身保险公司向部提供相应的保险产品，在满足客户基本保障需求的同时，客户也建立起对公司的服务期待，即提供什么样的服务，以何种方式提供服务，不同的客户会建立不同的期待。换言之，人们对保险有客户服务的需求，也有期望。衡量高品质客户服务的标准不仅是满足客户保障需求，而是能否满足他们的服务期望，甚至超越他们的期望，客户期待的不断提升也是促进保险公司服务升级的主要动能。

3. 促进客户的身心健康

客户购买人身保险的主要动机是应对自己和家人未来生活包括健康状况在内的不确定性。人寿和意外保险可以提升客户轻松面对未来的生活信心，健康保险和健康管理还可以有效降低客户健康风险，起到促进客户身心健康的作用。同时，客户在需要保险公司提供方便、快捷、有效的保单服务的同时，期待在衣食住行等方面得到更加周到的附加服务也在情理之中。

4. 推动企业长远发展

优质的客户服务对于促进人身保险公司健康发展有积极的意义，主要体现在三个方面：

一是树立人身保险公司在市场良好的形象，使得保险企业自身区别于其他同类公司，并创造出一种形象独特、特征鲜明、公众认可的服务品牌，增强市场竞争力。

二是建立良好的客户关系，提高客户满意度。好的服务可以有效构建与客户的连接和桥梁，并不断密切和客户的关系，增强客户的黏性。满意的客户通常会保持与公司的良好关系，好的服务有助于建立长期的客户忠诚。

三是可以对保险公司的产品销售和内部运营各个环节进行全方位的检视，不断提高保险企业内部经营管理水平，优质的服务可以创造出积极的内外部氛围和发展环境。

（三）人身保险客户服务的特点

我们知道，服务是基于客户需求的具体响应和有效满足。对人身保险服务而言，由于保险服务直接关系到客户不同层级的内在需要，因而与人的关系极为密切，人的因素显得尤为重要。人身保险的客户服务体现在售前、售中、售后各个环节，投保前的宣传、投保过程中的体检出单、投保之后的联系均属于寿险客户服务的范畴。由于人身保险业务的长期性，售后服务在寿险客户服务中的地位和重要性就显得尤为突出。相对其他行业，人身保险客户服务具有如下特点：

1. 服务过程的可控性不足

保险公司在提供客户服务之前一般很难测试和评估它的质量程度，质量结果是在服务提供者和客户交互过程中产生和决定的，过程和结果存在不可控性。在很多情况下，服务一旦结束，留下的只是客户直接的好坏与否的体验和感知。另外，人身保险公司的服务类产品无法像生产型企业的有形产品一样被预先大量生产出来予以储备，例如人身保险公司不可能提前生产出大量的保单要素变更、预先制造理赔给付等，然后当客户需要的出现时马上发货提供，因此要求准确预计客户需求的数量和时间，并且分配好有限的服务资源。

2. 服务提供具有复杂性

人身险服务提供的复杂性取决于其产品的特性。首先，人身保险产品属于无法望、触、闻、听的无形产品，此类产品缺乏预先的实物体验，从而导致客户不易理解，可能出现信任度低或存在不安感觉。其次，大多数人身保险产品都很复杂，也有的客户不了解他们已经购买的产品，客户服务在很大程度上要承担为客户提供合同教育和辅导说明，客户服务人员要有较强的专业知识、传递沟通和亲和能力。最后，人身保险的出险和应用环境往往伴随不愉快，如伤残、疾病等事件，要求服务人员具备较高的处置和应对能力，做好各种应对。

3. 服务提供具有可分割性

一般服务行业在服务供应和进行中，通常服务者与被服务者必须同时在场、同时完成，而人身保险公司销售的保险商品则是往往通过保险经纪人或保险代理人与客户（投保人）完成的，包括近年来出现的互联网保险也同样，所以保险服务多属于非现场服务，绝大多数可以远离客户运作，对于团体人身保险而言更是如此。

4. 服务需求的差异性

人身保险服务以人为基础，客户的服务需求千差万别。有的客户需要的是日常问候等情感的交流，有的客户需要的是专业方面的顾问咨询，如投资理财、医疗保健等，也有部分客户只是要求寿险公司能够兑现承诺，理赔给付时比较轻松，不用麻烦。客户的年龄结构、文化程度、性格特征、文化层次、地域条件等，都会导致对保险服务需求存在差异。服务提供和效果受时空环境以及供需双方人员品质的影响，从整体上讲，服务需求的差异化显著。

（四）客户服务的基本原则

人身保险的客户服务应该建立在诚信原则的基础上，遵从以客户为中心的原则，应把客户的关切作为核心的目标来对待，同时还应着重把握如下原则：

1. 效率原则

针对客户任何基于保单或者超出保单的服务诉求，都应得到及时有效的积极响应，并力求在最短时间解决问题，满足诉求。

2. 品质原则

应把质量概念融入从产品到保单服务的完整流程中，所提供的服务内容应是高标准的，并且稳定和可靠，服务的内容和方式都应带来良好的客户体验。

3. 满意原则

服务提供的方式和结果应符合或者适度超出客户的合理期待，使得客户获得超出预期的体验和感受，形成客户与公司共赢的局面。

4. 口碑原则

时刻专注于客户对公司产品和服务的内外部评价，并将客户的良好体验和积极评价与产品品牌和服务品牌进行有效关联，形成口口相传的扩展效应。

（五）人身险公司客户服务的发展

纵观国内外人身保险公司客户服务的发展历程，大致上经历了三个阶段：第一阶段是强调以保单为中心的服务阶段。这一阶段人身险公司的客户服务以合同维护即保全为核心，公司的业务管理系统以人身保险的保单合同为核心，客户服务的内容基本上以保险合同变更和续期收费为主，服务形式以柜面和呼叫服务为主。此阶段服务强调的是合同，而不是订立合同的人，人身保险公司关注的重点是续期利益，而不是人际关系。第二阶段是以客户为中心的服务阶段。这一阶段开始强调客户的满意度，保险公司的管理系统进行了以客户为中心的改造或重建，内部流程重组注重适应客户服务简洁流畅作业的需要。公司开发出很多附加服务的项目以增加客户对公司的满意度和忠诚度，保险公司经营有更多人性化方面的理念，服务标准化建设和服务效率提升是这一阶段的重点。第三阶段是以客户关系管理为核心的阶段。客户关系管理是出现于 20 世纪 90 年代的一种全新的概念，也是一套管理软件和技术，更是一种旨在改善公司和客户之间关系的战略和业务管理方式。它的特点是加强对客户行为的分析和研究，不断密切客户关系，更加注重客户体验。目标是通过提供更加便捷周到的服务，达到全面降低管理经营成本，使公司与客户的关系及盈利都能达到最优，进而产生更大的客户价值。

客户关系管理的出现和发展与新技术的发展息息相关，互联网技术的发展以及现代信息技术的广泛运用是新的服务观念和服务技术出现的基础。利用新技术，保险公司可以不受限制地识别、接触和区别对待每一个客户，最大限度地满足他们的要求，借助客户关系管理软件，保险公司可以建立起与客户之间的一体化关系。通过与客户接触，了解他们的个人信息、行为信息、倾向偏好、个体习惯等，加以分析形成服务对策，并在此基础上实现一对一的个性化服务。

二、客户服务的基本内容

（一）基于保险合同生命周期的服务

从保险合同的生命周期来看，保险的客户服务工作包括售前的产品介绍和需求分析，售中的投保、承保，以及售后的服务三个阶段。

售前服务一般包括保险公司和销售人员详细客观地为客户提供保险资讯服务，帮助客户做好人寿、健康、意外等人生风险保障规划，并提供人身保险产品的信息，提供适合的保险保障建议等。售前服务对于建立与客户的连接，构建相互认同、相互合作、相互依存的关系有积极意义。

售中服务是保险公司和销售人员在保单承保过程中为客户提供的服务，具体包括根据客户的合理要求帮助客户做出投保决定和履行投保程序，进行核保审核并作出承保决定，以及保险合同的完善和送达，有的还需要帮助客户完成体检，协助填写问卷。售中服务可以进一步促进客户对投保产品特性和保障利益的了解、提升客户对公司的了解和认知，直接产生客户对保险公司的体验感受。

售后服务是保险合同成立之后为客户提供的基于需求的响应和诉求满足，内容包括为了满足客户不断变化的需求而进行的保单保全和理赔服务等。售后服务的目的在于解决客户投保后所遇到的相关问题，增加客户投保后的获得感和满足度。售后服务直接影响客户的感受和接触体验，对于保险合同维护和保单价值提升都有积极意义。

（二）客户服务的主要内容

1. 保单服务

我国《保险法》规定，在保险合同有效期内，经投保人和保险人协商同意，可以变更保险合同的有关内容。保单服务围绕保险合同和保单内容展开，包括保单变更和保单维护两部分，也有的公司称为保全服务和收费服务。旨在通过各项服务满足客户的不同需求，以维持保单的持续有效状态。

（1）保单变更

不同的保全项目要求不同，既有不涉及保单利益的联系地址和电话变更，也有涉及保费乃至现金价值变化的内容，如保单抵押贷款项目等，当涉及受益人变更，出现职业变更、保额变更、补充告知、保单复效等内容时，还需要再次进行核保风险审核。

（2）保单维护

保单维护是指保险公司通过服务安排，延续与客户的保险合同关系，有效维持保险合同的长期有效。对于短期人身保险合同来讲，主要是指保单续保，即对于某些短期和定期的人身保险产品，在保险期届满时，经投保人申请、保险公司审核同意，继续延续保险合同有效期的做法。对于长期人身保险合同而言，主要是指续期收费等职能，即保险公司通过有效的客户连接，创造必要条件，确保客户续期保费缴费有效，确保长期保险合同效力不因其他额外因素而中断或终止。

2. 咨询和查询

客户咨询、查询的内容可以涵盖保险和保险公司的各个方面，从保险的基本知识、保险产品、保险公司内部管理规定和流程、相关服务项目以及代理人身份确认、就诊医院，乃至医疗和健康知识等，除了保险代理人、保险核保和理赔人员之外，人身保险公司一般都设立了呼叫中心，通过受过专业训练的客户代表提供电话和网络在线的咨询、查询服务。

由于客户咨询查询的内容多为开放式的，涉及保险业务的各个方面，这就需要对呼叫中心进行专业化管理，内容涉及业务知识、工作流程、人员团队、培训和技能管理，还需要坐席代表具备高超的人际交流技巧、客户洞察能力，及时把握客户的心理和行为变化，以提供客户满意的在线服务。

呼叫中心需要对咨询查询服务经常进行问题梳理和归纳总结，制定规范的应答和服务话术，在做好知识管理的前提下，开发辅助支持系统，提供坐席人员及时应对客户提问产生的问题和事项。还可以通过细化保险条款、编发服务手册等，主动解决客户面临的问题，不断提升服务质量，提升客户满意度。

3. 附加值服务

保单附加值服务，顾名思义就是保险公司提供产品和保单服务本身以外的保单服务衍生出来的相关服务内容。保单附加值服务并不完全是与保险业务有关的服务项目，更多的是保险公司在业务之外对客户提供的额外服务。开展附加值服务的主要目的是为了加强投保人和保险公司之间的联系和沟通，进一步满足客户需求，继续创造客户服务价值。好的附加值服务一定是基于客户需求，甚至超出客户期望的，能够更大地提高客户满意度，不断扩大忠诚客户群体，为业务和市场拓展创造条件。

附加值服务的形式也是多种多样的，如向投保人电话问候、鲜花探视、定期登门拜访、邀请老客户加联谊活动等。随着人身保险行业竞争日益激烈，附加值服务也呈现全方位、多样化的趋势，各家保险公司依据自身策略差异，附加值服务的内容也有所不同。目前常见的附加值服务项目和内容主要体现在健康服务、金融投资、出行生活等多个方面，依据不同的客群需要而设立。

一是保单延伸类，包括保单生效后，定期的保单状态报告，包含已缴保费情况、保险保障情况、红利分配情况、保单现金价值情况等；

二是健康服务类，包括针对客户健康需求而提供的健康咨询、健康评估、就医协助、康复指导等健康服务；

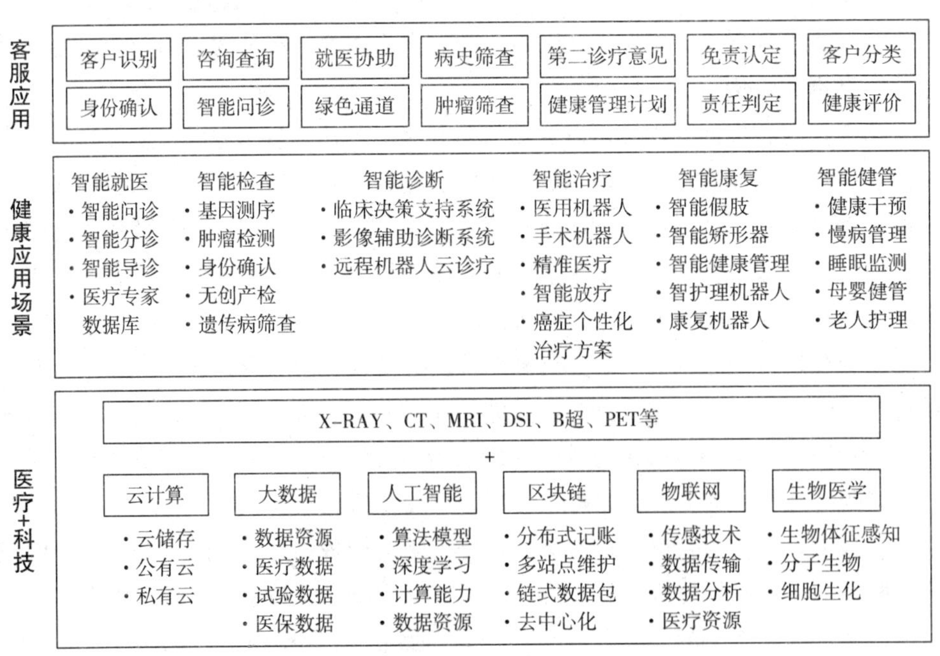

图 12-1　医疗健康新技术与保险客户服务应用

三是金融服务类，针对理财和投资需要提供理财建议和指导，包括理财计划、理财资讯、理财讲座等在内的理财服务、综合投资保障服务计划等内容；

四是生活服务类，包括国内和海外急难援助服务，合作商家消费折扣，各类车辆救援、代驾、年检代办，以及提供子女留学帮助、开设读书会、组织各类沙龙，以满足不同客户多层次的保单服务之外的各类服务需求。

第二节　医疗新技术对客户服务的影响

近年来，医学诊断和治疗的新技术不断涌现，预防医学、健康管理和疾病康复技术方法也不断得到发展，对于人身保险发展也产生了越来越重要的影响。医学新技术对于理赔的影响主要体现在客户群体保险责任事故发生的实际结果和产品设计与核保预期判断是否存在显著的差异；而对于客户服务的影响主要体现在服务方式和内容是否符合或者超越客户期待，服务结果是否能够获得良好的客户反响、获得客户口碑与满意等方面。医疗健康新技术在人身保险行业的结合应用可以提高整个人身保险服务的整体水平，对于人身保险客户服务而言，主要集中体现在以客户健康为核心的附加值服务领域，极大提高了人身险客户的保险服务获得感。

一、医疗健康新技术对客户服务的影响

1. 丰富附加值服务体系，增强公司专业性

目前的人身保险企业，都将服务竞争作为重要的经营策略，在不断强化保单基础服务的同时，突出附加值服务体系的打造，以凸显其服务的差异化特色和企业的专业化特征。这种情况的存在与体验式经济的发展密切相关，丰富附加值服务体系，以客户体验的形式进行服务呈现和塑造，符合体验经济和移动互联时代的客户需求，符合现阶段企业发展的现实需要。企业与企业之间的竞争正在逐步变成客户体验之间的竞争，如何为客户提供更为需要和更加有效的附加值服务，正在逐步成为影响人身保险企业服务发展的关键性因素。从目前保险行业看，附加值服务已经遍布与客户有关的衣、食、住、健、行等各个领域，其中医疗和健康服务已成为保险公司附加值服务的主要领域和内容。针对客户健康需求而提供的健康咨询和评估、就医协助和绿色通道、健康管理和康复护养指导等健康服务，已经成为目前多数人身保险公司的普遍选择。

2. 有效提升客户就医和健康服务效能，促进客户身心健康

作为人身保险的保险标的，客户身体和寿命直接与客户健康状况和发展相关。医疗机构和护养机构服务的可及性、有效性乃至经济性，不但与人身保险业务的人寿险和意外险密切关系，更与医疗费用和重大疾病等健康保险有直接联系。

当前互联网和人工智能技术与健康医学不断结合，出现了很多智能检查和诊断、智能治疗和康复以及健康管理技术，也大大优化了客户的就医服务体验，增强了优质医疗资源的可及性，提升群众的就医服务效能。首先，有利于便捷客户就医触达，提高了客户的就医效率，如智能查询、智能问诊、智能导医。其次，可以提高客户就医质量，提高医方的诊疗水平，减少人工误诊，如智能诊断。再次，智能的肿瘤检测、基因筛查等早诊技术有利于疾病的早期诊断、早期治疗，提高客户健康水平。在促进客户便捷就医的同时，就医质量的提升也为人身保险客户出险责任的认定，以及便捷的出险后理赔服务提供了诸多的便捷。最后，健康管理和预防医学技术还分别以个体行为与健康、群体环境与健康的关系为着力点，在促进被保客户的身心健康，提升客户的参保满意度方面，发挥着积极作用。

3. 密切公司与客户关系，提高客户黏性

传统的保险客户服务尤其是保单服务中，更多侧重于客户诉求提出后的响应和解决，包括投诉处理等，即寻求客户诉求与公司利益间的最优平衡点，一定程度上存在着与客户利益博弈的关系。通过人身保险公司与医疗新技术的应用连接，有助于帮助客户更好地维护自身健康，更加贴合客户痛点，更能增强与客户的一致性互动，密切传统人身保险公司与客户间的连接关系，增强客户黏性。尽管保险公司并不是客户寻求医疗服务的入口，但保险公司在特定情形下的就医协助有助于密切与客户关系。国内多家人身险公司的净推荐值（NPS）调查显示，绿色通道和就医协助等服务，常常可以获得超出一般保单服务的评价结果，对于提高客户满意度和服务口碑，往往能起到进一步的促进作用。

4. 更好识别客户的健康属性，有效挖掘客户需求

当前的客户满意理论已经不再停留在单纯的微笑服务和“顾客是上帝”理论上，而是通过建立一整套的基于客户需求的有效服务组织和供应，来实现客户满意度的提升。我国的保险市场竞争日趋激烈，人身保险企业间产品和服务的高度同质化，使得特色服务越来越成为企业领先的关键。对于人身保险的客户服务而言，可以更好地识别客户的健康属性，不断丰富客户健康维度的分类和标签。同时，在附加值服务体系中融入更多的医疗健康新技术要素和连接，可以在具体的服务实践中，真实定位客户的需求具体目标，有效判断客户对需求目标的缺乏程度，结合客户购买力判断，把握好客户对于相关产品和服务的实际需求，有针对性地提供服务内容，尽可能地满足不同层次客户的实际需求和心理需要，同时挖掘出更多与健康服务关联的潜在需求。通过医疗新技术的结合应用，对用户进行精准定位和全面分析后，就能根据这些信息挖掘他们真正的核心需求，设计出更符合用户期待的服务产品和模式。

二、典型案例

（一）实现保险与医疗的深度融合

国内某保险集团依靠自己投资建设的医院，将保险核心业务系统与医院管理系统连接起来，以加强运营和风险管理。构建理赔支付系统，实现医疗数据共享和医疗行为监控，根据医院不同的服务特点开发保险产品，如体检、眼科、骨科、心脏病、分层住院、母婴贵宾等，并根据不同群体实行差异化分工。实行“健康保险 + 健康管理”模式，并与多家大型互联网医疗公司和 30 多家健康管理供应商建立了合作关系，把健康保险同健康管理紧密结合，如通过健康管理服务，为客户提供基因检测、疾病早期筛查、风险因素评估、远程医疗救助、慢性病管理、海外医疗等产品。改善支出赔付控制，同时改善客户体验，并改善客户健康状况。

（二）奥斯卡健康保险公司通过互联网健康管理服务增强客户黏性

美国奥斯卡健康保险公司提供互联网医疗服务，比如提供健身指导和线上问诊，受到了年轻客户的普遍认可。他们推出的坚持运动可获得保费折扣的活动也获得了良好的客户反响。奥斯卡公司的客户可以使用手机搜索附近的医生和医院，并使用 24 小时免费在线就医和用药询问，还可以通过可穿戴设备，如健康手环获得体育目标的奖励。奥斯卡公司通过鼓励健康生活来降低疾病的发生率，这种做法为差异化产品和服务定价提供了基础，同时该公司向客户提供持续的健康管理服务，他们有专职团队负责客户持续健康管理，通过药物提醒、安排后续检查和相关的护理，不断加强客户联系，提高客户的粘性。

（三）掌上医生助力保险公司提供“轻问诊”线上服务

专注于提供基于移动互联网“轻问诊”的某互联网健康管理供应商，目前已经获得了近 5000 万用户和超过 5.5 万名医生，每天解决超过 6 万个客户问诊问题。“轻问诊”服务通常响应时间较快，能保证用户提问在三分钟内获得回复的体验效果。他们以“轻问诊服务”为构建与患者关系的切入点，并建立了与患者长期和较强连接关系的私人医生体系。轻问诊服务提供成本比较低，每个案例占用的时间和精力也比较少，其最大的价值是为患者提供提供健康咨询建议，并为医疗服务体系分流筛选病人。客户在使用以后，一部分患者可以排除去医院的必要性，对整个医疗资源而言都是非常必要的节省，同时还可以提供健康咨询建议，或者提供更加快捷的、可信度更高的医疗和康复建议。另外，通过建立疾病数据库，整合医生资源，为用户周边的药店和医院的导医导流。目前该公司已经和 30 多家人身保险公司建立了合作关系，为人身保险公司的用户提供便捷的在线问诊、家庭医生等服务内容。

（四）智能医生沃森系统

2013 年，IBM 开发的智能医生沃森系统开始登上医疗舞台，它既是癌症诊断专家，又是健康管理的专业人士。沃森拥有理解自然语言和精确回答问题的能力，在其体内，储存了数百万册的文档资料，包括字典、百科全书、新闻、文学以及其他可以建立知识库的参考材料。沃森的硬件配置使它可以每秒处理 500GB 的数据，相当于每秒阅读 100 万本书。沃森的主要技术原理是通过搜寻很多知识源，从多角度运用非常多的小算法，对各种可能的答案进行综合判断和学习。鉴于沃森听得懂人类语言，可以通过询问病人的病征、病史，使用人工智能技术、对自然语言的处理和分析技术，凭借从各个渠道搜集到的信息和数据，迅速给出诊断提示和治疗意见。据测算，沃森的诊断准确率已达到 73%。

目前，沃森开始帮助美国的健康保险公司 Wellpoint，负责复杂病例的护理工作，同时审查医疗服务提供者的医疗请求。在“互联网 + 医疗”“互联网 + 保险”的大潮中，像沃森这样的智能医生，未来能在很大程度上辅助医生诊断，方便客户就医，使医生的整个诊疗过程更加精准、更有效率，也使得患者求医更加便捷、更有质量。

第三节　健康大数据和健康管理技术对客户服务的影响

近年来，互联网、大数据、人工智能风起云涌，应用场景不断丰富，这些技术运用于医疗和健康领域而产生的健康大数据，不仅带来了人身保险服务体验的革新和优化，而且有效促进了人身保险的服务创新，加速保险行业的转型和服务升级，推动着人身保险客户服务向前发展，也使得保险企业和客户关系日益密切、不断深化。

一、健康大数据对客户服务的影响及典型案例

（一）影响分析

规模巨大的临床试验数据、疾病诊断数据以及居民的行为健康数据等汇集在一起，共同构成了健康大数据。健康大数据的来源主要有以下四个方面：一是增长迅速的临床医疗、实验室数据；二是制药企业、药物研发和生命科学研究机构所产生的高密集数据；三是累积数量庞大的客户就医费用、医疗保险保障、支付结算、报销信息、保险保障利用率等信息数据；四是接入移动互联网的个体健康行为和检测、健康管理与社交网络数据等。它们共同呈现出大数据的特性即数据规模庞大、数据结构多样、数据增长迅速、数据价值巨大四个方面的特性，另外医疗大数据还具有多态性、不完整性、时间性和冗余性的特征。

健康大数据技术对于医疗和人身保险有积极的战略意义。通过对各方面汇集的健康保障和医疗卫生数据进行专业化处理，可以使客户甚至是大众的健康状况、行为特征和情绪表现的细节化测量成为可能，挖掘其症状表现特点、行为习惯和偏好，可以找到更符合其特点的药品、治疗方案，保险公司可以提供更为合适的保险保障和售后服务，有针对性地进行调整和优化。

我国的慢病发生情况不容乐观，仅高血压发病率就接近 18%，患者接近 2 亿人。保险公司可以通过健康云平台对每个患者进行智能采集健康数据，建立综合健康档案，居民可以随时查阅了解自身的健康程度。保险公司可以为客户提供专业的在线专家咨询系统，由专家对居民的健康程度作出诊断提醒，指出可能发生的健康问题，避免高危患者转为慢性病患者，避免慢性病患者的病情恶化，减轻个人和医疗保险的负担，实现疾病的科学管理。另外通过对大型数据（如基因组数据）的分析，可以为客户直接提供个性化医疗方案，个性化医疗可以改善医疗保健的效果，提供早期的检测和诊断。据麦肯锡估计，在某些案例中，通过减少处方量，可以大大节省医疗成本。

大数据时代给保险企业真正了解客户的机会，基于大数据技术的客户需求获取、客户需求体验、客户满意度调查等与客户的交互，均可以采用“全量”方式，并且创新交互维度和视角。当保险行业全面掌握客户的需求后，推出客户需求的保险产品，并以客户容易接受的方式推荐给客户，解决由于客户和保险主体之间信息不对称导致的销售误导，提高销售过程中的客户体验。保险行业也在满足客户的同时，实现销售额的最大化与社会价值的最大化。

（二）典型案例

1. 客户细分促进销售转化

某外资保险公司三年前已经开始做客户细分的工作，通过20年积累的客户数据，用科学的方法细分客户需求，改进产品设计和服务质量。他们开通了网上服务自助平台及微信服务平台，开发“客户地图”等系统工具，帮助销售人员科学合理地分析客户在不同人生阶段的保障、理财需求，所试验的O2O模式，已经初见成效，线上的精准定位和前期需求挖掘与线下高效的销售流程相结合，有效提升了客户体验，也为企业创造了价值。

2. 大数据下的客户行为分析

大数据可以被广泛应用在用户的兴趣或者偏好的理解和标注上，丰富客户标签，标注客户特征。互联网保险公司留意用户在其网站上所发生一些行为，比如浏览、搜索、打分、点评、加入购物车、购货或退货等，还可以关注到这些用户在第三方网站上的行为，如比价和相关的测评与讨论等，借此了解客户，并从中区分用户的个性和共性，分析用户的行为规律，发现用户的保障需求，由此来提升客户的体验。

3. 大数据可以提高医保系统的服务效能

根据全球管理咨询公司麦肯锡的一份最新报告显示，医疗保健领域如果能够充分有效地利用大数据资源，医疗机构和消费者便可以节省高达4500亿美元的费用。大数据在医疗保险行业的应用主要包括以下几个方面：一是患者就医服务，基于大数据的居民健康指导服务系统，提供精准医疗、个性化健康保健指导；二是医生服务，对临床决策提供支持，如用药分析、药品的不良反应、疾病的并发症，以及治疗疗效相关性分析，或者制定个性化的治疗方案；三是服务管理机构，医院和医生的用药评价管理、医疗机构绩效分析、疾病预防干预措施评价、公众健康监测定价和付款、临床路径的优化；四是公众健康服务，包括危及健康因素的监控和预警，如针对某一地区或某一客群的流感预防和疫苗注射等。

三、健康管理技术对客户服务的影响

（一）健康管理技术对客户服务的影响分析

健康管理的概念有不同的表述，但基本含义是一致的，即在对个体或人群进行健康风险评估的基础上，制订并实施有针对性的干预计划和措施，减轻或消除健康危险因素，维持或改善健康管理对象的健康状况，然后对干预效果进行评估，从而制订并实施新的干预计划，达到降低人群发病率和死亡率，延长健康寿命的目的。广义的健康管理服务内容包括对健康、亚健康和病患群体的所有除在医院进行疾病诊治外的健康干预和支持服务，包括疾病筛查、健康体检、健康危险因素评估、健康宣教、饮食和运动方案设计及监督实施、不良生活习惯改进（如睡眠习惯、卫生习惯、烟酒和其他成瘾物质戒断）、环境和工作条件改善、心理疏导、就医指导和协助、生理指标实时监测、慢病管理、疾病康复和病后照护等。

近年来，健康管理得到国内人身保险公司（包括寿险公司、健康保险公司和养老保险公司）的普遍重视，几乎所有的人身保险公司及部分财产保险公司都开展了健康管理服务，30 多家保险公司在组织架构设立了健康管理部，10 多家保险公司甚至还成立了健康管理公司。健康管理服务开始被运用于保险产品创新、销售促进、核保、赔付率控制和客户服务等保险经营的各个环节。

客户服务环节是目前国内人身保险公司运用健康管理服务较多的经营环节之一，主要有三个方面的原因。一是有经费保障，保险公司每年一般都有固定的预算费用用来为客户提供售后的附加值服务，客户服务的主管部门可以量入为出，设计和购买第三方的健康管理服务产品提供给客户。二是适应客户的需求变化，创新客户增值服务模式和内容，增加对客户的吸引力，增强公司的市场竞争力。随着社会经济发展和生活水平的提高，以及客户健康意识的增强，保险公司以往常用的诸如送生日蛋糕、送购物优惠券、提供机场贵宾服务、常规体检、举办绘画摄影比赛等项目已经逐渐失去了对客户的吸引力，而针对客户设计的个性化健康管理服务项目越来越受到客户的欢迎。如基因检测、癌症早筛、高端体检、电话私人医生、就诊预约和指导、第二诊疗意见、营养和运动方案设计等健康管理服务内容。三是对于保险公司来说，为客户提供健康管理服务可以从多方面促进业务的发展，取得一举多得的效果。除了上面提到的让客户获得更好的服务体验和满意度之外，通过健康管理服务可以改善客户的健康状况，防止或延缓疾病的发生，甚至实现疾病的早发现、早治疗，降低寿险、重疾保险和医疗险的赔付支出。此外，通过健康管理服务还可以得到客户的健康、疾病和诊疗数据，有利于公司评估客户的健康风险，分析其新的保险需要，有针对性地进行客户二次开发，扩大保险业务。

（二）典型案例

1. 引入癌症早筛新项目，提升客户增值服务体验

国内一家中小型寿险公司，保费收入不高，经营费用并不宽裕，但为了保持在市场上的竞争力，仍参照其他寿险公司的普遍做法，每年制定预算费用用于

高端客户的增值服务。其中最主要的一项服务内容是每年提供一次常规的健康体检，连续几年实施后发现客户参与率逐年下降，甚至不足20%。经调查发现，近几年常规健康体检逐步普及，不少单位和企业对员工都有此项福利，一些银行、航空公司、投资公司等企业也会给自己的高端客户提供此项服务，而这些客户往往也是保险公司的高端客户，因此内容重复的服务对他们就失去了吸引力。该公司针对这一现实，引入了一家创新公司的体液活检多种癌症早筛技术，替换了原有的普通体检服务。由于该项服务新颖、技术先进、操作便捷，一次取血便能筛查多种癌症，契合了目前公众对癌症的恐惧心理和早期发现癌症的需求，获得了客户的一致好评，参与率提高一倍以上，而保险公司支付的成本还低于普通体检的成本。

2. 健康管理服务产生多重效应，助力保险公司快速成长

将健康管理服务的效果发挥到极致的保险公司非Discovery保险公司莫属，这家成立于1992年的南非保险公司，通过将健康管理与传统保险成功结合，使其迅速发展成南非最大的健康保险提供商，覆盖了南非55%的商业健康保险客户，并将其业务扩展到欧洲、澳大利亚、美国和中国。这样一家诞生于非经济发达国家，只有20多年发展历史的保险公司，却取得如此骄人的业绩，不能不说是一个奇迹，而成就奇迹的法宝就是健康管理与人身保险业务全面和深度融合的战略。

这一战略是通过“Vitality活力计划”来实现的。Vitality是Discovery公司旗下专门为保险公司提供健康管理服务的平台公司，它除了自身为客户提供健康管理服务之外，还整合了医疗服务、健身房、体检机构、健康食品、零售业、航空公司、旅行社等供应商，为客户提供价格优惠的多重服务。

Vitality活力计划的总体逻辑是这样的，首先通过各种方法（包括客户填写问卷）得到客户的健康和医疗信息，完成对客户的个人健康风险评估；根据评估结果为客户设计健康干预方案（包括运动、饮食、不良生活习惯矫正等指导建议和要求到达的目标）；通过可穿戴产品，以及线下的定期体检，监测客户健康方案的执行情况和结果；把每一项健康管理计划的活动项目执行情况赋予分值，客户完成项目或达到目标会得到累积的分值，再根据客户的累积得分将客户分为五个等级；作为奖励，不同等级的客户可以从Vitality合作供应商处获得不同程度的商品和服务折扣，例如等级最高的钻石级客户可以享受酒店住宿的50%价格折扣、35%机票折扣、25%租车折扣和15%的购物折扣。

这些丰富多彩的健康管理和健康促进活动以及极具吸引力的奖励体系，起到了提升客户的健康活动参与度，改善健康状况和临床结果，降低医疗成本，降低死亡率的奇效。以南非市场数据为例，2013—2014 年间，疾病筛查活动增加了 26%，由于早期检测，每个癌症病例的平均成本降低了 9%；从合作商店中购买健康食品增加了 9.3%，不健康食品减少了 7%；健身房的访问量从 2410 万人次增加到 2570 万人次。医疗临床结果的统计也十分令人鼓舞，那些 Vitality 活力计划执行情况最好、分值最高的客户（钻石级），与分值最低的客户（蓝级）相比，入院率降低了 10%，平均每人医疗成本降低了 14%。在 65 岁时，钻石级客户的平均预期寿命评估，比未参加 Vitality 活力计划的人群高出约八年。

（本章作者：陈睿）

参考文献

［1］克托，迈尔·舍恩伯格著，周涛译 . 大数据时代：生活、工作与思维的大变革［M］. 杭州：浙江人民出版社 . 2012.10–20.

［2］万峰 . 寿险公司战略管理［M］. 北京：中国金融出版社 . 2009.34–50.

［3］闵栋 . 智能化医疗健康的应用与未来［M］. 北京：机械工作出版社，2018.87–98.

［4］王薇 . 大数据时代将在本质上挑战保险业［J］. 中国保险报，2013，(03)：8–9.

［5］尹会岩 . 论大数据对中国保险业的影响［J］. 保险职业学院学报，2015，(02)：45–46.

［6］何国生 . 保险客户服务质量管理创新研究［J］. 管理纵横，2015，(25)：92–93.

［7］高汉松 . 医疗行业大数据生命周期及治理［J］. 医学信息学杂志，2013，(9)：7–11.

［8］陈根 . 互联网 + 医疗融合［M］. 机械工业出版社，2015，(9)：130–131.

［9］王志刚 . 医疗 + 保险［M］. 机械工业出版社，2018，(10)：052–053.

第十三章
人身保险理赔与医学新技术

第一节　人身保险理赔概述

一、人身保险理赔原理

（一）保险理赔的概念

保险理赔是指在保险标的发生保险事故而使被保险人财产受到损失或人身伤亡时，或保单约定的其他保险事故出现而需要给付保险金时，保险公司根据合同规定，履行赔偿或给付责任的行为。保险理赔是整个保险业务链中的末端环节，对客户来说，理赔体现了保险的价值；对保险公司来说，理赔质量的高低直接影响到保险赔付率，而赔付率又是保险盈利依赖的三差中率差、费差的计算基础。保险公司管理和控制现金流的出口主要就是要管理保险赔付率。

从保险理赔作业流程上划分，一般分为报案受理、初审、立案、理赔审核、理赔结论、给付、结案归档等八个步骤，其中理赔审核还包括调查与理算两个子流程，调查是对疑点与不合理之处的核查，理算是计算、核定理赔金额。调查与理算是保险给付风险控制的关键步骤，特别是对高额赔付的情形，对出现的任何疑点都要系统地调查，排除欺诈与不合理费用，计算和核定赔付金额。

（二）人身保险理赔的特点

人身保险理赔包括身故理赔、健康理赔和残疾理赔等，虽然在核赔原理和流程上与其他类别保险大致相同，但人身保险理赔以人的生命和身体为保险标的，其理赔核心围绕被保险人生命健康状况评定，理赔操作具有涉及多学科专业、过程复杂和发生错误理赔风险高的特点。其中寿险保险金额巨大，意外伤害险有关鉴定实务疑难复杂，健康险更是要涉及各种医疗费、护理费、失能收入等赔偿项目，核赔过程要审核疾病诊断信息和治疗康复信息，对技术和专业要求更高，是当前保险核赔管理上的薄弱环节。同时，人身保险理赔又经常要涉及“既往症、观察期、责任期、免赔额、比例共付”等特殊概念和条款规定，使调查理算过程更为复杂。

因为健康险核赔理算的复杂性，导致人工处理时不仅需要大量医学专业人力参与，而且速度慢、差错率高。目前国内外健康险公司，都开发出计算机系统，利用数据库和软件工具处理健康保险理赔。与人工理算相比，计算机理赔系统可以支持复杂、大量的医疗数据处理，速度快、误差少，同时还可以随时进行理赔分析，调整或增加费用审查维度。计算机自动理算系统对医疗数据标准化程度要求高，并要求保险公司和医疗机构之间能建立实时的医疗数据交流和良好的合作关系，只有这样才能发挥理算系统的优势，通过保险理赔实现对医疗服务的细节管理，进而实现对费用的控制。

健康保险的理赔，还经常要面临信息掌握不对称的难题，这种不对称包括两个方面：其一是被保险人缺乏医疗健康知识，在购买保险产品时就对保险产品信息了解不全或者被误导，造成对医疗保障范围产生误解。有时保险公司理赔部门出于惜赔心理，也会刻意利用这一信息不对称，做出少赔或拒赔的决定，导致保险理赔纠纷出现。其二是由于医学的复杂性，保险公司虽有核保过程，但不可能对每一个被保险人都深入了解其真实健康状况，导致健康保险的逆选择难以避免，并由此发生不合理理赔，使保险公司蒙受损失。

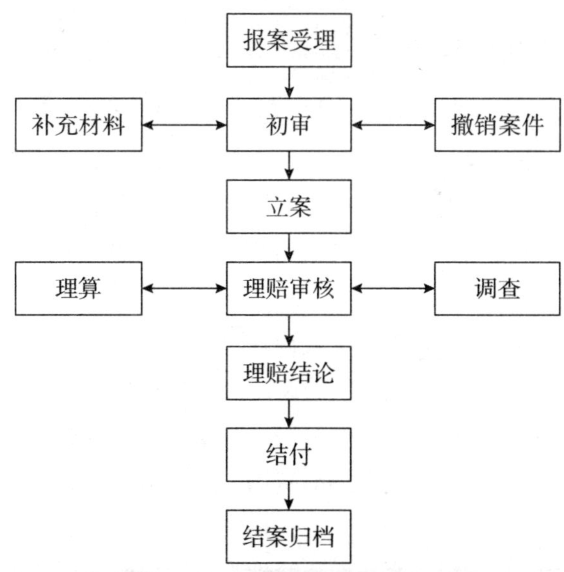

图 13–1　保险理赔流程简图

（三）人身保险理赔原则

作为保险保障功能的突出体现，人身保险理赔是保险人履行人身保险合同责任、被保险人享受保险权益的实现过程，为确保理赔质量，防止和控制理赔工作误差，人身保险理赔需要严格遵循以下三个基本原则：

重合同、守信用原则。重合同、守信用是人身保险理赔的总则，人身保险合同作为一种建立在最大诚信原则基础上的特殊的经济合同，是保险人履行义务、承担给付责任的重要依据，对合同双方都具有法律约束力。

实事求是原则。人身保险所承保的责任涵盖了人生历程中几乎所能遭遇的各种风险，从疾病到意外，从伤残到死亡，这也带来了承保的客观风险的多样性和复杂性，使得被保险人的索赔请求也各不相同。即使对同一保险标的发生的同一风险事故，由于人们所处立场不同，也难免有不同的理解。为维护公平的保险保障制度，要求人身保险理赔时，对身体损害和经济损失，严格按照医学原则和标准进行界定和认定，并严格按照承保条款赔付。

主动、迅速、准确、合理。又被称为人身保险理赔“八字方针”，是衡量理赔质量的重要标准。“主动、迅速”要求在处理理赔案件时要积极主动；“准确、合理”要求在审核理赔案件时合理评估、准确计算，依法核定理赔金额，减少错赔、滥赔现象的发生。

二、人身保险理赔的风险控制

（一）通过理算系统管理赔付

确保诚信赔付是理赔风险管理的核心，而人身保险诚信赔付管理的难点是医疗保险赔付管理。相对来说，寿险规则简单，随意性小，复杂程度低；而医疗保险费用差距大，结果随意性大，标准判定困难，很多细节难以被精确管理，不合理赔付风险高。在欧美国家，健康险公司多依托成熟的理算系统，对医疗保险赔付进行以下管理：

高额赔付专项管理。对超出设定数额的赔付案例，计算机理算系统会自动提交到高费用处理单元，由专门的团队或系统工具，按照分项目的方法，进行二次审核，筛查重复计费、不应该包含的项目、数据计算错误等问题。

医疗机构费用回顾。对一定时期的费用生成分析报告，逐一回顾医疗网络中各个维度的费用支付情况，对产生过高费用的机构、医生、药品和治疗项目进行标注，并通过保险政策制定、服务网络管理等后续手段加以调控。

提供循证医学指导。这属于对理赔费用的事前控制部分，保险公司会与权威医学机构合作，通过梳理临床指南、医疗规范，对各类诊疗行为根据必要程度进行分类，并将临床指导推荐给医疗服务网络，作为费用管理的前置性建议。

费用合理性审核。根据医疗保险条款和医学规范开发核赔规则引擎，由系统自动进行费用合理性审核，发现医疗行为中不符合规范的部分，并提交调查部门进行核查。目前国内的医保体系已普遍使用计算机系统进行医保费用审核。

（二）理赔案件调查

理赔调查主要是针对可能存在的医疗费用欺诈、浪费、滥用而进行的案件复查，通过执行有效的理赔调查，可以为健康险公司节省不合理费用支付。调查由专门的部门和专业的人员进行，包括五个步骤。

数据和材料分析：分析数据，找出异于常规的趋利行为；

调查：彻查病历记录、费用单据，收集证据材料；

损失追回：包括中止赔付过程、追回已支付的费用；

完成报告：包括事件报告和财务报告；

类似事件预防：系统修正与管理流程完善，避免类似案件。

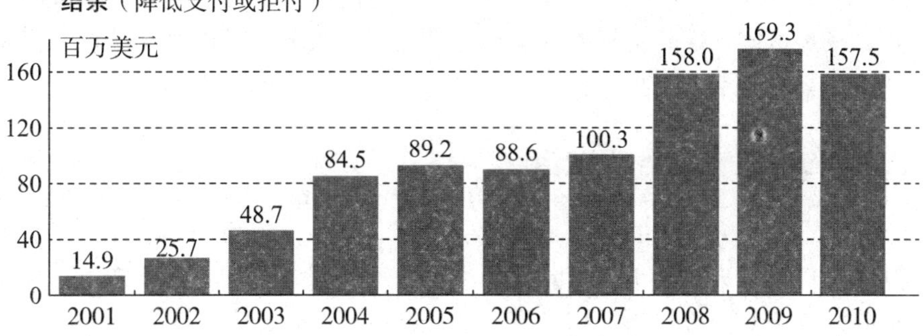

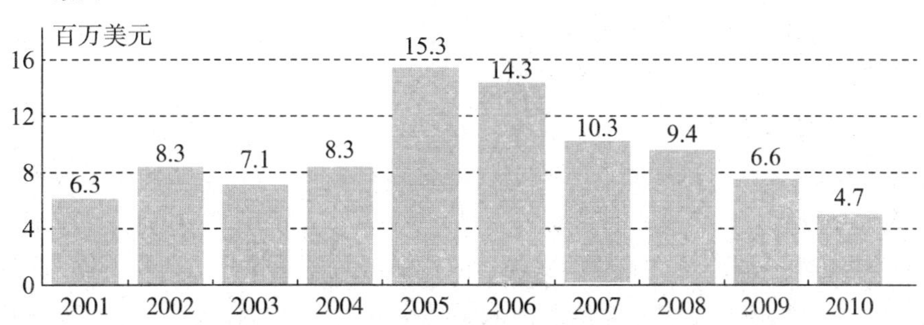

图 13-2　某大型健康险公司理赔调查每年可挽回上亿美元支付损失

医疗保险案件的理赔调查，对调查人员的专业能力要求较高。专业健康险公司的理赔调查部门，应当包括资深的核赔师、临床专家、药剂专家、医疗保险政策专家、法律顾问等专业人才，并要求有掌握健康数据分析技术的信息技术专家参与。

三、人身保险理赔中医学技术的应用

现代医学技术涵盖基础医学、临床医学和群体医学，并进一步发展为众多分支学科，如法医学等。日益发展与进步的现代医学技术，在人身保险理赔案件处理中具有广泛的应用价值，可以协助客观地判断被保险人发生疾病或意外的原因、性质、过程、程度、结果等，为保险理赔提供科学有效依据，减少双方的争议，确保理赔公平和诚信。

（一）基础医学在理赔中应用

基础医学是研究人的生命和疾病现象的本质及其规律的自然科学，其中很多学科知识，如人体解剖学、生理学、病理学、药学等，在理赔中经常被运用。

例如在案件调查时，能通过对比解剖学资料，发现非本人出险的理赔欺诈行为；可以通过病因及发病机理分析，判断疾病与投保前存在的健康问题之间的因果关系，或是否属于保险责任中责任免除的先天性疾病。基础医学理论知识是判定保险事故是否为本人出险，是否属于保险责任的重要科学依据。

（二）临床医学在理赔中的应用

临床医学是研究疾病的病因、诊断、治疗和预后，提高临床治疗水平，促进人体健康的科学。临床医学与理赔工作的结合更为紧密，当人体生理机能发生异常障碍时，必然有初发及继发的征兆或症状产生，根据这些征兆与症状，可以判断可能的病因，再结合病历记载、诊断、治疗方案、检查方案、预后判断等医疗记录，可以对被保险人出险事故做出评估结论。比如对重大疾病的理赔，就需运用临床医学技术与知识，对恶性肿瘤、心肌梗死、重大器官移植等从多维度核实诊断，这对理赔结论的认定至关重要。

例如，有保险人投保重大疾病后，因患冠心病而申请重大疾病理赔。按照重疾险条款，只有心肌梗塞才符合理赔条件。按照临床医学的疾病描述与诊断分类，冠心病中急性心梗需满足典型性胸痛、服用硝酸甘油无效、心肌酶升高与肌钙蛋白改变、心电图 ST 段改变等特征。翻阅病历发现，客户没有上述症状、检查和治疗的阳性记录，因此也就未达到重疾赔付标准。在理赔中，将类似的临床诊断指标用作诊断复核，为理赔结论提供了精确的尺度依据，确保理赔工作的客观性与公平性。

（三）法医学在理赔中的应用

法医学是用临床医学、生物信息学、药学和其他自然科学理论和技能解决法律问题的循证医学。法医学提供科学证据，帮助侦察犯罪，或审理民事和刑事案件。在理赔实务中，因意外引发的溺水、高坠，因交通事故导致的身故及伤残类案件并不罕见。由于意外责任险具有无等待期、低保费、高保障、事故多倍赔付等优势卖点，往往销售范围广，被保险人情况复杂，也使得意外伤害保险成为保险欺诈高发类型，是理赔工作的核心难点之一。

法医学为意外伤害人身保险理赔工作的开展，提供了更为专业的应用理论及鉴定、检验技术，为还原案情过程、判定案件属性起到了客观的、令人信服的决定作用。其中法医病理鉴定技术运用了法医病理学理论和技术，通过对涉及与法律有关的医学问题进行鉴定和评定，推断死亡原因、死亡方式、死亡时间、致伤致死物、生前伤与死后伤等，通过病理鉴定，裁决理赔争议。法医临床鉴定技术则能通过法医临床学理论和技术进行鉴定和评定，包括人身损伤程度鉴定、损伤与疾病关系评定、伤残程度评定、劳动能力评定、活体年龄鉴定、性功能鉴定、医疗纠纷鉴定、诈病和诈伤鉴定、致伤物和致伤方式推断等。此外，法医物证鉴定技术使用免疫学、生物学、生物化学、分子生物学等技术，可以进行个体识别、亲子鉴定、性别鉴定、种族和种属认定等，例如患恶性肿瘤后申请重大疾病赔偿的被保险人，如就是否为本人出险发生争议，可通过对肿瘤标本进行物证鉴定，判断该标本是否是真正来自于被保险人。

第二节　医学新技术对人身保险理赔的影响

一、诊断与治疗新技术对保险理赔带来的积极影响

（一）医学新技术有可能帮助减少重疾险理赔争议

诊断上产生争议，是重大疾病保险较常见的理赔争议。很多人对重大疾病保险的理解是“确诊即赔”，其实临床的确诊与保险条款上对确诊的规定有时是不一致的。以恶性肿瘤为例，保险条款上往往规定，确诊标准必须要有病理组织学诊断结论，也就是要通过手术、穿刺等方式获取肿瘤组织，通过病理组织学检查

明确诊断。而很多癌症晚期患者，已经失去手术机会，通过穿刺活检有时技术上难以实现，或者这么做并无实际临床意义。在这种情况下，虽然被保险人确实患有恶性肿瘤，也获得了临床诊断证明，却无法提交保险公司需要的诊断证据，引起理赔纠纷。保险公司虽然可以酌情给予通融赔付，但在不符合条款规定、理赔材料不全的情况下，通融赔付采用过多实际上不利于理赔调查，给理赔欺诈留下更大空间。除恶性肿瘤病理诊断缺如外，也存在其他一些临床诊断证据不充分的情况，例如对先天性疾病、重大疾病的临床认定与保险条款的规定不一致时，也容易造成理赔纠纷。

医学新技术的发展，有助于明确诊断，减少医学上的模糊和不确定性。例如，许多肿瘤诊断新技术，像新的影像学检查技术、新的肿瘤标志物或代谢产物检查技术、CT 引导下穿刺活检技术、介入检查技术等，能帮助早期发现肿瘤，增加采取手术治疗的机会和获得病理诊断的机会。而肿瘤治疗新技术的进步，如微创手术、靶向治疗等，也增加了获取病理诊断的机会，所以医学新技术可能帮助减少重疾险理赔争议。

（二）医学新技术帮助降低疾病治疗费用

疾病治疗费用的持续上涨，是人身保险理赔不得不面对的非常棘手的问题。虽然从原理上讲，新技术带来的“早诊断、早治疗”益处能避免病情恶化和慢性化，降低疾病治疗成本。而投入预防医学，包括使用慢病管理新技术，更是宣称“花费一美元获益七美元”，但实际情况却与这一美好的愿望相悖。最近 20 年医学新技术突飞猛进，与之相并行的，是医疗花费的飞速上涨。越是医学新技术应用广泛的国家和地区，例如美国、德国，医疗费用支出上涨趋势越是明显。

对医疗费用上涨，有学者归因于人口老龄化因素。但研究数据表明，老龄化对医疗费用上涨的推力有限。人口平均预期寿命增加后，医疗费用绝大多数依然是发生在人生的最后几年，老龄化的影响实际上是将大量的医疗费用支出转移到了更大年龄的人群身上。大部分专家认为，代表着医学技术进步的新药、新医疗设备、新治疗方法，才是推动医疗卫生费用上涨的主要因素。在老龄化趋势出现较早的日本，一组研究发现，医疗技术进步、经济财富增加、人口老龄化和民众患病结构的不断变化共同导致医疗卫生支出不断攀升，而技术进步因素居首，占比 40%，另外三个因素分别占 26%、18% 和 16%。新医疗技术的应用对医疗费用增长的直接作用包括三个方面：一是新医疗技术治愈了原先无法治愈的疾病，导致保险支出增加；二是新医疗技术替代原有的医疗技术，使之花费更多；三是新医疗技术费用与先前医疗技术一样，或者更少，却减少了病人的痛苦，在治疗频率提高的情况下，疾病的总费用也会增长。

即便新技术的实际效果是拉升了医疗费用，笔者依然坚持认为，医学技术进步具有帮助降低疾病治疗成本的潜力，并愿意将这种潜力放在新技术对保险理赔带来的积极影响中讨论。这是因为，一方面新技术增加医疗费用是对大人群的整体性影响，而保险理赔可以针对一个个体，或某一类疾病。在具体案例或某一个垂直领域，医学新技术降低理赔费用依然值得期待。另一方面即使是在发达国家，疾病预防新技术和慢病管理新技术的广泛应用也才刚刚开始，可能还需要一段时间的沉淀，才能凸显这一类新技术对降低医疗费用的价值。此外，医学信息技术和医学人工智能技术等，在合理分配医疗资源、降低人工操作成本上的巨大价值也非常值得期待。

二、医学新技术对保险理赔带来的挑战

（一）医学新技术增加逆选择风险

1. 健康保险的逆选择问题

健康保险的一个显著特征是信息不对称。从理论上说，健康状况差者只能支付较高的保险费才能买到保险产品，但是保险人和被保险人对健康风险信息的掌握是不对称的，高风险人群可以隐瞒其真实风险状况，以低风险人群的保险费率投保。因为保险公司无法获得必要的健康信息，将高风险与低风险人群区别开，就只能根据所有人群的平均风险来确定保险费率。在这种情况下，高风险人群愿意购买医疗保险，而低风险人群不愿意购买，这就是逆选择现象。这种逆选择导致购买人群出现偏差，而保险公司为了不出现损失，会提高保险费率，但保险费率提高会导致更多的低风险人群退出保险，造成恶性循环，最终导致医疗保险市场产品供给不足。健康保险逆选择问题，在我国的商业健康保险市场上表现得尤为突出，除了健康保险普遍面临的信息不对称难题，我国健康保险经营中内部和外部环境因素，也加重了逆选择风险。

（1）保险公司自身粗放经营，过度关注市场份额，过度注重承保数量，而放松了对承保对象的选择，忽略承保质量。

（2）健康险专业人才匮乏，很多核保人员不具备相应的医学专业知识，难以对被保险人健康状况、保险费率及承保金额等做出准确评估。

（3）失信惩罚机制不完善，目前条款仅规定了当投保人有未告知和不实告知重大事项时，保险公司可以解除保险合同或拒绝赔付，却缺少对过错方相应的惩罚措施。

（4）医疗服务信息获取困难。由于国内医疗服务机构与医疗保险机构还属于完全不同的市场主体，彼此在追逐利益过程中存在相互制约的因素，因此它们之间是利益博弈的双方。保险人若想了解被保险人的相关信息必须借助于医疗服务机构的健康审核，而此时医疗服务机构仅从自身利益出发，可能会选择帮助被保险人隐瞒相关信息而促成保险合同签订。

2. 通过理赔调查发现“带病投保”

从理论上讲，对逆选择风险的防控属于“保险核保”的范畴，包括投保时候要求投保人履行健康告知、核保健康筛查、核保风险核定等，但由于信息不对称，投保人隐瞒真实健康状况而影响保险公司承保的情况无法避免，而核赔就成为控制逆选择所造成损失的最后一道关口。我国的保险法中就有不可抗辩条款规定，投保人两年内由于未尽如实告知义务，隐瞒或者瞒报了足以影响保险公司承保的相关事项，保险公司可不予履行保险责任的赔付，而两年后则不可以未如实告知而拒绝赔付。这为理赔调查发现“带病投保”进而拒绝赔付，提供了时间窗口和法理依据。据报道，目前我国寿险公司拒赔案例中，有七成以上原因是带病投保，这反映了核赔调查目前仍是国内商业保险公司降低人身保险逆选择风险的重要手段，虽然这种“轻核保、重核赔”的模式弊端很多。

典型案例 1：某客户投保医疗险，按标准体承保。等待期后，因慢性肝衰竭行肝移植手术申请理赔。理赔人员判断，按照临床医学的疾病分期，肝炎病毒感染在短时间内达到慢性病重度，这不符合疾病发展规律。而由于临床器官供体的特殊性，短时内找到合适供体并能配型成功行手术治疗，也突破了常规医疗经验。理赔人从上述两点出发，进行深入调查后，发现被保险人投保前因慢性肝衰竭诊断多份就医病历。病历记载，客户乙肝病史 10 年，佐证认定客户带病投保的事实，并给予拒赔。

典型案例 2：某女士 2014 年 1 月的一份体检报告显示身体无异常，同年 9 月的一份体检报告显示乳腺增生等症状。2015 年 5 月，A 女士在签约的保险公司购买了一份基本保额为 200 万元的分红型终身寿险产品，同年 9 月，A 女士化名在一家医院就医，体检报告单提示考虑为肿瘤并存在转移可能，次月在另一家医院进行化疗，于同年 11 月离世。2015 年 12 月 1 日，A 女士配偶向保险公司递交保险金给付申请。保险公司认为该保险合同违反了如实告知义务而拒赔，但理赔调查未能提供带病投保的证据，经民事诉讼败诉，支付 200 万元保险金。

典型案例 3：王某 2011 年在保险公司投保重大疾病等保险 10 万元，并在健康告知询问事项中关于既往病史的事项均勾选为“否”。2015 年加保重疾基本保险金额 20 万元，并再次在健康告知询问事项中全部选择“否”。2016 年，王某因子宫内膜恶性肿瘤在医院住院治疗，并申请赔付 30 万元。保险公司核赔员发现，住院病历中有既往史的记录。同时通过调查发现王某从 2013 年起，存在体检异常现象，B 超检查子宫内膜回声不均、宫颈囊肿多发、右侧附件区多房囊性包块等。因此，认为客户 2015 年增保属于带病投保情形，故只赔付保险金 10 万元，结束合同；对加保合同部分，以保全回退的方式解除合同。王某提起诉讼，法院判决支持了保险公司理赔决定。

从上述三个医疗保险理赔案例的调查过程可以看出，通过理赔调查发现“带病投保”，关键是能基于医学知识做出推理判断，及时发现其中的疑点，并通过调查取证获得相应的临床证据，证明投保前的疾病状况。在国内，由于大部分健康险核赔是面对自然人的申请，信息不对称情况尤为突出，加之因销售急于促成保单，核保过程往往不够谨慎，因此国内保险公司都比较重视对个案的理赔调查，即便如此，因逆选择、带病投保造成的风险仍很难控制。相对而言，欧美健康险公司大多是针对医疗服务网络采取直付式理赔，与医疗服务机构之间信息交换顺畅，之前对客户也有严谨细致的核保程序，在很多国家保险公司还能使用居民健康信息数据库，因此对逆选择的控制手段更丰富、更有效。即便如此，基于医学知识与医学技术的案件理赔调查依然是欧美国家健康险公司降低不合理理赔损失的重要手段。

3. 医学诊断新技术增加了逆选择风险

进入 21 世纪，医学诊断技术飞速进步，新仪器新设备、新检查化验方法被发明并投入应用，这使得很多疾病，在更早期的阶段被诊断出来，甚至在疾病发生之前，就能探查出潜在致病风险或疾病前期状态。早期诊断能提高疾病治愈几率，对人群健康有益，并具有从整体上降低医疗费用的潜在价值，但早期诊断也使得人们带病投保的“时间窗”大大延长，带病投保更加隐匿，使通过核保控制逆选择风险变得更加困难，这也为核赔带来更大压力。

例如，采用本书第四章介绍的循环肿瘤细胞（CTC）检查，可以在肿瘤尺寸 2 ~ 4 毫米的情况下，检测到进入血液循环的肿瘤细胞，而在这一时期，被检测者完全没有症状，更没有相关的就诊记录，这时如投保健康险，很难通过核保发现疑点。使用一些肿瘤标志物检查、PET-CT/PET-MR 等先进影像学检查，也同样能早期发现肿瘤，而目前这些检查，有一些甚至能在非医疗机构进行，即使保险公司进行理赔调查，也很难发现带病投保的证据。

最容易诱导人群做出健康保险投保逆选择的是分子生物诊断技术，特别是基因诊断技术。基因诊断技术可以用于癌症早筛，目前已发现多种与肿瘤发生相关的癌基因和抑癌基因，这些基因的突变常发生在临床症状出现之前。通过对相关基因的检测，就可以提前预知肿瘤患病风险。除了癌症，还有很多疾病例如血液病、代谢性疾病等，也是由于基因缺陷引起的，通过基因诊断技术可有效地筛查出基因缺陷的携带者，预知其未来的发病风险。目前无论是在国内还是国外，基因检测技术都应用得非常普遍，也无须在医疗机构中进行。对检出的高风险人群，其购买健康保险的意愿自然会大大增加。国内很多保险公司，经常会把邀请客户参加基因检测作为提升其购买寿险、健康险意愿的手段，这就是利用了人们投保人身保险的逆选择心理。而一旦面临理赔，无论是国内还是国外，基因检测结果都不会作为“未如实告知健康状况”的依据，面对这一问题，核赔调查将无能为力。

（二）医学新技术加剧过度医疗

1. 核赔中过度医疗行为的发现和认定

从法学上，过度医疗行为被定义为医疗服务中诊疗行为目的不正确，违反了医疗规范和常规，消耗医疗资源过度，超出个体与社会医疗保健的理性需求，甚至造成人身过度伤害或财产过度损失的情形。但在医疗实践中，想要界定过度医疗非常困难，因为医疗作为一种特殊的服务行为，资源消费的实际主导权由医生掌握，而不是由病人主导。对过度医疗的评判，医疗系统外非专业人士很难胜任；而在医疗系统内，因为过度医疗与其整体的经济利益具有一致性，因此很难做出完全公正的评判。

健康险核赔被视为是发现和认定“过度医疗行为”的重要环节。判断过度医疗行为不同于发现弄虚作假和欺诈行为，会涉及对医学规范的掌握，以及对个体情况的分析和判定，得出的结论需要与医疗服务方反馈、沟通和确认。因此，要想有效地发现和认定过度医疗行为，挽回保险损失，一方面需要系统与细致的费用审核，包括分项目回顾、高费用预警、与规则比对、同一机构纵行比对、原因分析等过程；另一方面，还需要保险公司与医疗机构建立理赔沟通和谈判机制，能反馈发现的问题，听取医疗机构的辩解，并做出最终判定。由于这一过程涉及的数据量大、专业度高，人工完成是比较困难的。目前欧美健康险公司、国内的医保系统和少数健康险公司，开始使用基于医学知识库和健康大数据的理算系统，审核不合理医疗行为。

核赔理算系统代替人工理算，首先需要通过语言挖掘、语义识别、切割分段、数据清洗等预处理工序，将非标准医疗数据转化为标准数据；再通过根据医学知识库建立的规则引擎，将临床信息与标准医疗路径进行比对，发现不符合标准与规范的疑点，提交给临床专家，分析核实后反馈给医疗机构。为了增强对临床行为的分析能力，当前一些健康险公司、第三方管理公司（TPA）也开始将大数据技术与“第二代知识库”技术用于核赔理算，主要特点是知识库的颗粒度更细，同时通过分析大量的真实医院数据信息，寻找数据间关联和相互影响，建立模型并开发出相应规则，用于临床信息比对。

与调查处理带病投保、骗保等情形不同，在对过度医疗行为的处理上，单纯拒赔并不是理想的选择。通过与医疗机构的沟通，发现产生过度医疗的深层次原因，并通过与医院协商，帮助医院更好地理解保险政策，并主动控制不合理医疗行为，才是核赔管理的最终目的。目前欧美保险公司、我国的医保系统，都已将基于保险政策和循证医学规范的核保规则前置在定点医疗服务网络的医生工作站中，实现管理前置，这是控制过度医疗行为的最有效方式。

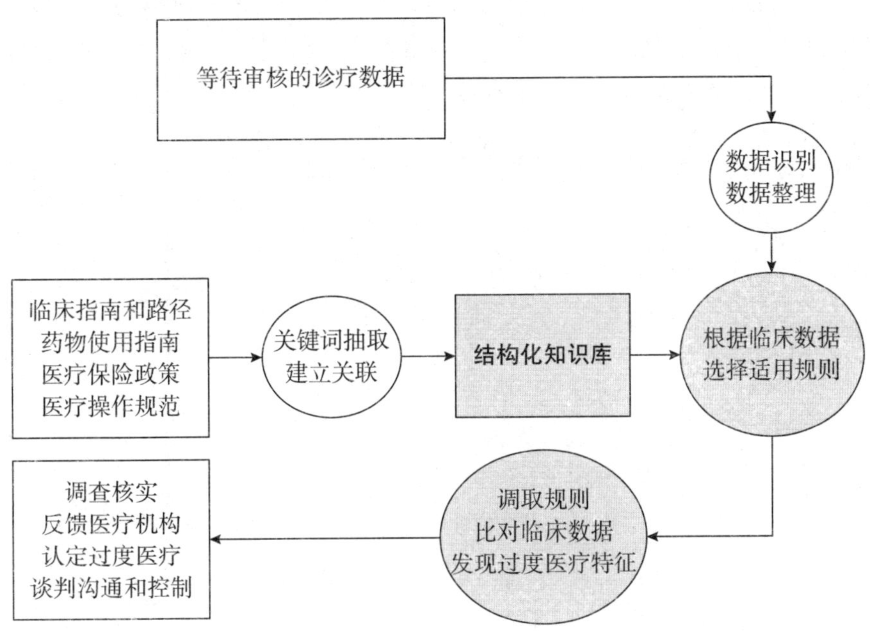

图 13-3　使用医学知识库和规则引擎的医疗费用审核系统

2. 医学诊断新技术诱导过度医疗

临床诊断既是核赔理算的重要依据，也是医生采取治疗行为的依据，而医学诊断新技术使很多疾病的诊断被提前到临床症状发作之间。那么在这个提前的时间点，启动治疗是不是合适？采用哪些治疗手段更合适？这是原有的医学指南与临床路径无法给出答案的问题，核赔理算系统自然就无从判断，只能由医生决定。而部分医生的“权威欲”更容易使其在刚做出诊断后就开始治疗，这是通过追求新的“时尚”的诊疗手段，炫耀医生“高治愈率”业绩的一种自然倾向。医学诊断新技术为这一“权威欲”提供了工具，造就了过度医疗。

一个典型的例子就是冠脉造影诊断技术的成熟和普及，直接导致了经皮穿刺冠状动脉形成术（PCI）数量暴增。在有些医院，冠脉支架应用比率达90%，且支架放置范围被扩大，有的患者甚至一次置入五个甚至更多支架。从个体指证上讲，治疗也许能符合诊疗规范上治疗启动的条件，但就整体情况而言，谁也不能否认，诊断技术的发展使这一领域成为过度医疗的重灾区。高昂的费用也使大部分医疗保险不得不将冠脉支架排除出保险报销范围，也使健康保险无法发挥疾病风险分摊作用，损害了对群体的健康保障。

再举一个发生在韩国的例子。进入21世纪后，高清晰度超声波检查设备开始在诊所一级医疗机构配备，医生们都认为对甲状腺做超声检查，有助于甲状腺肿瘤的早期发现，是常规体检计划之外的一项低成本、高价值的检查项目，因而鼓励患者接受检查。而患者也很乐于接受这种无创检查，政府、医疗界、新闻媒体和癌症“生还者”都称赞这一检查技术带来的益处。

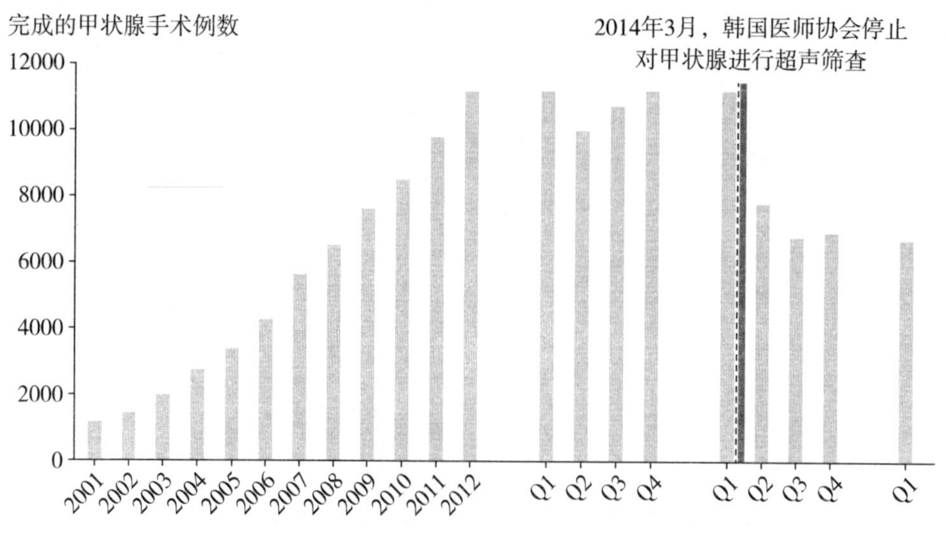

图 13–4 甲状腺癌的过度诊断导致过度治疗

结果，甲状腺癌这种本来罕见的癌症，一跃成为韩国发病率排名第一的恶性肿瘤。据统计，2011年新发现的甲状腺癌患者数量是1993年的15倍之多。其中几乎所有人患的都是“微小的甲状腺乳头状癌”，许多人一生中症状都不明显，除非接受超声波检查，否则终生都不会被发现。但这部分人中，很多都“按照治疗原则”接受了手术治疗，导致甲状腺切除术数量暴增，各个健康险公司因医疗费用赔付骤增而苦不堪言。而研究者却发现，在同一时期，韩国死于甲状腺癌人数并没有明显下降，说明这一检查导致了过度医疗，对改善疾病预后没有实际意义。最终，甲状腺超声筛查在2014年被医生协会终止，甲状腺手术的例数才开始逐步回落。

3. 医学治疗新技术加剧过度医疗

如果说医学诊断新技术间接诱导继发的过度医疗行为，那么医学治疗新技术的临床应用，则直接导致过度医疗的出现，造成医疗费用上升。治疗上的新技术面世，会加剧医生对“技术万能论”的追捧，各个专科都把提高疾病治愈率寄托在最复杂、最新颖、最昂贵的治疗技术上，而之前成本低的，行之有效且安全适宜的技术被快速抛弃。有的医学精英会把技术描述得非常神奇，导致大家产生房颤就要用射频治疗，患冠心病就必须放支架，关节问题就必须做关节置换，手术就一定要选择微创，器官衰竭就必须做移植等观念，虽然这些技术的实际效果未必好过传统的、保守的治疗。受这种技术万能论的影响，患者也逐渐接受了“生物医学模式”的诊疗理念，即一味追求100%确诊、最先进治疗和100%治愈，这从另一个角度鼓励和纵容了医生的过度医疗行为。

而雪上加霜的是，几乎所有的治疗新技术本身都非常昂贵。例如，上文提到的经皮介入冠脉技术，即使不计算手术费用，一枚支架也需要3万元；血管内超声（IVUS）和光学相干断层显像（OCT）一次检查费要1.5万元；经介入瓣膜成形术费用更是高达20 ~ 30万元。其他医学新技术同样价格不菲，像各种植入性器材、各类精准治疗技术等，动辄费用就以10万元起步。新技术价格昂贵，一方面，确实是由于使用了新材料和新工艺，导致基础成本不低，比如一台微创手术机器人，设备成本可达百万美元；有些新技术较复杂，掌握技术所需人工成本也很高。另一方面，新技术的专利掌握在少数大公司手中，为在仿制出现前快速收回前期投入的研发成本，这些大公司在新技术定价上自然是寸步不让。

对核赔理算来说，医学新技术的临床应用，模糊了对过度医疗的判定标准，加大了认定过度医疗行为的难度。一方面，新技术的使用本身就是对传统临床路径的突破，很难以不符合常规、同历史数据不符等理由来加以限制；另一方面，由于对技术的推崇，新技术往往会以最快速度纳入医学指南，这就让核保理算在面对医学新技术时，丧失了“讨价还价”的余地。特别是当以一个个体、一种疾病的情况来衡量新技术的应用效果时，例如判断肝脏移植手术是不是能延长某一个肝癌患者的生存时间，评价肿瘤靶向药物治疗和不断地迭代使用新靶向药物治疗能不能延长某种恶性肿瘤的生存时间等，医生往往能拿出确凿的证据，表明新治疗技术能延长生命。这种情形下，核赔理算更是不可能去干预其背后可能隐藏的过度医疗行为了。当医疗保险失去对赔付费用的有效控制，其实也会逐渐退出对可能涉及治疗新技术的疾病的保障，最终会降低人群保障水平，制约新技术的研发和应用。

三、医疗健康信息技术助力人身保险理赔控费

前文阐述了医学诊断新技术增加逆选择风险，医学治疗新技术会导致过度医疗行为加剧，并使通过理赔调查控费变得愈发困难。但也有一些医学新技术，可以使理赔控费的过程变得更加系统化和智能化，甚至将彻底改变传统的理赔流程，以及保险产品的形态。

（一）健康信息技术助力理赔调查

健康保险理赔调查的最大难题是信息不对称。使用传统调查方式，保险公司难以获得客户个人的历史健康记录，而且即使是与本次理赔案件直接相关的医疗记录，商业保险公司也经常难以从医院获得完整信息，保险公司往往只能从一个单独的维度，例如检查费、药费等，审核其是否符合保险条款，或是否超出对总费用的限定，而没有办法将信息串联起来，分析疾病诊疗过程的合理性。

获益于近 20 年健康信息技术的进步，医疗服务系统内诊疗信息逐步实现了数字化。保险公司与医院间建立数据互联，对公共健康数据库信息的被授权使用也变为可能。在美国，医院与诊所广泛使用信息可交换的电子健康档案与电子病历，政府建立健康数据交换平台，推动健康信息技术发展和健康数据开发利用，包括向保险公司提供健康信息服务。而商业健康险公司建立了能与外部健康数据对接的核赔理算系统，调取包括医嘱、电子病历、实验室资料、影像学资料等全字段的诊疗数据，极大提升了医疗欺诈审核、医疗资源浪费与滥用审查的能力与效率。同时，保险公司还利用健康信息技术，建立自己的客户健康档案，存储客户在医院内、医院外的历史健康数据，实现了在核赔中对客户健康信息进行纵向比对和分析。

在国外，病人的诊疗信息主要存储于电子医疗病历（EMR）系统中。EMR 系统内诊疗信息的记录和存储方式特别方便核赔理算使用。例如在处理重疾险理赔时，电子病历中记录的一系列化验指标，可以帮助准确判断患者是否达到保险约定的严重程度。同时，电子病历会记录既往的诊断，有助于推断是否存在带病投保情况，而且电子病历中对检查、诊断、药品和操作的综合记录，能帮助推断诊疗的适宜度，发现过度医疗问题。根据美国一家商业健康险公司的内部数据，健康信息技术应用于理赔控费，能降低 10% 的保费支出。

在我国，近几年运用健康信息技术提升健康保险核赔理算效能也同样取得快

速进展。2016 年，医保系统开始推动基于健康信息技术的“智能审核系统”建设，目前各地区医保理算系统都已实现与医疗网络数据对接，通过智能审核提高医保资金使用效率。很多商业保险公司也建立与医院网络的数据互通，在打通保险直付通路的同时，通过对医疗健康信息的获取和健康信息的分析处理，强化了健康保险核赔理算能力。卫生部门也大力推动健康信息大平台建设，鼓励医疗健康数据跨领域共享和利用。

（二）健康大数据与医学人工智能帮助实现智能核赔控费

医疗健康服务是容易产生大数据的行业，也应该是大数据技术最具有应用价值的领域。在医疗服务、健康保健和卫生管理过程中，会产生海量数据，内容包括人群的生物数据，如身高、体重、基因等，也可以是医疗数据，包括电子健康病历、电子处方、药物服用等，还可以是生活中的饮食、运动、睡眠等数据。大数据的最大价值，是通过机器学习，产生人工智能应用。机器通过对健康大数据的挖掘和学习，发现数据规律，并据此处理更多数据，这就形成了医学人工智能应用。过去医学人工智能的开发受到健康数据不可及的限制，随着近些年健康数据平台不断搭建，人工智能应用已广泛出现在医疗健康的多个细分领域，并逐步从前沿的实验性技术走入现实的业务场景，被广泛用在临床治疗、健康风险评估和管理、新药研发、人口健康政策制定等领域。而在健康保险运营中，大数据与医学人工智能技术，对理赔控费具有巨大应用价值，能通过建立智能模型的方法，有效减少医疗服务中的浪费与滥用。

在理赔系统中，通过让机器学习理赔历史数据与案例，建立自动发现理赔异常的模型，例如短期内反复住院、同时在多地就诊、不合理处方、重复检查、诊疗流程异常、医生与病人之间异常的关联等。而这些疑点与费用异常，依靠保险规则与医学规则的“第一代核赔引擎”往往无法发现，也无法做到理赔经验沉淀。理赔系统医学人工智能则提升了健康保险核赔的灵活性与适应性，并赋予系统不断成长的潜力。使用人工智能理算系统，还节约了健康险公司的人力资源成本，减轻了核赔对医学专家的依赖程度，提升了保险运行效率。同时，保险公司还可以通过大数据分析建立理赔高风险画像库，包括医院、医生、参保人和诊疗等各类子画像库，从中发现普遍性问题，并通过保险政策调整予以逐步改善。

在美国，采用大数据技术审核医药费用报销后，每年能发现超过 2 亿美元的费用欺诈。美国最大的商业健康险公司联合健康（United Healthcare）租用 Hadoop 健康大数据平台进行报销费用审核，所节省的费用达到投入租金的 2200%。人工智能核赔技术也是国内各保险公司、科技公司都在抢占的技术制高点，他们都希望能快速积累机器智能理赔经验，在承办健康保险业务上形成自身的优势。不过智能理算系统对基础数据质量要求高，而国内医疗健康数据质量参差不齐的现状，限制着智能核赔系统的应用效果。

第三节　创新求变，迎接医学新技术浪潮

一、建立从产品到理赔的赔付费用风险控制链

（一）人身保险赔付费用风险控制环节失灵

核赔中的理算和调查是当前人身保险赔付风险控制的重要环节。高质量的理算调查，能发现保险欺诈和滥用，挽回不合理的赔付损失。但从人身保险赔付风险控制整体策略上看，核赔属于事后风险控制环节，这种控制因素是被动的和需要以定性为前提的，面对信息不对称、经常缺乏权威评判的医疗案例时，往往效果有限。特别是在医学新技术不断应用的今天，逆选择和过度医疗造成的保险支付费用上涨，仅依靠传统的理算调查方法就很难有效控制。

人身保险赔付费用事前风险控制、事中控制手段虽然也被采用，但在面对医学新技术冲击时，这些控制效果同样不甚理想。其中事前控制通过核保过程完成，包括针对被保险人的定向提问、事前核保体检、历史就诊资料获取、行业信息库资料查询等，以此来控制投保者的逆选择和道德风险。但由于医学诊断新技术的大量应用，疾病越来越被“早发现”，甚至患病风险都有可能被量化，这样一来，疾病无症状期的时间窗口延长，核保时的健康筛查更难发现异常，而且由于投保客户数量大，核保筛查不可能做到面面俱到，发现带病投保愈加困难。

健康保险费用赔付的事中控制主要是控制不合理的医疗行为。通过信息系统对接和医疗数据信息共享，有条件的保险公司实现了对诊疗项目和发生费用的实时监控，但判断费用合理性依然是一个艰巨的挑战。目前被认为有效的方式是使用诊疗辅助系统，基于同一个诊断，对实际医疗行为与标准医疗路径、指南、规范和历史数据进行核对，对超出常规的行为做出提醒。对诊疗新技术的使用，这一系统往往因缺乏数据而无法做出合理性评判。

（二）理赔数据用于核保中的风险控制

人身保险核保是赔付费用风险的事前控制，主要包括两个过程：风险评估与

价格调整（或拒保）。其中对投保者的风险评估是人身保险核保的一个难题，尺度控制过松，则不能发现潜在的带病投保；而尺度过于苛刻，又导致产品价格普遍被抬高，使很多人不愿意购买保险。如果保险失去大人群的基础，同样不利于费用控制。

而将理赔数据用于核保，有助于通过核保有效地平衡费用赔付风险。这种应用不是指通过查看理赔记录、诊疗记录而为核保提供投保者的健康信息，而是通过数据挖掘，发现与疾病高费用相关联的投保前健康因素，并据此调整加费承保的项目和金额，并可以在投保告知、核保体检中，有针对性地对这些新的因素加以筛查。同时，利用健康管理技术，干预潜在的疾病风险，控制高费用发生。这样形成的理赔数据挖掘—费用风险发现—核保筛查设计—疾病风险干预—保费再优惠的良性循环，将核赔重心从案例调查转移到数据收集分析，减少理赔纠纷，实现风险管理前置，有效控制医学新技术带来的逆选择风险的上升，优化保险的运营流程。

（三）理赔数据支持按临床质量付费新模式

保险公司面对医学新技术带来的赔付费用增加，一个最理想的费用控制方案是采取类似国外健康维护组织（HMO）模式（又称为管理式医疗），即预付人群医疗保险费用给一个医疗服务网络，由后者全盘承接健康医疗服务。这也是近几年国内健康保险业经常提及的“凯撒模式”和“闭环经营”的核心内容。HMO模式虽然能保证保险公司的医疗保险费用支付可控，但医疗机构为了控制成本和获得盈利，往往会限制客户的医疗需求，简化对客户的医疗服务项目，影响到医疗服务的质量。在国内，医保试行按疾病诊断相关分组（DRGS）付费，也同样面临费用控制与保证医疗服务质量之间的矛盾而不能广泛推行。

如何做到既保留HMO模式的优点，避免保险公司对医疗服务“只支付不管理”，同时又保证医疗服务的质量和便捷性？21世纪初一种新型医疗组织“责任医疗组织”（ACO）的出现为实现这一管理均衡提供了思路。健康保险公司向ACO组织付费，既不是按人群包干或按病种打包，也不是按照医疗项目完成的数量，而是把医疗机构发生的费用与基于历史理赔数据而建立的“标准体”进行衡量，可以是针对个人的付费模型，也可以是针对群体的付费模型，然后对比该机构的医疗质量、临床效果、服务效率等核心指标，在基本费用支付的基础上，针对表现优异的机构给予费用奖励。在这种付费模式下，医生会基于综合的使用效果合理使用临床新技术，而避免对高精尖技术的无限度追求。同时，像HOM模式一样，医生会更关注预防性医学的方法，期望利用最小的投入获得最大的临床效果。

当这种付费新模式建立后，保险公司将不再依靠核赔理算来控制医疗新技术使用带来的费用成本增长，不再把大量的时间和精力消耗在对个案的审理和调查上，而是将理赔数据进行整体分析，不仅开发出基础付费模型用于衡量医疗机构的绩效，还能建立价格体系，指导健康保险产品设计，主动和灵活地应对医学新技术对保险费用支付造成的影响。

二、推动健康保险与医疗服务的业务融合

（一）保险公司与医院建立数据互通是业务融合的基础

保险公司与医院建立数据互联互通，用于健康保险直付式理赔，避免了由客户向保险公司提交医疗费用清单的繁琐过程。同时，数据互联互通还是保险公司干预医疗行为、控制医疗费用增长的前提。无论是使用通过标准临床路径比对的传统方法进行医疗费用审核，还是采用大数据技术控制不合理医疗收费，没有数据互通都无法实现。而如果希望能进一步平衡保险公司与医疗机构之间的利益关系，建立管理式医疗模式或责任医疗组织模式，保险公司与医疗服务网络之间就需要有更多的数据与指标的关联。

在国内，医保系统与医院网络已初步实现数据互联，并开始尝试能将保险政策与医疗行为紧密结合的支付模式，如分级付费、按病种打包付费等。而商业保险公司由于受到很多限制，虽然一直在努力，但与医院网络之间的数据互联进展很不顺利，实际业务需要通过中间数据平台实现。数据上的距离使保险公司在应对医疗业务变化上非常被动，也无法应对医学新技术对理赔产生的不利影响。因此，无论是为了发展健康保险的长远战略目标，还是为了应对目前医疗保险理赔费用不断增长的问题，保险公司都应重视并开始着手建立与医院系统之间有效的数据互联互通。

（二）推动健康保险与医疗服务的业务融合

虽然从保险理赔的角度看，医学新技术造成费用赔付难以控制，是“弊大于利”，但如果跳出保险视角，站在社会发展的高度，则须承认医学进步是推动人类社会进步的重要引擎。医学新技术有助于疾病的预防，促进疾病的早发现和早诊断，提高治疗精准程度，从而延长人群寿命，改善整体健康状态。在这一大趋势之下，保险不可能去“控制”医学技术的发展和应用，只有适应新技术带来的新模式，改变自身“支付者”的角色，尝试与医疗服务深层次融合，由向社会提

供保险产品转型为提供医疗服务产品，才能将医学新技术吸收为健康保险产品中的合理组成，并与医学新技术“和睦相处”，相互促进。

其实，与单纯由医疗机构向社会提供医学新技术服务相比，在医学服务产品的提供上，保险公司拥有自己独特的优势。例如，保险资金具有周期长、规模大、稳定性强的特点，可以更有力地支持医学新技术的研发和走向应用；通过合理定价和有效支付，保险能使更多医学技术转化为市场接受的服务产品；保险机构有客户管理与运营经验，可以充分利用医疗信息技术，建立以客户为中心的健康档案，供医疗服务网络和保险支付系统使用。当保险支付体系进入医疗健康服务系统后，由于其既是“收费方”又是“付费方”，又使得其对客户健康管理自发产生动力，也更乐意为客户支付病前预防费用，使预防医学新技术、健康管理新技术更好地发挥风险管控作用，这是没有保险公司参与的医疗服务网络所无法起到的作用。

（本章作者：严琪）

参考文献

［1］江乐盛，罗凤，吴素珍．探析现代医学技术对人身保险理赔实务的影响［J］．中国管理信息化，2016，（12）：119–121.

［2］王锡安．谈谈健康保险核赔［J］．中国保险，1996，（3）：20–21.

［3］胡苏云．新技术：拉升医疗费用的主力［N］．医药经济报，2013–6–12，（2）

［4］王向楠，潘力．我国商业健康险逆选择风险的防治分析［J］．金融时代，2008，（08）：48–50.

［5］郭庆，聂祝兵．医疗服务机构在医疗保险逆选择中的角色扮演［J］．经济探索，2008，（03）：81–83.

［6］陈婧雯，仇永贵．从法律角度谈过度医疗的治理［J］．中国卫生法制，2017，（11）：23–26.

［7］郭福玲，尹学东．过度医疗原因解析［J］．医学与哲学，2017，（06）：7–14.